Die Anpassung im europäischen Internationalen Privatrecht

Internationalrechtliche Studien

Beiträge zum Internationalen Privatrecht, zum Einheitsrecht und zur Rechtsvergleichung

Herausgegeben von Ulrich Magnus und Peter Mankowski

Band 79

PETER LANG

Hannah Dittmers

Die Anpassung im europäischen Internationalen Privatrecht

PETER LANG

Bibliografische Information der Deutschen Nationalbibliothek
Die Deutsche Nationalbibliothek verzeichnet diese Publikation in der Deutschen Nationalbibliografie; detaillierte bibliografische Daten sind im Internet über http://dnb.d-nb.de abrufbar.

Zugl.: Freiburg (Breisgau), Univ., Diss., 2019

D 25
ISSN 0947-0395
ISBN 978-3-631-79166-0 (Print)
E-ISBN 978-3-631-79840-9 (E-PDF)
E-ISBN 978-3-631-79841-6 (EPUB)
E-ISBN 978-3-631-79842-3 (MOBI)
DOI 10.3726/b16004

Peter Lang – Berlin · Bern · Bruxelles · New York · Oxford · Warszawa · Wien

Diese Publikation wurde begutachtet.

www.peterlang.com

Für Tom

Vorwort

Die vorliegende Arbeit wurde im Sommersemester 2018 von der Rechtswissenschaftlichen Fakultät der Albert-Ludwigs-Universität Freiburg im Breisgau als Dissertation angenommen. Entwicklungen in Rechtsprechung und Literatur konnten bis Februar 2019 berücksichtigt werden.

Mein besonderer Dank gilt meinem Doktorvater Herrn Professor Dr. Jan von Hein, der das Thema der Arbeit angeregt hat und mir während meiner Tätigkeit am Institut für Ausländisches und Internationales Privatrecht die für ihre Anfertigung nötige Freiheit gewährt hat. Herrn Professor Dr. Rainer Frank danke ich für die rasche Erstellung des Zweitgutachtens.

Herrn Professor Dr. Ulrich Magnus und Herrn Professor Dr. Peter Mankowski danke ich für die Aufnahme der Arbeit in die Schriftenreihe „Internationalrechtliche Studien".

Meiner Familie gebührt großer Dank für die Unterstützung, die sie mir über die Jahre hat zuteilwerden lassen. Für ihre herzliche und bedingungslose Anteilnahme am Fortgang dieser Arbeit danke ich ganz besonders meiner Mutter.

Tief verbunden bin ich schließlich Thomas L. Canny für seinen liebevollen Beistand und das geduldige Verständnis, das er zu jeder Zeit für mich hatte.

Freiburg im Breisgau, im März 2019
Hannah Dittmers

Inhaltsübersicht

Inhaltsverzeichnis

Einführung

A. Gegenstand und Ziel der Untersuchung

Die Anpassung zählt zu den Allgemeinen Lehren des Internationalen Privatrechts. Sie ist das Institut für die Korrektur von Wertungswidersprüchen, die sich aus der parallelen oder sukzessiven Anwendung einzelner Sachrechtsausschnitte unterschiedlicher Rechtsordnungen ergeben, die das Kollisionsrecht zur Lösung eines einzigen grenzüberschreitenden Lebenssachverhalts berufen hat. Zum Zweck der Beseitigung dieser Normwidersprüche steht den Rechtsanwendern mit der Anpassung ein Mittel zur Verfügung, mit dem die am internationalen Sachverhalt beteiligten Normen modifiziert werden können. Diese Korrektur findet entweder auf Ebene des Sachrechts oder auf Ebene des Kollisionsrechts statt. Je nach Ansatzpunkt werden die beteiligten Sach- oder Kollisionsnormen abweichend von ihren regulären Anordnungen mit dem Ziel angewandt, die vorläufig gewonnene Rechtsfolge zum widerspruchsfreien Ergebnis hin abzuwandeln.

Die Feststellung der anpassungsbedürftigen Situation in Gestalt von Wertungswidersprüchen im Rechtsanwendungsergebnis sowie deren Auflösung ist mit erheblichen Schwierigkeiten verbunden. Das dem Begriff der Wertung innewohnende subjektive Element verdeutlicht die auf Seiten der Rechtsanwender typischerweise erfolgende Argumentation mit Gerechtigkeits- beziehungsweise Billigkeitsgesichtspunkten, die jedoch auf nur schwerlich zu verallgemeinernden Leitlinien gründet. Dieser Umstand erschwert die Untersuchung der Grundlagen des Instituts und er ist Symptom für das Hauptproblem der Anpassung: Ihr bestimmendes Merkmal ist ihr Einzelfallcharakter. Konturen hat der Anpassung zu einem substanziellen Teil die deutschsprachige Lehre verliehen. Das Institut wurde allerdings in der wissenschaftlichen Literatur fast ausschließlich mit Blick auf die Geltung autonomen Internationalen Privatrechts untersucht. Auch Rechtsprechung zur Anpassung findet sich hauptsächlich mit Blick auf das nationale Kollisionsrecht. Angesichts der weiter fortschreitenden Europäisierung des Kollisionsrechts rückt aber die Frage in den Vordergrund, wie sich die verschiedenen Gesichtspunkte des Instituts unter Geltung des supranationalen Unionsrechts ausnehmen. Besonders interessiert insofern die Auflösung von Anpassungsproblemen, die durch die Anwendung des europäischen Internationalen Privatrechts entstehen. Den mit der Vornahme der Lösung betrauten mitgliedstaatlichen Gerichten sollen im Interesse der Einheitlichkeit der

Rechtsanwendung und der Rechtssicherheit für jeden Anpassungsfall handhabbare Maßstäbe gegeben werden.

Die Untersuchung der verschiedenen Gesichtspunkte des Instituts unter Geltung des europäischen Unionsrechts soll darüber hinaus in allgemeiner Weise die Besonderheiten der europäischen Anpassung zutage fördern und damit eine Antwort auf die Frage der dogmatischen Kohärenz im europäischen Kollisionsrecht geben. Auf der Grundlage der so gewonnenen Maßgaben will die Arbeit einen Beitrag zur Entwicklung eines europäischen Allgemeinen Teils des Internationalen Privatrechts leisten.

B. Gang der Darstellung

Zunächst werden die Grundlagen und die aktuelle Bedeutung der Anpassung untersucht[1]. Ein Schwerpunkt wird auf die hergebrachten Lehren zum autonomen Internationalen Privatrecht gelegt. Nach einem einleitenden Blick auf die zentralen Gesichtspunkte des Problems sollen klassische Fallkonstellationen im autonomen und europäischen Kollisionsrecht dargestellt werden, wie sie Gegenstand der Behandlung in Rechtsprechung und Literatur sind[2]. Besondere Aufmerksamkeit kommt sodann der Funktion der Anpassung als Institut zwischen den Rechtsanwendungsebenen von Sach- und Kollisionsrecht zu[3]. Diese Analyse bereitet die Ausarbeitung der allgemeinen Kriterien für die Vornahme einer Anpassung vor. In diesem Rahmen wird auch Bezug auf verschiedene dogmatische Verständnisse der Anpassung unter konstrastierendem Einschluss der Sichtweise des amerikanischen *Common Law* genommen[4]. Insofern erfolgen außerdem Abgrenzungen von verwandten kollisionsrechtlichen Figuren. Schließlich sollen die Lösungswege im nationalen Kollisionsrecht analysiert und zusammengefasst werden[5].

Diese Darstellung zielt darauf ab, die Konturen der Anpassung möglichst klar nachzuziehen: So soll im Anschluss in die „Gleichung“ des Anpassungsvorgangs an die Stelle des autonomen mitgliedstaatlichen Kollisionsrechts das europäische

1 Zur Anpassung allgemein im deutschen Internationalen Privatrecht vgl. insbesondere *Dannemann*, Die ungewollte Diskriminierung in der internationalen Rechtsanwendung, 2004; *Looschelders*, Die Anpassung im Internationalen Privatrecht, 1994 und *Schröder*, die Anpassung von Kollisions- und Sachnormen, 1965.

2 S.u. Kap. 1, B (S. 64 ff.).

3 S.u. Kap. 2 (S. 87 ff.).

4 S.u. Kap. 2, A. III, V (S. 98 ff., 114 ff.).

5 S.u. Kap. 3 (S. 155 ff.).

gesetzt werden und sollen dadurch die Besonderheiten der europäischen Anpassung zutage treten. Die zweite Hälfte der Arbeit legt den Schwerpunkt auf die europäische Lösung des Anpassungsproblems[6]. Dazu werden zunächst die für die Anpassungsfrage interessierenden Besonderheiten des europäischen IPR untersucht. Konkret wird dann der Frage nachgegangen, welche Auswirkungen der europäische Charakter der Kollisionsnormen auf die Notwendigkeit des Anpassens und die Lösung des Problems hat. Herkömmliche Lösungsansätze sollen auf ihre Tauglichkeit für die Rechtsanwendung auf europäischer Ebene hin untersucht werden. Sodann widmet sich die Arbeit in einer abschließenden Analyse der Frage, ob die Anpassung eine Regelung im europäischen Internationalen Privat- und Verfahrensrecht erfahren sollte und bietet einen Vorschlag zur Abbildung der Anpassung im System des europäischen Internationalen Privatrechts an.

6 Detailliert zum Gang der Darstellung insoweit s.u. Kap. 4, A (S. 187 ff.).

Kapitel 1. Die Grundlagen der Anpassung und die aktuelle Bedeutung des Instituts

A. Das Problem und seine Ursachen

I. Die Anpassung als Institut des Allgemeinen Teils des Internationalen Privatrechts

1. *Definition und Überblick*

Die Anpassung ist das methodische Mittel aus dem Allgemeinen Teil des Internationalen Privatrechts, das zur Lösung von im weiteren Sinne widersprüchlichen Rechtsanwendungsergebnissen verwendet wird, die sich im Anschluss an die Befolgung kollisionsrechtlicher Verweisungsbefehle ergeben[7]. Anlass zur Korrektur mittels Anpassung gibt zumeist die Situation, dass mindestens zwei verschiedene Sachrechte neben- oder nacheinander auf eine Rechtsfrage anwendbar sind, die in ihrer kombinierten Anwendung ein unsachgemäßes Ergebnis produzieren[8]. Das Unsachgemäße, für den Anpassungsfall Charakteristische, wird von *Raape/Sturm*[9] wie folgt beschrieben: „Diese Rechtsordnungen werden oft nicht recht miteinander harmonieren, sie werden sich widersprechen, es werden beide reden, wo nur eine reden sollte, oder es werden beide schweigen, weil jede in dem Gesetzesabschnitt redet, der nicht zur Anwendung berufen ist. So ergibt sich oft ein Zuviel, oft ein Zuwenig."

Die Anwendung des über die Verweisung des IPR berufenen Sachrechts hat im Anpassungsfall zu einem Ergebnis geführt, das nicht bestehen bleiben soll. In den meisten Fällen geht es darum, dass das Resultat aus der Anwendung von Kollisions- und Sachrecht von dem abweicht, was die beteiligten Sachrechte separat betrachtet mit Blick auf die konkrete Rechtsfrage hervorgebracht hätten. Dieser Befund ruft entsprechend den Wunsch hervor, das Ergebnis der

---

7 *von Bar/Mankowski*, IPR, I § 7 Rn. 250; MüKo/*von Hein*, Einl. IPR, Rn. 88; *Kropholler*, IPR, § 34 I; *Looschelders*, Anpassung, S. 6;

8 Vgl. *Audit*, D.i.p., Nr. 311; *Ballarino*, D.i.p., S. 85; *von Bar/Mankowski*, IPR, § 7 Rn. 251; *Batiffol*, Rec. des cours 1973-II, 75 (134); *Bureau/Muir Watt*, D.i.p. I, S. 506 Nr. 476; *Cansacchi*, Rec. des cours 1953-II, 81 (111); *Fernández Rozas/Sánchez Lorenzo*, D.i.p., S. 142 f. Nr. 114; *Keller/Siehr*, Allgemeine Lehren, S. 450; Palandt/*Thorn*, Einl v EGBGB Rn. 32; *Rigaux*, La théorie des qualifications, S. 381 Nr. 257; *Vitta*, Corso di diritto internazionale privato e processuale, S. 167.

9 IPR, § 14 C I.

Rechtsanwendung auf den gemeinsamen Nenner zu bringen, den die beteiligten Sachrechte mal mehr, mal weniger gut sichtbar aufweisen. Bei der Lösung des Anpassungsproblems wird in den Prozess der Rechtsanwendung in Fällen mit Auslandsbezug, wie er den kollisions- und materiellrechtlichen Normen nach ablaufen soll, an einer Stelle eingegriffen. Zur Verfügung stehen kollisionsrechtliche und materiellrechtliche Ansätze[10]. Das anpassende Abweichen von der regulären Rechtsanwendung hat seinen Grund in der Auffassung des Rechtsanwenders, der dem vorläufig gewonnenen Ergebnis des Rechtsanwendungsprozesses ablehnend gegenübersteht. Die Anpassung scheint daher zu einem gewissen Grad auch subjektive und wertende Gesichtspunkte zu beinhalten[11], was erklären kann, dass sich die mit ihr vorgenommene Korrektur teilweise dem Vorwurf ausgesetzt sieht, eine „gewisse (…) Willkür“[12] sei beteiligt. Mitunter besteht sogar der Eindruck gleichsam einer Rechtssetzungstätigkeit im Rahmen des Anpassens, der durch Formulierungen wie „einzelfallorientierte Rechtsfortbildung im IPR“[13] oder „besonders geartete gesetzgeberische Tätigkeit des Richters“[14] zum Ausdruck gebracht wird.

Das Schrifttum legt in Gestalt zahlreicher Äußerungen von der Tatsache Zeugnis ab, dass die Anpassung gemeinhin innerhalb der Lehre zum autonomen Kollisionsrecht als von Unsicherheiten geprägtes Institut gilt[15]. Als unsicheres Feld

10 Zu den Lösungsmethoden des Anpassungsproblems s.u. Kap. 3 (S. 155 ff.).

11 Von der Korrektur des Ergebnisses des Rechtsanwendungsprozesses aus „sachrechtlichen Gerechtigkeits- und Billigkeitserwägungen heraus“ sprechen *von Bar/Mankowski*, IPR I, S. 708; *Staudinger/Dörner*, Art. 25 EGBGB, Rn. 747; ähnlich auch *Aguilar Navarro*, Derecho internacional privado, I-II, S. 254; *Kropholler*, FS Ferid, 279 (283); *Staudinger/Sturm/Sturm*, Einl. IPR, Rn. 257; zum subjektiven Element jüngst *Dörner*, IPRax 2017, 81 (85).

12 *Dölle*, IPR, S. 85.

13 *Meyer-Sparenberg*, Staatsvertragliche Kollisionsnormen, S. 155; ähnlich *Ehrenzweig*, PIL, S. 95: „[…] the judge […] necessarily acts as a legislator.“; *Gössl*, RabelsZ 2018, S. 618 (628); vgl. auch *Kropholler*, der von „regelwidrige[r] […] Rechtsanwendung“ spricht, FS Ferid, 279 (281); *ders.*, IPR § 34 II; *Rigaux*, La théorie des qualifications: „le juge […] devient une source subsidiaire de droit.“; *Schnyder*, Anwendung ausländischen Sachrechts, S. 191 („rechtsschöpferischer Akt“); auch das AG Tempelhof-Kreuzberg hat in einer Entscheidung zu einem Anpassungsfall eine „Rechtsfortbildung der anzuwendenden ausländischen Rechtsordnung“ für erforderlich gehalten, Teilurt. v. 28.1.2008 – 172 F 6840/08 Gü, 172 F = IPRspr. 2008, Nr. 53, 186 f.

14 *Vischer*, Tatbestände, S. 126; von „Richterrecht“ spricht auch *Vrellis*, Liber amicorum Kurt Siehr, 829 (833).

15 Vgl. *Ehrenzweig*, PIL, S. 174 Nr. 95, der die Anpassung als „remedy of despair“ bezeichnet; *Ferid*, IPR, Rz. 4-70, der von der Anpassung als dem „unsichersten Terrain im

gilt das „*vexed topic*“[16] der Anpassung, weil sie einer klaren und einheitlichen Lehre unzugänglich zu sein scheint[17]. Es erweist sich als schwierig, allgemeine Feststellungen über die Anpassung zu treffen, die nicht allzu offen und damit wenig aussagekräftig sind[18]. Ausdruck dieser Unsicherheit sind auch die abweichenden Bewertungen einzelner Gesichtspunkte des Instituts. Unterschiedliche Auffassungen bestehen vor allem bei der Frage nach den dogmatischen Grundlagen der Anpassung, bezüglich der Kriterien für die Notwendigkeit des Anpassens sowie im Hinblick auf die zur Auflösung der Problemlagen angemessene rechtliche Operation[19]. Scheinbar mit einer gewissen Resignation stellen *Keller/Siehr*[20] daher fest: „Wie die Anpassung zu erfolgen hat, sagt kein Gesetz, und keine Methode ist richtiger als die andere.“[21]

Schwierigkeiten ergeben sich schließlich mit Blick auf die Darstellung des Anpassungsproblems. Bestimmte seiner Gesichtspunkte zu definieren, erfordert bisweilen, andere (jedenfalls teilweise) schon entschieden zu haben. Die Anpassungssituation beinhaltet eine Vielzahl von Erwägungen, die zur optimalen Verdeutlichung auf einmal erfasst werden müssten. Da dies aber nicht möglich ist, sollen bestimmte Fragekreise der Anpassung erst im Laufe der Untersuchung abschließend beurteilt werden. Die Analyse erfolgt somit auch unter dem Hinweis auf die inhaltliche Interdependenz einzelner Aspekte, die an den entsprechenden Stellen verdeutlicht wird.

---

ganzen IPR“ spricht; *Lewald*, Règles générales: „Les problèmes les plus délicats“ und *Schwind*, der das Anpassungsproblem für „eines der großen, letztlich unlösbaren Probleme des IPR“ hält, IPR, S. 42 Rn. 94; *ders.*, Handbuch, S. 43.

16 *Ehrenzweig*, PIL, S. 175, Fn. 42.

17 Vgl. *Audit/d'Avout*, D.i.p, Nr. 319: „la doctrine n'a pas encore dégagé une théorie ferme et la terminologie même n'est pas absolument fixée.“; *Looschelders*, Anpassung, S. 1.

18 Vgl. *Stoll*, IPRax 1984, 1 (5): „Gesetzliche Anweisungen zur Lösung solcher Fragen [wie der der Anpassung] müßten so allgemein gehalten werden, daß sie nicht mehr hilfreich sind.“.

19 *Dannemann*, Ungewollte Diskriminierung, S. 343 f.; *Jaksic*, YPIL XVII (2015/2016), 527 (529); zu diesen Aspekten s.u. Kap. 2, A, II, III (S. 92 ff.); Kap. 2, B (S. 64 ff.); Kap. 3 (S. 155 ff.).

20 Allgemeine Lehren, S. 454.

21 Vgl. auch *Bucher/Bonomi*, D.i.p., S. 150 Rn. 553: „Une méthode de solution précise fait défaut.“; sowie *Kropholler*, IPR, S. 237 und *Wengler*, RabelsZ 16 (1951), 1 (8), die davon ausgehen, dass es für die Lösung von Anpassungsproblemen „keine festen Regeln“ gebe.

2. Der Begriff „Anpassung“

Beachtung verdient zunächst der Umstand, dass für die Operation des Anpassens in der deutschsprachigen Lehre mitunter der Begriff „Angleichung“ verwendet wird[22]. Im Englischen und Italienischen stehen sich in entsprechender Weise die Begriffe „adaptation“ und „adjustment“[23] beziehungsweise „adattamento“[24] und „aggiustamento/adeguazione“[25] gegenüber, während im Spanischen von „adaptación“[26], im Französischen von „adaptation“[27] und im Niederländischen von „Aanpassing“[28] die Rede ist.

Nach dem allgemeinen deutschen Sprachgebrauch sind die beiden Begriffe als Synonyme anzusehen[29]. Für „anpassen“ findet sich die Bedeutung, dass sich eine Sache nach einer anderen richtet, sich einer anderen angleicht, sich in eine andere einordnet oder sich mit einer anderen abstimmt[30]. „Angleichen“ hingegen bedeutet, dass ein Gegenstand einem anderen gleichgemacht wird oder diesem ähnlich wird[31]. Diese Verben haben Vorgänge zum Gegenstand, innerhalb derer bei zwei gegebenen Dingen das eine aus Anlass einer Konfrontation mit dem anderen in seinem Bestand, orientiert an den Eigenschaften des letzteren, geändert wird. Die Begriffe sind im Ergebnis Umschreibungen ein und desselben Vorgangs.

Will man eine dem Vorgang des Instituts möglichst gut entsprechende Bezeichnung finden, so scheint es sich anzubieten, diese an der rechtstechnischen Vorgehensweise desselben auszurichten[32]. Auf die dogmatischen Grundlagen der Anpassung soll allerdings im Folgenden erst eingegangen werden[33]. Für die hier interessierende Frage der Bezeichnung ist aber jedenfalls festzuhalten,

---

22 *Kegel/Schurig*, IPR § 8 I; *Raape/Sturm*, IPR S. 259 ff.; Staudinger/*Sturm/Sturm*, Einl. IPR, Rn. 257.

23 *Ehrenzweig*, PIL, S. 95; *Wolff*, PIL, S. 163.

24 *Ballarino*, D.i.p., S. 85; *Franzina*, FS Picchio Forlati, 185.

25 *Betti*, Problematica del diritto internazionale, S. 317.

26 *Aguilar Navarro*, D.i.p., I-II, S. 252; *Fernández Rozas/Sánchez Lorenzo*, D.i.p., S. 142 Nr. 114; *Ochoa Muños*, FS Rouvier, S. 433.

27 *Bureau/Muir Watt*, Droit international privé, Nr. 474; *Rigaux*, D.i.p. I, Nr. 7.15 S. 289.

28 Vgl. *Offerhaus*, Aanpassing in het internationaal privaatrecht (1963).

29 Duden Band 10, Bedeutungswörterbuch unter „anpassen“, „angleichen“.

30 Duden Band 10, Bedeutungswörterbuch unter „anpassen“.

31 Duden Band 10, Bedeutungswörterbuch unter „angleichen“.

32 Vgl. aber *Aguilar Navarro*, D.i.p. I-II, S. 252, der davon ausgeht, dass es wohl keine überzeugenden Gründe für die Bevorzugung eines Begriffs gibt.

33 S.u. Kap. 2 (S. 87 ff.).

dass der Begriff der „Angleichung“ impliziert, dass ein Gegenstand dem anderen ähnlich werden soll, dass also seine Wesensmerkmale geändert oder aufgehoben werden sollen oder dass zusätzlich Eigenschaften des anderen Gegenstands angenommen werden sollen. „Angleichen“ suggeriert demnach eine gewisse „Vorbildfunktion“ des Elements, an das angeglichen werden soll.

Im Rahmen der Anpassung soll allerdings keine Rechtsordnung beziehungsweise Rechtsnorm einer anderen auf Grund eines etwa bestehenden Vorrangverhältnisses gleich oder ähnlich werden[34]. Es geht auch nicht darum, einem Moment die Wesenszüge eines anderen einzusetzen. Von einem Vorrangverhältnis im Sinne der Bevorzugung einer materiellen Regelung kann daher nicht die Rede sein. Es ist ferner zur Vermeidung von Missverständnissen vorzugswürdig, den Begriff der „Angleichung“ dem Bereich der Rechtsvereinheitlichung vorzubehalten[35]. Für die Zwecke des IPR erscheint der Begriff der „Anpassung“ daher besser geeignet.

3. *Abgrenzung zu verwandten Instituten*

Die Anpassung hat diverse Ähnlichkeiten mit anderen Instituten des Allgemeinen Teils des IPR. Im Folgenden soll die für sie charakteristische Modifikation von der Substitution, der Transposition und der Ergebniskorrektur im Rahmen des *ordre public* abgegrenzt werden[36].

a) Anpassung und Substitution

Die Substitution wird oft gemeinsam mit der Anpassung behandelt[37]. Sie betrifft nach herrschender Ansicht die Frage, ob ein ausländisches Rechtsinstitut einem inländischen funktionell gleichwertig ist und es daher im Tatbestand der inländischen Sachnorm ersetzen kann[38]. In den entsprechenden Fällen hat sich ein

34 *Derstadt*, Die Notwendigkeit der Anpassung bei Nachlaßspaltung im internationalen Erbrecht, S. 118 f.

35 Vgl. *Kropholler*, IPR, § 34 I.

36 Eine Abgrenzung der Anpassung von der Qualifikation erfolgt im Rahmen der Diskussion der Lösungsansätze, s.u. Kap. 3, A (S. 155 ff.).

37 Vgl. z.B. *Firsching*, der die gemeinhin unter der Kategorie der Substitution behandelten Sachverhalte wohl als Anpassung bezeichnet, Einführung in das IPR, S. 59 f.

38 BGHZ 205, 289 = NJW 2015, 2185, Rn. 33; *von Bar/Mankowski*, IPR I, § 7 Rn. 240; MüKo/*von Hein*, Einl. IPR, Rn. 227; *von Hoffmann/Thorn*, IPR, § 6 Rn. 40; *Keller/Siehr*, Allgemeine Lehren, § 40 III; *Kropholler*, IPR, § 33 I; *Lewald*, Règles générales, S. 132 ff.; *Rauscher*, IPR, § 5 Rn. 536; Staudinger/*Sturm/Sturm*, Einl. IPR, Rn. 258; *Weller*, Die Grenze der Vertragstreue von (Krisen-) Staaten, S. 44.

Teil des Tatbestands unter Einwirkung ausländischen Rechts ereignet, während die Beurteilung des Sachverhalts der inländischen Norm obliegt. Wird die Frage der funktionellen Gleichwertigkeit bejaht, so tritt die von der inländischen Norm vorgesehene Rechtsfolge ohne Änderung ein. Ausgangspunkt und entscheidender Maßstab im Rahmen der Substitution sind demnach die Bedeutung und Funktion des zur Ersetzung in Rede stehenden inländischen Instituts[39].

aa) Subsumtionsanpassung und Konklusionsanpassung

Schröder behandelt die Substitution als Unterfall der Anpassung. Er unterscheidet bei der Operation des Anpassens zwischen einem Ansetzen im Tatbestand und in der Rechtsfolge der Norm[40]. Die als „Subsumtionsanpassung" bezeichnete Anpassung soll im Tatbestand von Normen ansetzen. Sie betrifft Vorgänge, bei denen ein Tatbestandsmerkmal sich im Ausland ereignet hat und sich in der Folge die Frage stellt, ob dieses Tatbestandsmerkmal einem von der inländischen Norm vorausgesetzten entspricht. Einziges Leitprinzip für die Lösung soll insoweit die Äquivalenz sein[41]. Die Umschreibung der erfassten Fallgestaltungen verdeutlicht, dass hier diejenigen Probleme angesprochen sind, die der Großteil der Lehre in Übereinstimmung mit der von *Lewald* erarbeiteten Dreiteilung „Adaptation, Substitution, Transposition"[42] der Fallgruppe der Substitution zuordnet.

Die sogenannte „Konklusionsanpassung" in der Rechtsfolge von Normen soll hingegen dergestalt erfolgen, dass trotz Erfüllung aller rechtlichen und tatsächlichen Voraussetzungen einer Norm die regelmäßige Rechtsfolge nicht eintritt, sondern an ihre Stelle eine andere gesetzt wird[43]. Diese Definition erfasst diejenigen Vorgänge, die zumeist als Anpassung bezeichnet werden. Bei dieser Art der Anpassung soll die *conclusio*, die sich aus der Anwendung des Tatbestands ergeben würde, nicht gelten; an ihre Stelle tritt ein Ergebnis, das vom Rechtsanwender als logisch und teleologisch wünschenswert angesehen wird[44].

---

39 Vgl. *Hug*, Substitution, S. 115 ff.

40 Anpassung, S. 76 ff.; zum Fokus auf ein Ansetzen im Tatbestand von Normen im Rahmen der Anpassung allgemein s.u. Kap. 2, A, IV, 3, a), bb) (S. 109).

41 *Schröder*, Anpassung, S. 77, 97.

42 Règles générales, S. 129 ff.

43 *Schröder*, Anpassung, S. 77, 94.

44 *Schröder*, Anpassung, S. 34.

bb) Würdigung

Schröders Ansatz ist insoweit zuzustimmen, als durch ihn die Problemsituationen, die Anpassung und Substitution zugrunde liegen, voneinander abgegrenzt werden. Ob man die Substitution als Unterfall der Anpassung oder als von ihr grundsätzlich verschieden ansieht, führt jedenfalls unter Zugrundelegung dieses Konzepts zu keinen inhaltlichen Unterschieden. Vorzugswürdig erscheint es aber, die Substitution auch in terminologischer Hinsicht als Institut eigener Art zu begreifen. Die beiden Operationen betreffen hinreichend unterschiedliche Fallgestaltungen und erfolgen rechtstechnisch in unterschiedlicher Weise.

Der Unterschied zwischen beiden Instituten zeigt sich zunächst darin, dass im Falle der bloßen Ersetzung eines inländischen Tatbestandsmerkmals durch ein solches, das sich im Ausland ereignet hat, gerade kein Widerspruch zwischen anwendbaren Rechtsnormen überbrückt wird[45]. Ein solcher inhaltlicher Widerspruch ist allerdings gerade, was die Anpassungslage ausmacht. Die Vornahme der Substitution setzt im Gegensatz zur Vornahme der Anpassung die *Gleichheit* der sachrechtlichen Interessenlage in den anwendbaren Normen voraus[46].

Darüber hinaus ergibt sich ein Unterschied mit Blick auf die Operation, derer sich die beiden Institute bedienen. Bei der Substitution handelt es sich um eine Frage der Tatbestandssubsumtion[47]. Die jeweilige inländische Norm wird nach erfolgter Substitution entsprechend ihrer Rechtsfolge angewendet. Sie erscheint daher als ein Institut, das wortlautgetreu mit dem Gesetz verfährt[48]. Für die Anpassung sind allerdings Widersprüche charakteristisch, deren Intensität eine Modifikation von Normen erfordert[49]. Schließlich ist in methodischer Hinsicht darauf hinzuweisen, dass das Anpassungsproblem grundsätzlich auch auf Ebene des Kollisionsrechts behoben werden kann, die Frage nach einer etwaigen Ersetzungsmöglichkeit innerhalb der Substitution sich aber nur im Rahmen des Sachrechts stellt[50]. Letztere ist damit eine Auslegungsfrage des materiellen Rechts[51].

---

45 MüKo/*von Hein*, Einl. IPR, Rn. 228; *von Bar/Mankowski*, IPR, § 7 Rn. 240; *Looschelders*, Anpassung, S. 179 f.; Staudinger/*Sturm/Sturm*, Einl. IPR, Rn. 259; *Dannemann* zufolge können sich sowohl aus geglückten als auch misslungenen Substitutionen Anpassungsprobleme ergeben, vgl. Ungewollte Diskriminierung, S. 109.

46 *Looschelders*, Anpassung, S. 417.

47 *Mansel*, FS Lorenz, S. 703; MüKo/*Sonnenberger*, 5. Aufl., Einl. IPR, Rn. 605 ff.

48 *van Venrooy*, Internationalprivatrechtliche Substitution, S. 137.

49 Zu diesem Gesichtspunkt vgl. die Abgrenzung zur Auslegung, Kap. 2, A, II, 2 (S. 95).

50 MüKo/*von Hein*, Einl. IPR, Rn. 228.

51 Bamberger/Roth/*S. Lorenz*, Einl. IPR Rn. 91.

Vor diesem Hintergrund wird deutlich, dass die Anpassung gerade nicht den harmonischen Fall der tatbestandlichen Ersetzung betrifft, sondern in Problemsituationen eingreift, die einen Normwiderspruch zwischen den berufenen Sachrechten beinhaltet.

b) Anpassung und Transposition

Die Transposition[52] betrifft Fälle, in denen an einer Sache in einer Rechtsordnung ein bestimmtes Recht begründet wurde, das dann innerhalb einer anderen Rechtsordnung verwirklicht werden soll: Diese Verwirklichung kann sich aufgrund der sachenrechtlichen Prinzipien der zweiten Rechtsordnung problematisch darstellen[53]. In diesem Fall erfolgt eine Übersetzung des betreffenden Instituts in eine funktionsäquivalente Rechtsfigur des inländischen Rechts[54]. Auch das sogenannte „Handeln unter falschem Recht“ wird mit dieser Transposition in Verbindung gebracht[55].

Ein klassisches Beispiel für den Anwendungsbereich der Transposition zeigt sich beim Statutenwechsel im Internationalen Sachenrecht[56], wenn etwa die Anordnung eines *Trusts* an einem in Deutschland belegenen Grundstück durch einen englischen Erblasser in die Kategorien des deutschen Rechts transformiert werden muss. Auch die Umdeutung eines dinglich wirkenden Vindikationslegats in ein Damnationslegat besteht der Sache nach in einer Transposition des Vindikationslegats in die Kategorien derjenigen Rechtsordnung, die Vermächtnisse schuldrechtlich ausgestaltet[57]. Insofern ist das jüngst ergangene Urteil des Europäischen Gerichtshofs (EuGH) in der Rechtssache *Kubicka*[58] zu beachten, demzufolge die Anerkennung eines nach Art. 21 EuErbVO[59] angeordneten

---

52 Zur Kritik an dieser Kategorie allgemein vgl. *Schröder*, Anpassung, S. 41.

53 MüKo/*von Hein*, Einl. IPR, Rn. 220; *Keller/Siehr*, Allgemeine Lehren, § 40 II.

54 Vgl. etwa BGH, Urt. v. 11.3.1991 – II ZR 88/90, NJW 2011, 1415 (Anwendung der Regeln des Sicherungseigentums auf eine in Italien wirksam bestellte Autohypothek), abw. insoweit *Rauscher*, IPR, Rn. 1523.

55 Vgl. *von Bar/Mankowski*, IPR I, § 7 Rn. 247; MüKo/*von Hein*, Einl. IPR, Rn. 221, 223 ff.; *Looschelders*, Anpassung, S. 185 f.; zu dieser Fallgruppe s.u. Kap. 2, III (S. 98 ff.).

56 *von Bar/Mankowski*, IPR I, § 7 Rn. 246; MüKo/*von Hein*, Einl. IPR Rn. 220.

57 Vgl. dazu BGH, Urt. v. 28.9.1994 – IV ZR 95/93, DNotZ 1995, 704 (Anordnung eines Vindikationslegats unter kolumbianischem Recht bezüglich Grundstück in Deutschland); *Looschelders*, Anpassung, S. 413.

58 EuGH, Urt. v. 12.10.2017 – C-218/16 – *Kubicka*, ECLI: EU: C:2017:755, NJW 2017, 3767.

59 Verordnung (EU) Nr. 650/2012 des europäischen Parlaments und des Rates über die Zuständigkeit, das anzuwendende Recht, die Anerkennung und Vollstreckung von

Vindidationslegats in der Rechtsordnung des Belegenheitsorts nicht mit der Begründung abgelehnt werden darf, dass diese die Rechtsfigur nicht kenne[60].

Wie die Substitution wird auch die Transposition bisweilen als Unterfall der Anpassung verstanden[61]. Diese Deutung begegnet allerdings Bedenken. Mit der Erwägung, dass im Rahmen der Transposition nicht Normen, wie in der Anpassung, sondern das betreffende Rechtsinstitut angepasst wird[62], lässt sich der Unterschied zwischen beiden Operationen zwar nicht hinreichend begründen. Denn letztlich beruht auch das Rechtsinstitut auf Normen und ist auch die Anpassung von Normen vorwiegend die Modifikation der aus diesen folgenden tatsächlichen Wirkungen.

Festzuhalten ist jedenfalls, dass das Vorliegen eines gewissen Normenwiderspruchs in den anwendbaren Sachnormen der ausschlaggebende Gesichtspunkt für die Nähe der beiden Institute zueinander zu sein scheint. Der Widerspruch kann mit Blick auf die Transposition darin gesehen werden, dass einer Rechtsordnung die Existenz oder Ausgestaltung eines bestimmten, klar abgrenzbaren Instituts fremd ist, was daran deutlich wird, dass sie dafür keine entsprechenden Normen bereithält.

Die Transposition unterscheidet sich von der Anpassung jedoch darin, dass bei ihr keine Normen modifiziert werden. Bei der Transposition wird ein Institut des ausländischen Rechts in die Kategorien des inländischen Rechts in Gestalt eines funktionsäquivalenten Instituts gleichsam „übersetzt", während die Anpassung die Modifikation des anwendbaren Sachrechts zum Gegenstand hat[63]. Ferner stellt sich vor diesem Hintergrund eine Rechtsordnung insofern als vorrangig heraus, als sie die „Sprache" vorgibt, in der die Wirkung des Instituts allein entfaltet werden soll: Die anwendbaren Sachnormen werden für die Konstruktion des fremden Instituts mit den ihnen zur Verfügung stehenden Mitteln herangezogen. Der Gedanke einer möglichen Vorrangstellung eines der beteiligten Sachrechte ist im Rahmen der Anpassung aber keine maßgebliche Erwägung. In methodischer Hinsicht ist darüber hinaus wiederum darauf

---

Entscheidungen und die Annahme und Vollstreckung öffentlicher Urkunden in Erbsachen sowie zur Einführung eines Europäischen Nachlasszeugnisses vom 4.7.2012.

60 Eingehend zu diesem Urteil s.u. Kap. 1, B, III, 2 (S. 75).

61 *Calvo Caravaca/Carrascosa González*, D.i.p., S. 489 Nr. 83; die die Anpassung, wie sie vorliegend verstanden wird, als „Adaptación en sentido estricto" bezeichnen; *Schnyder*, Anwendung fremden Sachrechts, S. 187; ähnlich auch *Gottschalk*, Allgemeine Lehren des IPR in kollisionsrechtlichen Staatsverträgen, S. 132.

62 *Looschelders*, Anpassung, S. 183.

63 MüKo/*von Hein*, Einl. IPR, Rn. 221; *Looschelders*, Anpassung, S. 183.

hinzuweisen, dass für die Transposition im Falle eines Statutenwechsels eine kollisionsrechtliche Handhabung des zugrunde liegenden Problems ausscheidet, während diese Möglichkeit der Anpassung offensteht[64].

Soweit man im Sinne der „Hinnahmetheorie" davon spricht, dass das betreffende Rechtsinstitut von der anwendbaren Rechtsordnung akzeptiert und nur bezüglich der Modalitäten der Geltendmachung „übersetzt" wird[65], kann man eine größere Verwandtschaft mit der Anpassung feststellen[66]. Denn auch in diesem Fall erfolgt eine Normmodifikation. Gleichwohl sind in diesen Fällen streng genommen nicht mehrere (übereinstimmende) Wertungen aus IPR oder IZVR berufen, die sich am vorläufigen Rechtsanwendungsergebnis nicht oder nur unzureichend realisieren, wie es für die Anpassung charakteristisch ist[67]. Denn das jeweilige Rechtsinstitut trifft im Transpositionsfall nicht mit einer konkurrierenden Wertung aus dem anwendbaren Sachrecht zusammen, sondern stößt in diesem vielmehr auf Unkenntnis und wird dann mit dessen Mitteln zur Geltung gebracht. Ob letzteres mittels der Anwendung eines funktionsäquivalenten Rechtsinstituts oder nur hinsichtlich der Modalitäten der Geltendmachung des fremden Rechtsfigur erfolgt, bedeutet insofern keinen grundlegenden Unterschied. Letztlich wird aber deutlich, dass sich unter Zugrundelegung der „Hinnahmetheorie" ein Grenzbereich zum Fall der Anpassung zeigt.

c) *Anpassung und ordre public*

Das Institut des *ordre public* (Art. 6 EGBGB) ist das Mittel, mit dem Rechtsanwendungsergebnisse korrigiert werden können, die sich aus der Anwendung des berufenen Sachrechts ergeben und die den wesentlichen Grundsätzen des eigenen Rechts in untragbarer Weise widersprechen[68]. Von besonderer Bedeutung für die Beurteilung einer Unvereinbarkeit mit den wesentlichen Grundsätzen des deutschen Rechts sind die Grundrechte (Art. 6 Satz 2 EGBGB)[69]. Fremdes Recht, das den unantastbaren materiellen Grundsätzen der inländischen

64 MüKo/*von Hein*, Einl. IPR, Rn. 221.

65 Vgl. *Drömann*, Die Integration ausländischer Sachenrechte, S. 115 ff.; Staudinger/*Mansel*, Art. 43 EGBGB Rn. 173, 245 f., der von einer „Einpassung" im Sinne der Hinnahmetheorie ausgeht.

66 Vgl. MüKo/*von Hein*, Einl. IPR, Rn. 221.

67 Zur Begründung der Anpassungsnotwendigkeit s.u. Kap. 2, B (S. 122 ff.).

68 *von Hoffmann/Thorn*, IPR, § 6 Rn. 136; *Kropholler*, IPR, § 36 I.

69 Zur Bedeutung der Grundrechte *von Bar/Mankowski*, IPR I, § 7 Rn. 260 ff.; Erman/*Hohloch*, Art. 6 EGBGB, Rn. 1, 18; Palandt/*Thorn*, Art. 6 EGBGB, Rn. 7.

Rechtsordnung widerspricht, wird unter Berufung auf den *ordre public* nicht angewandt[70].

Die Gemeinsamkeit von Anpassung und *ordre public* ist vergleichsweise gut erkennbar. Beide Institute werden gebraucht, um das aus Kollisions- und Sachrechtsanwendung vorläufig gewonnene Ergebnis aufgrund seiner Diskrepanz mit den Wertungen einer anderen Rechtsordnung zu korrigieren[71]. Es besteht in beiden Fällen auch eine erhöhte Unsicherheit hinsichtlich der Frage, wann der Punkt erreicht ist, an dem vonseiten des Rechtsanwenders in das Ergebnis eingegriffen werden kann beziehungsweise muss. Dieser Umstand unterstreicht den Einzelfallcharakter der Institute. *Lewald* statuiert gar, dass Anpassungsprobleme regelmäßig mit Erwägungen des *ordre public* zusammentreffen dürften[72]. Auch in der Rechtsprechung lassen sich Fälle finden, in denen Anpassungsprobleme unter Berufung auf den *ordre public* gelöst werden[73].

Trotz der scheinbaren Verwandtschaft in ihrer Funktion lassen sich zwischen den Instituten allerdings klare Unterschiede erkennen[74]. Was den *ordre public* angeht, so wird das Ergebnis der Rechtsanwendung aus Gründen der Unvereinbarkeit mit wesentlichen Prinzipien der eigenen Rechtsordnung korrigiert. Im Rahmen der Anpassung werden Ergebnisse dann nicht aufrechterhalten, wenn sie den gemeinsamen Zwecken der anwendbaren Sachrechte widersprechen[75]. Hier genügt es, wenn der für die Rechtsfrage zentrale Zweck der Normen vereitelt würde; der *ordre public*-Einwand greift hingegen nur dann ein, wenn wesentliche Grundsätze der gesamten Rechtsordnung vereitelt werden könnten.

Ein Unterschied besteht auch mit Blick auf die Rangordnung der beteiligten Rechte. Das Ergebnis der Rechtsanwendung wird unter Berufung auf den *ordre public* gleichsam ignoriert. Die Wertung aus dem Kernbereich der inländischen

---

70 *Kegel/Schurig*, IPR, § 16 I.

71 *Aguilar Navarro*, D.i.p., I-II, S. 252; *Gössl*, RabelsZ 2018, S. 618 (623); *Kropholler*, FS Ferid, 279 (286); MüKo/*von Hein*, Art. 6 EGBGB, Rn. 88.

72 Règles générales, S. 145.

73 Vgl. etwa LG Aurich, Beschl. vom 1.12.1975 – 3a T 35/75, IPRspr. 1975, Nr. 95; Besprechung s.u. Kap. 1, A, II, 2, a) (S. 46); sowie unten Kap. 9, C, I (S. 304).

74 Zur Frage der Handhabung des Anpassungsfalles im Rahmen der Anerkennung und Vollstreckung ausländischer Entscheidungen mit Blick auf eine Verletzung des *ordre public* s.u. Kap. 8, E, II (S. 289 ff.).

75 Es kann in eng umrissenen Einzelfällen für eine Anpassung genügen, dass nur ein einseitiger Normwiderspruch vorliegt, s.u. Kap. 2, C, IV (S. 149 ff.); selbst dann aber besteht ein klarer Unterschied hinsichtlich des *ordre public*, da die Gründe für die Ablehnung des Ergebnisses nicht auf Erwägungen der fundamentalen Grundsätze einer Rechtsordnung beruhen.

Rechtsordnung wird der Rechtsfolge aus der Fremdrechtsanwendung gegenüber durchgesetzt[76]. So wird in das fremde Sachrecht aufgrund inländischer Prinzipien korrigierend eingegriffen[77]. Die Anpassung dagegen erfolgt nicht, um eine Wertvorstellung gegenüber der anderen durchzusetzen, sondern um gemeinsame Wertvorstellungen zusammenzuführen, die aufgrund der kollisionsrechtlichen Analyse auseinandergefallen sind. Der Anpassung ist eine Bewertung der beteiligten Sachrechte fremd[78]. Es geht bei ihr nicht darum, einen für unabdingbar erklärten Bereich einer Rechtsordnung unter den Umständen des Einflusses einer fremden Rechtsordnung zu bewahren.

Darüber hinaus steht in methodischer Hinsicht im Rahmen der Anpassung eine Abänderung inländischen Sachrechts gleichberechtigt neben der entsprechenden Änderung des beteiligten Fremdrechts zur Auswahl, während das Institut des *ordre public* nur eine modifizierte Anwendung ausländischen Rechts ermöglicht[79].

Diese Erwägungen zeigen auch, dass Anpassung und *ordre public* nicht etwa verschiedene Stufen der Hinnehmbarkeit des Ergebnisses in der internationalen Rechtsfrage betreffen, sodass die Anpassung leichte, der *ordre public* hingegen schwere Verstöße gegen bestimmte Rechtssätze beträfe. Mit den Instituten sind vielmehr grundlegend andersartige Fallgestaltungen geregelt. Auch im Bereich von Anpassung und *ordre public* kann demnach eine klare Grenzziehung erfolgen.

d) Zusammenfassung

Die der Anpassung verwandten Institute von ihr abzugrenzen, ist im Einzelfall schwierig. Dies hängt damit zusammen, dass sie alle in bestimmter Weise die Anwendung des kollisionsrechtlich berufenen Rechts und die damit einhergehenden Unsicherheiten betreffen. Klare Grenzziehungen sind dennoch möglich, wenn die Unterschiede auch nicht immer überbewertet werden dürfen, wie sich insbesondere an der Abgrenzung der Anpassung zur Substitution und zur Transposition zeigt.

---

76 MüKo/*von Hein*, Art. 6 EGBGB, Rn. 88; *Kegel/Schurig*, IPR, § 16 I; *Kropholler*, FS Ferid, 286.

77 *Looschelders*, Anpassung, S. 127; *Ochoa Muños*, FS Rouvier, 433 (443).

78 MüKo/*von Hein*, Art. 6 EGBGB, Rn. 88.

79 *Kropholler*, FS Ferid, 279 (286); MüKo/*Sonnenberger*, 5. Aufl., Einl. IPR, Rn. 615.

II. Die Bedeutung der Anpassung in der deutschen Rechtsprechung

Im Folgenden soll anhand einiger Entscheidungen die Handhabung des Anpassungsproblems in der Rechtsprechung veranschaulicht werden. Exemplarisch werden Beispiele aus der Rechtsprechungspraxis diskutiert, denen auch allgemeingültige Feststellungen zur Anpassung entnommen werden können.

1. Der Bundesgerichtshof zur Anpassung

a) Der Sachverhalt

In einer jüngeren Entscheidung des Bundesgerichtshofs aus dem Jahr 2015[80] hat der erkennende Senat sich mit dem Institut der Anpassung auseinandergesetzt. Der Sachverhalt betraf eine mehr oder weniger klassische Konstellation des Anpassungsproblems: die Maßgeblichkeit unterschiedlichen Sachrechts in erb- und güterrechtlicher Hinsicht für die Beurteilung des Erbrechts des überlebenden Ehegatten. Als hergebrachtes Beispiel der Anpassung dient seit langem der sogenannte „Witwenfall“[81], bei dem es um die Beteiligung der überlebenden Ehefrau am Nachlass ihres verstorbenen Ehemanns geht, die verschiedenen Statuten im Güter- und Erbrecht unterliegt.

In der hier interessierenden Entscheidung des Bundesgerichtshofs stand indes die Verteilung des Nachlasses einer *Erblasserin* griechischer Staatsangehörigkeit an den überlebenden *Ehemann* in Rede. Auf die Verteilung des Nachlasses in diesem „Witwerfall“ waren die Kollisionsnormen des EGBGB anwendbar; erbrechtlich war über Art. 25 Abs. 1 EGBGB a.F. griechisches Recht berufen, während aufgrund einer Rechtswahl der Parteien gemäß Art. 15 Abs. 2 Nr. 2 a.F. EGBGB deutsches Güterrecht für die Abfindung maßgeblich war. Nach griechischem Erbrecht stand dem überlebenden Ehegatten gemäß Art. 1820 griech. ZGB ein Viertel des Nachlasses zu[82]. Das deutsche Recht gewährte über § 1371 Abs. 1 BGB ein weiteres Viertel. Im Ergebnis war dem überlebenden Ehegatten daher im Grundsatz die Hälfte des Nachlasses der Verstorbenen zu gewähren.

---

80 BGH, Beschl. vom 13.5.2015 – IV ZB 30/14, BGHZ 205, 289; mit Anmerkungen von *Dörner*, IPRax 2017, 81; *Lorenz*, NJW 2015, 2157; *Looschelders*, JR 2016, 197; *Mankowski*, FamRZ 2015, 1183; *Reimann*, ZEV 2015, 409; *Süß*, MittBayNot 2015, 510.

81 Zu dieser Konstellation s.u. Kap. 1, B, I, 2, a) (S. 66) und 3, a) (S. 68) sowie II, 2, a) (S. 71) und 3, a) (S. 72).

82 Der überlebende Ehegatte ist neben den Abkömmlingen der ersten Ordnung zu einem Viertel berufen, vgl. *Papantoniou*, FamRZ 1988, 683 (685); *Ferid/Firsching/Dörner/Hausmann*, Internationales Erbrecht (Stand: 103. EL 2018), Griechenland, Rn. 62; *Stamatiadis*, in: *Süß* (Hrsg.), Erbrecht in Europa, Griechenland, Rn. 30.

Der Fall wies darüber hinaus eine Besonderheit im Vergleich zur herkömmlichen Konstellation der Ehegattenfälle auf: Zum Zeitpunkt des Erbfalls stand die Scheidung der Ehegatten in Rede. Den ursprünglichen Scheidungsantrag der Erblasserin, dem der Ehemann zugestimmt hatte, hatte diese allerdings wieder zurückgenommen, nachdem der Ehemann einen eigenen Scheidungsantrag gestellt hatte[83].

b) Die Entscheidung des Bundesgerichtshofs

Das Ergebnis der hälftigen Nachlassbeteiligung aus der Kumulation griechischen und deutschen Rechts veranlasste die Richter zu Ausführungen hinsichtlich der Institute Anpassung und Qualifikation.

Grund für die Erwägung einer Anpassung war der Umstand, dass die Beurteilung des Sachverhalts unter ausschließlicher Geltung deutschen Rechts wegen des vermeintlich anhängigen Scheidungsantrags voraussichtlich zu einer gänzlichen Versagung des Erbrechts geführt hätte, während die Erbberechtigung sich unter der ausschließlichen Geltung griechischen Rechts auf ein Viertel des Nachlasses beschränkt hätte. Das Rechtsanwendungsergebnis einer hälftigen Nachlassbeteiligung kann vor diesem Hintergrund als ungerechtfertigt erscheinen, weil es von dem abzuweichen scheint, was beide Rechtsordnungen übereinstimmend für den Sachverhalt bezweckt haben.

Die Anpassung des Rechtsanwendungsergebnisses hat der Senat diskutiert, letztlich aber abgelehnt[84]. Mit Blick auf die von den beteiligten Sachrechten verfolgten Zwecke führte das Gericht aus, dass dem griechischen Erbrecht keine Intention dahingehend zu entnehmen sei, es wolle den güterrechtlichen Ausgleich mitbewirken[85]. Die vergleichende Betrachtung der ausschließlichen Geltung beider Sachrechte und die daraus folgende voraussichtliche Versagung des Erbrechts nach § 1933 BGB hat das Gericht ebenfalls nicht zum Anlass für eine Korrektur durch Anpassung genommen. Der Senat statuierte vielmehr, dass die Entscheidung über die Erbberechtigung (das Ob) nicht in der Lage sei, das Ausmaß der Erbberechtigung (das Wie) zu beeinflussen[86]. Einer Korrektur des Rechtsanwendungsergebnisses im Wege der Qualifikation erteilte das Gericht ebenfalls eine Absage. Die Abhilfe mittels Qualifikation sei für die in Rede stehenden Widersprüche zwischen Erb- und Güterstatut ohnehin nicht die richtige

83 Vgl. BGH, Beschl. v. 13.5.2015 – IV ZB 30/14, BGHZ 205, 289 (290), Rn. 3.
84 BGH, Beschl. v. 13.5.2015 – IV ZB 30/14, BGHZ 205, 289 (299), Rn. 40.
85 BGH, Beschl. v. 13.5.2015 – IV ZB 30/14, BGHZ 205, 289 (299), Rn. 40.
86 BGH, Beschl. v. 13.5.2015 – IV ZB 30/14, BGHZ 205, 289 (299), Rn. 41.

Antwort. Im Falle des Normwiderspruchs zwischen Güter- und Erbstatut sei das Ergebnis der Normanwendung mittels Anpassung den Umständen des Einzelfalls anzupassen[87].

Von Interesse sind darüber hinaus schließlich die Ausführungen zur Qualifikation. Der Bundesgerichtshof klärte in seiner Entscheidung, dass die Vorschrift des § 1371 Abs. 1 BGB güterrechtlich zu qualifizieren ist[88]. Damit beendete er für das autonome deutsche IPR einen jahrelang währenden Streit über die korrekte Einordnung des güterrechtlichen Ausgleichsanspruchs[89].

c) *Stimmen aus der Literatur*

Die Entscheidung des BGH ist in der Literatur überwiegend mit Zustimmung aufgenommen worden[90].

Die Kritik stellt auf den oft vorgebrachten Grundsatz ab, dass dem Erben durch die Beteiligung verschiedener Sachrechte nicht mehr gewährt werden dürfe, als ihm nach den beteiligten Rechtsordnungen für sich genommen zusteht[91]. Konkret wird geltend gemacht, dass die alleinige Anwendung des deutschen Erbrechts bei Eingreifen des Ausschlusses nach § 1933 BGB weder eine erbrechtliche noch eine güterrechtliche Abfindung des überlebenden Ehegatten gewährt hätte[92]. Das griechische Erbrecht hingegen hätte bei alleiniger Anwendung ein Viertel gewährt; somit sei der Anspruch insgesamt auf ein Viertel zu kürzen[93].

Dörner etwa entgegnet dem mit Blick auf die Ersetzung des „gesetzlichen Erbteils" in § 1371 Abs. 1 BGB, dass bei funktioneller Gleichwertigkeit der Erbberechtigungen das güterrechtliche Viertel aus dem deutschen Recht um die ausländische Quote erhöht werde und es nicht darauf ankomme, dass etwa das deutsche Recht einen Ausschluss des Erbrechts vorgesehen hätte[94]. Dies wird

87 BGH, Beschl. v. 13.5.2015 – IV ZB 30/14, BGHZ 205, 289 (298), Rn. 34.

88 BGH, Beschl. v. 13.5.2015 – IV ZB 30/14, BGHZ 205, 289 (295), Rn. 24.

89 Zur Bedeutung dieser Qualifikationsfrage für die Anpassung sogleich, Kap. 1, A, II, 2 (S. 46 ff.).

90 Zustimmend etwa *Dörner*, IPRax 2017, 81; *Looschelders*, JR 2016, 197; *Schäuble*, NZFam 2015, 758; *Süß*, MittBayNot 2015, 511; *Wiedemann*, Rpfleger 2015, 649; ablehnend *Lorenz*, NJW 2015, 2157; krit. auch MüKo/*von Hein*, Einl. IPR, Rn. 268; zur Stellungnahme zur Lösung des Falles s.u. Kap. 2, C, I, 2 (S. 139 ff.).

91 Zur Begründung der Anpassungsnotwendigkeit s.u. Kap. 2, B.

92 *Lorenz*, NJW 2015, 2157 (2160).

93 *Lorenz*, NJW 2015, 2157 (2160).

94 IPRax 2017, 81 (82).

damit begründet, dass die im deutschen Recht geltenden Ausschlussgründe nur eingreifen können, wenn deutsches Erbrecht zur Beurteilung der Rechtsfrage berufen ist[95]. Diese Argumentation entspricht den Ausführungen des Gerichts zur Trennung von Ob und Wie der Erbberechtigung. Ähnlich argumentiert *Wiedemann*, die darauf verweist, dass § 1933 BGB kollisionsrechtlich keine Anwendung findet und seine Berücksichtigung daher den kollisionsrechtlichen Verweisungsbefehl des Art. 25 EGBGB a.F. unterminieren würde[96]. Auch *Looschelders* stellt fest, dass allein das Erbstatut für die Frage der Auswirkungen des laufenden Scheidungsverfahrens maßgeblich sei[97].

2. *Die Qualifikation des Zugewinnausgleichs und ihre Bedeutung für die Anpassung*

a) *Die deutsche Rechtsprechung*

Die Qualifikation des Zugewinnausgleichs als güter- oder erbrechtlich hat Auswirkungen auf den klassischen Anpassungsfall, der sich mit Blick auf die Beteiligung des überlebenden Ehegatten am Nachlass ergeben kann. Bezüglich der Qualifikation der Vorschrift des § 1371 BGB wurden unterschiedliche Differenzierungen vertreten.

Vorherrschend bis zur Klärung durch den Bundesgerichtshof im Mai 2015[98] war in der deutschen Rechtsprechung die güterrechtliche Qualifikation des Zugewinnausgleichs[99]. Zugunsten der güterrechtlichen Qualifikation wurde unter anderem auf Sinn und Zweck der Norm verwiesen: Dieser sei kein erbrechtlicher, vielmehr werde die Beendigung der Zugewinngemeinschaft durch den Tod eines Ehegatten geregelt – ein Widerspruch zum Erbstatut entstehe demnach nicht[100]. Zu der in Reinform nicht mehr vertretenen rein erbrechtlichen

---

95 *Dörner*, IPRax 2017, 81 (82).

96 Rpfleger 2015, 649 (650 f.).

97 JR 2016, 197 (198).

98 Zu diesem Urteil soeben oben, Kap. 1, A, II, 1 (S. 43 ff.).

99 Vgl. etwa OLG Düsseldorf, Beschl. vom 10.3.2015 – I-3 Wx 196/14, IPRspr. 2015 Nr. 135 = IPRax 2016, 382 (384); OLG Düsseldorf, Beschl. v. 10.3.2015 – I-3 Wx 196/14, IPRspr. 2015 Nr. 135 = IPRax 2016, 382 (384); OLG Frankfurt/Main, Beschl. v. 30.7.2014 – 21 W 47/14, IPRspr. 2014 Nr. 134 (S. 333 f.); OLG Schleswig, Beschl. v. 19.8.2013 – 3 Wx 60/13, ZEV 2014, 93 (94); OLG München, Beschl. v. 16. 4. 2012 – 31 Wx 45/12, ZEV 2012, 591 (593); OLG Hamm, Beschl. v. 29.4.1992 – 15 W 114/91, IPRax 1994, 49 (53); OLG Karlsruhe, Beschl. v. 29.6.1989 – 11 W 86/89, NJW 1990, 1421; LG Memmingen, Beschl v. 23.3.1984 – 4 T 1358/83, IPRax 1985, 41 (42).

100 OLG Schleswig, Beschl. v. 19.8.2013 – 3 Wx 60/13, NJW 2014, 88;

Qualifikation ist anzumerken, dass unter Zugrundelegung dieser Sichtweise im Falle des Aufeinandertreffens mit einer Rechtsordnung, die eine hauptsächlich güterrechtliche Abfindung des überlebenden Ehegatten vorsieht, ein Normenmangel entstehen kann[101]. Es ist aber darauf hinzuweisen, dass mit Blick auf die Versorgung des überlebenden Ehegatten in unterschiedlichen Rechtsordnungen bestimmte Mischmodelle bestehen, die eine abstrakte Vorhersage von Normwidersprüchen erschweren[102].

In der deutschen Rechtsprechung wurde die Anwendbarkeit des güterrechtlichen Ausgleichsanspruchs neben einem ausländischen Erbstatut teilweise unter Hinweis darauf verneint, dass das deutsche Recht seinen güterrechtlichen Ausgleich rechtstechnisch auf erbrechtlichem Wege verfolge und dadurch in die Erbquote des ausländischen Rechts eingreife, diese aber durch das ausländische Recht abschließend festgelegt werde[103].

Diese Sichtweise ist abzulehnen, denn sie spricht dem gleichermaßen anzuerkennenden Güterstatut die Verbindlichkeit ab und stellt eine unzulässige Verkürzung desselben dar[104]. Es ist nicht einzusehen, wieso eine gleichwertige Ausgestaltung im fremden Erbstatut nicht in gleicher Weise genügen soll[105]. Bei entsprechender funktioneller Gleichwertigkeit kann die erbrechtliche Beteiligung unter ausländischem Recht durchaus als „der gesetzliche Erbteil des überlebenden Ehegatten" im Sinne von § 1371 Abs. 1 BGB angesehen werden[106]. Bejaht man die Anwendbarkeit des ausländischen Erbrechts neben dem güterrechtlichen Anspruch, so kann sich aufgrund einer höheren erbrechtlichen Abfindung durch das ausländische Statut jedoch eine Nachlassbeteiligung ergeben, die das

---

101 Zur Fallgruppe des Normenmangels unten Kap. 1, B, I (S. 65 ff.).

102 Vgl. den Hinweis des Generalanwalts am EuGH *Szpunar* in seinen Schlussanträgen vom 13.12.2017, C-558/16, Rn. 55.

103 OLG Köln, Beschl. v. 5.8.2011 – 2 Wx 115/11, ZEV 2012, 205 ff.; die Anwendbarkeit wird ebenfalls abgelehnt vom OLG Hamburg, Beschl. v. 4.12.2014 – 2 W 58/14, IPRspr 2014, Nr. 138; OLG Frankfurt/Main, Beschl. v. 20.10.2009 – 20 W 80/07, IPRspr. 2009, Nr. 124; OLG Stuttgart, Beschl. v. 8.3.2005 – 8 W 96/04, IPRspr. 2005 Nr. 79.

104 Vgl. BGHZ 205, 289 (296).

105 LG Bonn, Urt. v. 19.10.1984 – 5 T 195/84, IPRspr. 1984, Nr. 115 (S. 270); Staudinger/*Dörner*, Art. 25 EGBGB, Rn. 34; *ders.*, ZEV 2005, 444; Erman/*Hohloch*, Art. 15 EGBGB, Rn. 37; *Looschelders*, Anpassung, S. 317; *Schurig*, IPRax 1990, 389 (391).

106 Von einer Substitution sprechen daher insoweit BGHZ 205, 289 (298); OLG Schleswig, Beschl. v. 19.8.2013 – 3 Wx 60/1, NJW 2014, 88 (90); *Dutta*, FamRZ 2015, 1238 (1239); *Looschelders*, IPRax 2016, 349 (351); Bamberger/Roth/*Lorenz*, Art. 25 EGBGB, Rn. 57.

überschreitet, was nach den jeweiligen Rechtsordnungen gesondert gewährt worden wäre[107].

Die deutsche Rechtsprechung hat weitere Varianten zur Qualifikation des Zugewinnausgleichs hervorgebracht. So wurde etwa angenommen, dass seine güterrechtliche Qualifikation davon abhänge, dass die gesetzliche Erbquote des überlebenden Ehegatten nach ausländischem Recht nicht zugleich einen güterrechtlichen Ausgleich bezweckt[108]. Außerdem wurde vertreten, dass die Erhöhung des Erbteils durch den Zugewinnausgleich nur vorgenommen werden könne, wenn das ausländische Erbrecht eine der Vorschrift des § 1371 BGB entsprechende Norm enthalte[109]. Diese Wege stellen Versuche dar, die oftmals drohenden Anpassungsprobleme im Voraus zu verhindern. Zu kritisieren ist an ihnen, dass sie eine parallele Ausgestaltung der Rechtsfrage im fremden Sachrecht verlangen und differenziertere Lösungen wie die der Anpassung verfrüht ausschließen. Die Widersprüche, die sich aus der Kombination unterschiedlicher Sachrechte im Güter- und Erbrecht ergeben können, sollten vorrangig mit den flexiblen Mitteln der Anpassung korrigiert werden. Die Rechtsanwendung des ausländischen Rechts von einer zum deutschen Sachrecht parallelen Ausgestaltung abhängig zu machen, erscheint schon im Ausgangspunkt unsachgemäß. Dies liegt nicht nur daran, dass dieser Anspruch an der Rechtswirklichkeit vorbeigeht, sondern scheint auch deswegen wenig geeignet, weil somit letztlich die deutsche Lösung zur Nachlassbeteiligung des überlebenden Ehegatten insgesamt aus Gründen der Praktikabilität gegenüber dem kollisionsrechtlich (auch) berufenen ausländischen Recht durchgesetzt wird.

b) Europäische Ebene: Der EuGH in der Rechtssache Mahnkopf

Die Qualifikation des Zugewinnausgleichs war bis zur Entscheidung durch den Bundesgerichtshof im Mai 2015 eine unter Instanzgerichten und in der Literatur umstrittene Frage[110]. Mittlerweile hat auch der EuGH über die Qualifikation des pauschalierten Zugewinnausgleichs im europäischen Recht in der Rechtssache

107 Zur Normenhäufung s.u. Kap. 1, B, II (S. 70 ff.).

108 OLG Düsseldorf, Beschl. v. 10.3.2015 – I-2 Wx 196/14, IPRspr. 2015 Nr. 135; OLG Schleswig, Beschl. v. 19.8.2013 – 3 Wx 60/13, ZEV 2014, 93 (95); OLG Frankfurt/Main, Beschl. v. 12.11.2013 – 21 W 17/13, FamRZ 2015, 144 (145).

109 OLG Stuttgart, Beschl. v. 8.3.2005 – 8 W 96/04, ZEV 2005, 443 (444); dagegen der BGH vgl. BGHZ 205, 289 (297 ff.).

110 S.o. Kap. 1, A, II, 1, d) aa); vgl. auch die Bezugnahme auf die BGH-Entscheidung in OLG Frankfurt/Main, Beschl. v. 17. 11. 2016 – 20 W 103/15 (Rz. 32), FamRZ 2017, 1169.

Mahnkopf entschieden[111]. In seinen Schlussanträgen vom 13. Dezember 2017[112] hatte der Generalanwalt *Szpunar* mit Blick auf das Zusammenspiel von Europäischer Güter[113]- und Erbrechtsverordnung die erbrechtliche Qualifikation des deutschen Zugewinnausgleichs befürwortet[114].

Zur Begründung[115] hatte er angeführt, dass der Hauptzweck der Vorschrift eher in der Festlegung der Stellung des Ehegatten im Verhältnis zu den übrigen Erben liege. Darüber hinaus fehle ein unmittelbarer Zusammenhang zwischen dem gewährten Anteil und den ehelichen Verhältnissen. Für den erbrechtlichen Zweck der Norm spreche schließlich, dass der Erblasser ihre Wirkung über erbrechtliche Instrumente ausschließen kann. Der Generalanwalt hatte auch die für die güterrechtliche Qualifikation regelmäßig vorgebrachten Argumente berücksichtigt, die auch mit Blick auf die Ebene des Unionsrechts von der belgischen, der deutschen und der spanischen Regierung sowie der Europäischen Kommission vertreten werden[116]: Die deutsche Regelung bezwecke, den sich aus dem ehelichen Güterrecht ergebenden Ausgleich vorzunehmen, während die erbrechtliche Art und Weise der Verwirklichung aus Gründen der Vereinfachung erfolgt. Weiterhin wurde vorgebracht, dass der eheliche Güterstand seine Wirkungen eben gerade auch nach der Beendigung der Ehe entfaltet. Schließlich erfolgte mit Blick auf die besondere Situation des Unionsrechts auch der Verweis auf die Erwägungsgründe 11 und 12 der Europäischen Erbverordnung, die insoweit keinen Raum für Zweifel ließen.

---

111 EuGH, Urt. v. 1.3.2018 – C-558/16, *Mahnkopf*, ECLI: EU: C:2018:138, ZEV 2018, 205; vgl. die Anm. von *Bandel*, ZEV 2018, 207; *Fornasier*, FamRZ 2018, 634; *Rentsch*, NZFam 2018, 372.

112 Rechtssache C-558/16: Vorabentscheidungsersuchen des Kammergerichts Berlin, eingereicht am 3. November 2016 – *Doris Margret Lisette Mahnkopf* vgl. EuGH Gerichtsmitteilung v. 30.1.2017 – C-558/16, BeckEuRS 2017, 494018.

113 Verordnung (EU) 2016/1103 des Rates vom 24. Juni 2016 zur Durchführung einer Verstärkten Zusammenarbeit im Bereich der Zuständigkeit, des anzuwendenden Rechts und der Anerkennung und Vollstreckung von Entscheidungen in Fragen des ehelichen Güterstands.

114 Schlussanträge des Generalanwalts *Szpunar* vom 13.12.2017, C-558/16, ECLI: EU: C:2017:965, Rn. 96, 104; zu dieser Vorlage und der Relevanz der Schlussanträge für die europäische Anpassung s.u. Kap. 5, A, I.

115 Schlussanträge des Generalanwalts *Szpunar* vom 13.12.2017, C-558/16, ECLI: EU: C:2017:965, Rn. 93 ff.

116 Schlussanträge des Generalanwalts *Szpunar* vom 13.12.2017, C-558/16, ECLI: EU: C:2017:965, Rn. 36 ff.

Der Gerichtshof folgte in seinem Urteil dem Vorschlag des Generalanwalts und statuierte, dass die deutsche Vorschrift des § 1371 Abs. 1 BGB in den Anwendungsbereich der EuErbVO falle[117]. Zur Begründung führte er im Wesentlichen an, dass der Hauptzweck der deutschen Regelung darin liege, den dem überlebenden Ehegatten im Verhältnis zu den übrigen Erben zufallenden Erbteil zu bestimmen[118]. Diese Interpretation stehe nicht im Widerspruch zur EuGüVO und deren Erwägungsgrund 18, da nach Art. 1 Abs. 2 lit. d EuGüVO die Rechtsnachfolge nach dem Tod eines Ehegatten ausdrücklich ausgenommen sei[119].

c) *Würdigung der Entscheidung*

Auch unter Geltung des europäischen IPR wurde im deutschen Schrifttum vorwiegend eine güterrechtliche Qualifikation des Zugewinnausgleichs befürwortet[120]. Das Urteil des EuGH hätte angesichts der kontroversen und differenzierten Diskussion der Frage näher auf die Funktion des pauschalierten Zugewinnausgleichs im deutschen Recht eingehen sollen. Dies gilt vor allem hinsichtlich der Bestimmung des Anwendungsbereiche von EuErbVO und EuGüVO sowie in Bezug auf die relevanten Erwägungsgründe und Entwurfsbegründungen zu den Verordnungen.

Mit Blick auf die Auslegung des Art. 1 Abs. 2 lit. d EuGüVO ist zunächst anzumerken, dass der insoweit statuierte Ausschluss von Fragen des Güterrechts nicht sinnvoll erscheint, wenn diese Bereichsausnahme sich lediglich auf Fragen des güterrechtlichen Ausgleichs unter Lebenden bezöge[121]. Angesichts der engen Verzahnung von Güter- und Erbrecht wäre ferner eine differenziertere Analyse der Erwägungsgründe der EuGüVO wünschenswert gewesen. Aus Erwägungsgrund 18 der EuGüVO könnte ein Argument für eine güterrechtliche

---

117 EuGH, Urt. v. 1.3.2018 – C-558/16, *Mahnkopf*, ECLI: EU: C:2018:138, ZEV 2018, 205, Rn. 44.

118 EuGH, Urt. v. 1.3.2018 – C-558/16, *Mahnkopf*, ECLI: EU: C:2018:138, ZEV 2018, 205, Rn. 40.

119 EuGH, Urt. v. 1.3.2018 – C-558/16, *Mahnkopf*, ECLI: EU: C:2018:138, ZEV 2018, 205, Rn. 40.

120 *Dörner*, IPRax 2014, 323 (326); *ders.*, ZEV 2010, 221 (223); *Hertel*, Anm. zu OLG Schleswig, Beschl. v. 19. 8. 2013 – 3 Wx 60/13, ZEV 2014, 96 (97); *Kunz*, GPR 2012, 253 (254); *Martiny*, IPRax 2011, 437 (445); *Schurig*, FS Spellenberg, 343 (352); *Walther*, GPR 2014, 325 (329); a.A. schon *Sakka*, MittBayNot 2018, 4; vgl. auch *Heinig*, DNotZ 2014, 251 (255), der darauf hingewiesen hatte, dass das deutsche güterrechtliche Viertel von anderen Mitgliedstaaten erbrechtlich qualifiziert werden könnte.

121 MüKo/*von Hein*, Einl. IPR, Rn. 264.

Qualifikation hergeleitet werden[122]. Denn dort werden die „zivilrechtlichen Aspekte der ehelichen Güterstände (…) insbesondere aufgrund des Todes eines Ehegatten" als vom Anwendungsbereich der Verordnung umfasst erklärt. Daraus kann man den Schluss ziehen, dass auch nach dem Willen des europäischen Verordnungsgebers die vermögensrechtlichen Implikationen der Beendigung des ehelichen Güterstandes dem Bereich des Güterrechts zuzuordnen sind. Der insoweit durch den EuGH ergangene Verweis auf die Vorschrift des Art. 1 Abs. 2 lit. d EuGüVO erscheint vor dem Hintergrund dieser Bedenken zu knapp. Eine güterrechtliche Interpretation wird auch durch die Begründung des Kommissionsentwurfs gestützt, demzufolge „die Aspekte, die bei der güterrechtlichen Auseinandersetzung infolge (…) des Todes eines Ehegatten zum Tragen kommen", vom Begriff des Ehegüterrechts umfasst sind[123]. Auch insoweit wäre eine Diskussion durch den EuGH hilfreich gewesen.

Dies gilt auch mit Blick auf die folgenden Erwägungsgründe 19 und 20 der EuGüVO. Es erscheint problematisch, den Zugewinnausgleich nach europäischem Verständnis als einen derjenigen Gesichtspunkte zu klassifizieren, die (lediglich) „als mit dem ehelichen Güterstand zusammenhängend betrachtet werden könnten", sodass die Figur aus dem Anwendungsbereich der Verordnung fallen würde (vgl. Erwägungsgrund 19 EuGüVO[124]). Dies kann aus einer Zusammenschau mit dem folgenden Erwägungsgrund 20 der Verordnung abgeleitet werden, der davon spricht, dass „[d]ementsprechend" die Verordnung nicht auf Fragen der Rechts-, Geschäfts- und Handlungsfähigkeit des Ehegatten anwendbar sein soll. Mit dieser Bezugnahme auf an Regelbeispiele erinnernde Fallgruppen macht die Verordnungsbegründung deutlich, welche Qualität eine solche, mit dem Güterstand *zusammenhängende* (und damit aus dem Anwendungsbereich der Verordnung fallende) Frage hat. Der Aspekt des güterrechtlichen Zugewinnausgleichs reiht sich jedoch nicht sinnvoll in die Aufzählung des Erwägungsgrunds (Rechts-, Geschäfts- und Handlungsfähigkeit) ein, sondern ist vielmehr in spezifischer Weise mit dem Güterstand verknüpft. Die Anpassungsproblematik, die sich aus der erbrechtlichen Qualifikation des deutschen

---

122 So auch *Mankowski*, ZEV 2016, 479 (481 f.).

123 Vgl. KOM (2011) 126 endg., S. 6.

124 Vgl. auch EG 19 der Verordnung (EU) 2016/1104 des Rates vom 24. Juni 2016 zur Durchführung der Verstärkten Zusammenarbeit im Bereich der Zuständigkeit, des anzuwendenden Rechts und der Anerkennung und Vollstreckung von Entscheidungen in Fragen güterrechtlicher Wirkungen eingetragener Partnerschaften; im Folgenden: EuPartVO.

Zugewinnausgleichs ergibt, thematisiert der Gerichtshof bedauerlicherweise ebenfalls nicht[125].

Ob die Entscheidung die praktische Rechtsanwendung mit Blick auf die Ausweisung des Europäischen Nachlasszeugnisses (ENZ) vereinfacht hat[126], hängt vor allem davon ab, inwiefern man der Anpassung etwa im Fall des möglichen Normenmangels bei Anwendbarkeit deutschen Güterrechts und ausländischen Erbrechts Raum geben will. Nimmt man insoweit hin, dass die güterrechtliche Abfindung schlicht wegfällt, so erleichtert dies den Gerichten die Ausweisung des ENZ. Gerichte wären dann in der Lage, die Erbfolge unter Anwendung eines einheitlichen Erbrechts im ENZ auszuweisen[127]. Unter Zugrundelegung einer güterrechtlichen Qualifikation des Zugewinnausgleichs hätte das ENZ die Erhöhung des Erbteils durch die Anordnung des § 1371 BGB wohl allenfalls informatorisch angeben dürfen[128].

Ist man hingegen der Auffassung, dass das Ergebnis des Ausbleibens der güterrechtlichen Versorgung gegebenenfalls im Wege der Anpassung korrigiert werden muss[129], so bleibt die Schwierigkeit der Bestimmung des Erbrechts im ENZ auch im Nachgang der Entscheidung des EuGH bestehen.

d) *Ausblick: die Anpassung bei erbrechtlicher Qualifikation des deutschen Zugewinnausgleichs im europäischen IPR*

Der EuGH legt entscheidenden Wert auf den Zweck der deutschen Vorschrift des § 1371 Abs. 1 BGB und die Funktionsfähigkeit des Europäischen Nachlasszeugnisses[130] und kommt vor diesem Hintergrund zum Ergebnis, dass die Norm in den Anwendungsbereich der EuErbVO fällt. Unter Zugrundelegung dieser erbrechtlichen Qualifikation des deutschen pauschalierten Zugewinnausgleichs fallen manche Anpassungsprobleme weg. Normwidersprüche wurden in der

---

125 Vgl. insoweit auch *Bandel*, ZEV 2018, 207 (208); zum möglichen Normenmangel bei Anwendbarkeit deutschen Güterrechts und ausländischen Erbrechts sogleich Kap. 1, A, II, 2, d) (S. 52 ff.).

126 Vgl. *Bandel*, ZEV 2018, 207 (208).

127 *Bandel*, ZEV 2018, 207 (208).

128 Vgl. insoweit die Vorlagefragen Nr. 2 und 3 des KG, Beschl. v. 25.10.2016 – 6 W 80/16, ZEV 2017, 209.

129 Dazu eingehend unten Kap. 8, A, II, 3 (S. 276 ff.).

130 EuGH, Urt. v. 1.3.2018 – C-558/16, *Mahnkopf*, ECLI: EU: C:2018:138, ZEV 2018, 205, Rn. 40, 43.

deutschen Rechtsprechung insbesondere angesichts der Verbindung deutschen Güterrechts mit ausländischem Erbstatut diskutiert[131].

Bei erbrechtlicher Qualifikation des Zugewinnausgleichs kann die Kombination des deutschen Rechts als Güterstatut mit ausländischem Erbstatut zu einem Normenmangel führen. Dies ist namentlich dann der Fall, wenn die ausländische Rechtsordnung den überlebenden Ehegatten im Todesfall sowohl erb- als auch güterrechtlich abfindet und zeigt sich besonders deutlich, wenn das Erbstatut hauptsächlich einen güterrechtlichen Ausgleich gewährt[132]. Denn nach deutschem Recht wäre mangels der Anwendbarkeit des § 1371 Abs. 1 BGB nichts zuzusprechen. Dasjenige, was dem Erbstatut zufolge zu gewähren wäre, würde dann voraussichtlich hinter dem zurückbleiben, was die beteiligten Sachrechte jeweils für sich genommen in Übereinstimmung vorsehen[133].

Auch eine Normenhäufung ist unter Zugrundelegung der erbrechtlichen Qualifikation des Zugewinnausgleichs denkbar, wenn deutsches Recht nach der EuErbVO berufen ist und ausländisches Recht in güterrechtlicher Hinsicht Anwendung findet. Das erbrechtliche Viertel aus § 1931 BGB wäre dann grundsätzlich zusätzlich zu dem als erbrechtlich zu qualifizierenden Zugewinnausgleich aus § 1371 Abs. 1 BGB zu gewähren. Zu prüfen ist insofern zunächst, ob der jeweilige Güterstand des ausländischen Rechts dem deutschen Zugewinnausgleich funktional gleichwertig ist[134]. Diese Frage wurde in einer jüngeren Entscheidung des OLG Karlsruhe relevant[135]. Dort lag die Anwendbarkeit des deutschen Erbrechts und türkischen Güterrechts zugrunde. Das OLG vertrat die Auffassung, dass die Qualifikationsfrage des § 1371 Abs. 1 BGB sich nicht stelle, da die Norm voraussetze, dass die Eheleute im Güterstand der Zugewinngemeinschaft gelebt hätten (was vorliegend nicht der Fall war). Dem kann so nicht

131 Vgl. etwa OLG Düsseldorf, Beschl. v. 10.3.2015 – I-3 Wx 196/14, NZFam 2015, 576 (deutsches Güterrecht mit italienischem Erbrecht); OLG Köln, Beschl. v. 5.8.2011 – 2 Wx 115/11, FamRZ 2012, 819 (deutsches Güterrecht mit türkischem Erbrecht); OLG Frankfurt, Beschl. v. 20.10.2009 – 20 W 80/07, IPRspr. 2009, Nr. 124 (deutsches Güterrecht mit schwedischem Erbrecht); OLG Stuttgart, Beschl. v. 8.3.2005 – 8 W 96/04, FamRZ 2005, 1711 (deutsches Güterrecht mit österreichischem Erbrecht); LG Bonn, Urt. v. 19.10.1984 – IV b 75/84, IPRspr. 1984, Nr. 115 (deutsches Güterrecht mit griechischem Erbrecht).

132 Vgl. insoweit den Hinweis zum französischen Recht durch *Fornasier*, FamRZ 2018, 632 (635).

133 Zur Kombination deutschen Güterrechts und italienischen Erbrechts s.u. Kap. 1, B, I, 3, a) (S. 68).

134 Krit. *Dörner*, FamRZ 2018, 305 (307).

135 OLG Karlsruhe, Beschl. v. 27.02.2018 – 14 W 113/16 (Wx)), FamRZ 2018, 858.

zugestimmt werden; vorzugswürdig wäre eine Prüfung der Frage gewesen, ob der ausländische Güterstand dem in der deutschen Vorschrift vorausgesetzten funktionell gleichwertig war und ihn damit substituieren konnte[136].

Ist eine funktionelle Gleichwertigkeit im jeweiligen Einzelfall anzunehmen, so kann man von der Substituierbarkeit im Tatbestand der deutschen Vorschrift ausgehen. Gewährt das in güterrechtlicher Hinsicht berufene Statut dem überlebenden Ehegatten ebenfalls einen Anteil am Nachlass, so wäre in der Folge jedenfalls aus deutscher Sicht, wahrscheinlich jedoch aus Sicht beider Sachrechte ein Normwiderspruch in Gestalt der Normenhäufung gegeben[137]. Denn das Ergebnis der kombinierten Sachrechtsausschnitte würde dasjenige übersteigen, was nach den übereinstimmenden Wertungen gewährt werden soll.

Vertreten wird insoweit auch, die drohende Normenhäufung bereits auf Ebene der Substitutionsfrage abzuwenden: Die Substituierbarkeit des inländischen Tatbestandsmerkmals des gesetzlichen Güterstands sei dann nicht gegeben, wenn die ausländische Rechtsordnung dem überlebenden Ehegatten einen Ausgleich nach güterrechtlichen Regeln gewähre[138]. Das Ergebnis, das im Wege einer Anpassung der entstandenen Normenhäufung erreicht wird, dürfte vom Ergebnis dieses Ansatzes in den meisten Fällen nicht abweichen. Dennoch erscheint es vorzugswürdig, in derartigen Fällen die Anpassung als flexibleres Institut zu bemühen[139]. Auf diese Weise kann Feinheiten in den anwendbaren Rechten im Zweifelsfall besser begegnet werden als dies durch die präventive Vorgehensweise im Rahmen der Substitution der Fall ist.

Bezüglich dieser beiden Fälle von Normenmangel und -häufung ist aber jeweils zu prüfen, ob die betreffenden (vermeintlich) güterrechtlichen Abfindungen womöglich in den Anwendungsbereich der EuErbVO fallen[140].

Normwidersprüche im Falle der Versorgung des überlebenden Ehegatten können sich unter Zugrundelegung einer erbrechtlichen Qualifikation des deutschen Zugewinnausgleichs schließlich auch für den Fall ergeben, dass nur eine

---

136 So zu Recht *Fornasier*, Anm. zu OLG Karlsruhe, Beschl. v. 27.02.2018 – 14 W 113/16 (Wx)), FamRZ 2018, 860 (861); diese Erwägung setzt freilich voraus, dass man im dortigen konkreten Fall eine erbrechtliche Qualifikation des § 1371 BGB unter Geltung des einschlägigen Staatsvertrags befürwortet.

137 Zur Normenhäufung bei Kombination deutschen Erbrechts und italienischen Güterrechts, s.u. Kap. 1, B, II, 3, a) (S. 72).

138 *Fornasier*, FamRZ 2018, 632 (635).

139 Zur Abgrenzung von Anpassung und Substitution s.o. Kap. 1, A, I, 3, a).

140 Dem deutschen § 1371 Abs. 1 BGB ähnelnde Institute dürften eher selten gegeben sein, vgl. *Hertel*, ZEV 2014, 96.

der beteiligten Rechtsordnungen das aus der Kombination der Sachrechtsausschnitte gewonnene Ergebnis missbilligt[141]. Denkbar ist ein solcher einseitiger Normenwiderspruch etwa, wenn das deutsche Güterrechtsstatut mit einem Erbstatut zusammentrifft, das ein Drittel am Nachlass gewährt[142]. Nimmt man an, dass letztere Rechtsordnung keine güterrechtliche Abfindung vorsieht, so ist zwar aus dieser Sicht kein widersprüchliches Ergebnis gegeben. Aus deutscher Sicht aber könnte die Beteiligung in Höhe eines Drittels als korrekturbedürftig anzusehen sein, da sie hinter der grundsätzlich zu gewährenden Hälfte am Nachlass zurückbleibt.

3. *Die Anpassung in der instanzgerichtlichen deutschen Rechtsprechung*

Im Folgenden sollen einige Beispiele zur Handhabung der Anpassung in der instanzgerichtlichen deutschen Rechtsprechung untersucht werden.

a) *Unterhaltsanspruch zwischen deutschem und griechischem Recht*

Von Interesse ist zunächst ein Beschluss des Landgerichts Aurich[143]. In dem Verfahren verlangte ein nichteheliches Kind eines griechischen Staatsangehörigen von dessen Erben Unterhalt. Für die Frage nach der Unterhaltspflicht war gemäß Art. 4 des Haager Übereinkommens über das auf Unterhaltspflichten gegenüber Kindern anzuwendende Recht[144] das Recht des gewöhnlichen Aufenthalts des Kindes maßgebend. Dies war das deutsche Recht, dem zufolge der Unterhaltsanspruch mit dem Versterben des Unterhaltsverpflichteten erloschen war. Wäre der Fall ausschließlich nach deutschem Recht zu beurteilen gewesen, so wäre das Kind gemäß § 1934a BGB a.F. mittels eines Erbersatzanspruchs abgefunden worden. Diese Vorschrift war jedoch nicht berufen. Erbstatut war vielmehr gemäß Art. 24 EGBGB a.F. das griechische Recht, das ein Erbrecht des nichtehelichen Kindes nicht kannte. Wäre aber griechisches Recht auf die Frage nach der Unterhaltspflicht anzuwenden gewesen, so hätte sich ergeben, dass die Unterhaltspflicht nach dem Tode des Unterhaltsverpflichteten in der Person seiner Erben weiterbesteht. Da dies nicht der Fall war, hätte dem Kind in der

141 Zum einseitigen Normwiderspruch s.u. Kap. 1, B, V (S. 81) u. Kap. 2, C, IV (S. 149 ff.).

142 Zur Kombination deutschen Güterrechts und österreichischen Erbrechts s.u. Kap. 1, B, V, 2 (S. 83).

143 LG Aurich, Beschl. v. 1.12.1975 – 3a T 35/75: Unveröffentlicht, IPRspr. 1975, Nr. 95.

144 Übereinkommen vom 24. Oktober 1956 über das auf Unterhaltsverpflichtungen gegenüber Kindern anzuwendende Recht, BGBl. II 1961, S. 1012.

gegebenen Situation bei regulärer Rechtsanwendung folglich kein Unterhaltsanspruch gewährt werden können.

Das Gericht hielt dies für „untragbar"[145] und sah eine Anpassung des Ergebnisses als erforderlich an. Diese sollte über Art. 4 des Übereinkommens erfolgen, in dem die Anwendung des eigentlich berufenen Sachrechts in Fällen der Unvereinbarkeit mit der öffentlichen Ordnung im Recht des Staates der betreffenden Behörde angeordnet war. Diese Grundsätze sollten für die Anpassung entsprechend angewendet werden. Die „Regelungslücke", die nach Ansicht des Gerichts im Nichtbestehen des Anspruchs zu sehen war, war mit dem „griechischen Unterhaltsrecht auszufüllen"[146]. Durch „Anpassung im Bereich des Unterhaltsrechts"[147] gewährte das Gericht einen Unterhaltsanspruch gemäß Art. 1545 ff. griech. ZGB. Die Höhe des Anspruchs wurde aber in entsprechender Anwendung dem deutschen Recht entnommen[148].

Der Sachverhalt betrifft eine Fallgestaltung, in der nur ein Sachrecht zur Lösung der Rechtsfrage berufen war. Gleichwohl wird in der Gesamtschau der Einbettung des Falles ersichtlich, dass das vorläufige Rechtsanwendungsergebnis der Korrektur bedarf. Allgemein lässt sich der Eindruck einer unglücklichen beziehungsweise unpassenden Kombination durch das IPR konstatieren, die noch genauer zu spezifizieren ist[149]. Das Gericht entnimmt die Tatsache des Bestehens eines Unterhaltsanspruchs dem kollisionsrechtlich nicht anwendbaren griechischen Unterhaltsrecht, während es die konkrete Ausgestaltung dieses Anspruchs aus dem deutschen Recht heranzieht. Diese Operation wird mittels der im Staatsvertrag vorgesehenen Möglichkeit einer *ordre public*-Korrektur verwirklicht. Diese Übertragung der Grundsätze von dem einen Instrument auf das andere vermag allerdings angesichts der unterschiedlichen Funktionen der beiden Operationen nicht zu überzeugen[150].

b) Der „Tänzerin-Fall"

In einem vom Oberlandesgericht Celle entschiedenen Fall[151] erhoben Hinterbliebene einen Anspruch auf Ersatz des Unterhaltsschadens gegen den Beklagten, der im Rahmen eines Verkehrsunfalls die Ehefrau und Mutter der Kläger

145 LG Aurich, IPRspr. 1975, Nr. 95 (S. 238).
146 LG Aurich, IPRspr. 1975, Nr. 95 (S. 238).
147 LG Aurich, IPRspr. 1975, Nr. 95 (S. 239).
148 Vgl. LG Aurich, IPRspr. 1975, Nr. 95 (S. 239).
149 Zur Notwendigkeit der Anpassung s.u. Kap. 2, B (S. 122).
150 Zur Abgrenzung der Anpassung vom *ordre public* s.o. Kap. 1, A, I, 3, c) (S. 40).
151 OLG Celle, Urt. v. 30.11.1987 – 5 U 138/76, VersR 1980, 169.

tödlich verletzt hatte. Unterhaltsstatut war englisches Recht, das einen solchen Anspruch auf Ersatz des Unterhaltsschadens allerdings nicht vorsah. Das englische Recht hätte in einem solchen Fall im Rahmen seines Deliktsrechts zwar Schadensersatzansprüche gewährt. Als Deliktsstatut berufen war aber deutsches Recht, nach dessen § 844 Abs. 2 BGB mangels Bestehens einer gesetzlichen Unterhaltspflicht (vgl. § 844 Abs. 2 BGB: „Verhältnis, kraft dessen er (...) kraft Gesetzes unterhaltspflichtig war") kein Anspruch zu gewähren war.

Diese Situation löste das Gericht mittels einer „Anpassung der Vorschriften, die im deutschen und englischen Recht den Unterhaltsschaden durch Tötung des Ernährers der Familie regeln"[152], da die Verknüpfung der deutschen Haftpflichtbestimmungen mit dem englischen Unterhaltsrecht zu „fehlerhaften Ergebnissen"[153] führe. Als Ursache benannte das Gericht strukturelle Unterschiede zwischen beiden Rechtsordnungen und postulierte eine Anpassung entsprechend dem Gesetzeszweck[154]. So wurde „das englische Schadensersatzrecht im Wege der Anpassung beider Rechtsordnungen zur Ergänzung des deutschen Haftpflichtrechts"[155] herangezogen, das an die Stelle des eigentlich im Rahmen von § 844 Abs. 2 BGB anwendbaren englischen Unterhaltsrechts trat. Dadurch wurde den Hinterbliebenen der erstrebte Anspruch auf Ersatz des Unterhaltsschadens gewährt.

Das Gericht orientierte sich bei seiner Entscheidung an den Zwecken der anwendbaren Sachnormen und an der Frage, was nach den gemeinsamen Vorstellungen der Sachrechte zu gewähren gewesen wäre. Es stellte insoweit fest, dass das Ordnungsziel der Beteiligung der Hinterbliebenen im vorliegenden Fall von beiden Rechtsordnungen erreicht wird, dass aber hierzu strukturell unterschiedliche Wege beschritten werden. Daraus wurde die Zulässigkeit einer Modifikation des § 844 Abs. 2 BGB gefolgert, die gleichsam in einem „Aufladen" der Vorschrift mit den englischen Schadensersatznormen bestand.

c) Der „Hauskind-Fall"

Ähnlich wie im vorigen Fall[156] lag der Sachverhalt in der Entscheidung des Oberlandesgerichts Köln aus dem Jahr 1994[157]. Ein aus Belgien stammender junger Mann, der regelmäßig auf dem Hof seiner Eltern mitarbeitete, wurde bei einem

152 OLG Celle, VersR 1980, S. 169.
153 OLG Celle, VersR 1980, S. 169.
154 OLG Celle, VersR 1980, S. 170.
155 OLG Celle, VersR 1980, S. 170.
156 OLG Celle, Urt. v. 30.11.1987 – 5 U 138/76, VersR 1980, 169; s.o. Kap. 1, A, II, 3 b) (S. 56).
157 OLG Köln, Urt. vom 8.3.1994 – 3 U 75/89, FamRZ, 1995, 1200; vgl. die zust. Anm. von *Hohloch*, JuS 1996, 172; nachfolgende Skizzierung des Sachverhalts orientiert sich

Autounfall in Deutschland getötet. Die Eltern verlangten Schadensersatz von der Versicherungsgesellschaft des Unfallverursachers. Deliktsstatut war aufgrund der ungeschrieben geltenden Tatortregel deutsches Recht; von Interesse ist insoweit die Vorschrift des § 845 S. 1 BGB.

Die Dienstleistungspflicht in § 845 S. 1 BGB wurde vom beurteilenden Gericht als Vorfrage nach Art. 19 Abs. 2 EGBGB a.F. (Eltern-Kind-Verhältnis) angeknüpft. Das danach über Art. 14 Abs. 1 Nr. 1 EGBGB berufene belgische Recht kannte aber keine der Vorschrift des § 1619 BGB entsprechende Regelung; der Anspruch war folglich mangels Bestehens einer Dienstverpflichtung auf Seiten des Verstorbenen gegenüber den Anspruchstellern (seinen Eltern) eigentlich zu versagen.

Das belgische Recht hätte allerdings in der gleichen Begebenheit, hätte sie sich als „reiner Inlandsfall" ereignet, einen Schadensersatzanspruch gemäß Art. 1382, 1384 belg. Code civil gewährt. Diese Situation hat das Gericht zur Korrektur des Ergebnisses veranlasst. Das Gericht schaffte Abhilfe, indem es feststellte, dass es auf das Merkmal der Dienstleistungspflicht im Rahmen der Norm des § 845 BGB nicht ankomme, soweit das belgische Recht deliktsrechtlich einen Schadensersatzanspruch vorsehe[158]. Es ließ an die Stelle der Dienstleistungspflicht das belgische Schadensersatzrecht treten und gewährte den begehrten Anspruch der Hinterbliebenen. Das Gericht wendete somit ein im Tatbestand der deutschen Sachnorm bestehendes Merkmal nicht an, sondern setzte an dessen Stelle die Tatsache der Behandlung des Sachverhalts durch das belgische Recht, so dass die erforderliche Dienstleistungspflicht gleichsam ersetzt wurde.

d) Auskunftsanspruch zwischen deutschem und französischem Recht

Das Amtsgericht Tempelhof-Kreuzberg hatte sich mit einem Fall zu einem Auskunftsanspruch im Rahmen eines Scheidungsverfahrens zu beschäftigen[159]. Die Antragsgegnerin hatte den Antragsteller im Rahmen einer Stufenklage auf Erteilung einer Vermögensauskunft in Anspruch genommen. Der geltend gemachte Anspruch unterlag gemäß Art. 15, 14 Nr. 2 a.F. EGBGB i.V.m. Art. 4 Abs. 1 des

an denjenigen bei MüKo/*von Hein*, Einl. IPR, Rn. 248 und *von Hoffmann/Thorn*, IPR, § 6 Rn. 32.

158 OLG Köln, FamRZ 1995, 1200 (1201).

159 AG Tempelhof-Kreuzberg, Teilurt. vom 28.1.2008 – 172 F 6840/08 Gü, 172 F 6840/08, IPRspr. 2008, Nr. 53; vgl. auch die zustimmende Anmerkung von *Unger*, FamFR 2009, 27 u. den ähnlichen Fall des OLG Karlsruhe, Urt. v. 22.9.1994 – 2 UF 147/93, FamRZ 1995, 738.

Haager Übereinkommens über das auf Ehegüterstände anzuwendende Recht[160] dem französischen Sachrecht. Dessen insoweit interessierende Vorschrift Art. 259-3 Abs. 1 frz. Cc.[161] stellt allerdings eine verfahrensrechtliche Vorschrift dar[162]. Das französische Recht sieht für die Ermittlung der für die güterrechtliche Entscheidung maßgeblichen Tatsachen den Untersuchungsgrundsatz vor[163] und kennt daher keinen der materiellrechtlichen Norm des § 1379 BGB entsprechenden Auskunftsanspruch. Angesichts der im Verfahren der deutschen *lex fori* geltenden Parteimaxime sah sich das Amtsgericht dazu veranlasst, im Wege der „richterlichen Rechtsfortbildung der anzuwendenden ausländischen Rechtsordnung einen materiellrechtlichen Auskunftsanspruch zuzuweisen (...)“[164], so dass der Antragsteller entsprechend dem Klageantrag zur Auskunft verurteilt wurde.

In dieser Entscheidung kann beobachtet werden, dass das Gericht eine Anpassung des anwendbaren französischen Rechts vollzog, indem es den Zweck der prozessrechtlichen Vorschrift des Art. 259-3 I frz. Cc. zum Anlass einer Abänderung derselben nahm. Es hat in diese Regel eine materiellrechtliche Komponente[165] hineingelesen, die es erlauben sollte, die Vorschrift zu einem „vollwertigen Anspruch des Sachrechts“ fortzuschreiben[166]. Argumentiert wurde mit der Situation, die nach Durchführung des Scheidungsverfahrens vor einem französischen Gericht bestanden hätte: „Die insofern gebotene Rechtsfortbildung ermöglicht es mithin, der AGg. zu einem Auskunftsanspruch zu verhelfen, den sie bei einem vor einem französischen Gericht betriebenen Ehescheidungsverfahren als Verfahrensrecht gleichsam hätte.“[167]

---

160 Haager Übereinkommens über das auf Ehegüterstände anzuwendende Recht vom 14. März 1978.

161 Art. 259-3 Abs. 1 des französischen Code civil bestimmt: „Les époux doivent se communiquer et communiquer au juge (...) tous renseignements et documents utiles pour fixer les prestations et pensions et liquider le régime matrimonial.“.

162 *Ferid/Sonnenberger*, Französisches Zivilrecht, Band 3, 4 B 416.

163 Vgl. zum Auseinanderfallen des Untersuchungsgrundsatzes im ausländischen Güterstatut und dem Parteigrundsatz im deutschen Prozess Staudinger/*Mankowski*, Art. 15 EGBGB, Rn. 284 ff.

164 AG Tempelhof-Kreuzberg, IPRpr. 2008, S. 186 f.

165 Vgl. *Looschelders*, Anpassung, S. 373: „materiellrechtlicher Kern“.

166 AG Tempelhof-Kreuzberg, IPRpr. 2008, S. 187.

167 AG Tempelhof-Kreuzberg, IPRpr. 2008, S. 187.

e) Zusammenfassung

Die Behandlung der Anpassung in der deutschen Rechtsprechung verschafft Einblicke in die Art der Anpassungslagen, die sich ergeben können, während allgemeine Ausführungen zur Vornahme der Anpassung punktuell diskutiert werden. Es lässt sich beobachten, dass die Anpassung zum einen dann in Rede steht, wenn zwei verschiedene Rechtsordnungen auf eine Rechtsfrage anwendbar waren. Aber auch die sich aus der Kombination von Sach- und Prozessrecht unterschiedlicher Herkunft ergebenden Friktionen haben Abhilfe mittels Anpassung gefunden. Die Beispiele zeigen, dass die Rechtsprechung die Anpassungsnotwendigkeit mit einem Blick auf die gesamte Einbettung der internationalen Rechtsfrage unter Berücksichtigung der jeweiligen Besonderheiten der beteiligten Sachrechte begründet. Neben strukturellen Unterschieden in den jeweiligen Sachrechten finden insbesondere die Zwecksetzung sowie die regulären Inlandsergebnisse Berücksichtigung in der Argumentation.

III. Die Ursache des Anpassungsproblems: Die „analytische Methode“ des IPR

1. Allgemein: Die Zersplitterung des internationalen Sachverhalts

Das Internationale Privatrecht ist seit der von *Savigny* begründeten „kopernikanischen Wende“[168] in der Abkehr vom statutentheoretischen Ansatz geprägt durch die Analyse des Sachverhalts mittels allseitiger Kollisionsnormen[169]. Die Bestimmung des auf den grenzüberschreitenden Sachverhalt anwendbaren Rechts erfolgt über die Zuordnung des Sachverhalts zu Anknüpfungsgegenständen und die anschließende Verweisung durch die Kollisionsnorm. Nach welchen Gesichtspunkten diese Zuordnung erfolgt, wird von *Goldschmidt* durch den Begriff der „analogen analytischen Methode“ beschrieben: Der Sachverhalt wird nach den Kategorien des Privatrechts aufgegliedert[170].

Einigkeit besteht darüber, dass Ausgangspunkt jedes Anpassungsproblems diese analytische Vorgehensweise des Internationalen Privatrechts ist[171]. Aus ihr kann es sich ergeben, dass Sachrechte verschiedener Staaten auf einzelne

---

168 *Neuhaus*, RabelsZ 15 (1949/50), 364 (366).

169 Vgl. *Hirse*, Die Ausweichklausel im IPR, S. 141 ff.

170 FS Wolff, 209.

171 Vgl. nur *von Bar/Mankowski*, IPR § 7 VIII; *Dannemann*, Ungewollte Diskriminierung, S. 265 (mit Einschränkungen); *Goldschmidt*, FS Wolff, S. 203 (210); *Jaksic*, YPIL XVII (2015/2016), 527 (528); *Kropholler*, IPR § 34 II 1.

Teilaspekte eines Falles angewendet werden (sogenannte *dépéçage*)[172]. Im Zentrum der Bearbeitungen zur Anpassung im Schrifttum steht die parallele Anwendbarkeit von zwei verschiedenen Sachrechtsausschnitten auf einzelne Teile einer Rechtsfrage. Jeder dieser Teile wird von dem ihm nach den Wertungen des Kollisionsrechts zukommenden Statut gesondert beurteilt[173].

Zur Veranschaulichung dieser „Zersplitterung des Privatrechts"[174] durch die Anwendung des IPR wird gerne das treffende Bild *Wenglers*[175] bemüht, der die Anpassungssituation mit dem Zusammenfügen eines Autos aus Einzelteilen verschiedener Marken verglichen hat. Die Einzelteile können aufgrund ihrer unterschiedlichen Herkunft nicht einwandfrei aneinandergefügt werden, da ein jedes die Benutzung innerhalb seiner Marke naturgemäß voraussetzt.

In entsprechender Weise setzen die jeweiligen nationalen Sachnormen die Geltung nicht wesentlich abweichender korrespondierender Regelungen stillschweigend voraus[176]. Insoweit wird häufig der Gedanke der in dieser Situation auch indirekt aufeinandertreffenden unterschiedlichen Gesetzgeber vorgebracht[177]: Da die berufenen Sachrechte inhaltlich mangels eines einheitlichen gesetzgeberischen Willens nicht aufeinander abgestimmt sind, kann ihre durch das Kollisionsrecht angeordnete Verbindung zu Ergebnissen führen, die vom Rechtsanwender als unsachgemäß oder widersprüchlich beurteilt werden.

Die Analyse des Kollisionsrechts hat nicht im Auge, dass die einzelnen Bruchstücke später zur Beantwortung der Rechtsfrage im Wege der Synthese durch den Rechtsanwender[178] zu einem stimmigen Ganzen vereint werden müssen.

---

172 *Kegel/Schurig*, IPR, § 2 II 3 b); zur *dépéçage* MüKo/*von Hein*, Einl. IPR, Rn. 103 ff. mwN; zur *dépéçage* im europäischen IPR *Aubart*, Die Behandlung der dépéçage im europäischen Internationalen Privatrecht, 2013.

173 *Goldschmidt*, FS Wolff, S. 203 (208).

174 *Schwind*, RabelsZ 23 (1958), S. 449 (451).

175 FS Wolff, S. 337 (369); *ders.*, Rev. crit. dr. int. pr. 1954, S. 661 (682 f.); *ders.*, Rec. des cours 1961-III, S. 273 (407).

176 *Bureau/Muir Watt*, D.i.p. I, S. 505 Nr. 475; Soergel/*Kegel*, vor Art. 3 EGBGB, Rn. 154; MüKo/*Sonnenberger*, 5. Aufl., Einl. IPR, Rn. 582; *Wengler*, IPR I, § 8 S. 148.

177 *Bureau/Muir Watt*, D.i.p. I, S. 505 Nr. 475; *Cansacchi*, Rec. des cours 1953-II, S. 81 (112); *Keller/Siehr*, Allgemeine Lehren, S. 450; *Kropholler*, IPR, § 34 I; *Neuhaus*, Grundbegriffe, S. 354; *Schurig*, Kollisionsnorm und Sachrecht, S. 234; MüKo/*Sonnenberger*, 5. Aufl., Einl. IPR Rn. 581; *Wengler*, Rev. crit. dr. int. pr. 1954, 661 (682); auf das Zusammentreffen unterschiedlicher Systeme stellt *Batiffol* ab, Aspects philosophiques, S. 27.

178 *Ehrenzweig*, PIL, S. 96.

Mit den Worten *Goldschmidts*[179] führt die Vorgehensweise des IPR vielmehr „zu der führungslosen Zusammenstückung von Fragmenten verschiedener Privatrechtsordnungen“; bei der Analyse durch das Internationale Privatrecht sei es so, dass „die rechte Hand nicht weiß, was die linke tut“. Die kollisionsrechtliche Analyse stellt sich vor diesem Hintergrund als „Sprung ins Dunkle“[180] dar, da die Verweisung ohne Blick auf das aus der Sachrechtsanwendung resultierende Ergebnis zu befolgen ist.

Damit wird deutlich, dass die Problematik der Anpassung auf der Vorgehensweise von IPR und IZVR beruht, deren Regeln wiederum der Existenz inhaltlich verschiedener Privatrechtsordnungen Rechnung tragen. Die Ursache für das Anpassungsproblem kann daher letztlich auf die Unterschiede in den Sachrechtsordnungen und deren unzureichende Verarbeitung durch das IPR zurückgeführt werden. Wo diese Unterschiede besonders groß sind, ist das Missverstehen der zur Anwendung berufenen Sachrechte bei entsprechender Kombination wahrscheinlich. Bei großer inhaltlicher oder rechtstechnischer Diskrepanz der Regelung einer Rechtsfrage wirkt sich die typisierende Zergliederung durch das IPR als nachteilig in eben der Gestalt einer Anpassungslage aus.

2. *Die Entstehung von Anpassungslagen im Einzelnen*

Die Anpassungslagen sind auf die analytische Vorgehensweise des Internationalen Privatrechts zurückzuführen. Diese Aufteilung des einheitlichen Lebenssachverhalts kann verschiedene Gestalten annehmen. Grundsätzlich ist festzustellen, dass jede Operation des Kollisionsrechts, die eine Aufteilung des Sachverhalts auf verschiedene Statute bewirkt, potentiell eine Anpassung erforderlich machen kann[181].

Dies ist auch mit Blick auf die Fallgruppen anzunehmen, die keine parallele Anwendung zweier Sachrechtsausschnitte aufweisen. Auch im Rahmen des einheitlich angeknüpften Auslandssachverhalts hat das Kollisionsrecht eine Auswahlentscheidung über das anwendbare materielle Recht getroffen. Indem das IPR die eine Rechtsordnung für anwendbar erklärt, die andere jedoch verdrängt, weil diese Vorgehensweise seinem Verständnis von der angemessenen Zuteilung

179 FS Wolff, 203 (209 f.).

180 *von Hoffmann/Thorn*, IPR, § 6 Rn. 136; Erman/*Hohloch*, Art. 6 EGBGB, Rn. 1; *Lüderitz*, IPR, Rn. 193; *Raape/Sturm*, IPR, § 13 S. 199.

181 *Benicke*, FS Schapp, 61 (63); *Cansacchi*, Rec. des cours 1953-II, S. 81 (117); *Dannemann*, Ungewollte Diskriminierung, S. 275.

entspricht, trifft es auch hier eine Auswahl. Die folgenden Varianten verdeutlichen allgemein und exemplarisch typische Konstellationen.

a) *Das Auseinanderfallen von Vor- und Teilfragenstatut einerseits und Hauptfragenstatut andererseits*

Eine anpassungsbedürftige Analyse der Rechtsfrage kann sich zunächst daraus ergeben, dass auf Vor- und Teilfragen des beurteilenden Rechtsverhältnisses ein anderes Sachrecht Anwendung findet als auf die Hauptfrage. Dies war beispielsweise im „belgischen Hauskindfall“[182] zu beobachten. Das anwendbare Deliktsrecht hatte sich dort aus der im deutschen Recht ungeschrieben geltenden Tatortregel ergeben. Im Rahmen der danach maßgeblichen Sachrechtsnorm in Gestalt des § 845 S. 1 BGB wurde dann die Unterhaltspflicht nach der deutschen *lex fori* angeknüpft, was gemäß Art. 21 EGBGB (Wirkungen des Eltern-Kind-Verhältnisses) zur Anwendbarkeit belgischen Rechts geführt hat. Im Ergebnis wäre mangels Vorliegens einer dem § 1619 BGB entsprechenden Unterhaltsverpflichtung der Anspruch grundsätzlich zu versagen gewesen, wenn nicht die Gesamtschau der Einbettung der Rechtsfrage ergeben hätte, dass ein Anpassungsfall vorlag.

b) *Der Statutenwechsel*

Auch der Statutenwechsel ist eine Ausprägung der Analyse durch das Internationale Privatrecht und geeignet, Anpassungsfälle zu produzieren[183]. In Betracht kommt, dass Begründungs- und Wirkungsstatut eines Rechtsverhältnisses auseinanderfallen[184]. Anpassungsprobleme aufgrund eines Statutenwechsels können sich insbesondere im Namensrecht ergeben[185]. Hat eine Person einen Namen nach einer ausländischen Rechtsordnung erworben und findet von nun an auf ihren Namen deutsches Recht Anwendung, so können sich Friktionen in der Anwendung des deutschen Namensrechts zeigen[186]. Ein solcher Statutenwechsel kann beispielsweise aus einer Einbürgerung resultieren.

---

182 S.o. Kap. 1, A, II, 3, c) (S. 57).

183 *Bucher/Bonomi*, D.i.p., S. 148 Rn. 546 („conflit mobile“); *Offerhaus*, ZfRV 5 (1964), 65 (75); *Vischer*, Tatbestände, S. 131; *Wengler*, FS Maridakis, 323 (325).

184 *Benicke*, FS Schapp, 61 (63); *Looschelders*, Anpassung, S. 263 ff.

185 Vgl. die Vorschrift des Art. 47 EGBGB unten, Kap. 9, C, II, 2, d) (S. 311).

186 Vgl. den Sachverhalt in BGH, Beschl. v. 19.2.2014 – XII ZB 180/12, NJW 2014, 1383 (Statutenwechsel vom bulgarischen zum deutschen Recht durch Einbürgerung).

c) *Die Rechtswahl durch die Parteien*

Die Rechtswahl durch die Parteien ist schließlich geeignet, die Maßgeblichkeit mehrerer Sachrechte auf eine einheitliche Rechtsfrage herbeizuführen. Dies ist denkbar, wenn die Parteien eine Teilrechtswahl vornehmen oder wenn das von ihnen gewählte materielle Recht erst in Verbindung mit dem Prozessrecht des Forums eine Widerspruchssituation erzeugt[187]. Im Bereich der Versorgung des überlebenden Ehegatten sind Normenwidersprüche mit Blick auf die Rechtswahl für die eherechtlichen Verhältnisse denkbar[188].

Dies war zum Beispiel im Sachverhalt der bereits angeführten jüngeren BGH-Entscheidung zu beobachten[189]. Dort hatten die Parteien gemäß Art. 15 Abs. 2 Nr. 2 a.F. EGBGB deutsches Recht für ihre güterrechtlichen Verhältnisse gewählt. Erbstatut war gemäß Art. 25 Abs. 1 EGBGB a.F. griechisches Recht. Anlässlich dieser Kombination wurde die Vornahme einer Korrektur mittels Anpassung vom Gericht überlegt, im Ergebnis allerdings abgelehnt[190].

B. Fallgruppen der Anpassung

Das Anpassungsproblem wird traditionell[191] in die Fallgruppen Normenmangel, Normenhäufung sowie meistens[192] eine dritte Fallgruppe der qualitativen Normdiskrepanz[193] eingeteilt. Diese dritte Gruppe bezeichnet *Dölle* als „sonstige Unstimmigkeit“[194], aber auch die Begriffe der „Normenunverträglichkeit“[195] oder schlicht des „Normenwiderspruchs“[196] werden für sie gebraucht. *Sonnenberger* beschreibt insofern einen Disharmonietyp, in dem die berufenen Rechtsnormen

---

187 *Dannemann*, Ungewollte Diskriminierung, S. 292.

188 Vgl. das Beispiel bei *Henrich*, FS Schippel, 905.

189 S.o. Kap. 1, A, II, 1 (S. 43 ff.).

190 BGH, Beschl. v. 13.5.2015 – IV ZB 30/14, BGHZ 205, 289 (299), Rn. 40.

191 Vgl. aber *Dannemann*, der die hergebrachten Fallgruppen unter dem Titel „Vermeintliche Anpassungslagen“ behandelt, Ungewollte Diskriminierung, S. 219 ff.

192 Kritisch einer dritten Fallgruppe gegenüber äußert sich *Dannemann*, Ungewollte Diskriminierung, S. 231 f.; vgl. auch *Looschelders*, der von den „zwei große[n] Gruppen des Normwiderspruchs“ spricht, Anpassung, S. 8.

193 *Benicke*, FS Schapp, 61 (66 f.); MüKo/*von Hein*, Einl. IPR, Rn. 250; *Kropholler*, FS Ferid, 279 (280); *ders.*, IPR, S. 237; *Neuhaus*, Grundbegriffe, S. 356.

194 IPR, S. 83 f.

195 *Rauscher*, IPR, Rn. 567.

196 *Kegel*, FS Lewald, 259 (276); *Lüderitz*, IPR, Rn. 195, der diesen Begriff aber als widersprüchlich bezeichnet.

wegen Fremdartigkeit nicht nachzuvollziehen seien[197], während *Keller/Siehr* die Fallgruppe unter dem Ausdruck „Fremdartige Rechtserscheinungen“[198] behandeln.

Über diese weitgehend anerkannten Fallgruppen hinaus lassen sich aber weitere Situationen identifizieren, in denen eine Anpassung erwogen werden kann. Im Folgenden soll auch auf die Rechtspaltung von Sach- und Prozessrecht und den einseitigen Normenwiderspruch eingegangen werden[199].

I. Der Normenmangel

1. Allgemein

Die erste Fallgruppe ist die des sogenannten Normenmangels[200]. In dieser Widerspruchssituation scheitert die Erfüllung eines Anspruchs daran, dass die berufene Rechtsordnung die Lösung der Rechtsfrage einem nicht berufenen Statut zuweist[201]. Das rechtliche Begehren wird demnach nicht erfüllt, weil es von den beteiligten Rechtsordnungen auf unterschiedliche Weise geregelt wird.

Der Korrekturbedarf des Ergebnisses wird damit begründet, dass bei einer hypothetischen alleinigen Anwendung der beiden Sachrechte auf den Sachverhalt ein Anspruch gewährt worden wäre. Außerdem soll eine Anpassung bei entsprechender Fallgestaltung auch dann erfolgen, wenn er dem vorläufigen Rechtsanwendungsergebnis nach in einer Höhe besteht, die von jeder der beteiligten Rechtsordnungen – wären sie jeweils allein anwendbar – überschritten worden wäre[202]. Der Anspruchssteller geht mit anderen Worten in diesen Fällen allein aufgrund des Auslandsbezugs des seiner Rechtsfrage zugrunde liegenden Sachverhalts leer aus oder erhält weniger, als ihm jede der beteiligten Rechtsordnungen für sich genommen gewähren würde.

---

197 MüKo, 5. Aufl., Einl. IPR, Rn. 538; es handelt sich um den „Typ A“.

198 *Keller/Siehr*, Allgemeine Lehren, S. 457.

199 Die teilweise als weitere Fallgruppen behandelten Theorien zum einheitlich angeknüpften Auslandssachverhalt, dem hypothetischen Normwiderspruch und der erfolgten bzw. vorausgesetzten Rechtsanwendung sollen aufgrund ihrer engen Verknüpfung zur Frage nach der Stellung der Anpassung zwischen Kollisions- und Sachrecht im Rahmen der Untersuchung der dogmatischen Grundlagen der Anpassung Aufmerksamkeit erfahren, s.u. Kap. 2, C, II, III, V (S. 144 ff.; 152 ff.).

200 *Dölle* spricht von „Normenleere“, IPR, S. 84.

201 *Siehr*, IPR, S. 438.

202 *von Hoffmann/Thorn*, S. 231 Rn. 32; *Kegel/Schurig*, IPR, § 8 II.

2. *Beispiele aus dem autonomen IPR*

a) *Der „Witwenfall" als „Schwedenfall"*

Als Beispiel für den Normenmangel dient klassischerweise die Situation eines Ehegatten, der nach dem Tod des anderen Ehegatten güter- und erbrechtlich an seinem Nachlass beteiligt werden möchte, dessen Anspruch jedoch aufgrund der spezifischen Kombination von Güter- und Erbstatut scheitert[203]. Eine solche Situation war im sogenannten „Witwenfall"[204] beziehungsweise „Schwedenfall"[205] zu beobachten, in dem die rechtliche Stellung der Witwe nach Art. 15 EGBGB a.F. sowie Art. 25 EGBGB a.F. dem deutschen Güter- und dem schwedischen Erbrecht unterlag[206]. Dieser Fall wird oft zur Illustration des Normenmangels herangezogen.

Nach dem insoweit unterstellten Erbrecht soll dem überlebenden Ehegatten nichts aus dem Nachlass zukommen, da ihre Versorgung im Güterrecht dieser Rechtsordnung geregelt sei. Das anwendbare Güterrecht soll dem Ehegatten aber auch nichts gewähren. Die berufenen Sachrechtsnormen produzieren in ihrer kombinierten Anwendung auf die Rechtsfrage der Beteiligung am Nachlass somit ein unbilliges Ergebnis: Der überlebende Ehegatte geht leer aus. Nach allgemeiner Ansicht[207] ist in einer solchen Fallgestaltung dahingehend anzupassen, dass der Ehegatte am Nachlass beteiligt wird. Im Einzelnen, etwa mit Blick auf die Höhe dieser Abfindung, besteht jedoch Uneinigkeit[208].

Obwohl diese Fallgestaltung gerne mit Blick auf den Normenmangel herangezogen wird, kann der „Schwedenfall" in dieser Form aktuell fast nicht mehr auftreten[209]. War der Erblasser in erster Ehe verheiratet, so wird der überlebende

---

203 Vgl. *Raape/Sturm*, IPR I, S. 263; dieser Beispielsfall findet sich zur Illustration des Normenmangels bei fast jeder Bearbeitung der Anpassung, vgl. etwa *Batiffol*, Rec. des cours 1967-I, 165 (175 f.); *Ehrenzweig*, PIL, S. 96; MüKo/*von Hein*, Einl. IPR, Rn. 218, 246, 248; *von Hoffmann/Thorn*, S. 231 f.; *Kegel/Schurig*, IPR, S. 359 f.; *Neuhaus*, Grundbegriffe, S. 356 f.; *Wolff*, PIL, S. 59 f.

204 Folgende Beschreibung orientiert sich an derjenigen bei *Dölle*, IPR, S. 84.

205 *Looschelders*, Anpassung, S. 9.

206 Vgl. zu einem weiteren Fall des Normenmangels in Gestalt des Zusammentreffens von finnischem Erb- und österreichischen Güterstatut die Erwägungen des OGH Wien, Entscheidung vom 29.11.1989 – 3 Ob 569/89, ZfVR 1990, 306 (308).

207 Bei dem Ergebnis stehen bleiben wollten noch *Neubecker*, Ehe- und Erbvertrag, S. 282 und *Zitelmann*, IPR II, S. 951; die Korrekturbedürftigkeit dürfte heute allerdings allgemein anerkannt sein; vgl. aber *Offerhaus*, ZfRV 5 (1964), 65 (74).

208 Zur Lösung des Witwenfalls unter Geltung des europäischen IPR s.u. Kap. 8, A (S. 271 ff.).

209 Zu einem Normenmangel unter Beteiligung deutschen Güter- und italienischen Erbrechts sogleich, Kap. 1, B, I, 3, a) (S. 68 ff.).

Ehegatte nach 3:1 ÄB Abs. 1 des schwedischen Erbgesetzbuchs (Ärvdabalken – ÄB) Alleinerbe[210]. War der Erblasser in zweiter oder weiterer Ehe verheiratet, so ergibt sich für den überlebenden Ehegatten das Recht, aus dem Nachlass einen bestimmten Anteil des Vermögens zu erhalten[211]. Der „Schwedenfall“ mit einem Ausbleiben der Versorgung des überlebenden Ehegatten ergibt sich nur noch, wenn keine gemeinsamen Abkömmlinge, sondern nur solche des schwedischen Erblassers vorhanden sind und das schwedische Erbstatut mit einem Güterstatut kombiniert wird, das keinen güterrechtlichen Ausgleich kennt[212].

b) Der „Hauskind-Fall“

Ein weiteres Beispiel für einen Normenmangel zeigt sich im bereits behandelten „Hauskind-Fall“[213], in dem Eltern gemäß § 845 S. 1 BGB Schadensersatz für entgangene Dienste von einer Versicherungsgesellschaft des Unfallverursachers verlangten, weil ihr Sohn bei einem Autounfall ums Leben gekommen war. Aus dem für die Frage der Dienstleistungspflicht in der Vorschrift maßgeblichen belgischen Recht konnte keine diesbezügliche Aussage hergeleitet werden, weil es an einer dem § 1619 BGB entsprechenden Regelung mangelte. Dieser Befund musste grundsätzlich zum Scheitern des geltend gemachten Anspruchs führen. Da aber das belgische Recht bei alleiniger Anwendbarkeit auf den Sachverhalt eine Entschädigung für den geltend gemachten Posten gemäß Art. 1382, 1385 belg. Code civil gewährt hätte, entsprach das Gericht dem Begehren der Eltern.

Mitunter wird in diesem Sachverhalt eine Rückverweisung auf das deutsche Recht aus der Tatsache der rein deliktischen Qualifikation der Frage der Dienstleistungspflicht durch das belgische Recht hergeleitet[214]. Dieser Lösung ist jedoch entgegenzuhalten, dass der Verweis des deutschen Kollisionsrechts nur hinsichtlich der Frage der Dienstleistungspflicht, nicht aber bezüglich der Haftungsgrundlage selbst belgisches Recht beruft[215]. Auch wird erwogen, das Merkmal der Dienstleistungspflicht in der Vorschrift des § 845 BGB unterhaltsrechtlich

---

210 *Ferid/Firsching/Dörner/Hausmann/Carsten*, Internationales Erbrecht (Stand: 103. EL 2018), Schweden, Grdz. F, Rn. 29; *Johansson*, in: *Süß* (Hrsg.), Erbrecht in Europa – Schweden, Rn. 57.

211 Im Einzelnen *Johansson*, in: *Süß* (Hrsg.), Erbrecht in Europa – Schweden, Rn. 65.

212 *Ferid/Firsching/Dörner/Hausmann/Carsten*, Internationales Erbrecht (Stand: 103. EL 2018), Schweden, Grdz. F, Rn. 29.

213 S.o., Kap. 1, B, I, 2, b) (S. 67).

214 So noch *von Hoffmann*, IPR (7. Aufl. 2002), § 6 Rn. 36; aufgegeben aber in *von Hoffmann/Thorn*, IPR, § 6 Rn. 36.

215 MüKo/*von Hein*, Einl. IPR, Rn. 262; Staudinger/*Sturm/Sturm*, Einl. zum IPR, Rn. 253.

zu qualifizieren[216]. Die dann maßgeblichen Vorschriften der Art. 3 ff. des Haager Unterhaltsprotokolls[217] führten in der Folge zwar auch zur Maßgeblichkeit belgischen Rechts und im Ergebnis eigentlich zur Versagung des Anspruchs. Gemäß Art. 4 Abs. 2 UnthProt wäre dann aber auf den Unterhaltsanspruch deutsches Recht als *lex fori* anwendbar, sodass hiernach ein Anspruch aus § 844 Abs. 2 BGB zugesprochen werden könnte.

Gegen diese Lösung mittels „Umqualifikation" spricht aber, dass das Kind nicht selbst unterhaltspflichtig wird, indem es den Eltern aus Ausgleich für den von ihnen gewährten Unterhalt Arbeit leistet[218]. Außerdem würde die Vorschrift des § 845 BGB hierdurch im Wesentlichen ihres Anwendungsbereichs beraubt werden und würden die Dienstleistungspflichten des § 1619 BGB zu Unterhaltpflichten umgedeutet, obwohl sie als solche nicht konzipiert wurden[219]. Die Abhilfe des Problems ist daher den Mitteln der Anpassung vorzubehalten.

3. Beispiele aus dem europäischen IPR

a) Der Normenmangel im Witwenfall

Wie bereits angesprochen[220] kann der klassische Fall des Normenmangels im „Witwenfall" auch unter Zugrundelegung der erbrechtlichen Qualifikation des deutschen Zugewinnausgleichs auftreten. Dieser Fall würde sich im europäischen IPR ergeben, wenn gemäß Art. 26 Abs. 1 lit. a EuGüVO deutsches Güterrecht zur Anwendung kommt und nach Art. 21 Abs. 1 EuErbVO italienisches Erbrecht berufen ist.

Nach deutschem Güterrecht ist dem überlebenden Ehegatten nichts zu gewähren, da die als erbrechtlich zu qualifizierende Norm des § 1371 Abs. 1 BGB keine Anwendung findet. Nimmt man an, dass die Erblasserin zwei Abkömmlinge hinterlässt, so wäre dem überlebenden Ehegatten nach italienischem Recht gemäß Art. 581 ital. Cc ein Drittel des Nachlasses zu gewähren[221]. Die reguläre

---

216 *Enderlein*, AcP 200 (2000), 565 (574, 589); *Kilian*, NJW 1969, 2007.

217 Haager Protokoll über das auf Unterhaltspflichten anzuwendende Recht vom 23.11.2007.

218 MüKo/*von Hein*, Einl. IPR Rn. 262.

219 *Kropholler*, FamRZ 1969, 241 (249), der auf den Unterschied zwischen Dienstleistungs- und der Unterhaltspflicht gem. §§ 1601 ff. BGB hinweist; MüKo/*Wagner*, § 845 Rn. 6.

220 S.o. Kap. 1, A, II, 2, d) (S. 52).

221 Vgl. insoweit auch OLG Düsseldorf, Beschl. v. 10.3.2015 – I-3 Wx 196/14, Rn. 22, FamRZ 2015, 1237 (m. Anm. *Dutta*).

Rechtsanwendung führt demnach zu einer Beteiligung in Höhe eines Drittels am Nachlass.

Hätte allerdings allein deutsches Recht Anwendung gefunden, so hätte sich eine Nachlassbeteiligung in Höhe der Hälfte ergeben. Würde man insgesamt italienisches Recht anwenden, so würde die erbrechtliche Beteiligung um eine güterrechtliche ergänzt, die im gesetzlichen Güterstand in einem Anteil am Gesamtgut der Errungenschaftsgemeinschaft besteht[222].

So zeigt sich, dass das aus der kombinierten Rechtsanwendung gewonnene Ergebnis hinter dem zurückbleibt, was die beteiligten Sachrechte für sich genommen hervorgebracht hätten. Um wieviel konkret das Ergebnis einer Beteiligung in Höhe eines Drittels hinter dem Ergebnis des italienischen Rechts zurückbleibt (bezüglich des deutschen ist es ein Sechstel), kann nur anhand des konkreten Falles entschieden werden. Daher kommt es bei der Feststellung der Anpassungsnotwendigkeit auf die Vornahme einer konkreten Wertbetrachtung im Einzelfall an[223], wenn die güterrechtliche Abfindung nicht in einer pauschalen Quote am Nachlass besteht. Es ist dann eine Ermittlung der gesamten güter- und erbrechtlichen Situation unter den beteiligten Statuten erforderlich, anhand derer eine mögliche Besser- beziehungsweise Schlechterstellung des überlebenden Ehegatten im internationalen Fall geprüft werden muss.

Ein ähnliches Problem würde sich bei der Anwendbarkeit deutschen Güterrechts und französischen Erbrechts stellen. Nach französischem Erbrecht erhält der überlebende Ehegatte beim Vorhandensein zweier Abkömmlinge ein Viertel des Nachlasses (Art. 757 Cc)[224]. Bei alleiniger Anwendung des französischen Rechts wäre dem überlebenden Ehegatten allerdings zusätzlich eine güterrechtliche Abfindung in Höhe der Hälfte des vom Erblasser während der Ehe erworbenen Vermögens zugekommen[225]. Das reguläre Ergebnis aus der Kombination deutschen Güterrechts und französischen Erbrechts in Gestalt einer Nachlassbeteiligung in Höhe eines Viertels des Nachlasses bleibt somit noch deutlicher hinter den jeweiligen Inlandsergebnissen zurück.

---

222 Vgl. *Dutta*, FamRZ 2015, 1238 (1239), Anm. zu OLG Düsseldorf, Beschl. v. 10.3.2015 – I-3 Wx 196/14 = FamRZ 2015, 1237.

223 *Dutta*, FamRZ 2015, 1238 (1239), Anm. zu OLG Düsseldorf, Beschl. v. 10.3.2015 – I-3 Wx 196/14 = FamRZ 2015, 1237; für eine konkrete Betrachtungsweise auch *Looschelders*, IPRax 2016, 349 (352), *Mankowski*, FamRZ 2015, 1184; MüKo/*Sonnenberger*, Einl. IPR, 5. Aufl. Rn. 597; a.A. *Weber*, DNotZ 2016, 424 (438).

224 Oder – nach seiner Wahl – einen Nießbrauch am Nachlass; vgl. zu diesem Normwiderspruch auch *Fornasier*, FamRZ 2018, 207 (208).

225 Vgl. *Fornasier*, FamRZ 2018, 207 (208).

In diesen Fällen des Normenmangels ergeben sich auch Probleme mit Blick auf das Europäische Nachlasszeugnis (ENZ). Insoweit stellt sich vor allem die Frage, ob die Anpassung eines festgestellten Normwiderspruchs durch Modifikation der Erbquote erfolgen kann, die dann in der Folge in das ENZ aufgenommen werden wird. Dies soll im Rahmen der Lösung des Anpassungsproblems näher untersucht werden[226].

b) Der „Hauskind-Fall"

Der „Hauskind-Fall" kann sich in entsprechender Weise unter Geltung des europäischen Kollisionsrechts ergeben. Für außervertragliche Schuldverhältnisse bestimmt sich die Anwendung des maßgeblichen Sachrechts nach der Rom II-Verordnung[227]. Maßgeblich für das in Rede stehende Delikt in Gestalt des Autounfalls ist Art. 4 Rom II-VO.

Aufgrund des Schadenseintrittsortes Deutschland ist gemäß Art. 4 Abs. 1 Rom II-VO auf die Frage der Schadensersatzpflicht des Unfallverursachers deutsches Recht anwendbar. Der mit Blick auf die Anpassungsproblematik interessierende § 845 S. 1 BGB wirft die nach Art. 21 EGBGB zu beurteilende Vorfrage nach der Dienstleistungspflicht des Hauskinds auf. Diese besteht indes nach belgischem Recht nicht. Somit ist auch hier der Schadensersatzanspruch der Eltern eigentlich zu versagen. Die für das autonome IPR festgestellte Anpassungssituation ergibt sich folglich ebenfalls unter Anwendung (auch) europäischen Kollisionsrechts in Gestalt von Art. 4 Abs. 1 Rom II-VO.

II. Die Normenhäufung

1. Allgemein

Das Spiegelbild des Normenmangels ist die Normenhäufung[228]. In dieser Konstellation sind zur Lösung einer Rechtsfrage mehrere Rechtsordnungen berufen, deren Sachrechte im Zusammenspiel deswegen kein sachgerechtes Ergebnis herbeiführen, weil zu viele Normen die Rechtsfrage entscheiden wollen[229]. Gehäuft werden durchaus Normen, da von ihnen mehrere zur Beantwortung der Rechtsfrage berufen sind. Dieser Umstand ist für sich genommen jedoch

---

226 Dazu unten Kap. 8, A, II, 3 (S. 276 ff.).

227 Verordnung (EG) Nr. 864/2007 des Europäischen Parlaments und des Rates über das auf außervertragliche Schuldverhältnisse anzuwendende Recht vom 11.7.2007.

228 MüKo/*von Hein*, Einl. IPR, Rn. 249; *Looschelders*, Anpassung, S. 309.

229 *Kropholler*, IPR, S. 237; *Looschelders*, Anpassung, S. 8.

nicht entscheidend für die Begründung der Anpassungsnotwendigkeit. Die anpassungswürdige „Häufung“ besteht vielmehr im Ausmaß beziehungsweise der Höhe des nach regulärer Rechtsanwendung zu gewährenden Anspruchs. Die Höhe des Anspruchs wird angesichts der jeweiligen Lösungen für entsprechende reine Inlandsfälle in den beteiligten Rechtsordnungen als unangemessen eingestuft.

2. *Beispiele aus dem autonomen IPR*

a) *Der „umgekehrte Witwenfall“*

Als Beispiel für die Normenhäufung dient klassischerweise der Witwenfall in „umgekehrter“ Konstellation[230]: Es ist von der gleichzeitigen Anwendbarkeit schwedischen Güter- und deutschen Erbrechts auf die Rechtsfrage nach der Beteiligung des überlebenden Ehegatten am Nachlass auszugehen. Diese Kombination hat eine von keiner der beiden Rechtsordnungen jeweils für sich genommen vorgesehene „Doppelversorgung“ des überlebenden Ehegatten zur Folge[231]. Auch dieses Ergebnis wird weitgehend abgelehnt. Der Grund für die Anpassung wird in erster Linie darin gesehen, dass der Ehegatte mehr erhalten würde, als ihm nach jeder der anwendbaren Rechtsordnung für sich genommen zukommen sollte[232].

b) *Einander widersprechende Kommorientenvermutungen*

Ein weiteres Beispiel für die Fallgruppe der Normenhäufung im autonomen IPR stellt das der einander widersprechenden Kommorientenvermutungen dar[233]. In diesen Fällen ist die Erbfolger zweier Personen in deren Beziehung zueinander zu beurteilen, während sie durch dasselbe Ereignis versterben und nicht geklärt werden kann, wer zuerst verstorben ist. Insoweit bewirkt die Kombination

230 Vgl. *Clausnitzer*, Die güter- und erbrechtliche Stellung des überlebenden Ehegatten, S. 13; *Looschelders*, Anpassung, S. 309.

231 *Batiffol*, Aspects philosophiques, S. 25; *von Hoffmann/Thorn*, IPR § 6 Rn. 33; *Kegel/Schurig*, IPR § 8 II 2; *Kropholler*, IPR § 34 III Nr. 3.

232 Vgl. nur *von Bar/Mankowski*, IPR, § 7 Rn. 256; *Benicke*, FS Schapp, S. 61 (66); *Clausnitzer*, IPRax 1987, 104; *Kropholler*, IPR § 34 III Nr. 2; mit dieser Begründung aus der Rspr. bspw. LG Bonn, Beschl. v. 19.12.1984 – 5 T 195/84, IPRspr. 1984, Nr. 115, S. 270.

233 *von Bar/Mankowski*, IPR, I § 7 Rn. 254 f.; *Benicke*, FS Schapp, 2010, 61 (63 ff.); MüKo/*von Hein*, Einl. IPR, Rn. 245; *Looschelders*, Anpassung, S. 11.

unterschiedlicher Personalstatute mehrerer Verstorbener (Art. 9 S. 1 EGBGB) Komplikationen bei der Verteilung des Nachlasses[234].

Ein Beispiel[235] ist in dem Fall zu sehen, dass Mann M und Frau F bei einer Naturkatastrophe sterben. Die Verwandten des kinderlosen Paares streiten sich um den Nachlass. Damit F vor den Verwandten des Mannes als Erbin berufen ist, muss diese ihren Mann überlebt haben. Dazu ist im Rahmen der Vorfrage zu klären, wann die Ehefrau gestorben ist. Hierzu verweist das nach Art. 9 S. 1 EGBGB maßgebliche Personalstatut auf das Heimatrecht der Frau. Angenommen werden soll, dass hiernach die Vermutung gilt, dass die Frau ihren Mann überlebt hat. Demnach beerbt die F den M, sodass den Verwandten der F der Nachlass zufällt.

Prüft man nun die Erbfolge der F, so ergibt sich im Rahmen des Erbstatuts ebenfalls die Vorfrage nach der Erbfähigkeit des M, die gemäß Art. 9 S. 1 EGBGB nach dessen Personalstatut beurteilt wird. Gilt diesem Recht zufolge, dass die ältere Person länger lebte, so fällt hiernach grundsätzlich den Verwandten des M als Erbe der F der Nachlass zu. Somit ergibt sich das widersprüchliche Ergebnis, dass jeder Ehegatte den anderen überlebt hat und dass daher den Erben beider Ehegatten der Nachlass zufallen soll.

Im Ergebnis ist jeweils der eine Ehegatte als Erbe des anderen berufen. Eine sinnvolle Nachlassverteilung kann nicht stattfinden. Der Anpassungsbedarf wird insoweit mitunter mit der Überlegung begründet, dass sich die angeordneten Rechtsfolgen logisch ausschließen[236]. Ob diese Erklärung aufrechterhalten werden kann, wird aber noch zu untersuchen sein[237]. Es besteht jedenfalls Einigkeit darüber, dass das Ergebnis im Interesse einer eindeutigen Verteilung des Nachlasses zu korrigieren ist.

3. *Beispiele aus dem europäischen IPR*

a) *Der Witwenfall*

Vor der Entscheidung des EuGH in der Rechtssache *Mahnkopf*[238] wurde allgemein – entsprechend der damaligen herrschenden Ansicht einer güterrechtlichen Qualifikation des Zugewinnausgleichs[239] – davon ausgegangen, dass sich

234 Vgl. zu den unterschiedlichen Regelungen in verschiedenen Rechtsordnungen *Jayme/Haack* ZVglRWiss 84 (1985), 82 ff.

235 Beispiel nach *Benicke*, FS Schapp, 61 (64 f.).

236 *Schurig*, Kollisionsnorm und Sachrecht, S. 234 f.

237 S.u. Kap. 2, B, I, 2 (S. 127 ff.).

238 S.o. Kap. 1, A, II, 2, b) (S. 48 ff.).

239 S.o. Fn. 99.

der klassische „Witwenfall" auch auf europäischer Ebene weiterhin aus dem Zusammenspiel der Erb- und Güterrechtsverordnung ergeben kann[240].

Ein europäischer „Witwenfall" in der Form der Normenhäufung kann sich bei erbrechtlicher Qualifikation des Zugewinnausgleichs dann ergeben, wenn das deutsche Recht als Erbstatut berufen ist und mit einem Güterstatut zusammentrifft, das dem überlebenden Ehegatten einen unionsrechtlich als güterrechtlich zu qualifizierenden Anteil am Nachlass gewährt. In diesem Fall ist es wahrscheinlich, dass das aus der kombinierten Anwendung der Sachrechtsausschnitte gewonnene Ergebnis dasjenige übersteigt, was beide Rechtsordnungen für sich genommen erzielt hätten.

Dies kann der Fall sein, wenn der Erblasser seinen letzten gewöhnlichen Aufenthalt in Deutschland hatte, die Ehegatten jedoch ihren ersten gemeinsamen gewöhnlichen Aufenthalt in Italien hatten. Ist nach Art. 21 Abs. 1 EuErbVO deutsches Recht zur Anwendung berufen, so folgt aus der Anwendung der Vorschriften §§ 1371 Abs. 1, 1931 Abs. 1 BGB eine hälftige Nachlassbeteiligung. Das dann über Art. 26 Abs. 1 lit. a EuGüVO berufene italienische Güterrecht gewährt dem überlebenden Ehegatten bei Maßgeblichkeit des gesetzlichen Güterstands einen Anteil am Gesamtgut, der für jeden Einzelfall gesondert zu berechnen ist. Damit wird die hälftige Nachlassbeteiligung um einen konkret zu ermittelnden Anteil vergrößert. Dieses Ergebnis übersteigt das, was nach deutschem Recht allein zu gewähren wäre. Geht man davon aus, dass der Erblasser zwei Abkömmlinge hinterlässt, so wäre im italienischen Recht nach Art. 581 ital. Cc ein Drittel am Nachlass zu gewähren (der um den Anteil am Gesamtgut erhöht würde). Das Ergebnis einer Beteiligung in Höhe der Hälfte zusätzlich zu dem Anteil am Gesamtgut übersteigt damit das, was nach den beiden Rechtsordnungen gesondert zu gewährt werden würde. Daher ist ein Fall der Normenhäufung indiziert.

Eine Normenhäufung kann sich darüber hinaus auch ergeben, wenn das deutsche Recht als Erbstatut mit einem Güterstatut zusammentrifft, das den überlebenden Ehegatten vorrangig güterrechtlich abfindet. Dies ist etwa im französischen Recht der Fall, demzufolge dem überlebenden Ehegatten die

---

240 Vgl. die Hinweise bei *Buschbaum/Kohler*, GPR 2010, 106 (108); *Kowalczyk*, GPR 2012, 212; *Looschelders*, FS von Hoffmann, 266 (281); *ders.* FS Coester-Waltjen, 531 (533); *ders.*, IPRax 2016, 349 (352 f.); *Martiny*, IPRax 2011, 437 (445); *Reimann*, ZEV 2015, 413; *Weber*, DNotZ 2016, 424 (426 f.); folgender Sachverhalt angelehnt an OLG Schleswig, Beschl. vom 19.8.2013 – 3 Wx 60/13 = NJW 2014, 88; Anmerkung von *Heinig*, DNotZ 2014, 251; vgl. auch den ähnlich gelagerten Fall, der vom LG Bonn entschieden wurde, Beschl. v. 19.12.1984 – 5 T 195/84, IPRspr. 1984, Nr. 115.

Hälfte des vom Erblasser während der Ehe erworbenen Vermögens kraft Güterrechts zusteht[241].

b) Einander widersprechende Kommorientenvermutungen

Auch der Anpassungsfall in Gestalt der einander widersprechenden Kommorientenvermutungen kann sich unter Geltung des europäischen Kollisionsrechts weiterhin ergeben. Wiederum ist angesichts des gleichzeitigen Versterbens zweier Personen auf die Frage nach der Erbfähigkeit zu blicken. Der im Rahmen dieser Vorfrage aus deutscher Sicht anwendbare Art. 9 S. 1 EGBGB führt zu dem schon erläuterten widersprüchlichen Ergebnis, wenn sich nach den Personalstatuten unterschiedliche oder gar widersprechende Vermutungsregelungen hinsichtlich des Versterbenszeitpunkts ergeben. Die Europäische Erbverordnung hält in Art. 32 EuErbVO eine Regelung zur Auflösung der Kommorientenproblematik bereit. Auf die Anwendung dieser Vorschrift auf den Problemfall soll jedoch im Rahmen der Lösung der Beispielsfälle näher eingegangen werden[242].

III. Die qualitative Normdiskrepanz im deutschen und europäischen IPR

1. Der Trust

Der Fallgruppe der qualitativen Normdiskrepanz wird zunächst die Problematik zugeordnet, dass ausländische Rechtsfiguren innerhalb eines Sachrechts verwirklicht werden sollen, die ihm fremd sind[243]. Dieses Problem kann auch als Symptom der Friktion zwischen Gesamt- und Einzelstatut aufgefasst werden[244]. Als Beispiel ist der Fall der Anordnung eines *Trusts* an einem in Deutschland belegenen Grundstück in einer letztwilligen Verfügung zu nennen[245]. Wenn ein englischer Erblasser einen *Trust* an einem deutschen Grundstück anordnete, so unterlag gemäß Art. 25 Abs. 1 EGBGB a.F. die Erbfolge dem englischen Recht als Gesamtstatut.

Unter Zugrundelegung der aktuellen Rechtslage ließe sich insoweit voraussetzen, dass der Erblasser seinen letzten gewöhnlichen Aufenthalt in England hatte (vgl. Art. 21 Abs. 1 EuErbVO). Die Anordnungen des Gesamtstatuts hinsichtlich

---

241 Vgl. *Fornasier*, FamRZ 2018, 634 (635).

242 S.u. Kap. 8, C (S. 284).

243 *Looschelders*, Anpassung, S. 13; MüKo/*Sonnenberger*, 5. Aufl., Einl. IPR, Rn. 589.

244 Vgl. *Looschelders*, Anpassung, S. 14.

245 Vgl. *Benicke*, FS Schapp, 61 (67); MüKo/*von Hein*, Einl. IPR, Rn. 250; *Kropholler*, IPR, § 34 III; *Neuhaus*, Grundbegriffe, S. 357.

des Übergangs dinglicher Rechte und Pflichten sind grundsätzlich unabhängig von der *lex rei sitae* zu realisieren[246]. Welche Rechte an einem in Deutschland belegenen Grundstück aber bestehen können, bestimmt sich gemäß Art. 43 Abs. 1 EGBGB nach deutschem Recht. In diesem Fall ist Art. 31 EuErbVO zu beachten. Da die Rechtsfigur *Trust* dem deutschen Recht fremd ist, stellt sich die Frage, ob, beziehungsweise wie, der Wille des Erblassers angesichts der deutschen Sachenrechtsgrundsätze zu verwirklichen ist. Der Übergang dinglicher Rechte und Pflichten kann dann nicht reibungslos nach den Vorgaben des Gesamtstatuts erfolgen, wenn die vom Gesamtstatut angeordneten Rechtsfolgen sich nicht mit dem *numerus clausus* des Rechts des Belegenheitsorts vertragen[247]. Die Aufspaltung der Eigentumsrechte zwischen dem *beneficiary* und dem *trustee* widerspricht dem *numerus clausus* der dinglichen Rechte im deutschen Recht[248]. Die Vorschrift des Art. 31 EuErbVO ist demnach berufen, wenn der *Trust* sich auf Nachlassgegenstände bezieht, die im Inland belegen sind[249].

2. *Die Verwirklichung des Vindikationslegats*

Eine qualitative Normdiskrepanz wurde bisher auch angenommen, wenn ein Erblasser in einer letztwilligen Verfügung einen Vermächtnisnehmer mit einem Vindikationslegat bedenkt[250]. Die Verwirklichung dieses Willens bereitet Probleme, wenn die Anordnung sich auf einen Gegenstand bezieht, der in einem Land belegen ist, das das Vindikationslegat nicht kennt, zum Beispiel Deutschland. Das deutsche Recht sieht nur das einen schuldrechtlichen Anspruch begründende Damnationslegat gemäß den Vorschriften der §§ 1939, 2174 BGB vor. Der vom Vindikationslegat vorgesehene unmittelbare Eigentumserwerb an der Sache durch den Vermächtnisnehmer kann nicht erfolgen, wenn dies den wesentlichen Grundsätzen der *lex rei sitae* widerspricht[251]. Ein solcher, diese Wirkung vereitelnder Widerspruch zwischen den Rechtsordnungen wurde herkömmlich angenommen[252]. Sofern von einem Entgegenstehen der wesentlichen Grundsätze des Sachenrechts am Belegenheitsort ausgegangen wurde, war die

---

246 *Kegel/Schurig*, IPR, § 19 II.
247 *Kegel/Schurig*, IPR, § 19 II; *Looschelders*, Anpassung, S. 130.
248 *Looschelders*, in: *Hüßtege/Mansel* (Hrsg.), NK-BGB, Art. 31 EuErbVO Rn. 15.
249 *Looschelders*, in: *Hüßtege/Mansel* (Hrsg.), NK-BGB, Art. 31 EuErbVO Rn. 15; zu der Vorschrift s. auch unten Kap. 9, B, III (S. 300).
250 vgl. BGH NJW 1995, 58 = IPRax 1996, 40; MüKo/*von Hein*, Einl. IPR, Rn. 250.
251 *Looschelders*, Anpassung, S. 410.
252 Vgl. *Kropholler*, IPR, § 54 I 3; *Lüderitz*, IPR, Rn. 420; *Schröder*, Anpassung, S. 133 f.; *van Venrooy*, ZVglRWiss 85 (1986), 205 (212 ff.); a.A. *Looschelders*, Anpassung, S. 412.

bevorzugte Lösung zumeist eine Umdeutung des Vindikationslegats in ein Damnationslegat[253]. Aber auch wo von einer Vereinbarkeit der Wirkung des Vindikationslegats mit den wesentlichen Grundsätzen der *lex rei sitae* ausgegangen wurde, sollten Modifikationen zur Verwirklichung des Willens des Erblassers das Problem lösen: So wollte beispielsweise *Looschelders* zu diesem Zweck das inländische Erbscheinverfahrens- und Grundbuchrecht abwandeln[254].

In der Rechtssache *Kubicka*[255] hatte sich der EuGH mit der Thematik der Verwirklichung eines Vindikationslegats unter Geltung der Europäischen Erbrechtsverordnung zu beschäftigen. In der Sache hatte Frau Kubicka bei einem Notariat in Polen ein öffentliches Testament errichtet, das ein Vindikationslegat zugunsten ihres Ehegatten beinhaltete. Dieses bezog sich auf ein Grundstück in Frankfurt (Oder), das ihr als Miteigentümerin gemeinsam mit ihrem Ehegatten gehörte. Der Notarvertreter lehnte die Errichtung dieses Vindikationslegats jedoch mit der Begründung ab, dass ein solches mit dem deutschen Sachen- und Registerrecht unvereinbar sei. Da der Notar der daraufhin durch Frau Kubicka eingelegten Beschwerde nicht abhalf, rief diese das zuständige Bezirksgericht an. Das vorlegende Gericht wollte mit Blick auf die Auslegung der Vorschriften Art. 1 Abs. 2 lit. k, l und 31 EuErbVO sodann vom Europäischen Gerichtshof im Rahmen des Vorabentscheidungsverfahrens nach Art. 267 AEUV wissen, inwieweit das Recht der *lex rei sitae* (hier deutsches Recht) eine Einschränkung der dinglichen Wirkungen des vom Erbstatut (hier nach Art. 22 EuErbVO polnisches Recht) vorgesehenen Vindikationslegats bewirken kann.

Der EuGH stellte darauf ab, dass beide beteiligten Rechtsordnungen das dingliche Recht „Eigentum" kennen und dass lediglich die Art und Weise des Übergangs betroffen sei, soweit es um Vindikations- beziehungsweise Damnationslegate gehe[256]. Derartige Eigentumsübergangsmodalitäten seien nicht vom Ausschluss des Art. 1 Abs. 2 lit. k EuErbVO erfasst. Der Anwendungsbereich von Art. 1 Abs. 2 lit. l EuErbVO sei ebenfalls nicht eröffnet, da die Vorschrift lediglich die Eintragung von Rechten betreffe und nicht die Voraussetzungen,

---

253 Vgl. *von Bar/Mankowski*, IPR II, § 3 Rn. 377; *Ferid*, IPR, Rz 7-33; *Kropholler*, IPR; § 51 IV 1 2; dies entspricht der BGH-Rechtsprechung, Urt. v. 28.9.1994 – IV ZR 95/93, IPRspr. 1994, Nr. 125 = IPRax 1996, 39.

254 Vgl. Anpassung, S. 412.

255 EuGH, Urt. v. 12.10.2017 – C-218/16, *Kubicka*, ECLI: EU: C:2017:755, NJW 2017, 3767.

256 EuGH, Urt. v. 12.10.2017 – C-218/16, *Kubicka*, ECLI: EU: C:2017:755, NJW 2017, 3767, Rn. 49; m. abl. Anm. *Weber*, DNotZ 2018, 16; zust. hingegen *Cranshaw*, jurisPR-IWR 6/2017 Anm. 5; *Dorth*, ZEV 2018, 11.

unter denen solche Rechte erworben werden[257]. Daraus folgerte der Gerichtshof, dass die Vorschriften der Ablehnung der Anerkennung von dinglichen Wirkungen, die ein Vindikationslegat nach dem gewählten Erbrecht hat, in einem Mitgliedstaat entgegensteht, dessen Rechtsordnung dieses Institut nicht kennt[258]. Die Vorschrift des Art. 31 EuErbVO[259] schließlich beziehe sich nicht auf die Modalitäten des Eigentumsübergangs, sondern auf die Wahrung des Inhalts der dinglichen Rechte, der vom Erbstatut festgelegt wird – in diesem Fall der Miteigentumsanteil an dem in Deutschland belegenen Grundstück[260].

Im Ergebnis statuierte der EuGH demnach, dass für den Fall der Übertragung des nach polnischen Recht begründeten Vindikationslegats in Bezug auf ein in Deutschland belegenes Grundstück keine Anpassung im Sinne des Art. 31 EuErbVO erforderlich sei. Vielmehr muss der Entscheidung zufolge das Recht des Belegenheitsorts der Sache den vom Vindikationslegat begründeten dinglichen Eigentumserwerb anerkennen, auch wenn es diese Form des Eigentumsübergangs nicht kennt.

IV. Das Auseinanderfallen von Sach- und Prozessrecht

Jedes Gericht wendet sein inländisches Prozessrecht an. Führt die Prüfung des anwendbaren Rechts nach dem Kollisionsrecht des Forums zur Maßgeblichkeit ausländischen Sachrechts, ergibt sich hieraus ein Auseinanderfallen dieses ausländischen Rechts und der prozessrechtlichen *lex fori*. Die Kombination von Sach- und Prozessrecht unterschiedlicher Rechtsordnungen wird von verschiedener Seite als potentieller Auslöser von Anpassungslagen anerkannt[261].

---

257 EuGH, Urt. v. 12.10.2017 – C-218/16, *Kubicka*, ECLI: EU: C:2017:755, NJW 2017, 3767, Rn. 54.

258 EuGH, Urt. v. 12.10.2017 – C-218/16, *Kubicka*, ECLI: EU: C:2017:755, NJW 2017, 3767, Rn. 51, 58.

259 Zur Behandlung dieser Vorschrift s.u. Kap. 9, B, III (S. 300).

260 EuGH, Urt. v. 12.10.2017 – C-218/16 – *Kubicka*, ECLI: EU: C:2017:755, NJW 2017, 3767, Rn. 63.

261 *Dannemann*, in: *Leible* (Hrsg.), General Principles of EU PIL, 331 (337); MüKo/*von Hein*, Einl. IPR, Rn. 248; *Fernández Rozas/Sánchez Lorenzo*, D.i.p., S. 142 f. Nr. 114; *Jayme*, IPRax 1982, 11 (12) (bzgl. eines Auskunftsanspruchs im Rahmen einer güterrechtlichen Auseinandersetzung, Anm. zu AG Wolfratshausen, 25.11.1980, 1 F 183/77); *Kegel*, FS Drobnig, 315 (327 f.); *Looschelders*, Anpassung, 372 ff.; *ders.*, RabelsZ 70 (2006), 607; Bamberger/Roth/*Lorenz*, Einl. IPR Rn. 90; *ders.*, in: BeckOK BGB, EGBGB Rn. 90; Staudinger/*Mankowski*, Art. 15 EGBGB, Rn. 285 ff.; *Mingers*, Der Auskunftsanspruch, S. 117 f.; vgl. auch *Basedow*, in: *Schlosser* (Hrsg.), Unterscheidung

Wenn ein Gericht ein fremdes Sachrecht anzuwenden hat, kann sich eine Anpassungslage konkret für den Fall ergeben, dass bestimmte Rechtsordnungen bei Zugewinnausgleichs- und Unterhaltsklagen keinen materiellrechtlichen Auskunftsanspruch vorsehen. Dies hängt damit zusammen, dass dieser Aspekt in den betreffenden Rechtsordnungen unter den dort meist geltenden Untersuchungsgrundsatz fällt. Ein Gericht, dessen Prozessrecht keinen Auskunftsanspruch kennt, weil dieser in dessen *lex fori* materiellrechtlich geregelt ist, könnte somit unter Anwendung ausländischen Rechts, dem zufolge die Dinge umgekehrt liegen, bei regelmäßiger Rechtsanwendung keinen Anspruch gewähren. So würde ein Zustand eintreten, der von keiner der beteiligten Rechtsordnungen beabsichtigt ist.

Im deutschen Recht ist die Vorschrift des § 89e Abs. 2 Satz 1 GWB, die unter anderem die Regelung des Herausgabe- bzw. Auskunftsanspruchs in § 33g GWB für entsprechend anwendbar erklärt, als präventive Regelung einer solchen Anpassungslage anzusehen. Die Normen beruhen auf der Schadensersatz-Richtlinie (2014/104/EU). Nimmt man an, dass über Art. 6 Abs. 3 lit. a Rom II-VO ein für ein mitgliedstaatliches Gericht fremdes Sachrecht eines anderen Mitgliedstaats anzuwenden ist, so ist es möglich, dass beide Rechtsordnungen den in Art. 5 SchadensersatzRL vorgesehenen Herausgabeanspruch rechtstechnisch unterschiedlich regeln. Damit allein aufgrund dieses möglichen Auseinanderfallens von Sach- und Prozessrecht der Anspruch nicht versagt werden muss, ordnet aus deutscher Sicht § 89e Abs. 2 Satz 1 GWB unter näheren Voraussetzungen die analoge Anwendbarkeit des § 33g GWB auf Schadensersatzansprüche eines fremden Sachrechts an.

1. Autonomes IPR

Die Beispiele zu Anpassungsfällen aufgrund der Anwendbarkeit fremden Sachrechts im deutschen Prozess sind zahlreich[262]. Auch das Oberlandesgericht Stuttgart hatte sich mit einem derartigen Problem zu beschäftigen[263]: Die Parteien des

materielles Recht und Prozessrecht, 131 (153), der die Grundsätze der Anpassung als auch auf das Internationale Zivilverfahrensrecht übertragbar ansieht.

262 Vgl. die schon behandelte Entscheidung des AG Tempelhof-Kreuzberg, Teilurt. vom 28.1.2008 – 172 F 6840/08; s. ferner OLG München, Urt. v. 25.3.2015 – 15 U 458/14, IPRspr. 2015, Nr. 43; OLG Stuttgart, Beschl. v. 28.11.2002 – 17 WF 129/02, IPRspr. 2002, Nr. 72; OLG Karlsruhe, Urt. v. 22.9.1994 – 2 UF 147/93, IPRspr. 1994, Nr. 94; LG Aurich, Beschl. v. 1.12.1975 – 3a T 35/75, IPRspr. 1975, Nr. 95; OLG Saarbrücken, Beschl. v. 14.7.1965 – 5 W 26/65, NJW 1966, 308.

263 OLG Stuttgart, Urteil v. 4.10.1988 – 17 UF 131/88, IPRax 1990, 113.

Rechtsstreits waren Ehegatten japanischer Staatsangehörigkeit, die in Deutschland die Ehe geschlossen hatten. Als die Klägerin mit den gemeinsamen Kindern nach Japan zurückkehrte, schlossen die Ehegatten vor dem Amtsgericht einen Vergleich über die zukünftige Zahlung von Unterhalt durch den Beklagten. Die Klägerin machte in der Folge vor dem Oberlandesgericht Stuttgart einen unterhaltsrechtlichen Auskunftsanspruch geltend, der die Unterhaltsklage gegen den Kläger vorbereiten sollte.

Die internationale Zuständigkeit der deutschen Gerichte ergab sich aus Art. 2 Abs. 1 des Europäischen Zuständigkeits- und Vollstreckungsübereinkommens (EuGVÜ)[264]. Auf den Auskunftsanspruch war gemäß Art. 18 Abs. 1 S. 1 EGBGB a.F. japanisches Sachrecht anwendbar. Im japanischen Sachrecht bestand jedoch eine dem § 1605 BGB entsprechende Vorschrift nicht; ein Unterhaltsanspruch war somit eigentlich abzulehnen. Im japanischen Recht unterliegt dieser Gesichtspunkt dem Amtsermittlungs- oder Untersuchungsgrundsatz[265].

Aus dieser Sachlage schloss das Gericht, dass eine Anpassung des anzuwendenden japanischen Sachrechts dahingehend vorzunehmen sei, dass der Auskunftsanspruch der Klägerin gewährt wird[266]. Zur Begründung führte es die übereinstimmende Wertung der beteiligten Rechtsordnungen an: Beide Rechtordnungen bestimmten, dass der Verpflichtete sein Einkommen für die Zwecke des Unterhaltsprozesses nicht verheimlichen dürfe[267]. Dieser gemeinsamen Absicht des japanischen und deutschen Rechts sei Geltung zu verleihen.

2. *Europäisches IPR*

Die Problematik der Friktionen aus der Kombination von Sach- und Prozessrecht unterschiedlicher Rechtsordnungen kann auch im europäischen Kollisionsrechts weiterhin auftreten.

a) Beispiel: Japanisches Unterhaltsrecht

Der Sachverhalt in der Entscheidung des Oberlandesgerichts Stuttgart zur Anwendbarkeit japanischen materiellen und deutschen Prozessrechts[268] könnte

264 Brüsseler EG-Übereinkommen über die gerichtliche Zuständigkeit und die Vollstreckung gerichtlicher Entscheidungen in Zivil- und Handelssachen vom 27.9.1968.

265 *Kono*, IPRax 1990, 93 (94) (Anm. zu OLG Stuttgart, Urt. v. 4.10.1988 – 17 UF 131/88, IPRax 1990, 114).

266 OLG Stuttgart, Urteil v. 4.10.1988 – 17 UF 131/88, IPRax 1990, 113 (114).

267 OLG Stuttgart, Urteil v. 4.10.1988 – 17 UF 131/88, IPRax 1990, 113 (114).

268 S.o. Kap. 1, B, IV, 2, a) (S. 79).

sich bei der Anwendung der Europäischen Unterhaltsverordnung[269] entsprechend ergeben.

Wenn der beklagte Ehegatte seinen gewöhnlichen Aufenthalt in Deutschland hat, sind gemäß Art. 3 Abs. 1 lit. a EuUntVO die deutschen Gerichte für die Beurteilung des Auskunftsanspruchs international zuständig. Das auf den Nebenanspruch zum Unterhaltsanspruch anwendbare Recht folgt grundsätzlich aus Art. 15 EuUntVO i.V.m. Art. 3 Abs. 1 HUP. Allerdings ist Japan (wie Albanien, die Schweiz und die Türkei) nicht Vertragsstaat des HUP. Aus Art. 18 HUP ist daher zu schließen, dass stattdessen das Haager Übereinkommen über das auf Unterhaltspflichten anzuwendende Recht[270] (HUntÜ) Anwendung findet[271].

Nach Art. 4 Abs. 1 HUntÜ ist das am gewöhnlichen Aufenthalt des Unterhaltsberechtigten geltende Recht maßgeblich. Nach diesem besteht aber kein dem § 1605 Abs. 1 Satz 1 BGB vergleichbarer Auskunftsanspruch, weil die Frage dem Untersuchungsgrundsatz unterliegt. Demnach würde die Anwendung europäischen Kollisionsrechts hier dazu führen, dass ein Auskunftsanspruch versagt werden müsste, während dies dem Sinn und Zweck beider beteiligter Rechtsordnungen widersprechen würde.

b) *Beispiel: Auskunftsanspruch aus französischem Recht*

Auch das im Rahmen der Untersuchung der instanzgerichtlichen Rechtsprechung zur Anpassung angeführte Beispiel des Auskunftsanspruchs[272] kann unter Anwendung des europäischen IPR und IZVR entstehen. In Rede stand dort die Auskunftserteilung hinsichtlich des Vermögens des einen Ehegatten, die französischem Recht unterlag. Vorausgesetzt werden soll, dass Antragstellerin und Antragsgegner beide die französische Staatsangehörigkeit besitzen und nach der Eheschließung zunächst in Frankreich gelebt haben. Außerdem sollen sie ihren gewöhnlichen Aufenthalt im Laufe der Ehe nach Deutschland verlegt haben und ein deutsches Gericht zur Scheidung und Regelung der finanziellen Scheidungsfolgen angerufen haben.

---

269 Verordnung (EG) Nr. 4/2009 des Rates über die Zuständigkeit, das anwendbare Recht, die Anerkennung und Vollstreckung von Entscheidungen und die Zusammenarbeit in Unterhaltssachen vom 18.12.2008.

270 Haager Übereinkommen über das auf Unterhaltspflichten anzuwendende Recht vom 2. Oktober 1973 (BGBl. 1986 II, S. 837).

271 Vgl. dazu *Beller/Wahl*, BWNotZ 2014, 104 (107).

272 S.o. Kap. 1, A, II, 3, a) (S. 55).

Die internationale Zuständigkeit des deutschen Gerichts würde sich in diesem Fall aus Art. 5 Abs. 1 EuGüVO i.V.m. Art. 3 Abs. 1 lit. a Brüssel IIa-VO[273] ergeben. Das anwendbare Recht richtet sich nach Art. 26 Abs. 1 lit. a EuGüVO und führt zur Maßgeblichkeit französischen Sachrechts. Auch so führt folglich die Anwendbarkeit des Art. 259-3 franz. Cc. vor einem deutschen Gericht zu einer Anpassungslage, die mittels der Bildung eines Auskunftsanspruchs auf Grundlage des anwendbaren Sachrechts aufgelöst werden sollte[274].

V. Der einseitige Normwiderspruch

Bei dem sogenannten einseitigen Normwiderspruch weicht das Ergebnis der regulären Kollisions- und Sachrechtsanwendung von den inhaltlichen Maßgaben nur einer der anwendbaren oder sonst beteiligten Rechtsordnungen ab[275].

1. Autonomes IPR

Diese Fallgruppe kann anhand einer Entscheidung des Landgerichts Bonn aus dem Jahr 1984[276] veranschaulicht werden[277]. Es ging dort um einen griechischen Erblasser, der zwei minderjährige Kinder und eine Ehefrau hinterließ. Die Erbquote der Hinterbliebenen war streitig.

Die Erbfolge war gemäß Art. 24, 25 EGBGB a.F. nach griechischem Recht zu beurteilen. Die güterrechtliche Stellung der Frau hingegen richtete sich nach deutschem Recht, da die Ehegatten zum Zeitpunkt der Eheschließung ihren gemeinsamen Wohnsitz in Deutschland hatten[278]. Nach griechischem Recht stand der Frau eine Erbquote von einem Viertel zu, während nach § 1371 Abs. 1 BGB im Güterstand der Zugewinngemeinschaft ein weiteres Viertel des Nachlasses zu gewähren war. Nach der güterrechtlichen Qualifikation des § 1371

273 Verordnung (EG) Nr. 2201/2003 des Rates über die Zuständigkeit und die Anerkennung und Vollstreckung von Entscheidungen in Ehesachen und in Verfahren betreffend die elterliche Verantwortung und zur Aufhebung der Verordnung (EG) Nr. 1347/2000 vom 27.11.2003.

274 Zur Auflösung von Anpassungslagen im europäischen IPR ausführlich s.u. Kap. 7, 8; für eine Lösung des Anpassungsproblems auf Grundlage des fremden Sachrechts auch Staudinger/*Mankowski*, Art. 15 EGBGB, Rn. 287.

275 *Kegel/Schurig*, IPR, § 8 II 2; *Looschelders*, Anpassung, S. 17.

276 LG Bonn, Beschl. v. 19.12.1984, IPRspr. 1984, Nr. 115.

277 Im Folgenden orientiert an der Darstellung bei *Looschelders*, Anpassung, S. 122; vgl. auch die schon erwähnte Entscheidung des BGH vom 13.5.2015, BGHZ 205, 289, s.o. Kap. 1, A, II, 1 (S. 43).

278 LG Bonn, Beschl. v. 19.12.1984, IPRspr. 1984, Nr. 115, Rn. 15.

Abs. 1 BGB hat das Landgericht Bonn entschieden, dass diese Vorschrift neben dem griechischen Erbrecht zum Zuge kommen solle[279]. Ein etwaiger Normwiderspruch auf Seiten des griechischen Rechts wurde durch das Gericht nicht geprüft.

Derartige Fallgestaltungen werden mitunter dann als Anpassungssituation charakterisiert, wenn die ungleichmäßige Beurteilung der Rechtsfrage darauf beruht, dass die sachrechtlichen Interessen der „betroffenen" Rechtsordnung (hier der griechischen) wesentlich gestört sind[280]. Der Zweck der Verweisung bestehe nämlich darin, dass die Teilfragen nach den jeweiligen Wertungen der berufenen Rechtsordnungen beantwortet werden[281]. Dieses Ziel werde aber in den Fällen des einseitigen Normwiderspruchs verfehlt, da die Interessen der einen Rechtsordnung keinen Niederschlag im Ergebnis der Rechtsanwendung fänden.

Die Rede ist in diesem Bereich auch von „einseitigen Sollenswidersprüchen"[282], denen nicht von vornherein der Charakter der Anpassungslage abgesprochen werden dürfe[283]. *Kegel/Schurig* halten es für denkbar, den einseitigen Normwiderspruch zu akzeptieren[284], insbesondere sofern die Zwecke des deutschen Rechts intakt blieben[285]. Von *Dannemann* etwa werden diese Sachverhalte nicht als Anpassungslagen angesehen: Nur eine ungewollte Ungleichbehandlung aufgrund der Internationalität des Sachverhalts könne eine Anpassungsnotwendigkeit begründen[286]. Den einseitigen Normwiderspruch als Anpassungslage anzusehen, bedeute, das Kollisionsrecht „hintenherum auszuspielen"[287]. Eine abschließende Beurteilung der Zuordnung dieser Fallgruppe zum Anwendungsbereich der Anpassung kann indes erst nach Untersuchung der Grundlagen der Anpassung durchgeführt werden[288].

---

279 LG Bonn, Beschl. v. 19.12.1984, IPRspr. 1984, Nr. 115, Rn. 16 ff.

280 *Looschelders*, Anpassung, S. 121.

281 *Looschelders*, Anpassung, S. 121.

282 *Looschelders*, Anpassung, S. 47.

283 Dahingehend wohl auch *Schurig*, Kollisionsnorm und Sachrecht, S. 235: „Ein teleologischer Widerspruch besteht, wo das Ergebnis (...) von allen beteiligten Rechtsordnungen (evtl. auch von einer) nicht gewollt ist (...)" und Staudinger/*Dörner*, Art. 25 EGBGB, Rn. 747: „(...) aus der Sicht zumindest eines der beteiligten Rechte als nicht mehr hinnehmbar (...)".

284 In diese Richtung auch *Clausnitzer*, IPRax 1987, 102 (104).

285 IPR, § 8 III 1 a.E. und § 8 III 2.

286 Ungewollte Diskriminierung, S. 190.

287 *Dannemann*, Ungewollte Diskriminierung, S. 188 f.

288 Zur Beurteilung des einseitigen Normwiderspruchs als Anpassungsfall s.u. Kap. 2, C, IV (S. 149 ff.).

2. *Europäisches IPR*

Die mitunter als einseitiger Normwiderspruch bezeichneten Friktionen ergeben sich im Sachverhalt der Entscheidung des Landgerichts Bonn[289] in entsprechender Weise im europäischen Kollisionsrecht. Legt man die Geltung der Europäischen Erb- und Güterverordnungen zugrunde, so resultieren bei entsprechender Kombination ebenfalls Rechtsanwendungsergebnisse, an denen sich nur eine der beteiligten Rechtsordnungen stört.

Diese Form des Normwiderspruchs folgt etwa aus der Kombination deutschen Güterrechts und österreichischen Erbrechts. Es soll davon ausgegangen werden, dass der verstorbene Ehegatte zwei Abkömmlinge hinterlässt. Auch soll der letzte gewöhnliche Aufenthalt des Erblassers in Österreich gewesen sein, während der erste gemeinsame gewöhnliche Aufenthalt der Ehegatten in Deutschland war. Eine gemeinsame Staatsangehörigkeit der Ehegatten soll nicht angenommen werden. Gemäß Art. 21 Abs. 1 EuErbVO ist folglich auf die erbrechtlichen Ansprüche österreichisches Recht und gemäß Art. 26 Abs. 1 lit. a EuGüVO auf die güterrechtlichen Ansprüche deutsches Recht anwendbar.

Nach österreichischem Recht erhält der Ehegatte erbrechtlich ein Drittel des Nachlasses (§ 757 Abs. 1 ABGB), während die beiden Kinder die übrigen zwei Drittel hälftig erhalten, § 732 S. 2 ABGB[290]. Hinsichtlich der Anwendbarkeit des deutschen Güterrechts kommt § 1371 Abs. 1 BGB in Betracht. Da diese Vorschrift entsprechend der jüngsten EuGH-Rechtsprechung nicht in den Anwendungsbereich der EuGüVO fällt, sondern vielmehr von der EuErbVO erfasst ist[291], findet sie in dieser Konstellation folglich keine Berücksichtigung.

Für den überlebenden Ehegatten ergibt sich demnach das Ergebnis einer Beteiligung am Nachlass in Höhe eines Drittels des Nachlasses. Diese Rechtsfolge entspricht dem österreichischen Recht, das keine güterrechtliche Teilhabe für den Tod eines Ehegatten vorsieht[292]. Sie weicht jedoch von dem ab, was das deutsche Recht in alleiniger Anwendung gewährt hätte. In diesem Fall ist fraglich, ob das vorläufige Rechtsanwendungsergebnis korrigiert werden muss[293].

---

289 S.o. Kap. 1, B, V, 1 (S. 81).

290 Vgl. *Haunschmidt*, in: *Süß* (Hrsg.), Erbrecht in Europa, S. 1094; *Ferid/Firsching/Dörner/Hausmann*, Internationales Erbrecht (Stand: 103. EL 2018) Österreich, Rn. 227; NK/*Süß*, Länderbericht Österreich, Rn. 35.

291 S.o. Kap. 1, A, II, 2, b) (S. 48).

292 Vgl. *Dutta*, FamRZ 2015, 1238 (1239, Fn. 7.).

293 Zur Notwendigkeit der Anpassung und zur Lösung des Falles s.u. Kap. 8, D (S. 286 ff.).

VI. Kritik und Stellungnahme

1. Kritik an der Einteilung in die klassischen Fallgruppen

Die Aufteilung des Anpassungsproblems auf verschiedene Fallgruppen hat Kritik erfahren. *Dannemann* kommt insoweit zu dem Schluss, dass die Fallgruppen einer logischen Definition nicht zugänglich seien, sondern dass ihr Vorliegen vielmehr nur durch wertende Betrachtung festgestellt werden könne[294]. Auch eine fehlerhafte Rechtsanwendung könne beispielsweise eine Anpassungslage produzieren[295], dieser Fall sei aber nicht einer der hergebrachten Gruppen zuzuordnen. Der Fallgruppe der qualitativen Normdiskrepanz sei zwar eine gewisse Auffangfunktion zugute zu halten, letztendlich stelle der Großteil der darunter gefassten Probleme aber Substitutionsprobleme dar[296]. Auch *Looschelders* äußert sich kritisch hinsichtlich der Zuteilung der Anpassungsprobleme zu Fallgruppen: Diesen mangle es nicht nur inhaltlich an Aussagekraft, sie könnten auch nicht auf strukturelle Probleme hinweisen oder mit bestimmten Lösungstechniken verbunden werden[297]. Letztendlich komme den Bezeichnungen nur indizielle Wirkung zu[298].

2. Stellungnahme

Es hat sich gezeigt, dass die meisten Autoren im Rahmen der Darstellung des Anpassungsproblems auf die hergebrachten Fallgruppen Normenmangel, Normenhäufung und meistens auch auf eine dritte, überwiegend als „qualitative Normdiskrepanz“ bezeichnete Gruppe zurückgreifen. Diese Bezeichnungen sind zwar „anschaulich, aber nicht sonderlich scharf“[299]. Anpassungslagen können sich außerdem in den Bereichen des Aufeinandertreffens von ausländischem Sachrecht und inländischem Prozessrecht und des einseitigen Normwiderspruchs ergeben.

Für die Fälle der parallelen oder sukzessiven Anwendung zweier Sachrechte scheinen die etablierten Fallgruppen weiterhin einen sachgerechten Anhaltspunkt zu bieten. Der Gebrauch der Fallgruppen sollte allerdings in dem Bewusstsein erfolgen, dass sie die Anpassungsproblematik nicht erschöpfend

294 Ungewollte Diskriminierung, S. 223.
295 Ungewollte Diskriminierung, S. 225.
296 Ungewollte Diskriminierung, S. 231 f.
297 Anpassung, S. 8.
298 *Looschelders*, IPRax 2005, 232 (235).
299 *Dannemann*, Ungewollte Diskriminierung, S. 222.

erfassen. Auf die große Schwierigkeit einer Systematisierung von Anpassungslagen ist verschiedentlich hingewiesen worden[300]. Eine abschließende Beurteilung des maßgeblichen Kriteriums für die Vornahme einer Anpassung soll erst nach Diskussion der Stellung der Anpassung zwischen den Rechtsanwendungsebenen von Sach- und Kollisionsrecht erfolgen[301].

Zusammenfassend ist hinsichtlich der Tauglichkeit dieser Einteilung aber vor allem darauf hinzuweisen, dass die Begriffe der „Häufung" oder des „Mangels" im hiesigen Zusammenhang eine Wertung beinhalten. Gedanklich vorgelagert ist immer die Feststellung, dass das vorläufige Ergebnis nicht bestehen bleiben soll. Denn allein die Häufung von Normen beziehungsweise der Mangel an ihnen (in Bezug auf welchen „Idealfall"?) ist nicht der Grund für die Ergebniskorrektur. Die Wortwahl ergibt sich aus der vorher gebildeten Überzeugung, dass die Situation nicht bestehen bleiben soll. Daher erscheint es zentral, zu untersuchen, ob es einen allgemeinen Ansatzpunkt für die Frage gibt, wann ein Ergebnis unter Anpassungsgesichtspunkten abgelehnt wird[302].

---

300 Vgl. *Batiffol*, Rec. des cours 1967-I, 165 (178); *Calvo Caravaca/Carrascosa González*, D.i.p., S. 487 Nr. 79; *Lewald*, Règles générales, S. 140; *Schwander*, Lois, S. 33.
301 S.u. Kap. 2, B, IV (S. 149 ff.).
302 Dazu unten Kap. 2, B (S. 122 ff.).

Kapitel 2. Die Stellung und Funktion der Anpassung im Gefüge von Sach- und Kollisionsrecht

Im Folgenden sollen die dogmatischen Grundlagen der Anpassung untersucht werden. Es wird der Frage nachgegangen, welche Stellung die Anpassung zwischen Sach- und Kollisionsrecht einnimmt. Insofern ist es zunächst erforderlich, das grundlegende Verständnis des Kollisionsrechts und seine Beziehung zum Sachrecht zu erörtern. Daraufhin kann die Funktion der Anpassung zwischen Kollisions- und materiellrechtlicher Ebene definiert werden und können verschiedene dogmatische Konzepte des Instituts zueinander in Beziehung gesetzt werden. Daran anschließend erfolgt eine Abgrenzung des Anpassungsproblems von verwandten Theorien zu angrenzenden Fragekreisen. Aus den so gewonnenen Maßgaben werden schließlich die Auswirkungen auf die oben[303] eingeführten Fallgruppen abgeleitet.

A. Zwei Ebenen der Rechtsanwendung

I. Das Verhältnis von Sach- und Kollisionsrecht

Die der Anpassung zugrunde liegenden Widerspruchssituationen sind eine Begleiterscheinung des Kollisionsrechts[304]. Würde das IPR nicht im Wege der Analyse des Sachverhalts[305] das auf den grenzüberschreitenden Sachverhalt anwendbare Recht bestimmen, gäbe es keine Anpassungslagen. Die Anpassung wird mitunter als Institut verstanden, das eine Art Schnittstelle zwischen kollisions- und materiellrechtlicher Ebene darstellt[306]. Der Grund für diese Annahme kann bereits bei einer oberflächlichen Betrachtung deutlich werden. Die Wertungen und Ziele des IPR führen zur Berufung einer bestimmten Kombination

303 S.o. Kap. 1, B (S. 64 ff.).

304 Vgl. nur *Benicke*, FS Schapp, 61 (77); *Cansacchi*, Rec. des cours 1953-II, 81 (116 f.); *Miaja de la Muela*, Derecho Internacional Privado I, S. 424.

305 Zur analytischen Methode des IPR s.o. Kap. 1, A, III (S. 60 ff.).

306 *Aguilar Navarro*, D.i.p. I-II, S. 253, der postuliert, dass die Anpassung die materiellrechtliche Dimension des IPR hervorhebt; vgl. auch *Siehr*, der die Anpassung als Beispiel für den Einfluss des Sachrechts auf eine kollisionsrechtliche Frage ansieht, RabelsZ 37 (1973), 466 (473) und *Vékás*, in: *Holl/Klinke* (Hrsg.), Internationales Privatrecht, Internationales Wirtschaftsrecht, 145 (149).

von Sachrechten. Da das so gefundene Ergebnis im Falle des Anpassungsproblems korrigiert wird, müssen andere Wertungen als die des Kollisionsrechts für die Abwandlung hin zum harmonischen Ergebnis maßgeblich sein. Dies sind sachrechtliche Erwägungen, die die beteiligten Interessen direkt betreffen.

1. Das Kollisionsrecht und seine Gerechtigkeit

Die Existenz verschiedener Sachrechte wirft im Ausgangspunkt die Frage auf, wie Sachverhalten zu begegnen ist, die mit mehreren dieser Rechtsordnungen in Berührung stehen[307]. Anstatt unterschiedslos die *lex fori* anzuwenden[308] oder ein allgemeines, materielles Sonderrecht für Auslandssachverhalte zu entwickeln[309], bedient sich das Kollisionsrecht als besonderes Recht für Auslandssachverhalte der typisierenden Analyse des Sachverhalts und der darauf folgenden Verweisung auf das anwendbare Recht[310]. Die Zuteilung der Sachverhaltselemente zu verschiedenen Kollisionsnormen erfolgt, damit unter mehreren gleichwertigen Rechtsordnungen diejenigen angewendet werden, die dem Sachverhalt angemessen sind, also ihm am nächsten stehen. Gefunden werden soll die mit dem Sachverhalt am engsten verbundene Rechtsordnung[311].

Zur Erreichung dieses Ziels greift das Kollisionsrecht auf die ihm eigenen Wertungen zurück, die in ihrer Gesamtheit auch als kollisionsrechtliche Gerechtigkeit bezeichnet werden[312]. Zu diesen Wertungen oder Interessen, auf denen das Kollisionsrecht basiert, zählen vor allem Parteiinteressen an der Anwendung des gewohnten Rechts, Verkehrsinteressen an der Praktikabilität der Beurteilung, sowie Ordnungsinteressen des inneren und äußeren Entscheidungseinklangs[313]. Hinzu treten einzelne materiellrechtliche Interessen, die etwa Kollisionsnormen im Bereich des Schutzes der schwächeren Partei leiten[314]. Schließlich sind auch

307 Vgl. MüKo/*von Hein*, Einl. IPR, Rn. 2; Staudinger/*Sturm/Sturm*, Einl. IPR Rn. 1.

308 Vgl. *Schack*, Liber amicorum Kegel, 179 (180).

309 Vgl. *Schack*, Liber amicorum Kegel, 179 (181); MüKo/*Sonnenberger*, 5. Aufl., Einl. IPR Rn. 1.

310 Zur analytischen Methode s.o. Kap. 1, A, III (S. 60 ff.).

311 *Kropholler*, IPR § 4 II; weitgehend austauschbar werden folgende Formulierungen gebraucht: „Sitz des Rechtsverhältnisses", „(Räumlicher) Schwerpunkt" bzw. „Räumlich bestes Recht", vgl. zu diesen Varianten *Kegel/Schurig*, IPR, § 2 I; MüKo/*Sonnenberger*, 5. Aufl., Einl. IPR Rn. 23.

312 Zur „Gerechtigkeit im IPR" vgl. *Kropholler*, IPR, § 4.

313 *Kegel/Schurig*, IPR, § 2 I.

314 MüKo/*von Hein*, Einl. IPR Rn. 34.

die Rechtssicherheit und die Vorhersehbarkeit des Ergebnisses maßgebliche Wertungsgesichtspunkte des Kollisionsrechts[315].

Im Anpassungsfall hat die Verfolgung dieser Interessen zu einem unsachgerechten Ergebnis geführt. Das kollisionsrechtlich gesehen gerechte Ergebnis wird dann aus dem Gesichtspunkt materieller Wertungen heraus korrigiert. Das IPR verfährt mit Vermutungen[316] und nimmt etwa an, dass die Berufung des jeweiligen Tatortrechts im konkreten Fall den Interessenkonflikt zwischen Schädiger und Geschädigtem sachgerecht entscheidet[317]. Es geht insoweit zwar nicht um die direkte Entscheidung eines konkreten Interessenkonflikts[318]. Da Rechtsnormen Konflikte lösen sollen und wegen aufgekommener Konflikte mit Blick auf deren zukünftige Vermeidung erst existieren[319], ist die Befolgung der aufgrund kollisionsrechtlicher Interessen gebildeten Verweisung aber auch nicht um ihrer selbst willen zu vollziehen[320]. *Kegel/Schurig* stellen insofern fest: „Wie das materielle Privatrecht dient auch das IPR der Gerechtigkeit zwischen den Einzelnen."[321] Auch *Kropholler* bemerkt, dass das IPR „letztlich zu materiell befriedigenden Entscheidungen führen soll"[322].

Die Aufgabe des Kollisionsrechts ist folglich, die Lösung von Interessenkonflikten in Auslandssachverhalten zu befördern. Was mit „Gerechtigkeit" auf kollisionsrechtlicher Ebene gemeint ist, ist die spezifische Entscheidung für eine bestimmte Anknüpfung angesichts eines bestimmten Anknüpfungsgegenstands und die mit ihr einhergehende Vermutung, dass der umrissene Konflikt in der konkreten Rechtsanwendung bestmöglich gelöst wird[323]. Die Anknüpfung dient folglich der Vorbereitung der sachgerechten Lösung der Rechtsfrage mit Auslandsbezug[324]. Indem das IPR mit seinen ihm eigenen Wertungen Einfluss

---

315 *Kegel/Schurig*, IPR, § 2 II c.

316 Vgl. *Neuhaus*, Grundbegriffe, S. 43.

317 Vgl. MüKo/*Junker*, Art. 4 Rom II-VO, Rn. 3 f.

318 *von Bar/Mankowski*, IPR I, § 4 Rn. 2; vgl. auch *Braga*, RabelsZ 23 (1958), 421 (434): „[W]ann eine Kollisionsnorm gerecht ist, läßt sich in allgemeingültiger Form nicht sagen."; *Roth*, Internationales Versicherungsvertragsrecht, S. 110.

319 Vgl. dazu mit Blick auf das IPR *Gutzwiller*, Schweizerisches Jahrbuch für internationales Recht, Band XXV (1968), 161 (167).

320 *Gutzwiller*, Materialrechtliche Gerechtigkeit, S. 41; zum europäischen IPR *Trüten*, Entwicklung des IPR in der EU, S. 5; vgl. zur Ordnungsaufgabe des IPR im Zusammenhang mit seiner Natur auch *Schwind*, RabelsZ 54 (1990), 251 (262).

321 IPR, § 2 I, S. 131; ähnlich *Schack*, Liber amicorum Kegel, 179 (190).

322 *Kropholler*, IPR, § 4 I.

323 *Weller*, IPRax 2014, 225 (231).

324 Vgl. MüKo/*Sonnenberger*, 5. Aufl., Einl. IPR Rn. 19: „das der Sache angemessene [...] Entscheidungsrecht".

nimmt, wird im Ergebnis mittelbar die sachgerechte Lösung für den internationalen Sachverhalt erzielt.

Diese Feststellung wird bestätigt durch einen Verweis auf die Notwendigkeit einer Unterscheidung zwischen der Vorgehensweise einerseits und dem Sinn und Zweck des Kollisionsrechts andererseits. Die Verweisung an sich (und damit einhergehend die Anknüpfungsentscheidung) darf nicht als Zweck des Kollisionsrechts angesehen werden[325]. Dies kann deutlich werden durch einen Vergleich der kollisionsrechtlichen mit sachrechtlichen Verweisungsnormen. Es ist gleichermaßen fernliegend, im Rahmen etwa von § 951 Abs. 1 S. 1 BGB anzunehmen, dass die Vorschrift eine rein wertneutrale Ordnungsfunktion erfüllt[326].

2. *Das Verhältnis zum Sachrecht und seiner Gerechtigkeit*

Die beiden Ebenen der Rechtsanwendung im internationalen Sachverhalt, die des Kollisionsrechts und die des Sachrechts, können nicht als strikt voneinander getrennt angesehen werden[327]. Eine vollständige Unabhängigkeit der kollisionsrechtlichen von der sachrechtlichen Ebene erscheint wenig sachgerecht[328]. Als Ausgangspunkt dieser Feststellung kann die vom Bundesverfassungsgericht im sogenannten „Spanierbeschluss“[329] begründete Erkenntnis angesehen werden, dass auch die Kollisionsnormen als Bestandteil der inländischen Rechtsordnung vollumfänglich an den Grundrechten zu messen sind[330]. Daraus wird die

325 *Braga*, FS Schnorr von Carolsfeld, 89 (92 f.): „Die besondere Rechtstechnik der Verweisungsnormen darf auch im IPR nicht mit dessen ‚Sinn und Zweck‘ verwechselt werden.“.

326 *Braga*, FS Schnorr von Carolsfeld, 89 (92); zur Parallele von sachrechtlichen Verweisungsnormen und Kollisionsnormen vgl. *Looschelders*, Anpassung, S. 94 ff.; *E. Lorenz*, FamRZ 1987, 645 (647) und zu sonstigen Rechtsnormen allg. *Trüten*, Die Entwicklung des IPR in der EU, S. 11; die Vorschrift des § 951 I 1 BGB dient als Ausfluss des Gedankens der Rechtsfortwirkung dem Güterschutz, vgl. MüKo/*Füller*, § 951 Rn. 1; Bamberger/Roth/*Kindl*, § 951 Rn. 1.

327 Vgl. auch die Ausführungen des BGH im Rahmen einer kollisionsrechtlichen Anpassung im Bereich des Namensrechts, die eine Trennung der Ebenen der Rechtsanwendung im Rahmen der Anpassung verschwimmen lässt: „Die Kombination der beiden Kollisionsnormen ist vielmehr in einer sachlichen Verknüpfung der nach beiden Normen gegebenen Rechtsfolgen zu suchen.“, BGH, Beschl. v. 12.5.1971 – IV ZB 52/70, BGHZ 65, 193 (201) = NJW 1971, 1516.

328 Vgl. *Siehr*, RabelsZ 37 (1973), 466 (474); in diese Richtung auch *Schurig*, Kollisionsnorm und Sachrecht, S. 238; *Kropholler*, IPR, § 5 II 1.

329 BVerfGE, 31, 58.

330 BVerfGE 31, 58 (73).

Annahme hergeleitet, dass dem IPR ein wertneutraler, rein formaler Charakter nicht zugesprochen werden kann[331].

Dies ist aber auch schon daran abzulesen, dass das Kollisionsrecht in Anlehnung an die Kategorien des Privatrechts aufgebaut ist[332]. Dieser Aufbau spricht für einen grundsätzlichen Gleichlauf der Denkkategorien und dafür, dass das Kollisionsrecht von der Charakteristik des Sachrechts maßgeblich beeinflusst ist[333]. Das IPR reflektiert in gewisser Weise das Konzept des jeweiligen Sachrechts[334]. *Schurig* verweist insoweit darauf, dass die Kollisionsnormen auf kollisionsrechtlichen Interessen beruhen, aber vom Sachrecht durchaus beeinflusst seien[335].

Ferner haben Kollisionsnormen anerkanntermaßen jedenfalls in bestimmten Teilbereichen die Aufgabe, dem Funktionieren des Sachrechts in Auslandssachverhalten Rechnung zu tragen[336]. Auch *Kegel/Schurig* statuieren, dass die Interessen an der Anwendung eines bestimmten Rechts, die das IPR beinhalte, im Zusammenhang mit dem Inhalt dieses Rechts stehen[337]. Schließlich deuten darüber hinaus die Figuren des *ordre public*, der Eingriffsnormen, der alternativen Anknüpfung und der Vorfrage auf die Einflussnahme sachrechtlicher Erwägungen auf das Kollisionsrecht hin[338].

Das Verhältnis der kollisionsrechtlichen zur materiellrechtlichen Gerechtigkeit kann insgesamt daher als eines der Kooperation[339] beschrieben werden. Die typisierende Zuordnung auf Basis der kollisionsrechtlich gerechten Wertungen bereitet dem Sachrecht im grenzüberschreitenden Sachverhalt das Feld für die Verwirklichung des materiellrechtlich sachgerechten Ergebnisses vor.

---

331 *Braga*, FS Wengler II, 191 (195) die Behauptung des formalen Charakters sei eine „Verlegenheitsbehauptung"; *Neuhaus*, Grundbegriffe, S. 42.

332 *Goldschmidt*, FS Wolff, 203 (209); *Kropholler*, IPR, § 4 I.

333 Vgl. *Siehr*, RabelsZ 37 (1973), 466 (482), der konstatiert, dass alles, was im Sachrecht geschieht, im Kollisionsrecht seine Parallelwirkung hat.

334 *Lewald*, Règles générales, S. 147: „La conception admise en droit privé interne doit se refléter en droit international privé.".

335 Kollisionsnorm und Sachrecht, S. 237; dahingehend auch *Lüderitz*, IPR, Rn. 194.

336 MüKo/*von Hein*, Einl. IPR Rn. 30; *Roth*, Internationales Versicherungsvertragsrecht, S. 112.

337 IPR, § 2 I.

338 *Siehr*, RabelsZ 37 (1973), 466 (467 ff.).

339 Vgl. auch *Kropholler*, der insofern von „Analogie oder Parallelität" spricht, IPR, § 5 II 1.

II. Folgerungen für die Anpassung

1. *Das Anpassungsverständnis in Abhängigkeit des Verhältnisses der Rechtsanwendungsebenen*

Das Grundverständnis des Verhältnisses von kollisions- und materiellrechtlicher Gerechtigkeit wird insbesondere von *Looschelders* als Ausgangspunkt für die Herleitung einer grundlegenden dogmatischen Differenzierung gebraucht[340]. Konkret geht es um die Einteilung der Anpassung in entweder eine ergebnisorientierte Korrektur oder eine sachrechtliche Auslegungsmethode.

a) Die ergebnisorientierte Korrektur im Rahmen der Anpassung

Looschelders' Ansatz verbindet die Annahme der Existenz unterschiedlicher Gerechtigkeitspostulate in Kollisions- und Sachrecht mit dem Verständnis der Anpassung als einen ergebnisorientierten Korrekturmechanismus[341].

In der wissenschaftlichen Literatur lassen sich zwar durchaus Stimmen finden, die eine klare Trennung von Kollisions- und Sachrechtsebene annehmen[342]. Auch die Zuweisung von zwei Arten von Gerechtigkeit wird explizit ausgesprochen, wobei die materiell-privatrechtliche Gerechtigkeit (allein) Angelegenheit des Sachrechts sein soll[343]. Mit dieser Annahme geht dann die Feststellung einher, das Kollisionsrecht verfolge spezifisch internationalprivatrechtliche Gerechtigkeitsvorstellungen, „kümmere" sich aber grundsätzlich nicht um das materielle Ergebnis[344]. Fraglich ist aber, inwiefern diese Feststellungen von einer grundlegenden dogmatischen Differenz zeugen[345].

Schließe man sich diesen Deutungen an, so folgt gemäß *Looschelders* ein Verständnis der Anpassung als Instrument, das nur ausnahmsweise korrigierend und revidierend eingreift, wenn die kollisionsrechtliche Gerechtigkeit in einer Weise verfolgt wird, die die materielle Gerechtigkeit gleichsam aus den Augen geraten lässt. Formulierungen wie die des kollisionsrechtlichen „Sprungs ins

340 *Looschelders*, Anpassung, S. 60 ff.; *ders.*, RabelsZ 70 (2006), 601 (604).

341 Anpassung, S. 79 ff.

342 *Joerges*, Funktionswandel des Kollisionsrechts, S. 10; *Neuhaus*, Grundbegriffe, S. 42 (mit Einschränkungen).

343 *Kegel*, FS Lewald, S. 271.

344 Zu dieser Grundauffassung vgl. insbesondere *Kegel*, FS Lewald, 259 ff.; diesen Ausgangspunkt teilend *Braga*, RabelsZ 23 (1958), 421 (434 ff.); *Kegel/Schurig*, IPR, § 2; *Neuhaus*, IPR, S. 41 ff.; *Lüderitz*, IPR, Rn. 99 ff.; *Trüten*, Die Entwicklung des IPR in der EU, S. 15 f.

345 Zur Stellungnahme sogleich unten, Kap. 2, A, IV (S. 103 ff.).

Dunkle“[346] und der „Blindheit“ des Kollisionsrechts seien Ausprägungen dieses Verständnisses[347]. Diese Differenzierung soll auch mit sich bringen, dass die Anpassung sich im Rahmen des ergebnisorientierten Verständnisses am materiell gerechten Ergebnis orientiert[348].

b) Die Anpassung als sachrechtliche Auslegungsmethode

Die Annahme von Wechselwirkungen zwischen beiden Rechtsanwendungsebenen hingegen zieht der Theorie eines grundlegenden dogmatischen Unterschieds im Verständnis der Anpassung zufolge eine Auffassung derselben als besondere sachrechtliche Auslegungsmethode nach sich. Ausgangspunkt dieses Ansatzes soll der Grundsatz sein, dass die Anpassung eine besondere Ausprägung der Rechtsanwendung in Fällen mit Auslandsberührung ist[349]. Das Institut soll entsprechend als sachrechtliches Auslegungsproblem angesehen werden können, dessen Problematik auch – subsidiär – auf kollisionsrechtlichem Wege zu lösen sein kann[350].

Auch für diese Deutung lassen sich Nachweise im Schrifttum finden: So wird mitunter das Verständnis formuliert, dass kollisions- und materiellrechtliche Ebene keinen wesentlich unterschiedlichen Gerechtigkeitsvorstellungen unterliegen[351]. Zwischen beiden Stufen der Rechtsanwendung bestünden vielmehr Wechselwirkungen[352]. Das Internationale Privatrecht sei ein Hilfsmittel zur Verwirklichung der Funktionen des materiellen Rechts, ziele folglich im Ergebnis darauf ab, materielle Gerechtigkeit in Auslandssachverhalten sicherzustellen[353]. Die Kollisionsnormen ordnen hiernach die Anwendung bestimmter Sachnormen an, weil ihrer Konzeption die Erwägung zugrunde liegt, dass das räumlich beste Recht auch eine materiell gerechte Entscheidung fällt[354]. Auch insoweit

---

346 *Raape/Sturm*, IPR, S. 199; *Lüderitz*, IPR, Rn. 193.

347 *Looschelders*, Anpassung, S. 80.

348 *Looschelders*, Anpassung, S. 63.

349 *Looschelders*, Anpassung, S. 103.

350 Vgl. *Looschelders*, Anpassung, S. 60, 93; *ders.*, RabelsZ 70 (2006), 601 (604).

351 *Looschelders*, Anpassung, S. 82 ff.; dahingehend auch *Aguilar Navarro*, D.i.p., I-II, S. 252; *von Bar/Mankowski*, IPR I, Rn. 509 f.; *Caravaca/Carrascosa González*, D.i.p. I, S. 487, Nr. 78 „(…) el DIPr. no es ciego a los resultados materiales (…).“; *Kropholler*, IPR, § 4 III Nr. 3; *E. Lorenz*, Struktur des IPR, S. 62.

352 *Kropholler*, IPR, § 4 III Nr. 3; *Looschelders*, Anpassung, S. 94; *Siehr*, RabelsZ 37 (1973), 466 (481).

353 *Gutzwiller*, Materialrechtliche Gerechtigkeit, S. 40; *Looschelders*, Anpassung, S. 82.

354 Vgl. *Looschelders*, Anpassung, S. 82, 85, 195; dahingehend auch MüKo/*Sonnenberger*, 5. Aufl., Einl. IPR Rn. 19: „das der Sache angemessene (…) Entscheidungsrecht“.

stellt sich jedoch die Frage, ob diese klare Benennung des Verhältnisses der Rechtsanwendungsebenen sich auf das dogmatische Verständnis der Anpassung auswirkt.

Die Anpassung soll dieser Theorie zufolge eine Sonderstellung in der Rechtsanwendung mit Auslandsberührung sein, da die in ihrem Rahmen begründeten Korrekturen über das hinausgehen, was allgemein als Auslegung von Normen bezeichnet wird. Im Rahmen der Anpassung werden die anwendbaren Sachrechtsnormen hiernach dergestalt angewendet, dass ihre Zwecke in einer den Besonderheiten des Auslandssachverhalts entsprechenden Weise verwirklicht werden können[355].

Hervorzuheben ist auch, dass sich insbesondere *Looschelders* insofern gegen die Abänderung der Rechtsfolge von Normen ausspricht[356], sodass sich die Anpassung nach diesem Verständnis als korrigierende Veränderung des Tatbestands der Normen darstellt. Diese Tatbestandskorrektur erfolgt gemäß den Vorgaben, die die Wertungen der Rechtsordnungen machen, in denen jeweils angepasst wird[357]. *Benicke* legt ein ähnliches Verständnis zugrunde, indem er sich dafür ausspricht, im Rahmen der Anwendung der Sachnormen zu berücksichtigen, dass der Sachverhalt einen Auslandsbezug aufweist[358]. Vertreten wird aber auch, dass die Anpassung sich nicht oder kaum von der Auslegung des Sachrechts unterscheidet. So beschreibt etwa *Wolff*[359] das Anpassungsproblem als solches der Auslegung der am Ineinandergreifen von Normen beteiligten Rechtsordnungen, das mit kollisionsrechtlichen Fragen nichts zu tun habe. *Lewald* stellt insoweit fest: „[L]e problème de l'adaptation peut se réduire purement et simplement à une question d'interprétation de la norme applicable."[360]

Bevor zu dem Ansatz der zwei Grundauffassungen mit Blick auf das dogmatische Verständnis der Anpassung Stellung genommen werden kann, soll das Institut von der Sachrechtsauslegung abgegrenzt werden. Außerdem soll die Position der Anpassung innerhalb der Lehren zur Zweistufigkeit des Kollisionsrechts untersucht werden[361].

---

355 *Looschelders*, Anpassung, S. 102 f., 112.

356 Anpassung, S. 73 f.

357 *Looschelders*, Anpassung, S. 165.

358 FS Schapp, 61 (70).

359 IPR, S. 60; *ders.*, Private International Law, § 157.

360 Règles générales, S. 142.

361 S.u. Kap. 2, A, III (S. 98 ff.).

2. Abgrenzung der Anpassung von der Auslegung

Insbesondere die materiellrechtliche Anpassung rückt mit ihrer Methode in die Nähe der Auslegung[362]. Gleichwohl können beide Operationen voneinander unterschieden werden. Im klassischen Sinne bezeichnet Auslegung einen Vorgang, bei dem der Anwender sich des Gesetzestextes seinem Sinn nach in Bezug auf die konkrete Problemsituation bewusst wird[363]. Das Auslegungsergebnis besteht in der Entscheidung für eine mögliche Bedeutung des Wortlauts[364] beziehungsweise in der „Rekonstruktion des dem Gesetze innewohnenden Gedankens"[365].

Mit Blick auf die Anpassung würde dies bedeuten, dass nach der für den jeweiligen Fall des Normwiderspruchs angemessenen Bedeutung des Wortlauts des anwendbaren Sachrechts gesucht werden muss. Zu beachten ist aber, dass das für die Anpassung Charakteristische der Bezug zu verschiedenen Sachrechten ist. Dieser Umstand lässt eine Lösung des Anpassungsproblems mittels bloßer Auslegung unzureichend erscheinen. Denn bedenkt man, dass der inländische Gesetzgeber die Sachnormen in der Regel mit Blick auf den inländischen Sachverhalt geschaffen hat[366], so liegt die Annahme nahe, dass der im Rahmen der Auslegung zu erforschende mögliche Bedeutungsgehalt des Wortlauts ebenfalls nur Aufschluss über Fragen der Inlandssachverhalte geben kann. Dem Wortlaut können also streng genommen keine Deutungen und Maßgaben für Sachverhalte mit Auslandsberührung entnommen werden, weil er für diese nicht konzipiert ist.

Charakteristisch für die Auslegung ist aber gerade eine Beschränkung auf den möglichen Wortsinn[367]. Angesichts des Widerspruchs zwischen den beteiligten Sachrechtsausschnitten verschiedener Rechtsordnungen erscheint es daher mit gewissen Schwierigkeiten behaftet, den Bedeutungsgehalt des Wortlauts auf eine Lösung hin zu untersuchen. Dies erklärt, warum die Auslegung, sofern sie als Lösungsmöglichkeit des Anpassungsproblems angeführt wird, häufig in einem

---

362 Zur Vornahme der materiellrechtlichen Anpassung ausführlich s.u. Kap. 3, D.

363 *Larenz/Canaris*, Methodenlehre, S. 195.

364 *Larenz/Canaris*, Methodenlehre, S. 196.

365 *Savigny*, System des heutigen Römischen Rechts, 1840, S. 213.

366 Vgl. dazu *Looschelders*, Anpassung, S. 82.

367 *Larenz/Canaris*, Methodenlehre, S. 351; zur Durchführbarkeit der Abgrenzung nach der Wortlautgrenze im europäischen Recht vgl. *Nehne*, Methodik und allgemeine Lehren, S. 31 f.

vergleichsweise weiten Sinne verstanden wird[368]. Zu beachten ist allerdings, dass im Fall von Friktionen aus der Einbettung des Sachverhalts in den Einflussbereich mehrerer Rechtsordnungen mithilfe der rechtsvergleichenden Auslegung angemessene Ergebnisse erzielt werden können[369].

Der schon angeführte „Hauskindfall"[370] hat im Rahmen der Anpassung erforderlich gemacht, dass auf ein Tatbestandsmerkmal im Rahmen der anwendbaren Sachnorm („Dienstleistungspflicht" in § 845 S. 1 BGB) gleichsam verzichtet wurde. In anderen Fällen wie etwa den „Witwenfällen"[371] kann es sein, dass die veränderte Sachrechtsanwendung gar nicht zu einer Lösung führt, will man die Sachnormen nicht ganz umgestalten und damit wesentlich verfälschen; dann werden kollisionsrechtliche Lösungen nötig[372].

Nicht jeder Widerspruch in der Rechtsanwendung mit Auslandsbezug kann folglich mittels einer Auslegung des Sachrechts aufgelöst werden[373]. Gegenstand der (materiellrechtlichen) Anpassung sind vielmehr Problemlagen, die ein derart weitgehendes Abweichen vom Wortlaut der anwendbaren Norm beziehungsweise ein Ausweichen auf kollisionsrechtliche Abhilfe erfordern, dass von einem bloßen Auslegungsproblem nicht mehr gesprochen werden kann[374]. So stellt auch *Stoll* fest, dass Anpassung über die Auslegung hinausführt und die insoweit erforderlichen Änderungen des Sachrechts nicht mehr durch das Mittel der Auslegung gedeckt sind[375].

Insofern zeigt sich eine Parallele zum Problem der Abgrenzung der Auslegung von der Rechtsfortbildung. Richterliche Rechtsfortbildung liegt vor, wenn das Gesetz über den möglichen Wortsinn hinaus angewendet wird, wobei sich die Operation von der Auslegung nur graduell unterscheidet[376]. Abweichend von

---

368 Vgl. *Clausnitzer*, IPRax 1987, 102 (104), der die Anpassung dadurch charakterisiert, dass „im Wege der Auslegung der Sachnormen die tatbestandsmäßige Rechtsfolge abgeändert wird."; s. auch BGH, FamRZ 2986, 345 (347) und *Lewald*, Règles générales, S. 142 f.

369 *von Bar/Mankowski*, IPR I, § 4 I 2 Rn. 17.

370 S.o. Kap. 1, A, II, 3, c) (S. 57).

371 S.o. Kap. 1, B, 2, a) (S. 66); 3, a) (S. 68); II, 2, a) (S. 71); 3, a) (S. 72).

372 *Looschelders*, Anpassung, S. 76 f.

373 Dahingehend auch *Kropholler*, FS Ferid, 279 (281).

374 Vgl. hierzu *Dannemann*, Ungewollte Diskriminierung, S. 120, der darauf verweist, dass in vielen Situationen ein vermeintlich berücksichtigtes Recht in einer Weise in die Entscheidung miteinfließt, die nicht mit bloßer Auslegung zu erklären ist.

375 FS Kegel (1987), 623 (642).

376 *Larenz/Canaris*, Methodenlehre, S. 213 f.; dazu auch *Vogenauer*, Die Auslegung von Gesetzen, S. 142 f.

der Auslegung erfolgt bei der Rechtsfortbildung kein Nachvollzug bestehender Maßstäbe, sondern eine Herstellung von Neuem[377]. Wird diese Auslegung im Sinne der Teleologie des Gesetzes vorgenommen, so wird von *gesetzesimmanenter* Rechtsfortbildung gesprochen, während eine Rechtsfortbildung über diese Grenze hinaus, jedoch noch innerhalb derjenigen der Gesamtrechtsordnung als *gesetzesübersteigende* Rechtsfortbildung bezeichnet wird[378].

Mit der Auslegung hat die (materiellrechtliche) Anpassung gemein, dass sie nach dem Sinn der jeweils anwendbaren Sachrechte sucht. Die Anpassung setzt diese Zwecke jedoch mit besonders tiefgreifenden Methoden durch. Aufgrund des so zustande kommenden angepassten Rechtsanwendungsergebnisses erinnert die Anpassung an die Rechtsfortbildung; sie bleibt jedoch auf den Widerspruch im Einzelfall begrenzt und zielt nicht darauf ab, das Gesetz weiterzubilden. Sie will vielmehr die aufgrund der kollisionsrechtlichen Analyse auseinandergefallenen Wertungen wieder sinnvoll zusammenzufügen.

Schließlich ist zu bedenken, dass Auslegung und Anpassung in der praktischen Rechtsanwendung ineinander übergehen können[379]. Der Unterschied zwischen beiden Operationen sollte nicht überbewertet werden. Als ein bloßes Problem der Sachrechtsauslegung kann die Anpassung aber dennoch nicht verstanden werden[380], wenn auch die Unterscheidung nicht immer einfach durchzuführen ist.

3. *Der einheitlich angeknüpfte Auslandssachverhalt*

Eine das Verhältnis von Anpassung und Auslegung berührende Frage ist die nach der Bewertung des sogenannten einheitlich angeknüpften Auslandssachverhalts für die Zwecke der Anpassung. Mitunter wird die Maßgeblichkeit nur eines Sachrechts für die Rechtsfrage als mögliche Ursache von Anpassungsproblemen angesehen[381].

Der Rechtsanwender ist nach der kollisionsrechtlichen Prüfung des anwendbaren Rechts zum Ergebnis der Maßgeblichkeit nur eines Statuts gelangt. Die

---

377 *Reimer*, Juristische Methodenlehre, Rn. 548.

378 *Larenz/Canaris*, Methodenlehre, S. 187; *Reimer*, Juristische Methodenlehre, Rn. 554.

379 *Looschelders*, IPRax 2005, 232 (233).

380 So im Ergebnis auch *Dannemann*, Ungewollte Diskriminierung, S. 423; *Looschelders*, IPRax 2005, 232 (233); *Schwander*, Lois, S. 34; *Stoll*, FS Kegel, 623 (642 f.).

381 *Looschelders*, Anpassung, S. 68, 86, 98, 414; *Schurig*, Kollisionsnorm und Sachrecht, S. 237 f.; Beispiele in diese Richtung erwähnen Palandt/*Heldrich*, Einl. v. Art. 3 EGBGB Rn. 32; abweichend *Hug*, Substitution, S. 30.

Erwägung einer Anpassung in diesen Fällen mag verwundern, da gerade keine gleichzeitige oder sukzessive Anwendung von Rechtsordnungsteilen angeordnet ist, wie dies von der herrschenden Lehre als für Anpassungslagen charakteristisch angesehen wird[382]. Verschiedentlich ist aber darauf hingewiesen worden, dass auch insoweit Anpassungsfälle entstehen können: Kollisionsrechtlich verdrängte Rechtsordnungen könnten wegen ihrer faktischen Auswirkungen eine Anpassung im Rahmen des anwendbaren Sachrechts erforderlich machen.

Zu unterscheiden sind insoweit verschiedene Aspekte des Problems. Es geht zum einen um die Frage, inwiefern von Anpassung gesprochen werden kann, wenn Auswirkungen eines fremden Rechts im Rahmen von Generalklauseln des anwendbaren Sachrechts berücksichtigt werden. Insofern ist auf die Theorien zum Handeln unter falschem Recht und zur zweistufigen Rechtsanwendung im grenzüberschreitenden Sachverhalt zu blicken[383].

Zum anderen betrifft die Thematik die Frage der Anpassung im Rahmen des Auseinanderfallens von Sach- und Prozessrecht. In diesem Fall ist nach kollisionsrechtlicher Prüfung ebenfalls nur ein Sachrecht anwendbar. Dieses ist jedoch in das fremde Prozessrecht eingebettet. Das Auseinanderfallen von Sach- und Prozessrecht hat sich als mögliche Quelle von Normwidersprüchen erwiesen[384].

III. Verwandte Probleme der Spannung zwischen den Rechtsanwendungsebenen: Zwei-Stufen-Theorie und „Handeln unter falschem Recht"

1. *Ausgangspunkt: Die Anpassung bei Maßgeblichkeit nur eines Sachrechts*

In der Literatur wird mitunter vertreten, dass die tatsächlichen Auswirkungen einer kollisionsrechtlich verdrängten Rechtsordnung die sachrechtlich vorausgesetzte Interessenlage des anwendbaren Sachrechts so stark verändern können, dass die *ratio* der anwendbaren Sachnormen nicht mehr zutrifft und somit ein Fall der Anpassung vorliegt[385]. *Schröder* führt in dieser Hinsicht den Fall an, dass eine Person sich – insbesondere in Bezug auf wertausfüllungsbedürftige Begriffe der anwendbaren Rechtsordnung wie „gute Sitten" oder „schuldhaft" – in Übereinstimmung mit den in ihrer „eigenen" Rechtsordnung geltenden Maßstäben

382 Vgl. oben Kap. 1, A, I, 1 (S. 31).
383 Dazu sogleich Kap. 2, A, III (S. 98 ff.).
384 S.o. Kap. 1, B, IV (S. 77 ff.).
385 *Looschelders*, Anpassung, S. 86, 99.

verhalten hat, eben dieses Verhalten nun aber innerhalb der anwendbaren Rechtsordnung eine Sanktion erfahren soll[386]. Auch wenn die Maßgaben aus dem für die Person bekannten Recht im Rahmen des anwendbaren Rechts keine Berücksichtigung finden, soll hier gleichsam aus „menschliche[n] Rücksichten“[387] eine Anpassung nicht von vorneherein ausgeschlossen sein.

Dass die Anpassung von der bloßen Auslegung von Rechtsnormen zu unterscheiden ist, wurde bereits festgestellt[388]. Es stellt sich jedoch die Frage, ob auch bei Anwendbarkeit des Sach- und Prozessrechts der gleichen Rechtsordnung eine Anpassung erforderlich sein kann. Im Folgenden soll dargelegt werden, dass die dieser Frage zugrunde liegenden Fallgestaltungen sich mit den Figuren der Datum- und Zweistufentheorie beziehungsweise des sogenannten „Handelns unter falschem Recht“ grundsätzlich erschöpfend erfassen lassen und somit nicht in den Anwendungsbereich der Anpassung fallen.

2. *Das „Handeln unter falschem Recht“ und die Datum- und Zweistufen-Theorie*

a) *„Handeln unter falschem Recht“*

Beinhaltet das anzuwendende Sachrecht in seinen Normen wertausfüllungsbedürftige Begriffe, so gelten diese als „natürliche[s] Einfallstor für die internationalen Bezüge eines Sachverhalts“[389]. Über dieses Einfallstor der wertausfüllungsbedürftigen Begriffe (z.B. „Fahrlässigkeit“, § 276 BGB) beziehungsweise der Generalklauseln der anwendbaren Rechtsordnung (z.B. „Sittenwidrigkeit“, § 138 BGB) kann dem Auslandsbezug in differenzierter Weise Rechnung getragen werden[390]. Aber auch abseits von Generalklauseln kann der Auslandsbezug bei der Anwendung des kollisionsrechtlich berufenen Sachrechts berücksichtigt werden. Diese Berücksichtigung wird mitunter unter dem Sammelbegriff des „Handelns unter falschem Recht“[391] zusammengefasst.

---

386 Anpassung, S. 34.

387 *Schröder*, Anpassung, S. 34.

388 S.o. Kap. 2, A, II, 2 (S. 95).

389 *von Bar/Mankowski*, IPR I, § 4 I 2 Rn. 18.

390 *Dannemann*, Ungewollte Diskriminierung, S. 136.

391 Vgl. Soergel/*Kegel*, vor Art. 3 Rn. 165, der die Fallgruppe des Handelns unter falschem Recht als Sonderfall des einheitlich angeknüpften Auslandssachverhalts (bei ihm: „Auslandssachverhalt“) bezeichnet.; allg. zu dieser Fallgruppe: *Dannemann*, Ungewollte Diskriminierung, S. 99 f.; MüKo/*von Hein*, Einl. IPR Rn. 223 ff.

Beim „Handeln unter falschem Recht“ geht es in erster Linie um Fälle, in denen die an einem Rechtsgeschäft Beteiligten ihre Anordnungen unter Zugrundelegung eines an den Eigenheiten der ihnen bekannten Rechtsordnung orientierten Verständnisses getroffen haben, obwohl diese Rechtsordnung auf die in Rede stehende Rechtsfrage nicht anwendbar ist[392]. Dies kann sich beispielsweise im Internationalen Ehegüterrecht[393] oder im Internationalen Sachenrecht[394] zeigen. Wenn etwa die Parteien bei der Wahl ihres Güterstandes von der Anwendbarkeit eines nicht berufenen Rechts ausgehen, kann ihrem Willen im Rahmen der Rechtsanwendung mit den Mitteln des betreffenden Sachrechts Wirkung verschafft werden, indem auf vergleichbare Rechtsinstitute abgestellt wird. So hat der Bundesgerichtshof eine Wahl der Gütertrennung nach dem von den Parteien irrig zugrunde gelegten Recht von Mauritius (*séparation de biens* gemäß Art. 1475 ff. Code Civil Mauricien) als Wahl der Gütertrennung nach anwendbarem deutschen Recht behandelt[395]. Hieran wird deutlich, warum die Kategorie des „Handelns unter falschem Recht“ mitunter als ein Unterfall der Transposition angesehen wird[396]: Das von den Parteien Gewollte wird in eine zulässige Gestaltung im anwendbaren Recht übersetzt[397].

Es ist nahezu einhellig anerkannt, dass zu der rechtlichen Verarbeitung der betreffenden Problemstellungen gerade keine Anwendung, sondern eben nur eine *Berücksichtigung* des jeweils anderen Rechts im Rahmen der Sachrechtsauslegung in Betracht kommt[398], indem der in Frage kommende Rechtssatz nur in tatsächlicher Hinsicht zum Tragen kommt[399]. Bei der Berücksichtigung insbesondere innerhalb sachrechtlicher Generalklauseln handelt es sich daher um ein Auslegungsproblem des Sachrechts. Da die Auslegung bereits von der Anpassung abgegrenzt wurde, ist für die Einflussnahme nicht anwendbaren Sachrechts über Generalklauseln daher festzustellen, dass sie nicht den Anpassungsfällen

---

392 MüKo/*von Hein*, Einl. IPR Rn. 223.

393 Vgl. BGH, Urt. v. 13.7.2011 – XII ZR 48/09, IPRax 2012, 356 (Vereinbarung einer Gütertrennung nach dem Recht von Mauritius, obowohl deutsches Ehegüterrecht anwendbar war).

394 BGH, Urt. v. 25.9.1996 – VIII ZR 76/95, IPRax 1997, 422 (Übereignung nach deutschem Recht bei Maßgeblichkeit polnischen Sachenrechts).

395 BGH, Urt. v. 13.7.2011 – XII ZR 48/09, IPRax 2012, 356 (357).

396 *von Bar/Mankowski*, IPR I § 7 Rn. 247; *Looschelders*, Anpassung, S. 185.

397 MüKo/*von Hein*, Einl. IPR Rn. 225.

398 *Dannemann*, Ungewollte Diskriminierung, S. 100; MüKo/*von Hein*, Einl. IPR Rn. 225; *Kegel/Schurig*, § 1 VIII 2 d.

399 *Jayme*, GS Ehrenzweig, 37 (45); *Stoll*, FS Lipstein, 259 (260).

zuzurechnen ist. Auch bei der übrigen Einwirkung des Auslandsbezugs auf die Sachrechtsanwendung in den Fällen des „Handelns unter falschem Recht" kann nicht von einer Anpassung gesprochen werden. Diese Berücksichtigung weist keine für die Anpassung typische Modifikation der Normen auf, deren Notwendigkeit auf einem Widerspruch beruht, der aus der parallelen oder sukzessiven Anwendung berufener Normen resultiert.

b) Datum- und Zwei-Stufen-Theorie

Die Berücksichtigung der Auswirkungen einer nicht anwendbaren Rechtsordnung innerhalb der zur Anwendung berufenen Rechtsordnung wird mitunter durch die aus der Datumtheorie entwickelten[400] Zwei-Stufen-Theorie des IPR[401] begründet[402].

Nach der Datumtheorie ist ein Recht zu berücksichtigen, das aus Sicht der *lex fori* nicht anwendbar ist, dem der Sachverhalt aber nahe ist[403]. Trotz der mit der Unterscheidung zwischen Berücksichtigung und Anwendung verbundenen Schwierigkeiten erkennt auch das europäische IPR die Einwirkung eines nicht berufenen Sachrechts an. Mit Blick auf das europäische IPR ist insoweit Art. 17 Rom II-VO zu beachten[404]. Die Norm erlaubt eine tatsächliche Berücksichtigung der am Ort des schädigenden Ereignisses geltenden Sicherheits- und Verhaltensregeln und hilft damit dem Problem ab, dass der Schädiger das nach der Rom II-Verordnung anwendbare Recht mitunter zum Zeitpunkt der deliktischen Handlung nicht hat vorhersehen können[405]. Ein methodisch paralleler Ansatz[406] findet sich in Art. 12 Abs. 2 Rom I-VO[407]. Diese Vorschrift ordnet die Berücksichtigung des am Erfüllungsort geltenden Rechts an, soweit es um die Art und

400 Vgl. MüKo/*von Hein*, Einl. IPR Rn. 277; *Mansel*, FS Werner Lorenz, 689 (703); *Weller*, IPRax 2014, 225 (229).

401 Allg. zur Zwei-Stufen-Theorie: *Heßler*, Sachrechtliche Generalklausel und internationales Familienrecht, 1985; *Jayme*, FS Müller-Freienfels, 341 (369 f.); *E. Lorenz*, FS W. Lorenz, 441 (464 ff.); *Weller*, ZGR 2010, 679 (694 f.).

402 Kritisch *Schurig*, RabelsZ 54 (1990), 217 (241); MüKo/*Sonnenberger*, 5. Aufl., Einl. IPR Rn. 609.

403 *Mansel*, FS Werner Lorenz, 689 (703); *Weller*, IPRax 2014, 225 (230).

404 Von „local data" sprechen insoweit etwa MüKo/*Junker*, Art. 17 Rom II-VO Rn. 2; *Wagner*, IPRax 2008, 1 (5).

405 MüKo/*von Hein*, Einl. IPR Rn. 271.

406 MüKo/*von Hein*, Einl. IPR Rn. 271 a.E.

407 Verordnung (EG) Nr. 593/2008 des Europäischen Parlaments und des Rates über das auf vertragliche Schuldverhältnisse anzuwendende Recht vom 17.6.2008.

Weise der Erfüllung und die vom Gläubiger im Falle mangelhafter Erfüllung zu treffenden Maßnahmen geht.

Der Zwei-Stufen-Theorie zufolge ist die Rechtsanwendung auf Ebene des Kollisionsrechts nur die erste Stufe einer einheitlichen Rechtsanwendung, während auf Ebene des Sachrechts vor allem im Rahmen von Generalklauseln auch verdrängtes Sachrecht berücksichtigt werden kann[408]. Auf Ebene des Sachrechts wird somit über die Generalklauseln der zuvor nationalisierte Sachverhalt gleichsam internationalisiert, indem das berufene Sachrecht modifiziert angewendet wird[409]. Der Auslandsbezug des Sachverhalts findet demnach auf beiden Stufen der Rechtsanwendung Beachtung.

Eine Weiterentwicklung hat die Zwei-Stufen-Theorie durch die Überlegung erfahren, der Auslandsbezug könne auch außerhalb von Generalklauseln bei der Anwendung des berufenen Sachrechts berücksichtigt werden[410]. Dieser Ansatz wird mitunter zu der Überlegung ausgeweitet, die Rechtsanwendung in Auslandssachverhalten könne insgesamt als eine „entsprechende" angesehen werden[411]: Die Sachnormen seien für Inlandssachverhalte konzipiert, sie könnten daher für Auslandssachverhalte grundsätzlich nicht in gleicher Weise angewendet werden[412]. Unter Zugrundelegung der Zwei-Stufen-Theorie ist auch die Anpassung eine (besondere) Ausprägung der allgemeinen Grundsätze der Rechtsanwendung in Fällen mit Auslandsbezug[413]. Sie ist ein Teil des Auslegungsinstrumentariums, mit dem die erzwungene Nationalisierung des Falles aus Gründen des Gleichheitssatzes korrigiert werden kann[414].

Der Ausgangspunkt der Zwei-Stufen-Theorie, verschiedene Erklärungen der Berücksichtigung kollisionsrechtlich verdrängten Rechts auf Ebene der Sachrechtsauslegung zusammenzufassen und zu strukturieren, ist grundsätzlich begrüßenswert[415]. Eine grundlegende Stellungnahme zu ihrem sonstigen Nutzen

---

408 *Jayme*, IPRax 1996, 237 (242); *Heßler*, Sachrechtliche Generalklausel und internationales Familienrecht, S. 168; *Mansel*, Personalstatut, S. 49 f.

409 *Heßler*, IPRax 1988, 95 (97); *Jayme*, FS Müller-Freienfels, 341 (369); *Mansel*, VersR 1984, 97 (105); *ders.*, Personalstatut, S. 49.

410 Vgl. *E. Lorenz*, FamRZ 1987, 645 (646).

411 Zur Kritik an dieser zumindest analogie*ähnlichen* Anwendung: MüKo/*von Hein*, Einl. IPR Rn. 275.

412 *E. Lorenz*, FamRZ 1987, 645 (648).

413 *Looschelders*, Anpassung, S. 103.

414 *Mansel*, Personalstatut, S. 49 f.; *Weller*, IPRax 2014, 225 (229).

415 Vgl. MüKo/*von Hein*, Einl. IPR Rn. 273, der auf die Bedeutung der Theorie als ein Sammelbegriff für die Zusammenfassung der Rechtsanwendung in Auslandssachverhalten

ist allerdings für die Zwecke der hiesigen Untersuchung nicht erforderlich; festzuhalten ist jedoch, dass die Anpassung auch unter Zugrundelegung dieses zweistufigen IPR-Verständnisses ihre Eigenständigkeit im Rahmen des Anwendung des berufenen Sachrechts behält[416]. Dies folgt schon daraus, dass Anpassungsprobleme gerade Konstellationen betreffen, bei denen die Korrekturbedürftigkeit sich im Fall mehrerer zur *Anwendung* berufener Rechte zeigt[417]. Sie stellt sich daher auch bei Annahme einer Zweistufigkeit in der internationalen Rechtsanwendung als von der gewöhnlichen Sachrechtsanwendung verschiedenes und einzelfallbezogenes Korrektiv dar.

IV. Stellungnahme

1. Die Bedeutung des Grundverständnisses des Kollisionsrechts für die Anpassung

Im Folgenden soll der Frage nachgegangen werden, inwiefern das Verständnis über das grundsätzliche Verhältnis von Kollisions- und Sachrechtsebene sich auf die Anpassung auswirkt. Insbesondere soll zu dem Ansatz Stellung genommen werden, der eine Unterscheidung in ergebnisorientierte Korrektur und sachrechtliche Auslegungsmethode einführt[418]. Die Annahme einer eigenständigen kollisionsrechtlichen Gerechtigkeit führt dieser Theorie zufolge dazu, dass sich die kollisionsrechtliche Verweisung als „Sprung ins Dunkle"[419] darstellt und die Anpassung als ergebnisorientierte Korrektur das berufene Recht korrigiert, indem sie bei der Rechtsfolge von Normen ansetzt. Wenn man hingegen annimmt, dass keine wesentlich unterschiedlichen Gerechtigkeitsvorstellungen in beiden Ebenen vorliegen, so soll hieraus die Ableitung der Anpassung als sachrechtliche Auslegungsmethode folgen, die beim Tatbestand der Normen ansetzt.

Allgemein ist zunächst festzustellen, dass die mit der Verweisung einhergehende Unsicherheit über das letztliche Ergebnis der Rechtsanwendung im Auslandssachverhalt wenig geeignet ist, um eine derartige Differenzierung im

---

hinweist, die vor allem Ausdruck eines Strebens nach gemeinsamen methodischen Grundsätzen sei; ähnlich auch *Dannemann*, Ungewollte Diskriminierung, S. 85.

416 Zur Anpassung als eigenständigem methodischen Mittel vgl. *Benicke*, FS Schapp, S. 61; *Kropholler*, IPR, § 34 II 1.

417 MüKo/*von Hein*, Einl. IPR Rn. 277.

418 S.o. Kap. 2, A, II, 1 (S. 92 ff.).

419 S.o. Fn. 346.

dogmatischen Verständnis der Anpassung zu stützen[420]. Denn die mit dem Begriff der „Blindheit“ der Verweisung ausgesprochene Erwartung des Rechtsanwendungsergebnisses findet sich in beiden Varianten dieser Theorie. Nicht nur, wenn man eine eigenständige kollisionsrechtliche Gerechtigkeit und eine anpassende Korrektur bei der Rechtsfolge von Normen befürwortet, besteht auf der Stufe der Kollisionsrechtsanwendung eine Unsicherheit über das Resultat der Rechtsanwendung. Auch bei der Annahme einer materiellrechtlichen Aufladung der Kollisionsrechtsebene stellt die Befolgung der Verweisung einen gewissen „Sprung ins Dunkle“ dar. Somit zeigt sich, dass die Differenzierung zwischen sachrechtlicher Auslegungsmethode und ergebnisorientiertem Korrekturmechanismus jedenfalls nicht an der mitunter gebräuchlichen Charakterisierung der Kollisionsrechtsanwendung als „Sprung ins Dunkle“ festgemacht werden kann.

2. Die Bedeutung der kollisionsrechtlichen Verweisung für die Anpassung

a) Die Aufrechterhaltung der kollisionsrechtlichen Grundentscheidung

Das ursprüngliche Ziel des Kollisionsrechts in Form des Auffindens des Schwerpunkts des Rechtsverhältnisses ist im Anpassungsfall nicht in jedem Fall vereitelt; es ist nur das zu seiner Erreichung gewählte Mittel, die Analyse des Sachverhalts, was sich im Einzelfall als ungeeignet erwiesen hat[421]. Unter Verhältnismäßigkeitsgesichtspunkten erscheint es vorzugswürdig, zunächst lediglich die zur Erreichung des Ziels erforderlichen Mittel zu ändern. Diese Mittel werden in erster Linie durch sachrechtliche Lösungen dargestellt[422]. Die Beibehaltung des Ziels des Kollisionsrechts besteht in der bestmöglichen Befolgung der Anknüpfungsentscheidung und des Verweisungsbefehls. Da die Sachrechte durch ihre

420 Anders wohl *Looschelders*, demzufolge gerade die Annahme einer eigenständigen kollisionsrechtlichen Gerechtigkeit zur Charakterisierung der Rechtsanwendung als „Sprung ins Dunkle“ führt, Anpassung, S. 80.

421 Vgl. *Looschelders*’ Äußerung im Rahmen der kollisionsrechtlichen Lösung des Anpassungsproblems: „Die regulären inländischen Kollisionsnormen verweisen […] auf solche Rechtsordnungen, zu welchen *durchaus die engste Verbindung besteht* […]“, Anpassung, S. 216 (Hervorhebung nicht im Original); ablehnend wohl *E. Lorenz*, der das wesentliche Abweichen von der vorausgesetzten Interessenlage gleichzeitig als Verfehlung des Schwerpunkts des Rechtsverhältnisses begreift, FamRZ 1987, 645 (648); zur Notwendigkeit einer Trennung von Ziel und Vorgehensweise des Kollisionsrecht schon, Kap. 2, A, I, 1 (S. 88 ff.).

422 Dass kollisionsrechtliche Lösungen nicht in gleicher Weise dem Prinzip der engsten Verbindung verpflichtet sind, wird weiter unten dargelegt.

der Analyse geschuldete spezifische Kombination[423] im Anpassungsfall nur ein gleichsam verzerrtes Rechtsanwendungsergebnis produzieren, ist nicht davon auszugehen, dass in den berufenen Sachnormen an sich für den jeweiligen Fall ein „ungerechtes“ oder „widersprüchliches“ Ergebnis liegt.

Ferner kann aus dieser verzerrten Abbildung der Sachrechte nicht gefolgert werden, dass zu einem anderen Recht etwa eine engere Beziehung besteht. Für die Begründung dieser Annahme sind vielmehr die allgemeinen Erwägungen für die Anwendung von Ausweichklauseln maßgeblich[424]. Was die berufenen Sachrechte im Anpassungsfall in ihrer Kombination produzieren, ist „so nicht gemeint“; die Sachrechte werden gleichsam missverstanden. Das Kollisionsrecht ist im Anpassungsfall der Tatsache des Auslandsbezugs nicht in einer Weise gerecht geworden, in der die berufenen Sachrechte ihre Wertung in der Beantwortung der Rechtsfrage sinnvoll realisieren[425]. Der kollisionsrechtlichen Entscheidung ist daher möglichst zunächst auf Sachrechtsebene Wirkung zu verleihen. Kein Anlass besteht dazu, die Anknüpfungsentscheidung unmittelbar infrage zu stellen.

b) Die Ablehnung von Erwägungen der Billigkeit oder materiellen Gerechtigkeit

Aus diesen Überlegungen ergibt sich die Unzulässigkeit einer Sachrechtsmodifikation nach Maßgabe allgemeiner Billigkeitserwägungen[426]. Zwar kann das vorläufige Ergebnis in bestimmter Hinsicht als unbillig empfunden werden. Diese Feststellung nötigt aber nicht zu einer Korrektur zum gewünschten, materiell gerechten Ergebnis hin, in dessen Rahmen die Verweisungsentscheidung des Kollisionsrechts außer Acht gelassen wird. Dies liegt daran, dass die Unbilligkeit des Ergebnisses sich gerade aus der spezifischen Kombination verschiedener Sachrechtsteile ergibt, nicht jedoch aus dem jeweils maßgeblichen Sachrecht

---

423 Bzw. hinsichtlich der Fallgruppen des einheitlich angeknüpften Auslandssachverhalts und der Spaltung zwischen Sach- und Prozessrecht: durch die Auswahlentscheidung, die die Verarbeitung des Auslandsbezugs einem einzigen Statut (ggf. in Kombination mit einem fremden Prozessrecht) auferlegt.

424 Vgl. zu diesen Erwägungen MüKo/*Martiny*, Art. 4 Rom I-VO Rn. 291 f.; *Keller/Girsberger*, in: *Heini* (Hrsg. u.a.), IPRG Kommentar, Art. 15 Rn. 58 ff. (zur schweizerischen Ausweichklausel des Art. 15 IPRG); allg. zu Ausweichklauseln im europäischen IPR MüKo/*von Hein*, Einl. IPR Rn. 31 ff.; zur Abgrenzung des Anpassungsproblems von der Ausweichklausel s.u., Kap. 2, A, IV, 3, b), bb) (S. 112).

425 Vgl. *Looschelders*, Anpassung, S. 89.

426 So auch *Looschelders*, Anpassung, S. 74.

schlechthin. Der ursprünglichen Wertentscheidung des Kollisionsrechts muss in modifizierter Weise Ausdruck verliehen werden, indem man die im Ausgangspunkt berufenen Sachnormen ihrem Zweck entsprechend auf den Auslandssachverhalt anwendet.

Würde man aus der Verfehlung der ursprünglichen Zielsetzung schließen, dass ein Ergebnis nach Billigkeit des Empfindens aufseiten des Rechtsanwenders zu formulieren ist, würde man den kollisionsrechtlichen Befehl nachträglich für unbeachtlich erklären. Dazu besteht aber unter dem Aspekt der Verhältnismäßigkeit jedenfalls solange kein Anlass, wie durch modifizierte Sachrechtsanwendung Abhilfe geschaffen werden kann[427]. Nimmt man die anfängliche Anordnung des Kollisionsrechts ernst beziehungsweise will man der eigenständigen Wertentscheidung desselben auch im Anpassungsfall Geltung verleihen, so ist es erforderlich, durch die Anpassung diese Anordnung so weit wie möglich aufrecht zu erhalten.

c) *Rechtssicherheit*

Für diese Vorgehensweise sprechen schließlich auch Erwägungen der Rechtssicherheit. Im Falle einer Korrektur anhand von Billigkeitsgesichtspunkten fehlen klare Maßstäbe für die Ergebnisfindung[428]. Eine solche Billigkeitsentscheidung ist aber in Fällen mit Auslandsberührung aufgrund der Vielfältigkeit der beteiligten Interessen im Interesse der Rechtssicherheit abzulehnen[429].

Zu vermeiden ist, was *Schwander* hinsichtlich der auf das Ergebnis der Rechtsanwendung fokussierten Korrektur so beschreibt: „[E]s steht wertmässig meistens offen, in welcher Beziehung es [d.h. das Resultat der Rechtsanwendung] korrigiert wird.“[430]. Dies bedeutet auch, dass ein Ergebnis möglich würde, das den Wertungen jedes beteiligten Sachrechts widerspricht[431]. Wendet man sich von den Wertungen der berufenen Sachrechte ab, so droht die Gefahr, dass die Lösung des Anpassungsproblems schlicht anhand der Wertungen der *lex fori* entwickelt wird[432]. Insbesondere verletzt diese Vorgehensweise das Gebot der

427 Dahingehend auch *E. Lorenz*, FamRZ 1987, 645 (648), der feststellt, dass eine Anpassung nicht allein wegen „vermeintliche[r] Ungerechtigkeiten“ angezeigt ist.

428 *Looschelders*, Anpassung, S. 74; dahingehend auch *Jayme*, FS Ferid, 221 (230).

429 *Benicke*, FS Schapp, S. 61 (72); *Looschelders*, Anpassung, S. 74.

430 Lois, S. 34; vgl. auch *Clausnitzer*, Die Stellung des überlebenden Ehegatten, S. 63: „Wertentscheidung über das gewünschte materielle Ergebnis“.

431 *Westen*, Cal. L. Rev. 55 (1967), 74 (112).

432 *Looschelders*, Anpassung, S. 74.

authentischen Rechtsanwendung[433], demzufolge das berufene Sachrecht den ihm zugrunde liegenden Wertungen entsprechend anzuwenden ist[434].

Letztlich ist zuzugeben, dass auch die materiellrechtliche Anpassung anhand von Billigkeitserwägungen in der Rechtspraxis den Vorgaben einer gesetzestreuen Rechtsfindung entsprechend den Zwecken der anwendbaren Sachnormen wesentlichen Einfluss zuerkennen würde. Es ist jedoch zu betonen, dass sich ein Rekurrieren auf Billigkeitsmaßstäbe auch nach Untersuchung der Bedeutung der Anpassung zwischen den Rechtsanwendungsebenen verbietet.

3. *Die dogmatischen Grundlagen der Lösungsansätze*

a) *Sachrechtliche Anpassung*

aa) Bewertung der sachrechtlichen Anpassung

Vor dem Hintergrund der so erarbeiteten Maßgaben stellt sich die Anpassung jedenfalls in ihrer sachrechtlichen Ausprägung als Fortsetzung des ursprünglichen Ziels des IPR in Gestalt seiner originären Anknüpfungsentscheidung dar[435]. Dass die Anpassung ebenfalls auf die Verwirklichung der ursprünglichen Verweisungsentscheidung hinwirkt und damit dem ursprünglichen Ziel der Verweisung dient, steht auch im Einklang mit der vielfach gemachten Feststellung, der Rechtsanwender werde zur Auflösung des Anpassungsproblems rechtsschöpferisch tätig[436]. Denn so wie originär der Auslandsbezug des Sachverhalts mit der „Schöpfung" des Kollisionsrechts und seiner Anknüpfungsentscheidungen verarbeitet wird, so muss der Rechtsanwender in der Anpassungssituation den Auslandsbezug in angemessener Weise berücksichtigen: Im Anpassungsfall wurde diese angemessene Berücksichtigung nicht verwirklicht.

Die Situation, in welcher der Rechtsanwender sich im Rahmen der sachrechtlichen Anpassung befindet, ist wertungsmäßig vergleichbar mit derjenigen, die allgemein bei der Konfrontation mit Auslandselementen der Rechtsfrage

---

433 *Looschelders*, Anpassung, S. 74.

434 Zu dem Grundsatz vgl. *Kegel*, IPR, § 15 III; *Kropholler*, IPR, § 31 I; *Raape/Sturm*, IPR I, S. 309 ff.

435 Ähnlich *Goldschmidt*, FS Wolff, 203 (214), der davon ausgeht, dass der dem IPR allgemein als richtungsweisend zugrunde liegende Grundsatz der Achtung auch bei der Synthese im Rahmen der richterlichen Anpassung die maßgebende Richtung liefert; zur dogmatischen Bedeutung der kollisionsrechtlichen Anpassung s.u., Kap. 2, A, IV, 3, b) (S. 111).

436 Vgl. die Nachweise oben Kap. 1, A, I, 1 (S. 31 ff.).

innerhalb der Sachrechtsanwendung vorliegt. Maßgeblich aus diesem Grund hat die (sachrechtliche) Anpassung auch eine enge Beziehung zur Thematik der Berücksichtigung im Rahmen der Auslegung des anwendbaren Sachrechts[437]. Die materiellrechtliche Anpassung kann als eine Art hinsichtlich der Eingriffsintensität gesteigerte „Berücksichtigung" angesehen werden. Das Institut spinnt vor diesem Hintergrund den Dialog zwischen den Rechtsordnungen weiter, den das Kollisionsrecht ursprünglich durch Analyse und Verweisung in Gang gebracht hat.

Wenn man das Internationale Privatrecht mit *Siehr*[438] gleichsam als „Allgemeinen Teil" ansehen möchte, dessen Besonderer Teil das Sachrecht ist, so kann die der Anpassung zugrunde liegende Problematik als Veranschaulichung der Unzulänglichkeit des Verallgemeinerns verstanden werden. Der Anpassungsfall, gleichsam eine Konzentration der dem IPR zugrunde liegenden Problematik, zeigt die Schwächen der Konzeption der kollisionsrechtlichen Analyse auf[439], die gleichzusetzen ist mit der Abstraktion, die ein Allgemeiner Teil naturgemäß vornimmt. Aufgrund der – auch in gewissem Ausmaß inhaltlichen, nicht nur begrifflichen – Rückbindung an das Sachrecht kann eine Abstraktion nicht durchgehend ohne Friktionen durchgeführt werden. Hält man das IPR an sich schon für „one of the most hazardous subjects"[440], wird umso deutlicher, weshalb im Rahmen der Anpassung entsprechend potenzierte Unsicherheiten zutage treten[441].

Die herausgearbeiteten Maßgaben für die Korrektur sind den Gerechtigkeitsvorstellungen des Kollisionsrechts besonders zuträglich. Gesucht wird im Anpassungsfall nicht das materiell für wünschenswert befundene Recht durch allgemeine Billigkeitserwägungen – wie dies auch generell für die Begründung des Zwecks des Kollisionsrechts nicht sinnvoll ist. Vielmehr behält der zur Verwirklichung dieser kollisionsrechtlichen Gerechtigkeit formulierte Verweisungsbefehl auch im Widerspruchsfall möglichst weitgehend Geltung.

Zusammenfassend ist festzustellen, dass es vorzugswürdig ist, die materiellrechtliche Anpassung nach den Maßgaben der anwendbaren Sachnormen zu vollziehen. Sind diese aber nicht zu verwirklichen, ohne ein anwendbares Sachrecht wesentlich zu verfälschen, sind kollisionsrechtliche Lösungsmethoden zu

---

437 Zur den sich insoweit ergebenden Abgrenzungsfragen s.o. Kap. 2, A, II, 2., III (S. 95 ff.; 98 ff.).

438 RabelsZ 37 (1973), 466 (476).

439 Vgl. *Bouza Vidal*, Problemas de adaptacion, S. 12.

440 *Traynor*, Texas L. Rev. 37 (1959), 657.

441 Vgl. insoweit die Nachweise oben Kap. 1, A, I, 1 (S. 31 ff.).

erwägen. Die Modifikation anhand allgemeiner Billigkeitserwägungen würde zu Rechtsunsicherheit führen und ein Abgehen von den Wertungen des Kollisionsrechts bedeuten, das einer Rechtfertigung entbehrt.

bb) Kritik am Fokus auf den Tatbestand

Es soll außerdem Stellung genommen werden zu der Ansicht, dass das grundlegende Verständnis des Verhältnisses von Kollisions- und Sachrecht verknüpft sei mit unterschiedlichen Ansatzpunkten der Korrektur durch Anpassung[442]. Die Auffassung der Anpassung als besondere sachrechtliche Auslegungsmethode soll danach Normen in ihrem Tatbestand korrigieren, wohingegen die Annahme der kollisionsrechtlichen Gerechtigkeit eine Modifikation der Rechtsfolge nach sich ziehen soll.

Diese Deutung kann gelten, wenn man eine spezifisch deutsche Sichtweise zugrunde legt: Die Unterscheidung zwischen Tatbestand und Rechtsfolge wird aber etwa im Rechtskreis des Common Law, aber auch beispielsweise in der französischen Rechtsprechung mitunter nicht strikt durchgeführt[443]. Gerade mit Blick auf die Rechtsanwendung auf Ebene des Unionsrechts ist dieser Einwand von Gewicht. Besonders wichtig ist, dass allgemeine Maßgaben für die Anpassung in unterschiedlichen Rechtssystemen möglichst in gleicher Weise in der Falllösung angewendet werden können.

Auch *Looschelders*, der den Zusammenhang zwischen Kollisions- und Sachrechtsebene mit Blick auf das Anpassungsproblem besonders ausführlich begründet hat, formuliert die entsprechende Tatbestandsmodifikation bisweilen derart, dass an einer erfolgten Abwandlung (lediglich) des Tatbestands der Norm gezweifelt werden kann. So sei in der Anpassungssituation „eine sinngemäße Anwendung des berufenen Sachrechts, durch die der Zweck der betreffenden Regelungen (…) verwirklicht wird“[444], erforderlich. Die Anwendung von Normen besteht jedoch sowohl in der Subsumtion unter den Tatbestand als auch in der Feststellung und Befolgung der Rechtsfolge[445]. Die sinngemäße Anwendung von Sachnormen kann somit auch die Feststellung einer bestimmten Rechtsfolge

---

442 Vgl. oben Kap. 2, A, II, 1 (S. 92 ff.).

443 *Dannemann*, Ungewollte Diskriminierung, S. 431 f.; vgl. zur französischen Rspr. ferner *Audit*, Droit international privé, Nr. 324.

444 *Looschelders*, Anpassung, S. 102.

445 *Zippelius*, Methodenlehre, Einleitung zu IV, der die „Feststellung, dass die normative Rechtsfolge für den Sachverhalt gelte“, als einen Teil des „rechtsanwendenden Denkens“ feststellt; dies konstatieren auch *Looschelders/Roth*, Juristische Methodik, S. 87: „Der Kern jeder Normanwendung besteht in der Feststellung der konkreten

bedeuten. Diese Formulierung schließt demnach nicht eindeutig aus, dass in der Anpassungssituation auch die Rechtsfolgen der anwendbaren Sachrechte in gebotener (also dem Zweck der Normen entsprechender) Weise abzuändern sein können.

Aber auch wenn man sich von der Wortbedeutung des Anwendens löst, ist zu beachten, dass *Looschelders* als Vertreter dieser Auffassung beispielsweise zur Lösung eines Anpassungsproblems im Rahmen der Behandlung erbenloser Nachlässe feststellt, dass im Wege der materiellrechtlichen Anpassung „aus den Wertungen des deutschen materiellen Rechts heraus ein sachenrechtliches Aneignungsrecht (…) entwickelt wird."[446] Was die kollisionsrechtliche Nachlassspaltung angeht, soll die (materiellrechtliche) Lösung des sich dort stellenden Anpassungsproblems zudem eine Kürzung des Pflichtteilsanspruchs das vorzugswürdige Ergebnis sein[447].

Die erarbeiteten Lösungen für die jeweiligen Anpassungsprobleme lassen eine Unterscheidung zwischen Tatbestands- und Rechtsfolgemodifikation schwierig erscheinen: Sowohl die Konstruktion eines Aneignungsrechts als auch die Gewährung eines Pflichtteilsanspruchs (in gekürztem Ausmaß) sind das Ergebnis der Feststellung des Vorliegens der jeweiligen Tatbestandsmerkmale[448] und bezeichnen Rechtsfolgen der einschlägigen Normen. Die Gewährung eines Aneignungsrechts beziehungsweise die Gewährung eines reduzierten Anspruchs scheinen durchaus auch als Ausdruck einer erfolgten Rechtsfolgenmodifikation denkbar.

Dies zeigt, dass die Notwendigkeit der Modifikation des Tatbestands von Normen in einer dem Auslandssachverhalt gerecht werdenden Weise mitunter jedenfalls derart weitgehende Modifikationen erfordert, dass faktisch der normlogische Zusammenhang zwischen Tatbestand und Rechtsfolge in diesen Fällen gestört sein wird. Diese Gefahr besteht folglich nicht nur im Rahmen der Modifikation der Rechtsfolge[449].

Das wiederum deutet darauf hin, dass auch unter Zugrundelegung eines „materiellrechtlichen" IPR-Verständnisses eine sich von der Rechtsfolgenmodifikation

Geltung oder in der Befolgung der vom Gesetzgeber in der Norm angeordneten Rechtsfolge.".

446 Anpassung, S. 363.

447 Anpassung, S. 367.

448 Vgl. *Engisch*, Einführung, S. 17: „Die Rechtsfolgen (…) bestehen in Rechten und Pflichten. Die Rechtsfolgeanordnungen ordnen das Bestehen oder Nichtbestehen von Rechten und Pflichten an."; *Zippelius*, Methodenlehre, § 5 I.

449 So aber *Looschelders*, Anpassung, S. 73.

klar abhebende Tatbestandsmodifikation in der praktischen Rechtsanwendung meist schwer durchzuführen ist[450]. Ferner veranlasst dies die Erkenntnis, dass die Entscheidung zugunsten eines bestimmten Ansatzpunktes der Anpassung innerhalb der Normstruktur für die Bedürfnisse der praktischen Rechtsanwendung keine wesentliche Bedeutung erlangt. Die Unterscheidung zwischen Anpassung im Tatbestand und in der Rechtsfolge sollte gerade für die Beurteilung des Instituts auf europäischer Ebene nicht in der gleichen Weise aufrechterhalten werden.

b) Kollisionsrechtliche Anpassung

aa) Dogmatische Begründung der Notwendigkeit kollisionsrechtlicher Lösungen

Die Bewertung durch die berufenen Sachnormen in einer der Widerspruchslage angepassten Weise kann gegebenenfalls nicht erfolgen, ohne dass die jeweiligen Sachnormen in einer Weise modifiziert werden müssten, die ihren Inhalt wesentlich verfälschen würde. Möglich ist auch, dass die Zwecke der Normen geradezu konträr sind und nicht nebeneinander verwirklicht werden können. Dies zeigt sich etwa bei der Problematik unterschiedlicher Kommorientenvermutungen[451]. Wenn die zur Anwendung berufenen Personalstatute sich direkt widersprechende Anordnungen treffen, so ist eine Modifikation der jeweiligen Normen nicht zielführend. Wenn die berufenen Sachrechte in ihren Wertungen nicht miteinander kombiniert werden können, muss der Blick zurück auf die erste Stufe der Rechtsanwendung fallen[452]. In diesem Fall werden kollisionsrechtliche Lösungen zur Beantwortung der Rechtsfrage erforderlich. Denn ist das Sachrecht nicht ohne Verfälschung zu modifizieren, so zeigt sich, dass der ursprüngliche kollisionsrechtliche Verweisungsbefehl auch nicht unter Anwendung des materiellrechtlichen Anpassungsinstrumentariums verwirklicht werden kann[453]. Dieses „endgültige" Scheitern des ursprünglichen Verweisungsbefehls veranlasst dazu, die kollisionsrechtliche Verweisung direkt zu modifizieren.

Die kollisionsrechtliche Anpassung stellt sich vor diesem Hintergrund als von der sachrechtlichen dogmatisch grundsätzlich verschieden dar[454]. Wird im

450 So auch *Dannemann*, Ungewollte Diskriminierung, S. 95.

451 Dazu oben Kap. 1, B, II, 2, b) (S. 71), 3, b) (S. 74) sowie unten Kap. 8, C (S. 284).

452 *Schurig*, Kollisionsnorm und Sachrecht, S. 238.

453 Vgl. *Looschelders*, Anpassung, S. 103 f.

454 So auch *Schurig*, Kollisionsnorm und Sachrecht, S. 238: „dogmatisch in ganz verschiedenen Gebieten angesiedelt".

Rahmen der Sachrechtsmodifikation noch versucht, den ursprünglichen kollisionsrechtlichen Befehl aufrechtzuerhalten, so geht mit der Feststellung der Unmöglichkeit dieser sachrechtlichen Abwandlung und zugleich der Notwendigkeit einer kollisionsrechtlichen Lösung auch die Aussage einher, dass die originäre Anknüpfung fehlgegangen ist und durch eine andere ersetzt werden muss.

Vor diesem Hintergrund erscheint die kollisionsrechtliche Modifikation als neue Anknüpfungsentscheidung für den konkreten Einzelfall. Die kollisionsrechtliche Anpassung kann streng genommen nicht als Fortsetzung der Suche nach der engsten Verbindung bewertet werden[455], denn diese wurde schon durch die originär anwendbaren Kollisionsnormen ausgesprochen. Von diesem Verständnis zeugt auch die Aussage von *Raape/Sturm*, denen zufolge „bei der internationalprivatrechtlichen Lösung (...) genau besehen das Problem der Angleichung überspielt“[456] wird. Sodann stellt sich hinsichtlich der Schaffung der neuen Anknüpfung die Frage, nach welchen Grundsätzen sie zu wählen ist. Dieser Aspekt soll als Teil der näheren Untersuchung der Lösungsansätze dort behandelt werden[457].

bb) Verhältnis der kollisionsrechtlichen Anpassung zu Ausweichklauseln

Festgestellt wurde, dass die kollisionsrechtliche Anpassung nötig wird, wenn der ursprünglichen Verweisungsentscheidung des IPR keine Wirkung verliehen werden kann, weil die berufenen Sachrechtsausschnitte nicht sinnvoll miteinander kombiniert werden können oder ihre Kombination eine wesentliche Verfälschung ihres Inhalts mit sich brächte[458]. In dieser Situation ist eine sachrechtliche Anpassung gescheitert und kann auch die durch den kollisionsrechtlichen Verweis bezeichnete engste Verbindung des Sachverhalts nicht „verwirklicht“ werden.

Da die kollisionsrechtliche Anpassung durch Modifikation der Kollisionsnormen an das Scheitern des Verweisungsbefehls ansetzt und eine neue Anknüpfungsentscheidung herbeiführt, scheint sie in ihrer Funktion einer Ausweichklausel zu ähneln. Letztere ist ein Instrument zur bewussten Korrektur typisierter Anknüpfungen zugunsten einer wesentlich engeren Verbindung[459]. Eine weitere Gemeinsamkeit der beiden Instrumente besteht auch in

---

455 *Looschelders*, Anpassung, S. 216.

456 IPR, S. 262.

457 S.u. Kap. 3, C (S. 166 ff.).

458 Kap. 2, A, IV, 3, b), aa) (S. 111).

459 *von Hein*, ZVglRWiss 99 (2000), 251 (275).

ihrer nachrangigen Relevanz. Die Ausweichklausel wie die kollisionsrechtliche Anknüpfungsentscheidung greifen erst ein, nachdem der originäre Verweisungsbefehl (bzw. die Regelanknüpfung der Verweisungsnorm) sich als nicht durchführbar oder nicht sachgerecht erwiesen hat.

Die Institute unterscheiden sich allerdings zunächst darin, dass die Schöpfung eines Anknüpfungsmoments im Rahmen der kollisionsrechtlichen Anpassung als Korrektur der zunächst befolgten Verweisung zu verstehen ist. Die Ausweichklausel hingegen ist eine Ausfüllung beziehungsweise Konkretisierung des jeweiligen Generaltatbestands[460] und ist vom Rechtsanwender nicht einzelfallbezogen zu schaffen. Zu beachten ist ferner der Grund für das Eingreifen der beiden Instrumente. Ausweichklauseln dienen der Einzelfallgerechtigkeit in Fällen, in denen der Sachverhalt offensichtlich nähere Beziehungen zu einer anderen als der durch die Regelanknüpfung gefundenen besteht[461]. Die Ausweichklausel wird daher dann angewendet, wenn die Vermutung nach dem Sitz des Rechtsverhältnisses sich als unzutreffend erwiesen hat, weil die Rechtsfrage engere Beziehungen zu einem anderen Recht aufweist[462].

Die kollisionsrechtliche Anpassung hingegen erfolgt, weil der – durchaus aufgefundene – Schwerpunkt des Rechtsverhältnisses sich im Einzelfall aufgrund der spezifischen Kombination der Sachrechtsausschnitte nicht am Ergebnis der Rechtsanwendung realisieren konnte und somit eine gleichmäßige Beurteilung des Sachverhalts auf Grundlage der regulär berufenen Sachrechte gescheitert ist[463].

Auf den qualitativen Unterschied zwischen den beiden Instrumenten weist auch *Hirse* hin, indem er betont, dass die Relativierung der Rechtsverbindlichkeit der Verweisung durch den Gesetzgeber sich wesentlich von der Anwendung rechtsmethodischer Mittel im „Extremfall" unterscheidet[464]. Für die Anwendung der Ausweichklausel wird eine abweichende, wesentlich engere Verbindung festgestellt; charakteristisch für den Anpassungsfall ist hingegen die Verfehlung der

---

460 Vgl. *Hirse*, Die Ausweichklausel im IPR, S. 94: „Bei der Handhabung der Ausweichklausel geht es um die Ausfüllung bzw. die Konkretisierung eines Generaltatbestandes (...)."

461 *von Hein*, FS Kropholler, 553 (565 f.); *Hirse*, Die Ausweichklausel im IPR, S. 91; MüKo/*Martiny*, Art. 4 Rom I-VO Rn. 289 (zu Art. 4 Rom I-VO).

462 *Remien*, in: *Leible/Unberath* (Hrsg.), Brauchen wir eine Rom 0-Verordnung?, 223 (230).

463 *Looschelders*, Anpassung, S. 216.

464 Die Ausweichklausel im IPR, S. 92.

Sachnormzwecke[465]. Die Anpassung ist mithin von der mittels einer Ausweichklausel vorgenommenen Operation zu unterscheiden[466].

4. *Zwischenergebnis*

Die Anpassung ist das Mittel, das eingreift, um das Kollisionsrecht zu korrigieren in seiner Annahme, die sachnächsten Rechtsordnungen in widerspruchsfreier Weise berufen zu haben. Denn widersprüchliche Ergebnisse sind nicht gerecht und selbst wenn sie sich aus den sachnächsten Normen ergeben sollten, so sind sie nicht gewollt. Die Anpassung setzt entweder im Sachrecht oder im IPR an und die Erwägungen für ihre Vornahme sind aus den sachrechtlichen Wertungen der beteiligten Interessen abgeleitet. Die anpassende Korrektur veranschaulicht also durch ihre bloße Existenz das Primat des Sachrechts und seine letztliche Deutungshoheit über die Frage, wie die (internationale) Rechtsfrage sachgerecht zu beurteilen ist.

V. Die Anpassung als *adjustment* oder *false conflict*

Erkenntnisse hinsichtlich der grundlegenden Bedeutung der Anpassung im internationalen Sachverhalt können schließlich aus einer Bezugnahme zur Theorie des *false conflict* beziehungsweise zur Handhabung des *adjustment* im US-amerikanischen Recht gewonnen werden. Für die Zwecke der vorliegenden Untersuchung kann zwar keine umfassende rechtsvergleichende Analyse der verwandten Institute des Rechtskreises des (amerikanischen) *Common Law* angestellt werden. Der amerikanische Blickwinkel auf die interessierenden Fragen wird indes die Untersuchung der Funktion der Anpassung zwischen den Rechtsanwendungsebenen im grenzüberschreitenden Sachverhalt vervollständigen.

---

465 S.o. Kap. 2, B, IV (S. 136 ff.).

466 So im Ergebnis auch *Hirse*, Die Ausweichklausel im IPR, S. 94; *Keller/Girsberger*, in: *Heini* (Hrsg. u.a.), IPRG Kommentar, Art. 15 Rn. 71 (zur Ausweichklausel in Art. 15 schweiz. IPRG); *Kreuzer*, ZfRV 33 (1992), S. 168 (186); *Looschelders*, Anpassung, S. 217; eine Unterscheidung zwischen Ausweichklausel und „planwidriger Unvollständigkeit" des Gesetzes nehmen auch *Mächler-Erne/Wolf-Mettier* vor, in: *Honsell* (u.a. Hrsg.), Basler Kommentar IPR, Art. 15 Rn. 14 (ebenfalls zur Ausweichklausel des schweiz. IPRG).

1. Adaptation *oder* adjustment *und kontinentaleuropäische Anpassung*

a) *Allgemein*

Die Figuren *adaptation* oder *adjustment* sind in der amerikanischen Lehre und Rechtsprechung nicht gerade präsent[467]. *Ehrenzweig* bezeichnet die Angleichung der beteiligten Rechte eher kritisch als „Solomonic device“[468], das nicht nur im Bereich des IPR wenig hilfreich sei. Gleichwohl führt er die Korrektur mittels *adjustment* als Möglichkeit an, Probleme des Normenmangels und der Normenhäufung zu lösen, wenn auch die Kritik hinsichtlich der vermeintlichen Künstlichkeit des Instituts bestehen bleibt[469]. Im Übrigen scheinen Anpassungsprobleme in der US-amerikanischen Rechtsprechung und Lehre zwar gelöst, aber nicht mit einer gesonderten Bezeichnung bedacht zu werden[470].

b) *Die „Angleichung konfligierender Rechte“*

Hoff widmete sich dem Fragenkreis mit einer Abhandlung des Titels „Adjustment of Conflicting Rights“[471]. Der Beitrag nimmt zum Ausgangspunkt, dass im Falle der parallelen oder sukzessiven Anwendbarkeit mehrerer Rechte auf eine internationale oder interstaatliche Rechtsfrage nach klassischer kollisionsrechtlicher Lehre stets eines der beiden ausgewählt würde, um eine einheitliche Beurteilung der Rechtsfrage zu ermöglichen[472]. Anstelle einer solchen Entscheidung für eines der betroffenen Rechte soll aber nach Ansicht des Autors eine gleichzeitige Berücksichtigung aller wesentlich maßgeblichen Rechte erfolgen[473]. Die alleinige Anwendung eines Rechts unter Ausschluss des anderen sei der Gerechtigkeit abträglich, da das anwendbare Recht nicht auf mögliche fremde Einflüsse eingestellt sei[474]. *Hoff* nennt diese Operation *adjustment*.

---

467 Vgl. *Bondzio*, Internationales Ehegüter- und Ehegattenerbrecht, S. 209; *Dannemann*, in: *Basedow* (u.a. Hrsg.), Encyclopedia of Private International Law, S. 8; *Ehrenzweig*, PIL, S. 175.

468 California Law Review 49 (1961), 240 (242 f.).

469 *Ehrenzweig*, PIL, S. 174 ff.; zur Handhabung von „cases of cumulation“ and „cases of vacuum“ mittels *adjustment* vgl. ferner *Wolff*, PIL, S. 164 ff.

470 Vgl. aus der deutschen Sekundärliteratur *Bondzio*, Internationales Ehegüter- und Ehegattenerbrecht, S. 209 ff.

471 *Hoff*, Virginia Law Review 38 (1952), 745–768.

472 *Hoff*, Virginia Law Review 38 (1952), 745 (747).

473 *Hoff*, Virginia Law Review 38 (1952), 745 (747).

474 *Hoff*, Virginia Law Review 38 (1952), 745 (749).

Als Ausgangspunkt für ein derartiges *adjustment* der maßgeblichen Rechte wird der Fall *Le Forest v. Tolman*[475] angeführt[476]. Ein im Staat Massachusetts gehaltener Hund begab sich nach New Hampshire und biss dort einen Mann. Nach dem Recht New Hampshires haftete ein Hundebesitzer nicht für einen derartigen Vorfall, während das Recht von Massachusetts insoweit doppelten Schadensersatz („double damages") gewährte. Nachdem die erste Instanz in Massachusetts der Klage unter Anwendung der *lex fori* stattgegeben hatte, kassierte der dortige Supreme Court das Urteil und verneinte unter Anwendung des Tatortrechts von New Hampshire den Anspruch des Klägers[477].

Hoff will in diesem Fall einfachen Schadensersatz gewähren[478]. Zur Begründung verweist er auf Sinn und Zweck der Regelung im Recht von New Hampshire. Dieser liege die Auffassung zugrunde, dass eine Schadensersatzpflicht in einem derartigen Fall eine unbillige Härte darstellen würde. Da der Hundebesitzer im betreffenden Fall seinen Pflichten nach den Maßstäben des Rechts von New Hampshire nachgekommen sei, könne der bloße Bezug zu Massachusetts nicht den einzigen Grund der Versagung einer Schadensersatzpflicht aushebeln. Der Massachussets-„*tinge*" in der grundsätzlichen New Hampshire-„*color*"[479] hätte *Hoff* zufolge zu einer Mittellösung in der Form einfachen Schadensersatzes führen müssen.

Allgemein spricht sich der Beitrag in vergleichbaren Fällen für ein „equitable compromise"[480] zwischen den beteiligten Rechten aus, der nicht so sehr vom Ideal der Vorhersehbarkeit als vielmehr von dem der Gerechtigkeit geleitet sei[481].

c) Stellungnahme

Zu den Ausführungen von *Hoff* sind vor allem die folgenden drei Beobachtungen für den hiesigen Zusammenhang von Interesse.

Der Kritik an der Anwendung nur eines Statuts für den Fall, dass eigentlich mehrere maßgeblich wären, könnte eine grundsätzliche Bevorzugung sachrechtlicher Lösungen entnommen werden. Denn ergehen die Gedanken des Verfassers auch unter Zugrundelegung einer abweichenden Interessenlage, nämlich einer, in der kein konkreter Konflikt zwischen schon zur Anwendung berufenen Rechten aufgetreten

---

475 117 Mass. 109, 19 Am. Rep. 400 (1875).
476 *Hoff*, Virginia Law Review 38 (1952), 745 (760 f.).
477 Vgl. *Hoff*, Virginia Law Review 38 (1952), 745 (761).
478 Virginia Law Review 38 (1952), 745 (761).
479 *Hoff*, Virginia Law Review 38 (1952), 745 (761).
480 Virginia Law Review 38 (1952), 745 (763).
481 *Hoff*, Virginia Law Review 38 (1952), 745 (767).

ist, so wird die Anwendung nur eines Statuts doch mit der Erwägung abgelehnt, sie sei für die Einwirkungen der verdrängten Rechtsordnung nicht mehr empfänglich genug. Diese Aussage lässt sich dahingehend interpretieren, dass die Anwendung nur eines Rechts zu undifferenziert für die möglichen Feinheiten des internationalen Sachverhalts ist. Der gleiche Gedanke liegt dem Prinzip des Vorrangs der sachrechtlichen Anpassung vor der kollisionsrechtlichen zugrunde, die die alleinige Anwendbarkeit eines Statuts bezweckt[482]. Festgestellt wurde insoweit, dass die sachrechtliche Korrektur näher am Fall ist als die gröbere kollisionsrechtliche.

Weiterhin wird vertreten, dass innerhalb des *adjustments* der Sachrechte Billigkeitserwägungen maßgebend sein sollen. *Hoff* verweist insoweit darauf, dass die korrigierende Operation zu einer Art Mittellösung zwischen den beteiligten Sachrechten führen soll. Vor dem Hintergrund der hier erarbeiteten Konzeption der sachrechtlichen Anpassung ist dieser Schluss allerdings im Interesse der Rechtssicherheit abzulehnen[483]. In dem Beispielsfall des Hundehalters erscheint die Gewährung des einfachen Schadensersatzes als Billigkeitslösung, die keinem der beteiligten Rechte entspricht und daher nicht sachgerecht ist[484]. Dieser Gedanke führt schließlich zum dritten Gesichtspunkt. *Hoff* gibt zu bedenken, dass der Hundebesitzer sich nach den Maßgaben des ihm bekannten Rechts korrekt verhalten habe. Die Fallgestaltung erinnert unter diesem Blickwinkel an die Fallgruppe des Handelns unter falschem Recht[485], bei der gewisse Verhaltensregeln des einen Orts am Ort des Schadens Geltung erhalten können.

Ein Anpassungsfall im Sinne eines Normenwiderspruchs wäre hingegen nach hier vertretenem Konzept und aus dem Blickwinkel des *Civil Law* wohl nicht gegeben. Die im ersten Staat herrschende Rechtslage kann je nach Ausgestaltung der maßgeblichen Regeln im Recht des Tatorts faktisch innerhalb der Sachrechtsauslegung berücksichtigt werden. Für diese Berücksichtigung bieten sich in erster Linie Generalklauseln an. Wie jedoch im konkreten Sachverhalt die Berücksichtigung erfolgen hätte können, würde über den Umfang der vorliegenden Untersuchung hinausgehen. Festzuhalten ist aber, dass die zugrundeliegenden Überlegungen jedenfalls das Anwendungsfeld des Anpassungsproblems betreffen und insoweit eine generelle Vergleichbarkeit der Lehren nahelegen.

---

482 Zu den Lösungsmodellen im Einzelnen s.u. Kap. 3 (S. 155 ff.); zur Bedeutung der kollisionsrechtlichen Lösung in Abgrenzung von der sachrechtlichen s.o. Kap. 2, A, IV, 3, a) (S. 107 ff.).

483 Zur Bedeutung der sachrechtlichen Anpassung s.o., Kap. 2, A, IV, 3, a) (S. 107 ff.).

484 Vgl. die Argumentation in der Stellungnahme zur Entscheidung BGHZ 205, 289 unten Kap. 2, C, I, 2 (S. 139 ff.).

485 Dazu s.o. Kap. 2, A, III, 2 (S. 99 ff.).

2. *Das Anpassungsproblem als* false conflict

a) Die Lehre vom false conflict

Brainerd Currie hat als erster die Probleme systematisiert, die in der Folge regelmäßig unter der Bezeichnung *„false conflict"* zusammengefasst wurden[486]. Die Lehre zum *false conflict* weist ähnliche Unsicherheiten wie die Lehre zur Anpassung auf. Zum einen werden unter den Begriff von verschiedener Seite verschiedene Widerspruchssituationen gefasst[487]. Zum anderen fehlt eine einheitliche Terminologie der angesprochenen Probleme[488]. Zentral für das Verständnis der Handhabung des Anpassungsproblems als *false conflict* ist der Umstand, dass die US-amerikanische Lehre innerhalb dieses Konzepts teils Erwägungen zur originären Bestimmung des anwendbaren Rechts bei Berührung des Sachverhalts mit mehreren Rechtsordnungen anspricht, teils aber auch Gesichtspunkte der Konflikte zwischen bereits zur Anwendung berufenen Rechten diskutiert[489].

In letzterer Hinsicht soll etwa ein *false conflict* vorliegen, wenn der zwischen den zur Anwendung berufenen Rechten aufkommende Konflikt über eine auf Grundlage der *lex fori* erfolgende Interpretation der jeweiligen Interessen abgefangen und damit vermieden werden kann[490]. Hinsichtlich der ursprünglichen Bestimmung des anwendbaren Rechts hingegen wird beispielhaft angeführt, dass von zwei zur Anwendung auf den Auslandssachverhalt in Betracht kommenden Sachrechten einem kein Interesse an seiner Anwendbarkeit entnommen werden kann[491]. Darüber hinaus soll auch das Prinzip der „Universal Jurisdiction" ein mögliches Anwendungsfeld der *false conflict*-Theorie sein[492].

---

486 Vgl. *Colangelo*, Mich. J. Int'l L. 30 (2009), 881 (893); *Westen*, Cal. L. Rev. 55 (1967), 74 (76).

487 Vgl. *Juenger*, Univ. of. Pennsylvania L. Rev. 118 (1969), 202 (211); *Westen*, Cal. L. Rev. 55 (1967), 74 (76 ff.), wobei letzterer sieben Gruppen an *false conflicts* ausmacht.

488 So wird – offenbar austauschbar – auch von „false problems", „spurious conflicts" und etwa „pseudo conflicts" gesprochen, vgl. *Westen*, Cal. L. Rev. 55 (1967), 74 (76).

489 Vgl. *Juenger*, Univ. of. Pennsylvania L. Rev. 118 (1969), 202, (211); *Westen*, Cal. L. Rev. 55 (1967), 74 (122).

490 Vgl. *Cavers*, Choice of Law Process, S. 63 f.: „(…) the forum should be prepared (…) to give a moderate and restrained interpretation to the policy or interest of one state or the other and thus avoid the conflict.".

491 Vgl. *Currie*, Univ. of Chicago L. Rev. 26 (1958), 9 (10): „When one of two states related to a case has a legitimate interest in the application of its law and policy and the other has none, there is no real problem (…)".

492 Vgl. dazu *Colangelo*, Mich. J. Int'l L. 30 (2009), 881–925.

Den Erwägungen der kontinentaleuropäischen Anpassung ähnelnde Definitionen des falschen Konflikts im IPR lassen sich indes nicht mit Blick auf die bereits festgestellte Anwendbarkeit mehrerer Sachrechte, sondern nur hinsichtlich des vorgelagerten Problems der Auswahl eines der berührten Sachrechte im internationalen Sachverhalt finden. Insoweit stellt *Cavers* fest, dass ein *conflict* etwa deswegen als *false* bezeichnet werden könne, „because both laws are the same or would yield the same result."[493]

Was mit dieser Definition jedoch gerade nicht angesprochen ist, ist die für die (kontinentaleuropäische) Anpassung charakteristische Lage der Maßgeblichkeit verschiedener Sachrechte, die in der konkreten Rechtsfrage für sich genommen jeweils die gleiche Rechtsfolge herbeiführen würden, jedoch in ihrer kombinierten Anwendung ein davon abweichendes Ergebnis produzieren. Unter Zugrundelegung der kontinentaleuropäischen Sicht konnte die Erkenntnis des (separat betrachtet) gleichen Ergebnisses („would yield the same result") etwa im „Hauskindfall" fruchtbar gemacht werden[494]. Sowohl das belgische als auch das deutsche Recht hätten eine Schadensersatzpflicht des Unfallverursachers im konkreten Fall bejaht, wenngleich die Herleitung dieses Ergebnisses rechtstechnisch auf unterschiedlichem Wege erfolgte.

Dass die *false conflict*-Theorie abweichend davon erst gar kein Problem des Kollisionsrechts[495] und damit auch keines der Anpassung sieht, bedeutet jedoch kein Hindernis für die Nutzbarmachung der entsprechend maßgeblichen Gesichtspunkte. Dies kann anhand eines Beispielfalls deutlich werden.

b) *Beispiel für einen false conflict*

Ein *false conflict* der Gestalt, dass beide Rechte bei alleiniger Anwendung dasselbe Ergebnis erzielen würden, kann in der Entscheidung *Maryland Casualty Company v. Jacek*[496] ausgemacht werden.

In dem Sachverhalt stand die Pflicht der Versicherungsgesellschaft Maryland Casualty Company zur Auszahlung der Versicherungsleistung in Rede[497]. Die Ehegatten *Jacek* wurden in New York in einen Autounfall involviert, bei dem die Ehefrau verletzt wurde. Gefahren hatte das Auto der Ehemann, der von seiner

---

493 *Cavers*, Choice of Law Process, S. 89; so auch *Leflar*, N.Y. Univ. L. Rev. 41 (1966), 267 (290).

494 S.o. Kap. 1, A, II, 3, c) (S. 57).

495 Vgl. *Ehrenzweig*, PIL, S. 176.

496 *Maryland Casualty Company v. Jacek*, 165 F.Supp. 43 (1957).

497 Die Gesellschaft hatte ein diesbezügliches Feststellungsurteil („declaratory judgment") begehrt, *Maryland Casualty Company v. Jacek*, 165 F.Supp. 43 (1957), 44.

Frau auf Schadensersatz in Anspruch genommen wurde. Laut dem am Wohnort der beiden Ehegatten in New Jersey geschlossenen Versicherungsvertrag konnte auf seiner Grundlage jeder Anspruch geltend gemacht werden, für den der Versicherungsnehmer rechtlich einzustehen hatte („become legally obligated to pay“[498]).

Damaligem New Yorker Recht zufolge konnten Ehefrauen ihren Mann wegen *Negligence*[499] verklagen, sie konnten allerdings keine Ansprüche auf Grundlage seines Versicherungsvertrages geltend machen[500]. Nach dem Recht von New Jersey war es Ehegatten nicht erlaubt, einander in Anspruch zu nehmen[501]. Diesem Recht zufolge war jedoch der Versicherungsvertrag dergestalt zu interpretieren, dass er sich auf Verletzungen der Frau erstreckte[502]. Ein *false conflict* wird darin gesehen, dass bei alleiniger Anwendung jedes der vom Sachverhalt betroffenen Rechte der Frau kein Anspruch gewährt würde[503]. New Yorker Recht würde ihr mit Verweis auf die Regelung zum Einklagen von Versicherungsleistungen den Anspruch versagen und das Recht von New Jersey würde dies mit der Erwägung tun, dass Ehegatten einander nicht auf Grundlage von *Negligence* in Anspruch nehmen dürfen.

Das Gericht wendete in der Folge das Recht des Vertragsabschlussortes von New Jersey hinsichtlich der Grundlage für die Inanspruchnahme des Mannes durch die Frau auf Basis des Versicherungsvertrages an. Die darin geforderte rechtliche Zahlungspflicht („become legally oligated to pay“) leitete das Gericht hingegen aus der Möglichkeit einer auf *Negligence* gestützten Klage nach dem Tatortrecht des Staates New York ab[504]. Somit gelangte es im Ergebnis zur Feststellung der Zahlungspflicht aufseiten der Versicherungsgesellschaft.

---

498 *Maryland Casualty Company v. Jacek*, 165 F.Supp. 43 (1957), 44.

499 *Maryland Casualty Company v. Jacek*, 165 F.Supp. 43 (1957), 44.

500 *Maryland Casualty Company v. Jacek*, 165 F.Supp. 43 (1957), 45 (durch Verweis auf das damals maßgebliche Urteil *Fuchs v. London and Lancashire Company*, Sup.Ct.1940, 258 App. Div. 603, 17 N.Y.S. 2d 338, 339).

501 *Maryland Casualty Company v. Jacek*, 165 F.Supp. 43 (1957), 44, 46.

502 Vgl. *Westen*, Cal. L. Rev. 55 (1967), 74 (110) mit Verweis auf *Bendler v. Bendler*, 3 N.J. 161, 69 A.2d 302 (1949).

503 *Westen*, Cal. L. Rev. 55 (1967), 74 (110, 112).

504 *Maryland Casualty Company v. Jacek*, 165 F.Supp. 43 (1957), 46; kritisch hinsichtlich der Aufspaltung der Gesichtspunkte *Westen*, Cal. L. Rev. 55 (1967), 74 (114).

c) *Würdigung*

Ohne auf die näheren Besonderheiten der jeweiligen Rechtsordnungen eingehen zu können, sind jedenfalls folgende allgemeine Beobachtungen zu machen.

Geht man davon aus, dass die Ehefrau Ansprüche auf der vertraglichen Grundlage des Versicherungsvertrages geltend machen möchte, so könnte der Kern des Falles in einer Interpretationsfrage gesehen werden. Das vertragliche Erfordernis der Zahlungspflicht des Ehemannes müsste dann dahingehend ausgelegt werden, ob es auch Zahlungspflichten erfassen soll, die aus einem Vorfall resultieren, der sich in einem anderen als dem Vertragabschlussort ereignet hat. Gegen eine solche Interpretation könnte sprechen, dass die Parteien bei Abschluss des Vertrages von der Rechtslage in New Jersey ausgingen, nach der Ehegatten sich nicht verklagen konnten. Auch die der Annahme eines *false conflict* zugrunde liegende Überlegung spricht in diesem Fall gegen eine Bezugnahme auf Schäden, die in einem anderen Bundesstaat erfolgt sind. Ein solches Ergebnis widerspricht den Wertungen beider Rechtsordnungen, die am Sachverhalt beteiligt sind. Denn beiden liegt in ihrer jeweiligen Ausgestaltung von Haftung und Versicherungsregelung die Absicht zugrunde, widerrechtliches Zusammenwirken der Ehegatten zu verhindern[505]. Die dafür vorgesehene Verschränkung der Regelungen wird aber durch die Rechtsanwendung des Gerichts ausgehebelt.

3. *Zusammenfassung und Bewertung*

Ein kursorischer Überblick über die Institute *adaptation* oder *adjustment* hat gezeigt, dass die unter sie gefassten Probleme sich mit denjenigen der Anpassung zu einem wesentlichen Teil zu decken scheinen. Sofern ausdrücklich von diesen Operationen die Rede ist, werden hauptsächlich die Fallgruppen der Normenhäufung und des Normenmangels angesprochen.

Ein *false conflict* scheint eine grundsätzlich anerkannte Weise zu sein, eine Anpassungslage im hier verstandenen Sinne zu bezeichnen. Interessant ist, dass unter den Begriff des *false conflict* auch solche Erwägungen fallen, die sich mit Blick auf die originäre Frage nach dem anwendbaren Sachrecht im grenzüberschreitenden Fall ergeben. Dieser Umstand steht im Einklang mit der Feststellung zum dogmatischen Charakter der Anpassung, sie bestehe in einer Weiterführung des kollisionsrechtlichen Verweisungsbefehls und weise Parallelen zur Situation bei der Konfrontation mit den Auslandselementen des Sachverhalts auf[506].

---

505 Vgl. *Westen*, Cal. L. Rev. 55 (1967), 74 (115).

506 S.o. Kap. 2, A, IV, 3, a), aa) (S. 107 ff.).

Die Überlegung, dass „both laws would yield the same result“[507] erlangt nach US-amerikanischem Verständnis Geltung, wenn ein maßgebliches Recht erst noch bestimmt werden soll. Sie findet unter hiesigem Anpassungsverständnis Anwendung, wenn die bestimmenden Rechte schon feststehen. Die alleinige Betrachtung eines der anwendbaren Sachrechte, wie sie innerhalb der kontinentaleuropäischen Erwägungen zur Anpassung vorgenommen wird, beinhaltet in der Folge einen Schritt zurück bis vor die Befolgung des Verweisungsbefehls.

Der Vergleich mit der *false conflict*-Lehre verdeutlicht, dass die hypothetische Erwägung der alleinigen Maßgeblichkeit eines Rechts im kontinentaleuropäischen Anpassungsfall immer auch ein hypothetisches Ignorieren der kollisionsrechtlichen Entscheidung bedeutet. So wird deutlich, dass zur Feststellung der Anpassungsnotwendigkeit ein Hinwegdenken der kollisionsrechtlichen Entscheidung erforderlich sein kann.

B. Notwendigkeit der Anpassung

Bei der Untersuchung der klassischen Fallgruppen der Anpassung hat sich gezeigt, dass ihre Bezeichnungen zwar anschaulich sind, die bloße Einteilung aber in Normenmangel, Normenhäufung oder qualitative Normdiskrepanz noch nicht darlegt, welchem allgemeinen Kriterium gemäß eine Anpassung vorzunehmen ist[508]. Im Folgenden soll dargestellt werden, welches das den Widerspruchssituationen gemeinsame Element ist und damit, was die Vornahme einer Anpassung allgemein erforderlich macht.

I. Begründungsansätze aus der Lehre

Zunächst ist ein Überblick über die allgemein für die Vornahme der Anpassung vertretenen Kriterien hilfreich.

1. Das Postulat der Einheit der Rechtsordnung

Als Grund für die Anpassung wird mitunter das Prinzip der Einheit der Rechtsordnung angeführt[509]. Die Einheit der Rechtsordnung ist ein Ziel, das innerhalb

---

507 S.o. *Cavers*, Fn. 493.

508 S.o. Kap. 1, B, VI, 2 (S. 84).

509 So *Clausnitzer*, Stellung des überlebenden Ehegatten, S. 31; *Firsching*, Deutsch-amerikanische Erbfälle, S. 33; *Jahr*, RabelsZ 54 (1990), 528 f.; *Schröder*, Anpassung, S. 32 f.; *Schwarz*, Der Zugewinnausgleich im Todesfall bei Anwendung ausländischen Erbrechts, S. 125.

einer einzigen Rechtsordnung angestrebt wird. Eine Rechtsordnung soll eine kohärente Regelung bilden, die miteinander übereinstimmende Antworten auf Rechtsprobleme zu geben versucht[510]. Eine solche Einheit wird zwischen Sachnormen verschiedener Rechtsordnungen nicht vorgefunden[511].

Im Rahmen der Anpassungsproblematik wird das Prinzip der Einheit der Rechtsordnung in seiner Ausprägung als Gebot der Widerspruchsfreiheit der Rechtsordnung fruchtbar gemacht[512]. Die Anpassung rechtfertigt danach Eingriffe in das anwendbare Recht, um Folgerichtigkeit und Kohärenz in der Bewertung der Rechtsfrage zu gewährleisten[513]. Auch im Hinblick auf den Auslandssachverhalt sei von einer Gesamtheit beziehungsweise Einheit des Gefüges aller relevanten rechtlichen Wertungen auszugehen[514]. In Bezug auf eine konkrete Rechtsfrage sollen dabei die berufenen verschiedenen nationalrechtlichen Regelungen eine Einheit bilden[515].

Nur scheinbar abweichend hiervon stellt *Schröder* fest, dass der Grundsatz der Einheit der Rechtsordnung nicht ohne weiteres als Begründung für die Notwendigkeit der Anpassung dienen könne, da das Bild eines einzigen Gesetzgebers, der diese Einheit subjektiv bezweckt, bei der Zusammenfügung verschiedener Rechtsordnungsteile nicht aufrechterhalten werden dürfe[516]. Denn im Ergebnis soll das Prinzip der Einheit als Gebot der Logik, der Zweckmäßigkeit und Gerechtigkeit für die Begründung der Anpassungsnotwendigkeit herangezogen werden: Im Rahmen der Anpassungsprobleme wirke dieses Postulat weiter als objektives Prinzip eines normlogischen Zusammenhangs zwischen allen berufenen Rechtsvorschriften[517]. Daran zeigt sich, dass auch diesem Konzept zufolge das Prinzip der Einheit der Rechtsordnung die Notwendigkeit der Anpassung begründet.

---

510 *Larenz/Canaris*, Methodenlehre, S. 234 f.; allg. zu dem Prinzip *Engisch*, Die Einheit der Rechtsordnung, 1935; *Larenz/Canaris*, Methodenlehre, S. 161, 234 f., 468; *Zippelius*, Methodenlehre, § 10 I.

511 *Cansacchi*, Rec. des cours 1953-II, 81 (111 f.).

512 *Clausnitzer*, IPRax 1987, 102 (104); *Jahr*, RabelsZ 54 (1990), 481 (528 f.).

513 *Mansel*, FS Canaris (2017), 739 (781).

514 *Jahr*, RabelsZ 54 (1990), 481 (528).

515 *Jahr*, RabelsZ 54 (1990), 481 (528).

516 Anpassung, S. 32 f.; so auch *Steindorff*, Sachnormen im IPR, S. 27.

517 *Schröder*, Anpassung, S. 33.

2. *Echter und unechter bzw. logischer und teleologischer Normwiderspruch*

Mitunter werden die Fallgruppen der Anpassung als echter beziehungsweise logischer Normwiderspruch einerseits und als unechter beziehungsweise teleologischer Normwiderspruch andererseits eingeteilt. Insoweit wird auch von offenen und versteckten Normwidersprüchen gesprochen[518].

Ein echter Normwiderspruch liege vor, wenn der Rechtsanwendungsprozess noch gar kein Ergebnis produziert habe, da die anwendbaren Kollisionsnormen keine Lösung für das Rechtsproblem bereitstellten[519]. Vielmehr sei hier eine weitere Norm für die Entscheidung zwischen den festgestellten Rechtsfolgen nötig. Ähnliches soll für die Kategorisierung in Seins- oder logische Widersprüche gelten[520]: Im Falle der Seinswidersprüche sei ein Nebeneinander der angeordneten Rechtsfolgen denkgesetzlich ausgeschlossen, sodass eine Anpassung erforderlich sei[521]. Dieser Kategorie sei etwa der Fall zuzuordnen, dass sich zwei vom Kollisionsrecht berufene Kommorientenvermutungen widersprechen[522]. In dieser Variante hat die kollisionsrechtliche Verweisung nicht die Sachrechtsausschnitte berufen, unter denen eine sinnvolle Beurteilung der Rechtsfrage möglich ist.

Ein unechter, teleologischer Widerspruch hingegen soll dann bestehen, wenn die Anwendung des nach dem Kollisionsrecht berufenen Rechts dazu führt, dass der Anspruchssteller mehr erhält, als ihm nach dem übereinstimmenden Inhalt der anzuwendenden materiellen Privatrechte zuteilwerden soll; hier sei ein Nebeneinander der Rechtsfolgen nicht unmöglich, aber zweckwidrig[523]. Die beiderseitigen teleologischen Widersprüche könne man „kaum je bestehen lassen“[524]. Ein klassisches Beispiel für derartige Widerspruchsfälle seien die Fälle, in denen der überlebende Ehegatte am Nachlass des verstorbenen beteiligt werden

518 Vgl. *Kropholler*, IPR, § 34 III.

519 *von Bar/Mankowski*, IPR I § 7 Rn. 254.

520 Für die Eintilung in logische und teleologische Widersprüche (beziehungsweise Seins- und Sollenswidersprüche) etwa *Calvo Caravaca/Carrascosa González*, D.i.p., S. 487 Nr. 78; *Derstadt*, Die Notwendigkeit der Anpassung bei Nachlaßspaltung im internationalen Erbrecht, S. 124 ff. *Kegel/Schurig*, IPR, S. 359 ff.; *Schurig*, Kollisionsnorm und Sachrecht, S. 234 f.

521 *Kegel/Schurig*, IPR, S. 359, 362.

522 *von Bar/Mankowski*, IPR I § 7 Rn. 254; zu den Kommorientenfällen s. schon oben Kap. 1, B, II, 3, b) (S. 74).

523 *Kegel/Schurig*, IPR, S. 359 f.

524 *Kegel/Schurig*, IPR, S. 362.

will und in der Kombination verschiedener Sachrechte mehr oder weniger erhält, als ihm nach der alleinigen Anwendung eines der Rechte zukommen würde[525].

3. *Die Störung der sachrechtlichen Interessenlage*

Looschelders sieht die Notwendigkeit zur Anpassung als gegeben an, wenn die aufeinanderfolgende oder gleichzeitige Anwendbarkeit mehrerer Sachrechte auf eine einheitliche Rechtsfrage dazu führt, dass die sachrechtlich vorausgesetzte Interessenlage des anwendbaren Rechts so sehr verändert wird, dass die *rationes* der auf Inlandssachverhalte zugeschnittenen Sachnormen nicht mehr (vollständig) zutreffen[526]. In die gleiche Richtung deutet der Ansatz von *E. Lorenz,* der eine Verfehlung der *ratio* der anwendbaren Sachnormen als Kennzeichen der Anpassungsnotwendigkeit aus der Zwei-Stufen-Theorie herleitet[527]. Ähnlich nimmt *Lüderitz* eine Notwendigkeit zur Anpassung an, wenn der Zweck der angewandten Sachnormen durch ihre nur teilweise Berücksichtigung verfehlt werde[528].

Ausgangspunkt dieser Überlegung ist, dass die inländischen Sachnormen in der Regel auf inländische Sachverhalte zugeschnitten sind[529]. Zu prüfen sei daher, ob der Auslandssachverhalt sich so sehr von den Inlandssachverhalten unterscheidet, dass die *ratio* der Sachnormen auf diesen nicht mehr passt[530]. Liege nach dieser Prüfung eine wesentliche Störung des Sachrechts vor, sei anzupassen. Eine derartige Störung liege vor, wenn die für die Rechtsfolgeanordnung maßgeblichen Elemente aufgrund des Auslandsbezugs fehlen und daher der Zweck der Sachnormen in eindeutiger Weise verfehlt werde; „geringe" Abweichungen hingegen seien unbeachtlich[531]. Dieser Ansatz geht einher mit der Überlegung, dass das IPR darauf abzielt, dass die Rechtsfrage nach den Wertungen der berufenen Rechtsordnung beurteilt wird[532].

---

525 *von Bar/Mankowski*, IPR I § 7 Rn. 256; *Kegel/Schurig*, IPR, S. 359 f.

526 *Looschelders*, Anpassung, S. 114.

527 FamRZ 1987, S. 645 (648); zur Zwei-Stufen-Theorie s. schon oben Kap. 2, A, III, 2, b) (S. 101 ff.).

528 IPR, Rn. 196.

529 Vgl. dazu *von Bar/Mankowski*, IPR I, § 4 Rn. 17; *Braga*, FS Schnorr von Carolsfeld, 89 (94); *Juenger*, Zum Wandel des Internationalen Privatrechts, S. 25 f., 29; *E. Lorenz*, FamRZ 1987, 645 (648); *Mansel*, Personalstatut, S. 48 f. *Siehr*, RabelsZ 37 (1973), 466 (480); *Stoll*, JZ 1996, 141 (142).

530 *Looschelders*, Anpassung, S. 97, 99; dahingehend auch *Batiffol*, Rec. des cours 1967-I, 165 (187).

531 *Looschelders*, Anpassung, S. 114 f.

532 *Looschelders*, Anpassung, S. 114; ähnlich *Stoll*, FS Kegel (1987), 623 (644): „sachgerechte Anwendung des berufenen Rechts".

4. *Anpassungslagen als ausgleichsbedürftige Ungleichbehandlungen*

Ein weiteres Konzept für die Verallgemeinerung der Anpassungsnotwendigkeit schließlich bietet *Dannemann* an: In der Anpassungslage werde ein internationaler Sachverhalt gegenüber einem vergleichbaren rein nationalen Sachverhalt ungleich gehandhabt, ohne dass diese Behandlung durch eine Norm angeordnet wäre[533]. Die zur Korrektur in Betracht kommende Situation liege darin, dass das drohende Ergebnis der Rechtsanwendung von dem abweicht, was die anwendbaren Sachrechte übereinstimmend für einen reinen Inlandsfall beabsichtigen (*duo conformes*)[534].

Dieser Ansatz ist maßgeblich auf den Gleichheitssatz gegründet. Allein ein Bezug zu einer anderen Rechtsordnung rechtfertigt hiernach nicht eine Abweichung von dem von den beteiligten Rechtsordnungen übereinstimmend Gewollten. Allerdings soll nicht jede Abweichung vom übereinstimmend Gewollten als ausgleichsbedürftige Ungleichbehandlung anzusehen sein. *Dannemann* nennt insoweit einige Grenzfälle, in denen das Hinnehmen der Ungleichbehandlung zu erwägen sei[535]:

Zum einen sei der Fall denkbar, dass in den beteiligten Rechtsordnungen jeweils unterschiedliche Zwecke verfehlt werden. Hier sei vorzugswürdig, nur dann von einer Anpassung abzusehen, wenn der Zweck der jeweils nicht zum Zuge kommenden Normen völlig unterschiedlich sei, wenn dies auch nicht sehr wahrscheinlich sei[536]. Des Weiteren sei bei nur unerheblichen Ungleichbehandlungen oft aus Gründen der Prozessökonomie oder wegen der schlechten Realisierbarkeit der Gleichbehandlung nicht anzupassen[537]. Sei die Entstehung der Anpassungslage durch den Betroffenen vermeidbar gewesen, so soll angepasst werden, da das Verschulden einer Partei in einem internationalen Sachverhalt keine derartige Rolle spielen könne: Die Anpassung sei kein kollisionsrechtliches Pendant zum materiellrechtlichen Grundsatz von Treu und Glauben[538]. Schließlich sei denkbar, dass eine Gleichbehandlung durch Anpassung unmöglich werde, weil eine Rechtsordnung zur Beseitigung einer Rechtslage nichts unternehmen könne[539] und könne es vorkommen, dass die Aufhebung der

---

533 *Dannemann*, Ungewollte Diskriminierung, S. 153, 155.
534 *Dannemann*, Ungewollte Diskriminierung, S. 190.
535 Ungewollte Diskriminierung, S. 400 ff.
536 *Dannemann*, Ungewollte Diskriminierung, S. 403.
537 *Dannemann*, Ungewollte Diskriminierung, S. 405.
538 *Dannemann*, Ungewollte Diskriminierung, S. 406 f.
539 *Dannemann*, Ungewollte Diskriminierung, S. 413 f.

Ungleichbehandlung durch Anpassung ihrerseits eine weitere Ungleichbehandlung produziere[540].

II. Würdigung

1. Einheit der Rechtsordnung sowie echter und unechter Normwiderspruch

Das Prinzip der Einheit der Rechtsordnung ist zur allgemeinen Bestimmung der Anpassungsnotwendigkeit nur bedingt hilfreich. In Hinsicht auf die Anpassung wird es in erster Linie dergestalt fruchtbar gemacht, dass die sich widersprechenden Rechtsanwendungsteile in ein harmonisches Ganzes zusammengefügt werden müssen. Dieses zustimmungswürdige Ziel gilt aber allgemein als Umschreibung der Lösung des Anpassungsproblems; klare Maßstabe für die Frage, an welchem Punkt die Einheit der Rechtsordnung gestört ist, bietet dieser Ansatz jedoch nicht. Wohl jede allgemeine Begründung der Anpassungsnotwendigkeit beinhaltet die Absicht, dass die berufenen Sachrechte zu einem harmonischen Ergebnis kombiniert werden müssen. Für die allgemeingültige Begründung der Anpassungsnotwendigkeit ist dieses Kriterium aufgrund seiner Offenheit jedoch wenig tauglich.

Die Unterscheidungen zwischen echtem und unechtem beziehungsweise Seins- und Sollenswiderspruch eignen sich ebenfalls nur bedingt für eine allgemeine Herleitung der Anpassungsnotwendigkeit. Was den „echten" beziehungsweise „logischen Normwiderspruch" im Rahmen etwa von widersprechenden Kommorientenvermutungen betrifft, so ist anzumerken, dass die Logik zwar die Annahme gebietet, dass Mann und Frau sich nicht *tatsächlich* überlebt haben können. Die Klärung tatsächlicher Umstände ist allerdings auch nicht Gegenstand der kollisionsrechtlichen Verweisung[541]. Vielmehr ist maßgeblich, dass der entstandene Interessenkonflikt zweifelsfrei durch Rechtsnormen entschieden werden kann[542]. Die Vereinbarkeit normativer Entscheidungen mit tatsächlichen Begebenheiten stellt insofern kein notwendiges Erfordernis dar[543]. Entsprechend scheint die Einteilung der Notwendigkeit der Anpassung in echte und unechte Normwidersprüche zwar einen Anhaltspunkt zu bieten; sie verweist jedoch

540 *Dannemann*, Ungewollte Diskriminierung, S. 416.

541 *Looschelders*, Anpassung, S. 117; dahingehend auch *Dannemann* Ungewollte Diskriminierung, S. 238.

542 *Looschelders*, Anpassung, S. 117.

543 *Looschelders*, Anpassung, S. 118.

letztlich in beiden Fallgruppen auf die Begründung der Notwendigkeit aus Wertungsgesichtspunkten heraus[544].

Letztlich ist mit Blick auf Seins- und Sollenswidersprüche vor allem die Terminologie zu bemängeln, die eine klare Definition der korrekturbedürftigen Widersprüche der Anpassung suggeriert. Im Bereich der Anpassung als einem Institut, das zwischen Kollisions- und materiellrechtlichen Erwägungen steht, können solche Einteilungen die Erforderlichkeit der Bewertung des konkreten Einzelfalls überspielen. Denn was im Ergebnis insoweit als eine logische Konsequenz behandelt wird, ist auch von wertenden Betrachtungen des zivilrechtlichen Systems und seiner sozialen Funktion beeinflusst[545]. Friktionen im Bereich der „Logik" beziehungsweise des „Seins" liegen nicht vor[546]. Es ist folglich davon auszugehen, dass die vermeintliche Widersprüchlichkeit auf Seins- oder Sollensebene beziehungsweise in logischer oder teleologischer Hinsicht nicht dazu dienen kann, die Notwendigkeit der Anpassung umfassend zu begründen.

2. *Das Abweichen des Ergebnisses von dem für Inlandsfälle gemeinsam Gewollten*

a) *Tauglichkeit für die Rechtsanwendung*

Das Kriterium der Abweichung des vorläufigen Rechtanwendungsergebnisses von einem gemeinsam befürworteten Ergebnis erscheint als sachgerechter Anhaltspunkt für die Bestimmung der Anpassungsnotwendigkeit. Es fragt sich aber, ob das Abstellen auf das von den Rechtsordnungen für jeweils entsprechende Inlandsfälle übereinstimmend Gewollte in der eben dargelegten[547], spezifischen Form mit Blick auf die praktische Rechtsanwendung in jedem seiner Schritte überzeugen kann. *Dannemann* hat über die von ihm befürwortete Begründung der Anpassungsnotwendigkeit gesagt, dass es „oft alles andere als evident sein kann, worin die beiden Inlandsergebnisse übereinstimmen"[548], sodass unklar sein könne, worin genau die Abweichung vom An-sich-Ergebnis besteht, die charakteristisch für die Anpassungslage sei. Zu beachten ist außerdem, dass die Vergleichbarkeit der beiden Inlandsergebnisse problematisch sein kann, sofern es nicht um Geldleistungsansprüche geht[549].

---

544 So auch *Dannemann*, Ungewollte Diskriminierung, S. 223, 238.
545 *Braga*, FS Schnorr von Carolsfeld, 89 (97).
546 Vgl. *Stoll*, FamRZ 1963, 318 (319).
547 S.o. Kap. 2, B, I, 4 (S. 126).
548 Ungewollte Diskriminierung, S. 179.
549 Vgl. *Looschelders*, RabelsZ 70 (2006), 601 (605).

Es scheint ferner die Gefahr zu bestehen, dass von verschiedenen Betrachtern auch jeweils andere Gemeinsamkeiten in mehreren Rechtsanwendungsergebnissen gefunden werden. Dazu kommt, dass auch das Bilden eines vergleichbaren Inlandssachverhalts Raum für unterschiedliche Verständnisse lässt. Dieser Umstand kann in der Praxis zu Rechtsunsicherheit führen und ist daher insbesondere mit Blick auf die gebotene Einheitlichkeit der Rechtsanwendung in der Europäischen Union als problematisch anzusehen.

Schließlich ist das Verfahren mit zahlreichen Schritten verbunden, die neben dem hohen Aufwand für den Richter[550] für sich genommen nicht immer zweifelsfrei durchgeführt werden können. So können beispielsweise zur Bildung eines vergleichbaren Inlandssachverhalts mitunter weitere Tatsachen zu ermitteln oder tatsächliche Geschehnisse abzuwandeln sein[551].

b) Die Ausrichtung des Sachrechts auf Inlandssachverhalte

Ein weiterer Kritikpunkt hinsichtlich des Abstellens auf das Abweichen vom gemeinsam befürworteten Ergebnis ergibt sich aus dem Grundsatz der Konzeption des Sachrechts für Inlandssachverhalte[552].

Das Sachrecht einer jeden Rechtsordnung ist vom Gesetzgeber grundsätzlich für die Belange des typischen Inlandsfalles gebildet worden. Dies zeigt sich beispielsweise daran, dass für Auslandssachverhalte spezielle Normen bestehen, die dessen Eigenart Rechnung tragen[553]. Aber auch die bloße Existenz des Kollisionsrechts beweist, dass die nationalen Sachnormen für den Auslandssachverhalt nicht von vorneherein die Anwendung der „gerechten" Wertungen garantieren[554]. Vielmehr kann der Auslandssachverhalt unter Umständen nur durch Anwendung fremden Sachrechts, gegebenenfalls in seiner Kombination mit dem Sachrecht der *lex fori*, angemessen beurteilt werden.

Wenn man bestimmt, dass für die Anpassung die Abweichung von demjenigen maßgeblich sein soll, was von den Sachrechten für den reinen Inlandsfall

---

550 Auch *Dannemann* verweist darauf, dass der Fall grundsätzlich mindestens dreimal gelöst werden muss, Ungewollte Diskriminierung, S. 157; vgl. zur Kritik an diesem Verfahren *Looschelders*, RabelsZ 70 (2006), 605.

551 *Dannemann*, Ungewollte Diskriminierung, S. 167, 169.

552 Zu diesem Charakteristikum des Sachrechts vgl. *von Bar/Mankowski*, IPR I, § 4 Rn. 17; *Braga*, FS Schnorr von Carolsfeld, S. 89 (94); *Juenger*, Zum Wandel des Internationalen Privatrechts, S. 25 f., 29; *Siehr*, RabelsZ 37 (1973), 466 (480); *Stoll*, JZ 1996, 141 (142).

553 *Heßler*, Generalklausel, S. 170; zu diesen Normen *Schurig*, Kollisionsnorm und Sachrecht, S. 333.

554 Vgl. *Trüten*, Die Entwicklung des IPR in der EU, S. 10.

übereinstimmend gewollt wird, so impliziert man damit, dass die jeweilige Rechtsfrage in gleicher Weise auch im Rahmen der wesensmäßig verschiedenen Auslandssachverhalte beurteilt werden sollte, wenn das andere maßgebliche Recht die Frage gleich beurteilt. Dieser Zweck lässt sich dem nationalen Sachrecht indes nicht zwingend entnehmen. Innerhalb der Bewertung der grenzüberschreitenden Rechtsfrage können andere Gegebenheiten maßgeblich sein, als sie durch die Summe anwendbaren Sachnormen ausgesprochen werden. Die teilweise Anwendbarkeit der Rechtsordnungen auf eine Rechtsfrage geht damit einher, dass die jeweiligen Gerechtigkeitsvorstellungen sich auch nur teilweise verwirklichen können[555].

Es erscheint daher sachgerecht, dass Auslandssachverhalte eine ihrer Charakteristik entsprechende, spezielle Handhabung erfahren können und sollen[556]. Dementsprechend ist anzunehmen, dass die Abweichung von dem für Inlandsfälle übereinstimmend Gewollten gerade wegen der Andersartigkeit des Auslandssachverhalts geboten sein kann[557].

3. *Zusammenfassung*

Den Besonderheiten des Auslandssachverhalts scheint man durch einen Fokus auf den Gesichtspunkt der Abweichung vom gemeinsam für Inlandsfälle Gewollten nicht umfassend gerecht werden zu können. Vorzugswürdig erscheint es daher, die Abweichung des Ergebnisses vom übereinstimmend für jeweilige Inlandssachverhalte Gewollten als gegebenenfalls gerade durch die Besonderheiten des Auslandssachverhalts gerechtfertigt anzusehen.

III. Die Anpassungsnotwendigkeit in der Rechtsprechung

Die Handhabung der Anpassung in der deutschen Rechtsprechung wurde bereits untersucht[558]. Im Folgenden sollen weitere, zum Teil schon angeführte Beispiele

---

555 *Derstadt*, Die Notwendigkeit Anpassung bei Nachlaßspaltung im internationalen Erbrecht, S. 128.

556 Vgl. *Braga*, FS Schnorr von Carolsfeld, 89 (94); *E. Lorenz*, Struktur des IPR, S. 87 f.; *Mansel*, Personalstatut, S. 48.

557 Vgl. auch *Audit*, D.i.p., Nr. 322: „Sans doute est-il normal et acceptable que l'application combinée de deux lois produise un résultat d'ensemble different de celui qui résulterait de l'application intégrale de chacune."; *Holleaux/Foyer/Geouffre de La Pradelle*, D.i.p., S. 313 (Nr. 638); *Looschelders*, Anpassung, S. 120, 232, 258, 309; *Lüderitz*, IPR, S. 95 Rn. 196; dahingehend (für den „Witwenfall") auch Staudinger/*Dörner*, Art. 25 EGBGB Rn. 717.

558 S.o. Kap. 1, A, II (S. 43 ff.).

dazu dienen, besonders auf die Begründung der Notwendigkeit der Vornahme der Anpassung durch die Gerichte zu blicken.

1. Deutsches Güterrecht und griechisches Erbrecht

Die Entscheidung des Bundesgerichtshofs zur güterrechtlichen Qualifikation des § 1371 Abs. 1 BGB ist, wie gesehen, auch aus Anpassungsgesichtspunkten interessant[559]. Angesichts der aus der Kombination deutschen Güter- und griechischen Erbrechts folgenden Nachlassbeteiligung des überlebenden Ehemanns in Höhe der Hälfte des Nachlasses prüfte das Gericht, ob eine Anpassung erforderlich sei[560].

Dazu blickte es auf die erbrechtliche Regelung des griechischen Sachrechts und fragte, ob die erbrechtliche Abfindung des griechischen Rechts zugleich einen güterrechtlichen Ausgleich „mitverwirklichen" sollte[561]. Da es diese Frage schließlich verneinte, konnte das gefundene Ergebnis bestehen bleiben. In dieser Feststellung wurde implizit zwar eine Abweichung von der Rechtsfolge der griechischen Regelung konstatiert. Diese Abweichung wurde aber zugleich als durch die Besonderheiten des Auslandssachverhalts gerechtfertigt angesehen, weil sich dem griechischen Recht ein anderweitiger Bewertungsanspruch nicht entnehmen ließ. Eine Notwendigkeit zur Anpassung hätte das Gericht wohl festgestellt, wenn es dem griechischen Erbrecht eine entsprechend abweichende Intention hätte entnehmen können.

Unter dem Gesichtspunkt der allgemeinen Begründung der Anpassungsnotwendigkeit kann festgestellt werden, dass das Gericht auf den Zweck des anwendbaren (griechischen) Sachrechts abstellt. Es fragt, ob dessen Wertung angesichts der Einwirkung des anderen (deutschen) Sachrechts unterlaufen wird[562].

2. Verschuldensscheidung nach österreichischem Recht

Eine Entscheidung zur Verschuldensscheidung nach österreichischem Recht mag die Begründung einer Anpassungsnotwendigkeit von anderer Seite beleuchten.

In dem betreffenden Sachverhalt stand die Erbberechtigung einer Deutschen am Nachlass ihres verstorbenen österreichischen Ehegatten in Rede[563]. Berufen

---

559 BGH, Beschl. vom 13.5.2015 – IV ZB 30/14, BGHZ 205, 289, s.o. Kap. 1, A, II, 1.

560 BGH, Beschl. v. 13.5.2015 – IV ZB 30/14, BGHZ 205, 289 (299), Rn. 40 f.

561 BGH, Beschl. v. 13.5.2015 – IV ZB 30/14, BGHZ 205, 289 (299), Rn. 40; diese Überlegung stellte in einem ähnlich gelagerten Fall auch das OLG Schleswig an, Beschl. v. 19.8.2013 – 3 Wx 60/13, ZEV 2014, 92 (m. Anm. *Hertel*).

562 Zur Beurteilung des Falles unter Anpassungsgesichtspunkten s.u. Kap. 2, C, I, 2 (S. 139 ff.).

563 BayOBLG (1. ZS), Beschl. vom 23.8.1980 – Breg. 1 Z 62/80 = BayOBLGZ 1980, 276.

war über Art. 25 Satz 1 EGBGB a.F. österreichisches Recht[564]. Es stellte sich die Frage, ob das Erbrecht der Ehefrau nach § 759 ABGB ausgeschlossen war. Die Vorschrift des § 759 Abs. 1 ABGB versagt einem Ehegatten das Erbrecht, wenn die Ehe aufgrund seines Verschuldens geschieden wurde. Nach Absatz zwei der Vorschrift ist das Erbrecht eines Ehegatten ferner dann zu versagen, wenn der Erblasser auf Scheidung zu klagen berechtigt ist, diese Klage erhoben war und der andere Ehegatte für den Fall der Scheidung als schuldig anzusehen wäre[565]. Beide Varianten zeigen somit eine Verschuldenskomponente in der Beurteilung des Erbrechts des Ehegatten für den Fall, dass eine Scheidung im Raum stand.

Das auf die Frage des hypothetischen Verschuldens am Scheitern der Ehe nach Art. 17 Abs. 1 EGBGB a.F. anzuwendende deutsche Recht kannte aber schon zum Zeitpunkt des Urteils keine Verschuldensscheidung mehr[566]. Demnach wäre bei unveränderter Rechtsanwendung mangels Vorliegen der Tatbestandsvoraussetzungen das Erbrecht nicht ausgeschlossen gewesen. Das Gericht folgerte aus dieser Sachlage, dass § 759 Abs. 2 ABGB nicht direkt anwendbar sein könne[567]. Es entschied für den Fall des von ihm so bezeichneten Normenmangels, dass die Vorschrift des § 759 Abs. 2 ABGB vielmehr entsprechend anzuwenden sei. Insofern stellte es auch fest, dass die österreichische Vorschrift mit derjenigen des deutschen § 1933 BGB vergleichbar sei[568]. Da im konkreten Sachverhalt die Ehe als zerrüttet angesehen wurde und ein Scheidungsantrag durch die Ehefrau gestellt worden war, folgerte das Gericht den Ausschluss des Erbrechts der überlebenden Ehefrau.

Die Ausführungen des Gerichts erscheinen unter Anpassungsgesichtspunkten nicht sachgerecht[569]. Zunächst ist zu beachten, dass die beteiligten Sachrechte kein konkret übereinstimmendes Ergebnis für den Sachverhalt vorsehen. Das österreichische Recht erachtet für den Fall die Frage des Verschuldens für maßgeblich, während das deutsche Recht allein auf den Gesichtspunkt der Zerrüttung und des eingereichten Scheidungsantrags abstellt. Nun ließe sich die

---

564 Das Gericht verneinte eine Rückverweisung durch österreichisches Recht unter Bezugnahme auf die Interpretation der §§ 28 Abs. 2, 31, 32 österreichisches IPR-Gesetz a.F., BayObLGZ 1980, 276 (282 f.).

565 Vgl. BayObLGZ 1980, 276 (284).

566 Vgl. zum Übergang vom Verschuldens- zum Zerrüttungsprinzip Palandt/*Brudermüller*, § 1565 Rn. 1; MüKo/*Ey*, § 1565 Rn. 5 f.; BT-Drucks. 7/4361, S. 8 ff.

567 BayObLGZ 1980, 276 (285).

568 BayObLGZ 1980, 276 (285).

569 Ablehnend auch *Coester*, IPRax 1981, 206; zustimmend hingegen *Firsching*, IPRax 1981, 86 (89).

relevante Gemeinsamkeit in der übereinstimmenden Absicht beider Sachrechte sehen, dass eine vor dem Versterben eines Ehegatten schon in nach außen sichtbarer Weise „scheidungsreife" Ehe zu einer Versagung des Erbrechts führen soll. Aus dieser Gemeinsamkeit lässt sich indes für den vorliegenden Fall kein vorzugswürdiges Ergebnis ableiten. Der Grund liegt darin, dass die Frage der „Scheidungsreife" als grundlegend unterschiedlich behandelter Gesichtspunkt bestehen bleibt. Hieran wird auch deutlich, dass sich mitunter in zwei Sachrechten durchaus Gemeinsamkeiten für den konkreten Fall finden lassen, die dennoch nicht zu einer sachgerechten Auflösung des Anpassungsproblems führen[570].

Die Notwendigkeit der Anpassung wird deutlich, wenn man den Entstehungsprozess des vorläufigen Rechtsanwendungsergebnisses betrachtet. Die vorläufige Versagung des Erbrechts ist auf die fehlende Antwort zur Frage des Verschuldens durch das im Rahmen der Vorfrage berufene deutsche Recht entstanden. Insofern erinnert die Konstellation an diejenige des „Hauskindfalles"[571].

Die Antwort des bezüglich der Vorfrage berufenen deutschen Rechts ist vorliegend für das österreichische Recht wenig hilfreich, weil sie eine Antwort auf eine dem deutschen Recht fremde Frage ist. Die kollisionsrechtliche Entscheidung der Maßgeblichkeit deutschen Rechts für die Frage des Verschuldens stellt sich als nicht sinnvoll heraus, weil das deutsche Recht seine Wertung durch die ausschnittweise Berufung gar nicht an der Lösung des Falles realisieren kann. Die grundlegend unterschiedlichen Wertungen können vorliegend auch nicht durch eine modifizierte Anwendung eines der Sachrechte erfolgen, ohne diese wesentlich zu verfälschen[572].

Vorzugswürdig wäre nach Feststellung des Anpassungsfalles daher gewesen, das Problem auf kollisionsrechtlichem Wege zu lösen. In Betracht kommt insoweit vorrangig die teleologische Reduktion einer der anwendbaren Kollisionsnormen mit dem Ziel der alleinigen Anwendbarkeit eines der in Frage kommenden Sachrechte[573]. Für den Fall des Widerspruchs aus der Kombination unterschiedlicher Sachrechte in Haupt- und Vorfrage ergibt sich eine klare

---

570 Zur Kritik am Abstellen auf das gemeinsam Gewollte s.o. Kap. 2, B, II, 2 (S. 128 ff.).

571 S.o. Kap. 1, A, II, 3, c) (S. 57); dort war mit § 845 S. 1 BGB deutsches Deliktsrecht berufen und das auf die Vorfrage der Unterhaltspflicht anwendbare belgische Recht kannte eine dem § 1619 BGB vergleichbare Vorschrift nicht.

572 Vgl. die Begründung der Notwendigkeit kollisionsrechtlicher Lösungen oben Kap. 2, A, IV, 3, b) (S. 111 ff.).

573 Zu den kollisionsrechtlichen Lösungen im Einzelnen s.u. Kap. 3, C (S. 166 ff.).

grundsätzliche Tendenz hin zur Auswahl des Hauptfragestatuts[574]. Dies hängt mit dem aus der Natur der Vorfragenthematik resultierenden Umstand zusammen, dass das österreichische wohl auf die Antwort des deutschen, das deutsche aber nicht auf diejenige des österreichischen Rechts „angewiesen" ist. Das Hauptfragenstatut gibt demnach den Ton für die Beantwortung der Rechtsfrage vor. Allerdings sind auch kollisionsrechtliche Wertungen in die Entscheidung dieser Modifikation miteinzubeziehen. Zugunsten einer Erstreckung des Erbstatuts auf die Vorfrage spricht das Parteiinteresse an der Vorhersehbarkeit der Entscheidung. Es wäre daher sachgerecht gewesen, das österreichische Recht auch hinsichtlich der Frage der Relevanz eines etwaigen Verschuldens anzuwenden und damit zu prüfen, ob die Scheidung in den Verantwortungsbereich der Ehefrau gefallen wäre.

Für die Frage der Begründung der Anpassungsnotwendigkeit lässt sich allerdings festhalten, dass das Bedürfnis einer Anpassung erst anhand der Untersuchung des Beitrags des deutschen Sachrechts offenbar wurde. Es war daher zu hinterfragen, welcher Wert der Antwort des deutschen Rechts zur Frage des Verschuldens angesichts seiner grundlegend anderen Erfassung der Rechtsfrage beigemessen werden konnte.

3. *Urheber eines Werks und öffentlich-rechtliches Dienstverhältnis*

Schließlich können die Kriterien zur Anpassungsnotwendigkeit auch anhand eines Urteils des Landgerichts München I[575] geprüft werden. Zwischen den Parteien stand die Verletzung des deutschen Urheberrechts an Seekarten in Rede. Beklagte des Falles war ein Unternehmen, das nautische Navigationsprogramme mit elektronischen Seekarten in Deutschland vertrieb. Der Kläger, Verteidigungsminister von Großbritannien, behauptete eine Verletzung deutschen Urheberrechts durch den Vertrieb dieser Seekarten in Deutschland. Die Seekarten waren von einem britischen Kartographen im Rahmen seines öffentlich-rechtlichen Dienstverhältnisses angefertigt worden.

Für vorliegende Zwecke sind insbesondere die Ausführungen des Gerichts zur Aktivlegitimation des Klägers interessant. Das Gericht prüfte insofern, wer Inhaber des Urheberrechts an den bezeichneten Seekarten war. Es stellte fest, dass das infolge des Schutzlandprinzips anwendbare deutsche Recht nach § 7 UrhG den Kartographen als den ersten Inhaber des Urheberrechts ansieht[576]. Sodann war

574 In diese Richtung wohl auch *Coester*, IPRax 1981, 206 (207).

575 LG München I, Urt. v. 14. 5. 2012 – 21 O 14914/09, IPRspr. 2012, Nr. 162, S. 362.

576 LG München I, Urt. v. 14. 5. 2012 – 21 O 14914/09, IPRspr. 2012, Nr. 162, S. 362 (364).

zu klären, ob das Urheberrecht auf den Arbeitgeber übergegangen war. Diese Frage war nach dem Arbeitsvertragsstatut zu beurteilen, was nach dem Territorialitätsgrundsatz im öffentlichen Dienstrecht zur Anwendbarkeit englischen Rechts führte[577]. Das Gericht konstatierte in dieser Hinsicht allerdings, dass die Frage eines Übergangs des Urheberrechts vom Arbeitnehmer auf den Arbeitgeber im englischen Recht keine Regelung erfahren hat, da es im Rahmen von öffentlich-rechtlichen Dienstverhältnissen das Urheberrecht vielmehr unmittelbar in der Person des Arbeitgebers entstehen lässt[578]. Aus diesem Befund folgerte das Gericht, dass ein Normenmangel vorliege, der durch Ausweitung des deutschen Schutzlandrechts auf die Frage des Rechtsübergangs auszudehnen sei[579].

Weiter begründet wird dieser Schritt mit dem gleichen Ergebnis, das die beteiligten Sachrechte für sich genommen in der Frage der Inhaberschaft des Urheberrechts in öffentlich-rechtlichen Dienstverhältnissen vorsehen: Nach dem Willen sowohl des englischen als auch des deutschen Rechts sollten die Rechte an Werken, die im Rahmen der Erfüllung von öffentlich-rechtlichen Dienstpflichten entstanden sind, beim öffentlichen Dienstherrn liegen[580]. Die Erstreckung des deutschen Sachrechts auf die Frage des Rechtsübergangs sei auch dadurch gerechtfertigt, dass die Frage der Inhaberschaft mit derjenigen der Einräumung von Nutzungsrechten untrennbar verknüpft sei[581]. In der Folge wurde die Aktivlegitimation des Klägers entsprechend bejaht.

Das Urteil des Landgerichts München I zeigt den im Rahmen der Anpassungsthematik häufig auftretenden Fall, dass die beteiligten Rechte zwar das gleiche Ergebnis in einer Rechtsfrage bezwecken, dieses Resultat jedoch aufgrund rechtstechnisch abweichender Behandlung und entsprechender Berufung durch das Kollisionsrecht am Hervortreten gehindert wird. Zu bemerken ist zu der zustimmungswürdigen Entscheidung, dass der Gesichtspunkt einer engen Verknüpfung der Rechtsfragen allein nicht für die Begründung einer Anpassung herhalten kann. Die enge Verknüpfung wird vielmehr im Anpassungsfall nur deutlich, denn das Kollisionsrecht hat sie ungünstig auseinandergerissen. Hätte es für die Fragen der Inhaberschaft des Urheberrechts und dessen Rechtsübergang zwei unterschiedliche Sachrechte berufen, die die Frage gleich regeln, wäre

577 LG München I, Urt. v. 14. 5. 2012 – 21 O 14914/09, IPRspr. 2012, Nr. 162, S. 362 (364).
578 LG München I, Urt. v. 14. 5. 2012 – 21 O 14914/09, IPRspr. 2012, Nr. 162, S. 362 (364).
579 LG München I, Urt. v. 14. 5. 2012 – 21 O 14914/09, IPRspr. 2012, Nr. 162, S. 362 (364).
580 LG München I, Urt. v. 14. 5. 2012 – 21 O 14914/09, IPRspr. 2012, Nr. 162, S. 362 (364).
581 LG München I, Urt. v. 14. 5. 2012 – 21 O 14914/09, IPRspr. 2012, Nr. 162, S. 362 (365).

keine Anpassung notwendig gewesen und doch hätte dies nichts an der engen Verknüpfung der Rechtsfragen geändert.

4. Zusammenfassung

Die beispielhafte Darstellung der Behandlung der Anpassungsnotwendigkeit in der deutschen Rechtsprechung zeigt, dass die Vornahme der Anpassung mit dem Kriterium der Abweichung des vorläufigen Ergebnisses vom gemeinsam bezwecken Ziel begründet werden kann. Allerdings ist in anderen Fällen eine nähere Prüfung erforderlich, wenn es etwa darum geht, dass nur eines der anwendbaren Rechte das vorläufige Ergebnis so nicht hervorgebracht hätte.

Eine nähere Prüfung ist auch in der Entscheidung des Bundesgerichtshofs zur Kombination deutschen Güter- und griechischen Erbrechts[582] notwendig. So ist mit Blick auf die Zwecke der anwendbaren Sachrechte zu fragen, ob diese durch das Rechtsanwendungsergebnis verfehlt würden[583]. Für den Fall zum Urheberrecht an Seekarten lässt sich hingegen ein gleiches Ergebnis der Beurteilung der Rechtsfrage feststellen. Beide Rechtsordnungen sehen die Inhaberschaft des Urheberrechts im öffentlich-rechtlichen Dienstverhältnis im Ergebnis in derselben Person (also der des Dienstherrn). In Bezug auf die Entscheidung zur Frage der Verschuldensscheidung stellte das Gericht darauf ab, dass die von einem anwendbaren Recht gelieferte Information für den konkreten Fall nicht sinnvoll verwertet werden kann, weil Verschuldenserwägungen im Rahmen der Scheidung und damit im Ergebnis bezüglich der Erbenstellung des Ehegatten im deutschen Recht nicht maßgeblich und somit nicht geregelt sind. Anders als hier befürwortet führte das Gericht eine materiellrechtliche Anpassung durch, die letztendlich das Kriterium des Verschuldens aus den Erwägungen schlicht eliminierte.

IV. Stellungnahme

Das Rechtsanwendungsergebnis, das von der gemeinsamen Wertung der Inlandsergebnisse abweicht, kann Symptom für die Störung der Interessenlage in den beteiligten Sachrechten sein. Es dient als der primäre Anhaltspunkt für die Begründung der Notwendigkeit der Anpassung und hat sich in den „Witwenfällen“ und den Fällen der Spaltung zwischen Sach- und Prozessrecht als fruchtbar erwiesen. Wenn es um Geldleistungsansprüche geht, hat das Kriterium der

---

582 S.o. Kap. 1, A, II, 1 = BGH, Beschl. v. 13.5.2015 – IV ZB 30/14, BGHZ 205, 289.

583 Zur Stellungnahme zu der Entscheidung s.u. Kap. 2, C, I, 2 (S. 139 ff.).

Maßgeblichkeit übereinstimmender Inlandsergebnisse auch Bedeutung mit Blick auf die Formulierung des Ergebnisses der materiellrechtlichen Anpassung[584]. Die Abweichung des vorläufigen Ergebnisses von den jeweiligen Inlandsergebnissen ist jedoch nicht in allen Anpassungsfällen der Gesichtspunkt, der die Anpassungsnotwendigkeit auslöst.

Zum einen ist denkbar, dass zwischen den beteiligten Sachrechten keine Gemeinsamkeiten gefunden werden, die vom vorläufigen Ergebnis abweichen, dass aber dennoch eine Anpassung erforderlich ist. Dies hat sich etwa im Fall gezeigt, in dem die Verschuldensscheidung nach österreichischem Recht in Rede stand[585]; es kann daher etwa im Bereich des Auseinanderfallens von Haupt- und Vorfragestatut von Bedeutung sein.

In anderen Situationen kann es sein, dass die Abweichung vom gemeinsam Gewollten durch die Besonderheiten des Auslandssachverhalts gerechtfertigt ist und eine Anpassung nicht vorgenommen werden muss[586]. In beiden Fallgruppen ist eine wertende Betrachtung der Einbettung der Rechtsfrage in den internationalen Zusammenhang erforderlich, um die Notwendigkeit der Anpassung zu begründen beziehungsweise abzulehnen. Insofern kommt es maßgeblich darauf an, ob die durch einen Sachrechtsausschnitt gelieferte Information sich auch ihrem Zweck entsprechend auf die Rechtsfrage auswirkt. In diesen Fällen ist auf das flexiblere Kriterium der Frage nach einer Störung in der Zweckverwirklichung der anwendbaren Rechtsordnungen abzustellen.

Werden keine Gemeinsamkeiten der beteiligten Rechtsordnungen festgestellt, von denen das vorläufige Rechtsanwendungsergebnis abweicht, so ist vom Rechtsanwender im Rahmen einer wertenden Betrachtung festzustellen, was die jeweils berufenen Vorschriften der Rechtsordnungen in ihrem Gesamtkontext angesichts der Beteiligung einer anderen Rechtsordnung bezwecken. Geprüft werden muss, ob die Maßgeblichkeit eines anderen Statuts beziehungsweise die sich aus seiner Anwendung ergebende Folge den Zweck des jeweils anderen Statuts derart stört, dass dieses seine Wertungen nicht mehr am Sachverhalt verwirklichen kann. In diesem Fall werden die berufenen Sachnormen in ihrer Antwort gleichsam missverstanden und dem kollisionsrechtlichen Befehl ist nicht ohne weiteres Folge zu leisten.

Liegt hingegen eine Abweichung vom gemeinsam Bezweckten vor, ist zu kontrollieren, ob diese nicht durch die Besonderheiten des Falles gerechtfertigt

---

584 Vgl. *Looschelders*, Anpassung, S. 258.
585 S.o. Kap. 2, B, III, 2 (S. 131 ff.).
586 Zu einem solchen Fall s.u. Kap. 2, C, I, 2 (S. 139).

sein kann. Dies hängt mit der Erwägung zusammen, dass die ausschnittweise Berufung der Rechtsordnungen zur Folge haben kann, dass deren jeweilige Zwecke sich auch nur ausschnittweise verwirklichen und sich damit nur teilweise im Rechtsanwendungsergebnis niederschlagen. Bei Geldleistungsansprüchen schließt sich hieran die Frage an, ab welchem Betrag die Abweichung von den jeweiligen Inlandsergebnissen nicht mehr gerechtfertigt ist, sondern vielmehr Ausdruck der Interessenstörung im Sachrecht ist. Diese Beurteilung betrifft allgemein die Strukturierung der materiellrechtlichen Anpassung[587] und ist grundsätzlich anhand der konkreten Einzelfallumstände zu entscheiden.

C. Auswirkungen auf die einzelnen Fallgruppen

Die für die dogmatischen Grundlagen und die Notwendigkeit des Anpassens herausgearbeiteten Kriterien sollen im Folgenden hinsichtlich ihrer Auswirkungen auf die verschiedenen Gesichtspunkte des Anpassungsproblems untersucht werden, die bereits einleitend dargestellt wurden[588].

I. Die klassischen Fallgruppen

1. Normenhäufung und Normenmangel

Es hat sich gezeigt, dass die Einteilung der Anpassung in die klassischen Fallgruppen von Normenmangel, Normenhäufung und qualitativer Normdiskrepanz in erster Linie der anschaulichen Erfassung des Anpassungsproblems dient[589]. Unter Zugrundelegung der für die Notwendigkeit der Anpassung herausgearbeiteten Leitlinien ist festzuhalten, dass das Vorliegen eines Mangels oder einer Häufung von Normen nicht den maßgeblichen Aspekt für die Korrektur der Rechtsanwendung bieten. Das vorläufige Rechtsanwendungsergebnis, auf das die Begriffe der Häufung oder des Mangels abzielen, ist allerdings ein Indiz für die Notwendigkeit der Anpassung. Erforderlich ist dann aber stets die Prüfung der Einbettung der Rechtsfrage in die beteiligten Rechtsordnungen, um im Wege einer wertenden Betrachtung anhand der Zwecke der Normen die Notwendigkeit einer Anpassung feststellen zu können. Insbesondere ist maßgeblich,

---

587 Zu den Vorzügen einer Rahmenbetrachtung, nach der das Ergebnis nicht über das hinausgehen darf, was höchstens durch die eine Rechtsordnung und das nicht überschreiten darf, was mindestens durch die andere Rechtsordnung gewährt wird, vgl. unten Kap. 3, D, II, 1 (S. 177) und Kap. 8, A, I, 3 (S. 273).

588 S.o. Kap. 1, B (S. 64 ff.).

589 Zur Kritik an der Einteilung in die Fallgruppen s.o. Kap. 1, B, VI (S. 84).

wie die aus einer berufenen Rechtsordnung erlangte Information im Kontext des Zusammenspiels mit der jeweils anderen maßgeblichen Rechtsordnung verstanden werden muss. Beispiele für Normenhäufung und Normenmangel bieten klassischerweise die Fälle der Beteiligung des überlebenden Ehegatten am Nachlass des anderen[590]. Einen „Witwerfall" zeigte die Entscheidung des Bundesgerichtshofs zur gleichzeitigen Anwendbarkeit deutschen Güterrechts und griechischen Erbrechts[591]. Die Notwendigkeit der Anpassung soll in diesem Fall beispielhaft geprüft werden.

2. *Die Entscheidung des Bundesgerichtshofs unter Anpassungsgesichtspunkten*

Auf die Beteiligung des Ehemannes am Nachlass seiner verstorbenen Ehefrau in der Entscheidung des BGH vom Mai 2015[592] war griechisches Erbrecht anzuwenden, das in Kombination mit deutschem Güterrecht zu einer hälftigen Nachlassbeteiligung führte. In dem Sachverhalt stand der Ausschluss des Erbrechts nach § 1933 S. 1 BGB im Raum, weil die Erblasserin einen Scheidungsantrag gestellt hatte. Für die Nachlassbeteiligung des Ehemanns war dieser Umstand jedoch nicht von Belang, da die Ehefrau den Antrag lange vor ihrem Tod zurückgenommen hatte. Die Rücknahme des Antrags lässt auch die Wirkung der diesbezüglichen Zustimmung vonseiten des anderen Ehegatten entfallen[593]. Unabhängig von der etwa gegebenen Scheidungsreife der Ehe hat daher zum Zeitpunkt des Erbfalls das zusätzliche Erfordernis in § 1933 S. 1 BGB („und der Erblasser die Scheidung beantragt oder ihr zugestimmt hatte") nicht vorgelegen[594].

Unterstellt man aber dennoch, dass ein Scheidungsantrag wirksam eingereicht war und die Voraussetzungen des § 1933 S. 1 BGB erfüllt waren, sind folgende Beobachtungen zur Notwendigkeit der Anpassung zu machen.

Auszugehen ist im Ausgangspunkt davon, dass sich die Wertungen der berufenen Sachnormen im Ergebnis manifestieren müssen. Dies wäre dann nicht der Fall, wenn das Ergebnis aus der Kombination der Sachrechte einem der beteiligten Rechte widersprechen würde. Das griechische Recht stört sich an

---

590 Vgl. oben Kap. 1, B, I, 2, a) und II, 2, a) (S. 66, 71).

591 S.o. Kap. 1, A, II, 1 (S. 43 ff.).

592 S.o. Kap. 1, A, II, 1 (S. 43 ff.).

593 MüKo/*Leipold*, § 1933 Rn. 8.

594 Vgl. *Dörner*, IPRax 2017, 81 (88, Fn. 13); *Wiedemann*, RPfleger 2015, 650; zu den Voraussetzungen des Antrags im Sinne der Vorschrift vgl. *Frank/Helms*, Erbrecht, § 2 Rn. 27.

dem Ergebnis einer hälftigen Beteiligung grundsätzlich nicht[595]: Mit seiner erbrechtlichen Beteiligung in Höhe eines Viertels war vom Erbstatut nicht auch ein güterrechtlicher Ausgleich bezweckt[596]. Das griechische Recht kennt außerdem unter gewissen Umständen eine schuldrechtliche Beteiligung hinsichtlich der güterrechtlichen Aspekte des Erbfalls aus Art. 1400 S. 1 griech. ZGB[597]. Auch dem deutschen Recht entspricht die hälftige Beteiligung des überlebenden Ehegatten allgemein.

Dass die hälftige Beteiligung zu korrigieren sei, wird mitunter mit Blick auf den (hier hypothetisch unterstellten) eingereichten Scheidungsantrag der Erblasserin behauptet[598]. Vorgebracht wird insoweit, dass bei alleiniger Betrachtung der Sachrechte nach deutschem Recht nichts geerbt werde, weil das Erbrecht nach § 1933 S. 1 BGB ausgeschlossen sei und kein erhöhender Zugewinnteil aus § 1371 Abs. 1 BGB Anwendung finde. Bei alleiniger Anwendung griechischen Rechts würde allerdings dennoch ein Viertel geerbt werden, weil ein eingereichter Scheidungsantrag allein noch nicht für einen Erbrechtsausschluss der Parallelnorm des griechischen Rechts (§ 1822 griech. ZGB) genügt[599]. Das kombinierte Ergebnis in Gestalt der Hälfte sei dann anzupassen und etwa auf ein Viertel zu kürzen, denn dem Ehegatten dürfe nicht mehr zukommen, als ihm nach der günstigsten Rechtsordnung zusteht[600].

Gegen diesen Gedankengang ist allerdings nicht nur einzuwenden, dass die Begrenzung der Beteiligung auf das von einer Rechtsordnung höchstens Gewährte kein unumstößliches Dogma ist[601]. Das Ergebnis der hälftigen Beteiligung widerspricht vielmehr den Wertungen des deutschen Rechts nicht. Daran ändert auch die (hier unterstellte) Tatsache nichts, dass ein Scheidungsantrag wirksam eingereicht wurde, denn die Wertungen des § 1933 S. 1 BGB sind nicht zur Anwendung berufen[602]. Erbstatut war griechisches Recht, sodass der

---

595 Vgl. auch den von *Papantoniou* gebildeten Beispielsfall, in dem nach griechischem Recht die Beteiligung in Höhe der Hälfte erreicht wird, wenn der Erblasser sein ganzes Vermögen während der Ehe erworben hat, FamRZ 1988, 683 (685).

596 Vgl. BGHZ 205, 289 (299), Rn. 40; *Papantoniou*, FamRZ 1988, 683 (685).

597 *Papantoniou*, FamRZ 1988, 683 (684 f.); *Stamatiadis*, in: Süß (Hrsg.), Erbrecht in Europa, Rn. 31.

598 Zur Kritik an der Entscheidung s.o. Kap. 1, A, II, 1, c) (S. 45).

599 Vgl. die diesbezüglichen Ausführungen der Vorinstanz OLG Frankfurt/Main, Beschl. v. 30.7.2014 – 21 W 47/14, ZEV 2015, 158 (159).

600 *Lorenz*, NJW 2015, 2157 (2159).

601 Darauf weist etwa *Dörner* hin, IPRax 2017, 81 (83).

602 Vgl. *Looschelders*, JR 2016, 197 (198); *Wiedemann*, Rpfleger 2015, 649 (650).

Umstand des Scheidungsantrags auch nach dessen insofern maßgeblicher Norm beurteilt wird.

Erforderlich ist nach der griechischen Vorschrift des § 1822 griech. ZGB, dass die Erblasserin eine begründete Scheidungsklage erhoben hat oder dass die Ehegatten einen gemeinsamen Antrag auf Ehescheidung erhoben haben[603]. Diese Norm weicht nicht etwa wesentlich von der Wertung der deutschen Vorschrift ab, sodass man argumentieren könnte, die Antwort des griechischen Rechts sei im Zusammenspiel mit dem deutschen Recht unverwertbar. Diese Ausgestaltung erscheint vielmehr hinreichend gleichwertig; insbesondere ist die Abweichung zu der deutschen Regelung gering.

Wenn das für die Beurteilung der Frage der Erbberechtigung maßgebliche Statut in wertungsmäßig gleicher Weise wie das mit der güterrechtlichen Norm verknüpfte deutsche Erbrecht auf den Umstand reagiert, dass eine Scheidung eingereicht war, ist die Anwendbarkeit des § 1371 Abs. 1 BGB ohne Einschränkung zu bejahen. Denn in internationalen Fällen kann bei Anwendung des nationalen Sachrechts nicht die gleiche Ausgestaltung konnexer Rechtsfragen im anderen beteiligten Sachrecht erwartet werden.

Die Begründung der Anpassung mit entsprechenden „Inlandsfällen" ist im konkreten Fall nicht zielführend. Auch das Erfordernis einer konkreten Wertermittlung im Anpassungsfall rechtfertigt dies nicht. Der Grund liegt darin, dass den Inlandsfällen in der vorliegenden Konstellation deswegen keine sinnvolle Aussage entnommen werden, weil das in eine solche Beurteilung einfließende Faktum des eingereichten Scheidungsantrags die Frage der Erbberechtigung in beiden Statuten in entgegengesetzter Weise beeinflusst. Dies lässt es widersprüchlich erscheinen, die Beteiligung etwa in Höhe eines Viertels[604] zu befürworten: Auf diese Weise sieht man den überlebenden Ehegatten einerseits (mit Blick auf die Missachtung der Rechtsfolge des § 1371 Abs. 1 BGB) nicht als Erben an, aber spricht andererseits (Erbberechtigung im griechischen Recht) davon, dass er zu einem Viertel erbt. Diese Überlegung beseitigt demnach nicht etwa einen Normwiderspruch, sie führt erst zu einer widersprüchlichen Bewertung.

Die Tatsache, dass ein Scheidungsantrag eingereicht wurde, kann in diesem konkreten Fall nur entweder in der Form des § 1933 S. 1 BGB oder des § 1822 griech. ZGB abgebildet werden, da mit ihm die Frage des „Ob" der Erbberechtigung verknüpft ist. Will man die deutsche Vorschrift (über den Weg der

603 *Ferid/Firsching/Dörner/Hausmann*, Internationales Erbrecht (Stand: 103. EL 2018), Griechenland, Grdz. E Rn. 62 und Fn. 2.

604 Befürwortet von *Lorenz*, NJW 2015, 2157 (2159).

Bildung eines vergleichbaren „Inlandsfalls") berücksichtigen, so müsste man die Beteiligung am Nachlass konsequenterweise gänzlich versagen; die Beteiligung in Höhe eines Viertels ergibt sich aber auch dann nicht. Wollte man – konsequent – so die Erbberechtigung verneinen, würde man im Ergebnis die Ausgestaltung des deutschen Rechts gegen die des griechischen Rechts durchsetzen. Dafür besteht aber aufgrund der funktionell gleichwertigen Ausgestaltung der Frage der Bedeutung des Scheidungsantrags für das Erbrecht im griechischen Sachrecht kein Bedürfnis[605].

Die Beteiligung in Höhe eines Viertels ist daher nicht Ausdruck einer gleichsam abgemilderten Berücksichtigung des § 1933 S. 1 BGB, sondern eine Mittellösung[606], die sich aus den Wertungen der anwendbaren Sachrechte in ihrer Kombination nicht ableiten lässt und daher auch den kollisionsrechtlichen Verweisungsbefehlen nicht entspricht. Die hälftige Beteiligung ist ein den Besonderheiten des Auslandssachverhalts geschuldetes Ergebnis. Der Verweis auf die Trennung zwischen Ob und Wie der Erbberechtigung[607] erscheint vor diesem Hintergrund sachgemäß und die Notwendigkeit einer Anpassung wurde zurecht abgelehnt[608].

3. *Qualitative Normdiskrepanz*

Es erscheint fraglich, ob die Fälle der qualitativen Normdiskrepanz in Gestalt des Widerspruchs zwischen Gesamt- und Einzelstatut unter den oben gefundenen Maßgaben als Anpassungsfälle bezeichnet werden können. Probleme haben sich insofern insbesondere im Bereich der Verwirklichung der Anordnung eines *Trusts* und derjenigen eines Vindikationslegats gezeigt[609]. Der *lex rei sitae* kommt in diesen Fällen eine Kontrollfunktion zu: Die vom Gesamtstatut vorgesehenen rechtlichen Wirkungen sollen nicht wesentliche sachenrechtliche Grundsätze der betreffenden Rechtsordnung verletzen[610].

Die Situation erinnert zu einem gewissen Ausmaß an die Problematik des *ordre public* (Art. 6 EGBGB), bei dem das Rechtsanwendungsergebnis, das aus der Anwendung eines fremden Sachrechts gewonnen wurde, aufgrund einer

---

605 Vgl. *Dörner*, IPRax 2017, 81 (82).

606 Zur Ablehnung der Billigkeitskorrektur s.o. Kap. 2, A, IV, 2, b) (S. 105).

607 So die Begründung des BGH, BGHZ 205, 289, 300 (Rn. 41); dahingehend auch *Looschelders*, JR 2016, 197 (198).

608 Zu den Stimmen aus der Lehre vgl. schon oben Kap. 1, A, II, 1, c) (S. 45).

609 S.o. Kap. 1, B, III (S. 74).

610 *von Bar/Mankowski*, IPR I, § 7 Rn. 44; *Kegel/Schurig*, IPR, § 19 II.

Unvereinbarkeit mit inländischen Prinzipien nicht gelten soll[611]. In beiden Fällen bewirken die Grundsätze einer kollisionsrechtlich nicht berufenen Rechtsordnung, dass die berufenen Sachnormen nicht unverändert angewendet werden[612]. Im Übrigen sind beide Sachverhalte aber voneinander zu unterscheiden: Art. 6 EGBGB zielt auf die Wahrung des inländischen *ordre public* ab, während im Fall des Widerspruchs zum Gesamtstatut auch ein fremdes Einzelstatut Schutz erfahren kann[613]. Außerdem wird in diesem Fall nicht die Rechtsfolge aus der Anwendung der Normen des Gesamtstatuts kritisiert, sondern die Modalitäten ihrer Realisierung[614].

Schon innerhalb der Abgrenzung der Anpassung von der Transposition wurde deutlich, dass es sich bei der Verwirklichung ausländischer Rechtsinstitute innerhalb einer anderen Rechtsordnung nicht um klassische Anpassungsfälle handelt[615]. Vor dem Hintergrund der nun erarbeiteten Maßgaben zur Dogmatik und Notwendigkeit lässt sich dieses Ergebnis noch unterstreichen. Zwischen den übrigen Anpassungsfällen und den Problemlagen der qualitativen Normdiskrepanz besteht der Unterschied, dass hier die Anordnungen der anwendbaren Rechtsordnung aufgrund der wesentlichen *Grundsätze* einer anderen Rechtsordnung nicht in unveränderter Weise gelten sollen. Charakteristisch für die Anpassungslage ist aber, dass die zur Anwendung berufenen Sachnormen selbst in ihrer Kombination ein widersprüchliches Ergebnis liefern, das mitunter erst nach eingehender Prüfung der Einbettung der Rechtsfrage in beiden beteiligten Sachrechten sichtbar wird. Im Fall der Verwirklichung des Vindikationslegats oder des *Trusts* ist das Einzelstatut nicht vom Kollisionsrecht zur Lösung einer Rechtsfrage berufen worden. Im Durchsetzen seiner sachenrechtlichen Bestimmungen gegenüber den Wertungen des Einzelstatuts führt es erst den Widerspruch ein und löst ihn zugleich zu eigenen Gunsten.

Es liegt daher keine Widersprüchlichkeit im Rahmen zur Anwendung berufener Sachnormen vor. Die einzige „Störung" besteht auf Seiten des Einzelstatuts, das seine Grundsätze gewahrt sehen will. Daher kann der Widerspruch zwischen Einzel- und Gesamtstatut nicht als Fall der Anpassung eingestuft werden[616].

---

611 Vgl. zum *ordre public* und der Abgrenzung zur Anpassung oben Kap. 1, A, I, 3, c) (S. 40 ff.).

612 *Looschelders*, Anpassung, S. 131.

613 *Looschelders*, Anpassung, S. 131.

614 *Looschelders*, Anpassung, S. 131.

615 S.o. Kap. 1, A, I, 3, b) (S. 38).

616 So auch *Looschelders*, Anpassung, S. 405 („keine echten Anpassungsprobleme") und im Ergebnis auch *Süß*, RabelsZ 65 (2001), 245 (251); a.A. *Dörner*, IPRax 1996, 26 (27).

II. Der einheitlich angeknüpfte Auslandssachverhalt

Ist auf den Sachverhalt nach der kollisionsrechtlichen Analyse nur ein Sachrecht anwendbar, so können sich insbesondere in der Konstellation des Auseinanderfallens von Sach- und Prozessrecht Anpassungsprobleme ergeben[617]. Gezeigt hat sich dies etwa in der Behandlung unterhaltsrechtlicher Auskunftsansprüche, die von der einen Rechtsordnung materiellrechtlich, von der anderen aber als vom richterlichen Untersuchungsgrundsatzes umfasst angesehen wurden[618]. Insoweit wird die Notwendigkeit der Anpassung vergleichsweise deutlich sichtbar an der unglücklichen Kombination der beteiligten Rechtsordnungen, die jede für sich genommen einen bestimmten Anspruch gewähren, dies allerdings rechtstechnisch auf unterschiedliche Weise tun.

Außerhalb der Fallgruppe des Auseinanderfallens von Sach- und Prozessrecht scheint es allerdings für die Anpassung bei Anwendbarkeit nur eines Sachrechts nur wenig Raum zu geben. Einwirkungen auf das allein anwendbare Sachrecht von geringerer Intensität sind über das Mittel der Berücksichtigung nicht anwendbaren Rechts vorrangig zu prüfen, da sie keinen Eingriff in das anwendbare Recht beinhalten. Was den Fall angeht, dass innere Vorstellungen der beteiligten Rechtssubjekte im Rahmen von Generalklauseln Beachtung erfahren können, so ist grundsätzlich von einer bloßen Auslegung des Sachrechts im Rahmen des durch die Generalklausel gewährten Spielraums auszugehen[619]. Der einheitlich angeknüpfte Auslandssachverhalt produziert folglich hauptsächlich dann Anpassungslagen, wenn Sach- und Prozessrecht auseinanderfallen[620].

III. Die bevorstehende und die erfolgte Rechtsanwendung

Mitunter wird in den Fallgruppen der sogenannten erfolgten oder vorausgesetzten Rechtsanwendung die Notwendigkeit der Anpassung gesehen.

1. Allgemein

Vertreten wird, dass sogar wenn Prozess-, Kollisions- und Sachrecht aus derselben Rechtsordnung stammen, ein Sachverhalt vorliegen kann, bei dem eine Ungleichbehandlung wegen seiner Internationalität in Betracht kommt, die wiederum eine Anpassung erforderlich mache[621]. Dies sei der Fall, wenn

---

617 S.o. Kap. 1, B, IV (S. 77 ff.).

618 S.o. Kap. 1, B, IV, 2, a) (S. 79).

619 S.o. Kap. 2, A, III (S. 98 ff.).

620 Vgl. *Dannemann*, Ungewollte Diskriminierung, S. 272 ff.

621 Vgl. insbesondere *Dannemann*, Ungewollte Diskriminierung, S. 159, 271.

eine Rechtsanwendung mit einer anderen Rechtsanwendung in Widerspruch trete: Entweder werde bei der ersten Rechtsanwendung im Inland eine zweite in einem anderen Staat stillschweigend vorausgesetzt oder eine im Ausland erfolgte erste Rechtsanwendung müsse mit derjenigen im Inland koordiniert werden[622]. Ein Beispiel für die Problematik der vorausgesetzten Rechtsanwendung durch ein Erstgericht gibt *Dannemann* in Gestalt des folgenden Falles[623]:

Eine Deutsche und ein britischer Soldat heirateten vor einem *Marriage Officer* der britischen Rheinarmee. Später klagte der Brite auf Scheidung. Nach dem maßgeblichen deutschen Sachrecht bestand allerdings eine Nichtehe, die nicht geschieden werden konnte. Nach englischem Recht hingegen hätte eine Scheidung durchgeführt werden können; die englischen Gerichte waren jedoch international unzuständig. In diesem Fall wurde ausschließlich deutsches Recht der internationalen Zuständigkeit, deutsches IPR, deutsches Verfahrensrecht und deutsches Sachrecht angewendet. Vorausgesetzt beziehungsweise beabsichtigt war *Dannemann* zufolge aber, dass die Ehe in England geschieden werde[624]. Diese Annahme einer nachfolgenden Rechtsanwendung im Ausland macht den Sachverhalt nach der insoweit zugrunde liegenden Konzeption zu einem Anpassungsfall.

Das Problem der erfolgten Rechtsanwendung soll vorliegen, wenn ein ausländisches Urteil vor den Gerichten eines anderen Staates durchgesetzt werden muss[625]. Insoweit wird von *Dannemann* unter anderem eine Entscheidung des Bundesgerichtshofs aus dem Jahre 1985[626] angeführt, das die Vollstreckung eines schweizerischen Urteils über zu gewährende Unterhaltszahlungen zum Gegenstand hatte. Das Urteil bestimmte, dass der monatliche Unterhalt nach dem schweizerischen Index der Konsumentenpreise anzupassen war. Ein solcher Titel war nach deutschem Recht zu unbestimmt, um für eine Vollstreckung dienen zu können[627]. Die Umsetzung dieses Urteils im Rahmen des Verfahrens der Vollstreckbarerklärung stellt den Rechtsanwender nach *Dannemanns* Konzept vor die Aufgabe der Auflösung einer Anpassungslage[628].

---

622 Ungewollte Diskriminierung, S. 160 ff.

623 OLG Düsseldorf, Urt. v. 19.12.1956, IPRspr. 1956–57 Nr. 110; bei *Dannemann* unter „Die unscheidbar hinkende Ehe“, Ungewollte Diskriminierung, S. 14.

624 *Dannemann*, Ungewollte Diskriminierung, S. 272.

625 *Dannemann*, Ungewollte Diskriminierung, S. 293, 314 ff.

626 BGH, Urt. v. 6.11.1985 – IVb ZR 73/84, IPRax 1986, 294.

627 BGH, Urt. v. 6.11.1985 – IVb ZR 73/84, IPRax 1986, 294 (295).

628 Zur Bedeutung von Art. 55 Brüssel Ia-Verordnung hinsichtlich der Anpassung vgl. unten. Kap. 9, B, VI.

2. *Würdigung*

Die vorausgesetzte Rechtsanwendung im Zweitstaat kann nicht als Fall der Anpassung überzeugen. Das Erstgericht müsste bei der Rechtsanwendung in diesem Fall feststellen, dass aufgrund einer noch nicht erfolgten Rechtsanwendung in einem Zweitstaat ein Widerspruch im jeweils aktuell anwendbaren Sachrecht vorliegt. Die antizipierte Rechtsanwendung im Zweitstaat müsste sich also störend auf die aktuelle Rechtsanwendung auswirken. Auch bei der bereits erfolgten Rechtsanwendung lässt sich keine typische Anpassungslage feststellen. Die angesprochenen Fälle werden wohl meist die Frage der Umsetzbarkeit eines ausländischen Urteils betreffen.

a) Vorausgesetzte oder bevorstehende Rechtsanwendung

In dem für die vorausgesetzte Rechtsanwendung angeführten Fall ist das Vorliegen einer Anpassungslage zu prüfen. Zunächst ist anzumerken, dass das Gericht die Scheidung gerade nicht in der Annahme oder Voraussetzung einer nachfolgenden Scheidung durch englische Gerichte versagt hat[629], sondern vielmehr in voller Kenntnis über die Rechtslage in England entschieden hat.

So führte es aus: „ (…) sie [= die Nicht-Ehe] kann in Deutschland nicht geschieden werden, auch wenn nach englischem Recht eine gültige Ehe vorliegt, und ungeachtet des Umstandes, daß englische Gerichte sich zur Scheidung deshalb für unzuständig erklären würden, weil ein Wohnsitz in England nicht vorhanden ist."[630] Auch insoweit muss nach erarbeiteter Konzeption maßgeblich sein, ob das über Art. 13 Abs. 3 EGBGB a.F. anwendbare deutsche Sachrecht in Gestalt des § 11 EheG a.F. in seiner Interessenlage gestört würde, würde man die Scheidung versagen. Das Gericht scheint dies geprüft und verneint zu haben, wenn es feststellt, dass es „ (…) nicht Aufgabe eines deutschen Gerichts sein [kann], eine nach deutschem Recht nicht bestehende Ehe nur deshalb zu scheiden, weil die englischen Gerichte ihrem Staatsbürger den Rechtsschutz versagen und es ablehnen, ihn von den Bindungen zu befreien, die ihm ausschließlich das englische Recht auferlegt."[631]. Im vorliegenden Fall ist die Scheidung mangels Vorliegens einer wirksamen Ehe gemäß § 11 EheG a.F. versagt worden.

---

629 So *Dannemann*, Ungewollte Diskriminierung, S. 272, der aber einschränkend ausführt, dass die Ehe „jedenfalls dort geschieden werden sollte." (S. 303).

630 Leitsatz, OLG Düsseldorf, Urt. v. 19.12.1956 - 9 U 161/36, IPRspr. 1956–57, Nr. 110, S. 355.

631 OLG Düsseldorf, Urt. v. 19.12.1956 – 9 U 161/36, IPRspr. 1956–57, Nr. 110, S. 355 (357).

Der unveränderten Anwendung des § 11 EheG a.F. steht nicht die Tatsache entgegen, dass eine Scheidung im Rahmen einer nachfolgenden Rechtsanwendung in einem Zweitstaat anzunehmen war.

Der Sachverhalt hat seinen Schwerpunkt in der Problematik der Substitution. Die Vorschrift des § 11 EheG a.F. bestimmt, dass die Ehe nur zustande kommt, wenn sie vor einem Standesbeamten geschlossen wurde. Fraglich wäre im Beispielsfall daher gewesen, ob der britische *Marriage Officer* ein Amt ausübt, das dem des Standesbeamten funktionell gleichwertig ist. Einen klassischen Anpassungsfall beinhaltet die Fallgestaltung aber nicht.

Allgemein ist zur Fallgruppe der vorausgesetzten Rechtsanwendung festzustellen, dass sie schwerlich der Anpassungsproblematik zugeordnet werden kann. Die potentiell erforderliche Korrektur mittels Anpassung erlegt dem jeweiligen aktuell beurteilenden Gericht die Bürde auf, mögliche nachfolgende Rechtsanwendungen durch ausländische Gerichte in die Anwendung des jeweils berufenen Sachrechts miteinzubeziehen. Diese Erwartung erscheint allerdings nicht erfüllbar, insbesondere da die möglichen Auslandsbezüge mannigfaltig sein können und die nachfolgende Rechtsanwendung sich entsprechend unterschiedlich darstellen kann. Beim Ausbleiben einer solchen Rechtsanwendung würde der Normwiderspruch sich nicht realisieren und würde sich auch die erfolgte modifizierte Rechtsanwendung nachträglich als unberechtigt herausstellen. Das ist aber im Interesse der Rechtssicherheit abzulehnen.

Solange also ein Widerspruch in der Rechtsanwendung noch nicht besteht, sondern sich erst bei Ausbleiben oder Erfolgen einer Rechtsanwendung im Zweitstaat ergeben könnte, ist nicht von der Notwendigkeit der Vornahme einer Anpassung auszugehen.

Von der Fallgruppe der bevorstehenden Rechtsanwendung zu unterscheiden ist der Fall, dass eine Sachnorm hinsichtlich eines zukünftigen, auslandsbezogenen Umstands geprüft werden muss, der auf eines ihrer Tatbestandsmerkmale zu beziehen ist. Ist eine Sachnorm auf einen Sachverhalt anzuwenden, der zukünftige (mit dem Ausland verknüpfte) Ereignisse betrifft, die die jeweils aktuell streitgegenständliche Bewertung betreffen, so ist eine Bedeutsamkeit potentiell eintretender Umstände für die aktuelle Sachrechtsanwendung anzunehmen. Einen solchen Fall betraf eine Entscheidung des Bundesarbeitsgerichts[632], in der eine betriebsbedingte Kündigung in Rede stand. Fraglich war, ob § 1 Abs. 2 KSchG auch eine etwaige Weiterbeschäftigung in einem Betrieb des Unternehmens betrifft, wenn dieser Betrieb sich im Ausland befindet. Auf die

632 BAG, Urt. v. 29.8.2013 – 2 AZR 809/12, BAGE 146, 37 = RIW 2014, 237.

Frage nach der Anwendbarkeit des ersten Abschnitts des Kündigungsschutzgesetzeses auf im Ausland belegene Betriebe, die von der herrschenden Lehre und dem Bundesarbeitsgericht verneint wird[633], soll hier nicht näher eingegangen werden. Festzuhalten ist aber, dass in derartigen Fällen gefragt werden muss, ob das anwendbare Sachrecht die jeweilige streitgegenständliche Konstellation zu regeln beabsichtigt[634]. Ist dies nach der Prüfung von Sinn und Zweck der Vorschrift anzunehmen, so ist – gegebenenfalls unter Vernachlässigung des Wortlauts – die von der Norm beabsichtigte Regelung zu verwirklichen. Um einen Anpassungsfall handelt es sich insoweit aber nicht.

b) *Erfolgte Rechtsanwendung*

Auch die Umsetzung ausländischer Urteile samt der sich insoweit ergebenden Friktionen ist nicht dem Anwendungsbereich der Anpassung zuzuordnen. Für den Fall, dass das ausländische Urteil eine Anordnung trifft, die dem Staat, in dem es vollstreckt werden soll, unbekannt ist, trifft die Vorschrift des Art. 54 Brüssel Ia-Verordnung[635] eine Regelung[636]. In diesem Fall ist jedoch eine Transposition der fremden Anordnung in die *lex fori* zu vollziehen[637].

Fälle wie die Konkretisierung eines zu unbestimmten ausländischen Titels im Rahmen des innerstaatlichen Verfahrens der Vollstreckbarerklärung sind der Anpassung auch nicht zuzurechnen. Zwar könnte insoweit das zu überwindende Hindernis der Unbestimmtheit darauf zurückgeführt werden, dass die beteiligten Rechtsordnungen Unterschiede in der Fassung von Titeln aufweisen. Die Anpassung kann allerdings nicht auf jedwede Fallgestaltung ausgedehnt werden, die einen Unterschied in verschiedenen Rechtsordnungen aufzeigt. Das Institut behandelt seiner Natur nach Normwidersprüche, die durch die Analyse des Kollisionsrechts (gegebenenfalls in Zusammenspiel mit dem Internationalen Prozessrecht) entstanden sind. Ein Titel, der dem inländischen Bestimmtheitsgrundsatz nicht genügt, ruft keinen Normwiderspruch zwischen zur Anwendung berufenen Sachrechten hervor. Der Bezug zum fremden Recht besteht nur insoweit

---

633 Vgl. BAG, Urt. v. 26.3.2009 – 2 AZR 883/07, RIW 2009, 570 = IPRspr. 2009, Nr. 50.

634 Bezogen auf den Fall des BAG dahingehend auch *Deinert*, Anm. zu BAG, Urt. v. 29.8.2013 – 2 AZR 809/12, AP Nr. 202 zu § 1 KSchG 1969 Betriebsbedingte Kündigung.

635 Verordnung (EU) Nr. 1215/2012 des Europäischen Parlaments und des Rates über die gerichtliche Zuständigkeit und die Anerkennung und Vollstreckung von Entscheidungen in Zivil- und Handelssachen vom 12.12.2012 (S. 303).

636 Zur näheren Untersuchung dieser Vorschrift s.u. Kap. 9, B, VI.

637 Zur Transposition und der Abgrenzung von der Anpassung s.o. Kap. 1, A, I, 3, b) (S. 38).

sich die Vollstreckbarkeit des Urteils nach ihm richtet, Art. 39 Abs. 1 Brüssel Ia-VO. Ist etwa im ausländischen Urteil die Höhe der zuerkannten gesetzlichen Zinsen nicht genannt, ist der für die Vollstreckbarerklärung zuständige deutsche Richter gehalten, auf die Konkretisierung des Titels hinzuwirken[638]. Eine Anpassung im hier entscheidenden Sinne wird insoweit aber nicht vorgenommen.

IV. Der einseitige Normwiderspruch

1. *Allgemein*

In Fällen des sogenannten einseitigen Normwiderspruchs stört sich von mehreren anwendbaren Rechtsordnungen nur eine an dem aus ihrer Kombination entstandenen Rechtsanwendungsergebnis[639]. Da die kollisionsrechtliche Verweisung bezweckt, dass die Rechtsfrage nach den Wertungen der berufenen Sachrechte beantwortet wird, erscheint die Aufnahme dieses Falls in den Anwendungsbereich der Anpassung grundsätzlich erforderlich.

Hinsichtlich des einseitigen Normwiderspruchs ist auf den Fall der Anwendung deutschen Güter- und ausländischen Erbrechts abgestellt worden, von denen das letztere nur unter der Bedingung der Versagung güterrechtlicher Ansprüche einen Erbteil gewährt[640]. Was die Bewertung der Kombination konkret deutschen Güter- und griechischen Erbrechts auf die Nachlassbeteiligung eines Ehegatten angeht, so ist grundsätzlich keine Anpassungsnotwendigkeit anzunehmen. Dem griechischen Recht lässt sich nicht entnehmen, dass seine erbrechtliche Abfindung durch den Ausfall einer güterrechtlichen Beteiligung bedingt ist[641]. Ist dem ausländischen Erbrecht hingegen ein solcher Zweck zu entnehmen, so ist eine Anpassung des Ergebnisses erforderlich.

2. *Kritik an der Berücksichtigung des einseitigen Normwiderspruchs*

Kritisiert wird die Anerkennung des einseitigen Normwiderspruchs als Anpassungsfall mit der Begründung, dass die Ergebniskorrektur in diesen Fällen das Kollisionsrecht nachträglich ausschalte[642]. Insofern ist auf eine Entscheidung des

---

638 Vgl. aus jüngerer Zeit etwa OLG Hamm, Beschl. v. 3.1.2017 – 25 W 296/14, BeckRS 2017, 126764, Rn. 28.
639 S.o. Kap. 1, B, V (S. 81).
640 S.o. Kap. 1, B, V (S. 81).
641 Vgl. insoweit BGH, Beschl. v. 13.5.2015 – IV ZB 30/14, BGHZ 205, 289 (299), Rn. 40.
642 *Dannemann*, Ungewollte Diskriminierung, S. 188.

Oberlandesgerichts Celle[643] abgestellt worden[644]. Es ging dort um einen Schadensersatzanspruch gegen eine Mutter aufgrund einer behaupteten Aufsichtspflichtverletzung. Maßgeblich war jugoslawisches Tatortrecht. Ihr Sohn hatte am Steuer eines Autos einen Unfall verursacht, bei dem neben ihm selbst ein weiterer Insasse getötet wurde. Die deliktische Pflichtverletzung der Frau hing von der Frage ab, ob der Sohn zum Zeitpunkt des Unfalls als minderjährig anzusehen war. In diesem Fall war die Frau schadensersatzpflichtig. Hinsichtlich der Frage der Volljährigkeit war damaliges deutsches Recht als Personalstatut berufen, demzufolge der 19-Jährige noch minderjährig war (Volljährigkeit mit 21 Jahren). Nach jugoslawischem (Tatort-)Recht wäre allerdings von Volljährigkeit auszugehen gewesen (Volljährigkeit mit 18 Jahren). Das Gericht hat die Minderjährigkeit des Fahrers angenommen und im Ergebnis die Schadensersatzpflicht der Mutter aus dem Gesichtspunkt der Aufsichtspflichtverletzung bejaht[645].

Die Behandlung dieses Falles im Kontext des einseitigen Normwiderspruchs erfolgt, weil der Sachverhalt so verstanden werden kann, dass das jugoslawische Tatortrecht in seiner abweichenden Behandlung der Frage der Volljährigkeit zu einer Versagung des Anspruchs gekommen wäre und sich somit am Ergebnis der Rechtsanwendung stört, während die Annahme einer Aufsichtspflicht den Wertungen des deutschen Rechts entspricht.

Dieser Umstand ist es aber nicht, der in dem Sachverhalt eine Anpassung erforderlich machte. Es geht auch insoweit nicht darum, schlicht die Wertvorstellungen eines der beteiligten Rechte durchzusetzen. Die Abweichung von den jeweiligen Inlandsergebnissen begründet für sich genommen nicht die Notwendigkeit einer Korrektur. Nur das Ziel der authentischen Rechtsanwendung rechtfertigt insoweit diese Operation. Können sich die Zwecke der anwendbaren Sachnormen aufgrund der Kombination mit einer anderen Rechtsordnung nicht verwirklichen, so liegt Anpassungsbedarf vor. Das gilt unabhängig von der Frage, ob sich das „Missverständnis" in einer oder beiden der betreffenden Sachrechte zeigt.

Vorliegend ist das als Personalstatut berufene deutsche Sachrecht in den Blick zu nehmen. Indem dessen Antwort auf die Frage nach der Minderjährigkeit für maßgeblich erachtet wird, wird auch die Wertentscheidung zur Aufsichtspflicht

643 OLG Celle, Urt. v. 12.7.1965 – 5 U 77/64, NJW 1966, S. 302 = IPRspr. 1964/65, Nr. 52; in der Darstellung im Folgenden orientiert an *Looschelders*, Anpassung, S. 231 f.

644 *Dannemann*, Ungewollte Diskriminierung, S. 188 ff.

645 OLG Celle, Urt. v. 12.7.1965 – 5 U 77/64, NJW 1966, S. 302 (303) = IPRspr. 1964/65, Nr. 52.

aus dem deutschen Recht importiert. Diese kann jedoch im jugoslawischen Recht nicht über das Schicksal des Anspruchs entscheiden. Denn das auf den Schadensersatzanspruch anwendbare jugoslawische Recht bezweckte mit seinem Abstellen auf die Volljährigkeit nicht, dass 19-Jährige ausländische Fahrer beaufsichtigt werden[646]. Es ist vielmehr anzunehmen, dass die Verletzung einer durch ausländisches (hier deutsches) Recht geprägten Aufsichtspflicht nicht der von der Norm vorausgesetzten Interessenlage entspricht[647], denn das Tatortrecht befürwortete eine Beaufsichtigung von Jugendlichen unter 18 Jahren. Neunzehnjährige, die nach ihrem Heimatrecht noch minderjährig sind, sind daher gerade nicht vom Zweck der Norm erfasst. Folgt man dem Gericht, so missversteht man die Regelung im deutschen Recht, die ohne wertungsmäßigen Bezug zur Hauptfrage dasteht.

Es geht in dieser (anpassenden) Lösung nicht um eine Ausschaltung des Minderjährigenrechts[648] oder darum, das sich am Ergebnis störende Recht schlicht nicht zu beachten: Das berufene Statut hat nur über das Ob der Minderjährigkeit zu entscheiden, die Gleichwertigkeit dieser daraus sich in jenem Statut ergebenden Aufsichtspflicht mit der aktuell interessierenden Interessenlage im Rahmen der Prüfung der Schadensersatzpflicht hat aber das hierzu berufene Recht zu beurteilen[649].

Dass die einseitige Störung an sich nicht den Grund für die Korrektur bildet, verdeutlicht ein Vergleich mit der Sachlage im „Hauskindfall“[650]. Auch dort wurde das über Art. 21 EGBGB hinsichtlich der Dienstleistungspflicht berufene belgische Recht in seiner Aussage über das Nichtbestehen der Dienstleistungspflicht gleichsam „übergangen“. Dies hängt dort wie hier mit der Tatsache zusammen, dass die Aussage des berufenen Statuts bei wertender Betrachtung der beteiligten Sachnormzwecke keine Geltung beanspruchen kann. Die Antwort des Statuts, das auf die Vorfrage Anwendung findet, muss mit Blick auf die Interessenlage des in der Hauptfrage anwendbaren Rechts gesehen werden.

3. *Zusammenfassung*

Auch der einseitige Normwiderspruch, bei dem von mehreren anwendbaren Sachrechten nur eines eine Interessenstörung aufweist, gehört zum

646 *Dunz*, NJW 1966, 304.

647 Vgl. *Looschelders*, Anpassung, S. 232.

648 Dies wird eingewandt von *Dannemann*, Ungewollte Diskriminierung, S. 140, 189.

649 *Looschelders*, RabelsZ 70 (2006), 601 (606).

650 S.o. Kap. 1, B, I, 2, b) (S. 67).

Anwendungsbereich der Anpassung. Die Anpassungsbedürftigkeit liegt immer dann vor, wenn sich die Verarbeitung des Auslandsbezugs des Sachverhalts durch die kollisionsrechtliche Verweisungsentscheidung als unzureichend herausstellt, also die anwendbaren Sachnormen in ihrem Beitrag zur Beantwortung der Rechtsfrage missverstanden werden. Eine „Ausschaltung" des Kollisionsrechts besteht nur insoweit, als dies zur Verwirklichung der Wertung der berufenen Normen erforderlich ist. In diesem Fall ist das Übergehen der Aussage des berufenen Statuts gerechtfertigt.

V. Hypothetischer Normwiderspruch

1. Definition und Stimmen aus der Literatur

Beim sogenannten hypothetischen Normwiderspruch wird lediglich das Ergebnis eines in Beziehung zum aktuell zu entscheidenden Fall hypothetisch unterstellten Umkehrfalls als unbefriedigend empfunden[651]. Hier liegt ein Normwiderspruch der Bezeichnung der Fallgruppe entsprechend (noch) nicht vor. Eine Anpassung wird nur angesichts der Erwägung eines hypothetischen, spiegelbildlichen Verlangens des Anspruchsgegners diskutiert. *Wengler*[652] und *Stoll*[653] gehen von der Zugehörigkeit des hypothetischen Normwiderspruchs zum Anpassungsbereich aus.

Dannemann äußert sich kritisch gegenüber der Anerkennung des hypothetischen Normwiderspruchs als Anpassungslage: Eine solche Handhabung würde im Ergebnis dazu führen, dass die Gewährung eines Anspruchs unter den Vorbehalt der Erfüllbarkeit eines bestimmten Gegenanspruchs im Falle der Maßgeblichkeit eines anderen Statuts gestellt werde[654]. Auch *Looschelders* zweifelt an der Zugehörigkeit dieser Widerspruchslage zum Bereich der Anpassungsfragen[655], geht jedoch davon aus, dass eine wesentliche Störung der sachrechtlichen Interessenlage (und damit eine Anpassungslage) dann vorliegen könne, wenn die Gewährung des einen Anspruchs ausweislich des Zwecks der Sachnorm mit der Gegenseitigkeit „stehen und fallen" soll[656].

---

651 *Dannemann*, Ungewollte Diskriminierung, S. 179; *Looschelders*, Anpassung, S. 15; *Schröder*, Anpassung, S. 116.
652 FS Hirsch, 211 ff.
653 FamRZ 1963, 319.
654 Ungewollte Diskriminierung, S. 181.
655 Anpassung, S. 15.
656 Anpassung, S. 123.

Schröder will diese Art von Widersprüchen, die er als „latente (...) Gleichgewichtsstörungen“[657] bezeichnet, zum Anwendungsbereich der Anpassung zählen. Als Beispiel[658] führt er den Fall an, dass von zwei Brüdern einer den anderen auf Unterhalt verklagt. Dieser Anspruch soll nach einem Recht zu beurteilen sein, das die behauptete rechtliche Unterhaltspflicht kennt. Unter Anwendung des europäischen Kollisionsrechts kann man insoweit unterstellen, dass gemäß Art. 15 EuUntVO i.V.m. Art. 3 Abs. 1 HUP das Recht des gewöhnlichen Aufenthalts des berechtigten Bruders maßgeblich ist. Nach dem Recht am abweichenden gewöhnlichen Aufenthalt des zweiten Bruders soll eine solche Pflicht indes nicht bestehen. Die Versagung des Unterhaltsanspruchs des ersten Bruders wird mitunter damit begründet, dass das Unterhaltsbegehren desselben das hypothetische des zweiten im umgekehrten Falle umfasse[659]. Im europäischen IPR hat der (vermeintlich) verpflichtete Bruder jedoch nach Art. 6 HUP die Möglichkeit, dem anderen nach Art. 6 HUP entgegenzuhalten, dass das an seinem gewöhnlichen Aufenthalt geltende Recht oder das Recht der beiderseitigen Staatsangehörigkeit eine solche Pflicht nicht vorsehe.

2. *Würdigung*

Zu dem Beispiel des Unterhaltbegehrens zwischen zwei Geschwistern ist zunächst anzumerken, dass auf europäischer Ebene wohl meist eine Lösung über Art. 6 HUP erreicht werden kann. Allgemein erscheint die Notwendigkeit einer Rechtsnormmodifikation zweifelhaft, solange kein akuter Normwiderspruch festgestellt werden kann. Insoweit gilt eine ähnliche Erwägung wie im Bereich der Fallgruppe der nachfolgenden Rechtsanwendung, die nicht zum Bereich der Anpassung zu rechnen ist[660]: Dort geht es ebenso wie beim hypothetischen Normwiderspruch um eine Widerspruchssituation, die sich noch nicht realisiert hat, die aber als Anlass zur Modifikation von Normen in der jeweils aktuellen Rechtsanwendung erwogen wird.

Im Fall des hypothetischen Normwiderspruchs kann zwar die Berücksichtigung der hypothetischen Situation der Norm in gewisser Weise inhärent sein. Jedoch kann dies nichts daran ändern, dass bei Anerkennung dieser Fallgruppe die bloße Möglichkeit eines umgekehrten Begehrens eine Normmodifikation veranlasst. Somit müssten Rechtsanwender stets eine Prognose hinsichtlich der

---

657 *Schröder*, Anpassung, S. 116.
658 Diese Konstellation greift auch *Dannemann* auf, Ungewollte Diskriminierung, S. 185.
659 *Schröder*, Anpassung, S. 116 f.
660 S.o. Kap. 2, C, III, 2, a) (S. 146).

Frage vornehmen, wie sich die Parteien in Bezug auf den Anspruch künftig verhalten werden. Dies brächte eine wesentliche Einbuße an Rechtssicherheit mit sich. Die rein hypothetische Ungleichbehandlung bewirkt keinen (aktuellen) Widerspruch im anwendbaren Recht und sollte daher nicht zum Anwendungsbereich der Anpassung gezählt werden.

VI. Zusammenfassung

Nachdem eingangs zunächst die hergebrachten Fallgruppen der Anpassung dargestellt wurden[661], konnte nach Analyse der dogmatischen Grundlagen und der Notwendigkeit des Anpassens eine abschließende Aussage über ihren Anwendungsbereich getroffen werden. Das ihr zugrunde liegende Problem kann nach hier vertretener Konzeption allgemein als fehlerhafte Verwertung des Auslandsbezugs beschrieben werden. Diese fehlerhafte Verarbeitung besteht in der unpassenden Verknüpfung von Rechtsordnungsteilen, denen jeweils eine spezifische Ausgestaltung im Sachrecht zugrunde liegt, die mit der anderen maßgeblichen Ausgestaltung nicht kompatibel ist. Die Problematik lässt sich daher letztlich auf die Verschiedenheit der sachrechtlichen Ausgestaltung der Lösung bestimmter Rechtsfragen zurückführen.

Zum Anpassungsproblem gehören auch Fälle wie die des einheitlich angeknüpften Auslandssachverhalts, bei denen eine andere Rechtsordnung nicht durch kollisionsrechtliche Berufung zum Problem wird, sondern aufgrund der Entscheidung des Kollisionsrechts, keine weitere Rechtsordnung zu berufen und somit die Verarbeitung des Auslandselements einem einzigen Sachrecht zu überantworten. Aus dieser Erkenntnis lässt sich zusammenfassend folgern, dass für den Anpassungsfall solche Sachverhalte charakteristisch sind, in denen der Blick über die reguläre Rechtsanwendung herausgehen muss, indem die Bedeutung einzelner Sachrechtsanordnungen im Kontext des Auslandselements geprüft wird. Von besonderer Bedeutung ist die Frage, welcher Wert der aus einem berufenen Sachrecht gewonnenen Information in Anbetracht der Maßgeblichkeit eines anderen Sachrechts beizumessen ist.

---

661 Vgl. oben Kap. 1, B (S. 64 ff.).

Kapitel 3. Die Lösung von Anpassungsproblemen

Bereits die Definition der Anpassungslage und die Bestimmung der Kriterien für die Notwendigkeit des Anpassens haben sich als schwierig erwiesen. Es scheint das Hauptproblem der Anpassung zu sein, die anpassungsbedürftige Situation auszumachen[662]. Im Folgenden sollen die hergebrachten Lösungen des Problems dargestellt werden. Auch in diesem Bereich scheint es wenig klare Vorgaben zu geben[663]. Gleichwohl haben sich einige bewährte Lösungswege herausgebildet.

A. Die Vermeidung von Anpassungsproblemen mittels funktioneller Qualifikation oder Stufenqualifikation

Bevor die einzelnen Lösungsmöglichkeiten der Anpassung dargestellt werden, soll zunächst auf einen Gesichtspunkt eingegangen, der dem Lösen von Anpassungslagen vorgelagert ist. Es geht um die Frage, ob und in welchem Umfang sich Anpassungssituationen mittels der funktionellen Qualifikation beziehungsweise der Stufenqualifikation im Vorhinein vermeiden lassen. Auf die Randaspekte der Doppel- und Mehrfachqualifikation beziehungsweise der akzessorischen Anknüpfung soll nicht eingegangen werden. Doppel- und Mehrfachqualifikation führen tendenziell eher zu einer Vermehrung von Anpassungslagen[664], während der akzessorischen Anknüpfung kaum eigenständige Bedeutung neben der funktionellen Qualifikation zukommt.

I. Die Abgrenzung der Anpassung von der Qualifikation

Die Anpassung wird mitunter dem Bereich der Qualifikation zugeordnet: Da der Anwendungsbereich von Kollisionsnormen neu bestimmt werde, sei die

---

662 Vgl. *Dannemann*, Ungewollte Diskriminierung, S. 429, der das Erkennen der Anpassungslage als „weitaus größere intellektuelle Leistung als deren Beseitigung" bezeichnet; und *Schröder*, der das „Herausarbeiten der Anpassungsschwierigkeit, d.h. der Ursache" für „fast wichtiger als ihre Lösung" hält, Anpassung, S. 97.

663 Vgl. *Keller/Siehr*, Allgemeine Lehren, S. 454; *Kropholler*, FS Ferid, 282; *Vischer*, Tatbestände, S. 126.

664 OLG Schleswig, Beschl. vom 19.8.2013 – 3 Wx 60/13, NJW 2014, 88 (89); vgl. auch BGH, Beschl. v. 12.5.1971 – IV ZB 52/70, BGHZ 56, 193 (199) = NJW 1971, 1516 vgl. ferner *Looschelders*, Anpassung, S. 155 ff., S. 163; *Süß*, RabelsZ 65 (2001), 245 (251).

kollisionsrechtliche Anpassung als Qualifikationsproblem[665] oder „Sonderform der Qualifikation“[666] anzusehen. Eine gewisse Wechselbeziehung zwischen beiden Instituten ist jedenfalls anzunehmen[667]. Da die kollisionsrechtliche Anpassung die Erweiterung oder Einschränkung des Anwendungsbereichs einer Kollisionsnorm bedeuten kann[668], scheint es grundsätzlich denkbar, dass die Anpassung sich in ihrem Anwendungsbereich mit demjenigen der Qualifikation überschneidet. Schwierigkeiten für die Abgrenzung zwischen Anpassung und Qualifikation bereitet zusätzlich die Tatsache, dass auch die Qualifikation mitunter unterschiedlich definiert wird[669]. Auf die verschiedenen Auffassungen zur Natur der Qualifikation soll aber für die hier interessierenden Zwecke nicht weiter eingegangen werden. Zugrunde gelegt wird die anerkannte Definition, dass im Rahmen der Qualifikation die Subsumtion des Sachverhalts unter die Anknüpfungsgegenstände der Kollisionsnormen erfolgt[670].

Bezüglich der Abgrenzung der beiden Institute wird mitunter darauf hingewiesen, dass die Anpassungsprobleme sich erst zeigen, wenn die Qualifikation schon abgeschlossen ist, sodass diese mit der Anpassung nichts zu tun haben könne[671]. Dieser Ansatzpunkt ist zustimmungswürdig. Die Anpassung kann erst notwendig werden, wenn die potenziell anwendbaren Sachnormen unter die kollisionsrechtlichen Systembegriffe subsumiert worden sind[672]. Folglich stellt sich die Qualifikation als eine kollisionsrechtliche Aufbereitung des Sachverhalts dar, während die Anpassung den gesetzlichen Tatbestand von Kollisionsnormen verändert[673]. Die Qualifikation ist beim Feststellen der Anpassungsnotwendigkeit immer schon abgeschlossen[674]. Es geht bei der Anpassung nicht um die

665 *Kegel/Schurig*, IPR, § 8 I; ähnlich auch *Jaksic*, YPIL XVII (2015/2016), 527 (548); *Schnyder*, Anwendung fremden Sachrechts, S. 187 f.

666 *Firsching*, Deutsch-Amerikanische Erbfälle, S. 35.

667 Vgl. *Stoll*, Rezension *Schröder*, FamRZ 1963, 319 (dort Fn. 3); zur Bedeutung der Qualifikation des Zugewinnausgleichs für den Witwenfall s.o. Kap. 1, A, II, 1, d).

668 Zu den Möglichkeiten der Vornahme der kollisionsrechtlichen Anpassung s.u. Kap. 3, C.

669 *Looschelders*, Anpassung, S. 139; MüKo/*Sonnenberger*, 5. Aufl., Einl. IPR Rn. 484.

670 *Bernasconi*, Qualifikationsprozess, S. 63; MüKo/*von Hein*, Einl. IPR Rn. 108; *von Hoffmann/Thorn*, IPR, S. 222; *Kegel/Schurig*, IPR, § 7 I; *Kropholler*, IPR, § 15 I.

671 *Lüderitz*, IPR, Rn. 199.

672 Vgl. MüKo/*Sonnenberger*, 5. Aufl., Einl. IPR Rn. 593.

673 *Looschelders*, Anpassung, S. 210.

674 Vgl. *Cansacchi*, Rec. des cours 1953-II, 81 (115).

abstrakte Einordnung von Anknüpfungsgegenständen, sondern um diese schon erfolgte Einordnung im Einzelfall zu korrigieren[675].

II. Die funktionelle Qualifikation

1. *Allgemeines und Abgrenzung zur kollisionsrechtlichen Anpassung*

Die funktionelle oder teleologische Qualifikation zielt darauf ab, die Zwecke der Kollisionsnorm und die Zwecke der in Betracht kommenden Sachnorm in Einklang zu bringen[676]. Hierbei werden die Systembegriffe der Kollisionsnormen so weit ausgelegt, dass sie alle ausländischen Regelungen erfassen[677]. Diese Auslegung erfolgt entsprechend der jeweiligen Funktion des betreffenden Rechtsinstituts. Dieses Vorgehen leistet insbesondere gute Dienste, soweit es um die Qualifikation solcher Rechtsinstitute geht, die dem deutschen Recht unbekannt sind[678]. Ihre Grenzen erfährt diese Methode aber dann, wenn der Normwiderspruch nicht auf rein systematischen, sondern auf inhaltlichen Abweichungen beziehungsweise Wertungsunterschieden zwischen den anwendbaren Sachrechten beruht[679].

Auch mit der Anpassung besteht eine Verwandtschaft. Die funktionelle Qualifikation ist als Ausprägung der teleologischen Auslegung von Kollisionsnormen zu verstehen[680]. Sie ermöglicht die einheitliche Anknüpfung einer Rechtsfrage, die von den beteiligten Sachrechten in unterschiedlichen Regelungsbereichen behandelt wird[681]. Die funktionelle Qualifikation bewirkt zur Überwindung von Systemunterschieden in verschiedenen Rechtsordnungen eine Verweisung auf sämtliche Vorschriften eines Rechts[682]. Folglich lässt sich durch sie Normenmangel vermeiden[683]. Daran wird deutlich, dass die funktionelle Qualifikation der teleologischen Grenzverschiebung ähnlich ist. Dem entspricht es, dass der Anwendungsbereich der funktionellen Qualifikation mitunter auf eine einzelfallbezogene Korrektur von Wertungswidersprüchen erstreckt wird[684]. Definiert

---

675 *Gössl*, RabelsZ 2018, S. 618 (636).

676 *von Hoffmann/Thorn*, IPR, § 6 Rn. 30; *Kropholler*, IPR, § 17 I.

677 *Rauscher*, IPR, § 4 Rn. 464.

678 MüKo/*von Hein*, Einl. IPR Rn. 118.

679 *Looschelders*, Anpassung, S. 153.

680 *Kropholler*, IPR § 17 I; *Looschelders*, Anpassung, S. 151.

681 *Looschelders*, Anpassung, S. 152.

682 *Rauscher*, IPR, § 4 Rn. 464.

683 Bamberger/Roth/*Lorenz*, Einl. IPR Rn. 90; *ders.*, BeckOK BGB/EGBGB Rn. 90; *Looschelders*, Anpassung, S. 152; *Wendehorst*, FS Sonnenberger, 743 (757).

684 MüKo/Sonnenberger, 5. Aufl., Einl. IPR, Rn. 584, 593.

man den Anwendungsbereich der Operation derart weit, so kann auf das kollisionsrechtliche Mittel der Anpassung in Gestalt von teleologischer Reduktion und Extension als gesondertem Behelf zur Auflösung von Normwidersprüchen grundsätzlich verzichtet werden[685].

Ob man zur Korrektur von Wertungswidersprüchen die kollisionsrechtliche Anpassung oder die funktionelle Qualifikation verwendet, bedeutet in erster Linie einen terminologischen Unterschied[686]. Wie allerdings herausgearbeitet wurde[687], stehen die Anwendungsbereiche von Qualifikation und Anpassung in einem Stufenverhältnis zueinander. Erst wenn die jeweilige Norm qualifiziert ist, kann Anpassungsbedarf festgestellt werden. Daher erscheint es sinnvoll, die einzelfallbezogene Abänderung den Mitteln der Anpassung vorzubehalten und die funktionelle Qualifikation als Vorstufe im Verhältnis zur Anpassung anzusehen[688]. Die terminologische Differenzierung zwischen (einzelfallbezogener) Anpassung und (regulärer) Qualifikation unterstreicht somit die jeweiligen Funktionen der beiden Operationen[689].

2. *Vermeidung von Anpassungslagen durch funktionelle Qualifikation*

Die Vermeidung eines Normenmangels durch funktionelle Qualifikation kann in einer Entscheidung des Landgerichts Kiel beobachtet werden[690]. Dort ging es um die Frage, ob der Direktor der in das Verfahren involvierten englischen Private Limited Company nach § 64 S. 1 GmbHG in Anspruch genommen werden konnte. Das Gericht qualifizierte die deutsche Vorschrift entsprechend ihrem Zweck in Gestalt des Verkehrsschutzes insolvenzrechtlich[691]. Auch der EuGH hat in jüngerer Zeit in der Rechtssache *Kornhaas* klargestellt, dass die deutsche Norm nach autonomer Qualifikation vom Insolvenzstatut erfasst ist[692]. Die Vorinstanz im deutschen Verfahren hingegen hatte noch eine gesellschaftsrechtliche Qualifikation befürwortet[693].

---

685 Vgl. MüKo/*von Hein*, Einl. IPR Rn. 244.

686 So auch *Looschelders*, FS von Hoffmann, 266 (268 f.).

687 S.o. Kap. 3, A, I (S. 155).

688 Zur Kritik an der kollisionsrechtlichen Anpassung allg. s.u. Kap. 3, C, II, 1 (S. 167 ff.).

689 MüKo/*von Hein*, Einl. IPR Rn. 244.

690 LG Kiel, Urt. v. 20.4.2006 – 10 S 44/05, EuZW 2006, 478.

691 LG Kiel, Urt. v. 20.4.2006 – 10 S 44/05, EuZW 2006, 478.

692 EuGH, Urt. v. 10.12.2015 – C-594/14 – *Kornhaas*, ECLI: EU: C:2015:806, NJW 2016, 223.

693 AG Bad Segeberg, Urt. v. 24. 3. 2005 – 17 C 289/04, NZI 2005, 411 (412); auch das AG bescheibt die im Fall angelegte Anpassungsproblematik: „So halten sowohl das

Wäre das Landgericht dem in zweiter Instanz gefolgt, so wäre eine Haftung des Gesellschafters wegen Insolvenzverschleppung nicht in Betracht gekommen, obwohl dies bei entsprechender Zuständigkeit der englischen Gerichte nach den Grundsätzen des *Wrongful Trading* der Fall gewesen wäre[694]. Das Institut des *Wrongful Trading* ist der inländischen Haftung nach § 64 S. 1 GmbHG vergleichbar und erlaubt dem Insolvenzverwalter gemäß Sec. 214 Insolvency Act (IA) 1986, Ansprüche gegen den Direktoren einer Gesellschaft wegen Insolvenzverschleppung geltend zu machen[695]. Konkret hat der Direktor bei Vorhersehbarkeit der finanziellen Krise der Gesellschaft Schritte zu unternehmen, die potenzielle Verluste der Gesellschaftsgläubiger minimieren[696].

Das aus einer gesellschaftsrechtlichen Qualifikation des § 64 GmbHG folgende Ausbleiben der insolvenzbezogenen Haftung des Gesellschafters ist indes ein Ergebnis, das dem widersprochen hätte, was die beteiligten Rechtsordnungen für sich genommen im konkreten Sachverhalt bezweckten. Demnach hat die funktionelle Qualifikation als insolvenzrechtliche Vorschrift[697] entsprechend dem Zweck der in Betracht kommenden Sachnorm einen Normenmangel vermieden[698], der sich im Falle einer abweichenden Qualifikation ergeben hätte.

Eine funktionelle Qualifikation im „Witwenfall" würde grundsätzlich bedeuten, entweder die güterrechtlichen Vorschriften des Erbstatuts erbrechtlich oder die erbrechtlichen Vorschriften des Güterstatuts güterrechtlich zu qualifizieren[699]. Bei der Entstehung des Normwiderspruchs hat die güterrechtliche Qualifikation des deutschen Zugewinnausgleichs eine zentrale Rolle gespielt. Da nach der Rechtsprechung des EuGH in der Rechtssache *Mahnkopf*[700] fortan insoweit die erbrechtliche Qualifikation gilt, hat auch die Frage der funktionellen

---

deutsche als auch das englische System Regularien im Gesellschafts- und Insolvenzrecht bereit, um möglichem Missbrauch zu begegnen. Dieses abgestimmte System wird aber in sich brüchtig, wenn nunmehr einzelne Aspekte herausgelöst und nach unterschiedlichen Rechtsordnungen bewertet werden.", NZI 2005, 411 (413).

694 Vgl. LG Kiel, Urt. v. 20.4.2006 – 10 S 44/05, EuZW 2006, 478 (479).

695 Zur Vorschrift eingehend *Servatius*, in: *Henssler/Strohn* (Hrsg.), Gesellschaftsrecht Rn. 165 ff.

696 *Servatius*, in: *Henssler/Strohn* (Hrsg.), Gesellschaftsrecht Rn. 167.

697 Zu den Argumenten für eine insolvenzrechtliche Qualifikation vgl. *Hübner*, IPRax 2015, 297 (300).

698 Ebenso *Eidenmüller*, NJW 2005, 1618 (1621).

699 Vgl. *Benicke*, FS Schapp, 2010, 61 (74 f.); *von Hoffmann/Thorn*, IPR § 6 Rn. 36; *Kegel*, FS Lewald, 259 (285); *Keller/Siehr*, IPR§ 35 III 2; *Kropholler*, FS Ferid, 279 (284); *Looschelders*, Anpassung, S. 299 f.

700 S.o. Kap. 1, A, II, 2, b) (S. 48).

Qualifikation zur Auflösung des Widerspruchs zwischen Güter- und Erbstatut eine andere Bedeutung. Eine im Fall des Normenmangels[701] zu erwägende güterrechtliche „Umqualifikation" des europäisch erbrechtlich zu verstehenden § 1371 Abs. 1 BGB würde insbesondere die klare Vorgabe des EuGH missachten. Allgemein ist insoweit anzumerken, dass die Qualifikation sich mit dieser Operation ohnehin weit aus ihrem regelmäßigen Anwendungsbereich entfernt, indem sie letztendlich Normwidersprüche überbrückt und dies mit Mitteln geschieht, die sich mit denen der kollisionsrechtlichen Anpassung weitgehend überschneiden[702].

Zwar ist es grundsätzlich zweitrangig, wie die Operation zur Auflösung des Normwiderspruchs im Einzelnen genannt wird. Doch ist zu beachten, dass die einheitliche Anknüpfung der Rechtsfrage nicht durchgehend geeignet ist, Wertungswidersprüche sachgerecht und im Einklang mit dem Verhältnismäßigkeitsgrundsatz aufzulösen[703]. Vorrangig zu prüfen bleiben sachrechtliche Lösungen. Die Beseitigung von Normwidersprüchen sollte der Klarheit halber einheitlich der Anpassung unterliegen, in deren Rahmen eine dogmatisch kohärente Strukturierung der einzelnen Lösungswege auf kollisions- und sachrechtlicher Ebene erfolgen kann. Daraus ist zu folgern, dass der für Normwidersprüche gebrauchte Teilbereich der funktionellen Qualifikation zumindest nicht generell Anpassungslagen aufzulösen vermag[704].

3. *Vermeidung einer Anpassungslage durch europäisch-autonome Qualifikation*

a) *Urteil des Bundesgerichtshofs zur Aufrechnung unter Geltung des UN-Kaufrechts*

Ein Beispiel für die Verhinderung einer Anpassungslage durch europäisch-autonome Qualifikation kann in einer Entscheidung des Bundesgerichtshofs aus dem Jahr 2014, in der die Anwendbarkeit des Wiener UN-Kaufrecht (CISG)[705]

---

701 Zum Normenmangel im europäischen „Witwenfall" bei Anwendbarkeit deutschen Güterrechts und italienischen Erbrechts s.o. Kap. 1, B, I, 3, a) (S. 68).

702 Vgl. MüKo/*von Hein*, Einl. IPR Rn. 244.

703 Vgl. insofern die Begründung des Vorrangs der materiellrechtlichen Anpassung, oben Kap. 2, A, IV, 3, a), aa) (S. 107).

704 Vgl. *Jayme*, FS Ferid, 221 (230): „(...) sie [d.h. die Qualifikation] allein löst aber das Problem nicht.".

705 Wiener UN-Übereinkommen über Verträge über den internationalen Warenkauf vom 11. April 1980 (BGBl. 1989 II, S. 588).

in Rede stand gesehen werden[706]. Unter anderem war fraglich, ob die deutsche Beklagte gegen die von der italienischen Klägerin geltend gemachte Forderung mit eigenen Gegenforderungen aufrechnen konnte. Das Gericht stellte fest, dass nach Art. 17 Abs. 1 Rom I-VO für die Aufrechnung das Recht maßgebend sei, dem die Hauptforderung unterlag. Da das danach bezeichnete maßgebliche UN-Kaufrecht aber jedenfalls dann keine Voraussetzungen für eine Aufrechnung bereithalte, wenn die Ansprüche sich nicht aus einem ausschließlich dem Staatsvertrag unterliegenden Vertragsverhältnis ergäben[707], sei das gemäß Art. 4 Abs. 1 lit. a Rom I-VO i.V.m. Art. 19 Abs. 1 Rom I-VO bestimmte Recht maßgeblich. Indem der Bundesgerichtshof das CISG für diese Frage nicht anwendbar erklärt, trifft er zugleich auch eine Aussage über den Anwendungsbereich der Rom I-Verordnung, die in der Folge zur Beantwortung der Frage berufen ist. Dieser Umstand hätte bereits eine Entscheidung des EuGH erforderlich machen können[708]. Diesem Gesichtspunkt soll hier jedoch nicht näher nachgegangen werden. Die Aufrechnung sollte der Erkenntnis des Gerichts zufolge dem italienischen Recht als Ort des Sitzes der Hauptverwaltung der Klägerin unterliegen.

In Betracht kamen die gesetzliche und die gerichtliche Aufrechnung, die in Art. 1252 Cc vorgesehen sind. Die Voraussetzungen der gesetzlichen Aufrechnung (*Compensazione legale*, Art. 1242 Abs. 1 Cc) waren dem Gericht zufolge nicht gegeben: Dafür hätten die aufrechenbaren Forderungen fällig sein und feststehen müssen, sie wurden jedoch bestritten. Auch die gerichtliche Aufrechnung (*Compensazione giudiziale*) nach Art. 1242 Abs. 2 Cc[709], so das Gericht, könne nicht erfolgen, weil es am Erfordernis der leichten und schnellen Feststellbarkeit der Forderungen fehle. Der Bundesgerichtshof befragte in der Folge die von ihm prozessrechtlich qualifizierte italienische Norm auf ihren materiellen Gehalt, welcher der Regelung in §§ 387 ff. BGB ähneln sollte[710] und wandte Art. 1243

---

706 BGH, Urt. v. 14.5.2014 – VIII ZR 266/13, RIW 2014, 526; Anmerkungen von *Magnus*, LMK 2014, 361173; *Mankowski*, JZ 2015, 50; *Schroeter/Nemeczek*, EWiR 2014, 775; *Wendelstein*, IPRax 2016, 572; vgl. auch die Entscheidungen des OLG Stuttgart, Urt. v. 21.8.1995 – 5 U 195/94, RIW 1995, 943 und des LG München I, Urt. v. 20.3.1995 – 10 HKO 23750/94, RIW 1996, 688.

707 BGH, Urt. vom 14.5.2014 – VIII ZR 266/13, RIW 2014, 625, Rn. 17; vgl. zu dieser Frage der Aufrechnung im Rahmen des CISG Rauscher/*von Hein*, Art. 17 Rom I-VO Rn. 8 mwN.

708 Vgl. Rauscher/*von Hein*, Art. 17 Rom I-VO Rn. 8 mwN.

709 Vgl. allgemein zu der Thematik der Aufrechnung bei verjährtem Gewährleistungsanspruch nach italienischem Kaufrecht im Verhältnis zum UN-Kaufrecht *Stürner*, RIW 2006, 338.

710 BGH RIW 2014, 526 (528).

Abs. 2 Cc an. Die Richter prüften weiter die Voraussetzungen der Aufrechnung, die im italienischen Prozessrecht aufgestellt sind. Das Ergebnis der regulären Rechtsanwendung hätte in der Feststellung gemündet, dass eine Aufrechnung mit den erhobenen Gegenansprüchen nicht durchgeführt werden kann.

b) Beurteilung unter Anpassungsgesichtspunkten

Mitunter wird in der Fallgestaltung ein Anpassungsproblem gesehen[711]. Dem wäre zuzustimmen, wenn man das Ausbleiben der autonomen Qualifikation des Art. 17 Rom I-VO unterstellt: Die Besonderheit dieser Entscheidung liegt darin, dass die vom Gericht diskutierte und angewendete italienische Vorschrift prozessualer Natur ist. Die Prozessaufrechnung allerdings unterliegt der *lex fori processus*[712], die in diesem Fall deutsches Recht war. Das Gericht überging in der Lösung des Problems demnach den Umstand, dass die europäische Kollisionsnorm auf italienisches Sachrecht verwies. Diese Vorgehensweise wäre unter Anpassungsgesichtspunkten gerechtfertigt, weil die Spaltung zwischen Sach- und Prozessrecht in dieser Konstellation einen anpassungsbedürftigen Widerspruch hervorruft. Die übereinstimmende Gemeinsamkeit, von der das vorläufige Rechtsanwendungsergebnis abweicht, besteht in der Gewährung der Möglichkeit einer Aufrechnung beziehungsweise der Zurverfügungstellung entsprechender Voraussetzungen. Eine Abweichung von dieser Wertung war auch nicht etwa aufgrund der Besonderheiten des Auslandsachverhalts gerechtfertigt.

Denn befragt man das italienische Sachrecht, hält dieses zwar aufgrund der prozessualen Ausgestaltung des Aspektes keine entsprechende Antwort bereit[713]. Daraus würde aber folgen, dass die vom Beklagten geltend gemachte Aufrechnung nicht geprüft werden kann. Blickt man auf die Ausgestaltung der Frage im italienischen Sachrecht, wird ersichtlich, dass diesem aus der fehlenden materiellen Regelung nicht auch eine dahingehende Absicht entnommen werden kann, da die prozessualen Normen die Aufrechnungsmöglichkeit durchaus bereitstellen. Das italienische Sachrecht würde unter einer abweichenden Anwendung also gleichsam missverstanden. Die Prüfung des Zustandekommens der Antwort des berufenen Rechts schafft insofern Klarheit über die Zwecke des Sachrechts. Das

711 *Magnus*, LMK 2014, 361173; eine Substitution nimmt hingegen *Mankowski* an, JZ 2015, 50 (52).

712 Rauscher/*von Hein*, Art. 17 Rom I-VO Rn. 9.

713 Aufgrund dieser Sachlage hat denn auch das OLG Stuttgart abweichend von der hier angeführten Rspr. des BGH entschieden, dass die Aufrechnungsmöglichkeit nur von den materiellrechtlichen Voraussetzungen des italienischen Rechts abhängt, OLG Stuttgart, Urt. v. 21.8.1995 – 5 U 195/94, RIW 1995, 943 (944).

hypothetische Ergebnis der Rechtsanwendung hätte diesen Zwecken widersprochen. Das vorzugswürdige Ergebnis, eine Aufrechnung zuzulassen, ergibt sich aus dem Einbezug der Betrachtung der Regelung im deutschen Recht (§§ 387 ff. BGB) und der damit verbundenen Absicht, eine Aufrechnung unter bestimmten Voraussetzungen zuzulassen.

c) Die europäisch-autonome Qualifikation des Art. 17 Rom I-VO

Vorliegend konnte dieses Ergebnis jedoch einfacher über die vorgelagerte Qualifikationsproblematik gelöst werden. Die maßgebliche europäische Vorschrift ist autonom dahingehend zu qualifizieren, dass sie sowohl auf die automatische Verrechnung von Forderungen als auch auf die Aufrechnung im Prozess verweist[714]. Insofern war damit keine Anpassung des Ergebnisses erforderlich, das ansonsten in die Fallgruppe des Auseinanderfallens von Sach- und Prozessrecht hätte eingeordnet werden können[715].

III. Die Stufenqualifikation

Die sogenannte Stufenqualifikation könnte ebenfalls der Vermeidung von Anpassungsproblemen dienen. Bei der vornehmlich in Österreich und der Schweiz entwickelten[716] Art der Qualifikation wird in einem ersten Schritt der betreffende Sachverhalt nach Maßgabe der *lex fori* der entsprechenden Kollisionsnorm zugeordnet, während im Anschluss auf zweiter Stufe *lege causae* bestimmt wird, welche Vorschriften unter die Verweisung fallen[717].

Eine Spielart der Stufenqualifikation ist die kanalisierte Verweisung. Nach ihr bezieht sich die kollisionsrechtliche Verweisung nur auf denjenigen Teil des Sachrechts, der dem Verweisungsbegriff der inländischen Kollisionsnormen funktionell gleichwertig ist[718]. Diese Vorgehensweise führt allerdings, indem nur ein begrenztes Teilgebiet der betreffenden Rechtsordnung berufen wird, häufig zu Normenmangel. Die Operation beugt nur dann Anpassungsschwierigkeiten

714 Rauscher/*von Hein*, EuZPR/EuIPR, Art. 17 Rom I-VO Rn. 9; MüKo/*Spellenberg*, Art. 17 Rom I-VO Rn. 6.

715 Dass im Ergebnis kein Unterschied im Ergebnis zwischen beiden Ansätzen besteht, konstatiert zu Recht *Wendelstein*, IPRax 2016, 572 (575, dort Fn. 16).

716 Vgl. *von Bar/Mankowski*, IPR I, § 7 Rn. 159; *Dannemann*, Ungewollte Diskriminierung, S. 459; *Looschelders*, Anpassung, S. 147.

717 *Schwind*, IPR, Rn. 62; *ders.*, Handbuch des Österreichischen IPR, S. 48; vgl. auch *Dannemann*, Ungewollte Diskriminierung, S. 459; MüKo/*Sonnenberger*, 5. Aufl., Einl. IPR Rn. 489.

718 *Schwimann*, ÖJZ 1980, 7 (10).

vor, wenn die Qualifikation auf beiden Ebenen zum gleichen Ergebnis führt[719]. Diese Variante scheint folglich wenig geeignet, Anpassungsschwierigkeiten umfassend präventiv zu begegnen.

Die Theorie der offenen Verweisung, nach der sämtliches ausländisches Recht schlechthin berufen wird[720], ist grundsätzlich dazu geeignet, Normenmangel zu vermeiden. Sie versagt allerdings, sobald ein einheitliches Ordnungsziel wie die Beteiligung des überlebenden Ehegatten am Nachlass des verstorbenen in mehrere Unterfunktionen aufgespalten wird: in diesem Fall ergibt sich eine Normenhäufung[721]. Die Stufenqualifikation verhindert Anpassungsprobleme letztlich nur, sofern die Rechtsfrage auf erster Stufe dem Sachrecht einer einzigen Rechtsordnung zugewiesen werden kann[722]. Dieses Ergebnis kann jedoch keine zufriedenstellende Lösung zur vorbeugenden Behandlung von Anpassungsproblemen sein. Folglich sind sowohl die funktionelle als auch die Stufenqualifikation nur in eingeschränktem Ausmaß dazu geeignet, Anpassungsfälle zu vermeiden.

B. Rangverhältnis der Lösungsansätze

Nachdem die Abgrenzung der Anpassung von der Qualifikation erfolgt ist, sollen nun die verschiedenen Lösungsansätze zum Anpassungsproblem untersucht werden, die schon an mehreren Stellen angeklungen sind[723]. Die Anpassung erfolgt entweder auf Ebene des IPR oder des materiellen Rechts.

I. Verhältnis zwischen kollisionsrechtlichen und sachrechtlichen Lösungen

Hinsichtlich des Rangverhältnisses von kollisions- und materiellrechtlichen Lösungen wird mitunter davon ausgegangen, dass vorrangig kollisionsrechtlich anzupassen sei[724]. Begründet wird dies damit, dass die Widersprüchlichkeit des Ergebnisses gerade durch das Kollisionsrecht in seiner ihm eigenen

719 *Looschelders*, Anpassung, S. 147 ff.

720 *Scheucher*, ZfRV 2 (1961), 228 ff.

721 *Schwimmann*, ÖJZ 1977, 85; *Looschelders*, Anpassung, S. 149 f.; *Dannemann*, Ungewollte Diskriminierung, S. 459.

722 *Dannemann*, Ungewollte Diskriminierung, S. 460.

723 Z.B. oben Kap. 1, A, II 1 (S. 43 ff.), Kap. 2, A, IV, 2, 3 (S. 104 ff., 107 ff.).

724 Dahingehend z.B. Erman/*Hohloch*, Einl Art 3-47 EGBGB Rn. 57, der aber einschränkend darauf verweist, dass letztendlich der Einzelfall hinsichtlich der Wahl der Methode maßgeblich sei; mit Einschränkungen auch *Kropholler*, IPR § 34 IV 2d; NK-BGB/*Freitag*, EGBGB Art. 3 Rn. 38.

Vorgehensweise verursacht worden sei[725]. Auch ein Vorrang der Anpassung auf Ebene des Sachrechts wird zum Teil befürwortet[726]. Insoweit wird angeführt, dass der Normwiderspruch schließlich auf Ebene des Sachrechts entstanden sei[727]. Auch wird insoweit vorgebracht, dass erst nach dem Scheitern des Versuchs einer sachgerechten, sinngemäßen Anwendung des materiellen Rechts (und damit der materiellrechtlichen Anpassung) kollisionsrechtlich anzupassen sein soll[728]. Andere gehen davon aus, dass ein Rangverhältnis zwischen den Lösungswegen nicht bestehe, sondern vielmehr eine Interessenabwägung zwischen den Lösungsmodellen im Einzelfall vorzunehmen sei[729] beziehungsweise relative Austauschbarkeit zwischen den Lösungsvarianten bestehe[730].

II. Würdigung

Die in der Literatur vertretenen Begründungsansätze für den Vorrang einer der Lösungen scheinen im Ergebnis darauf zurückgeführt zu werden, ob der für die Lösung des Anpassungsproblems maßgebliche Aspekt eher in seiner Ursache (dann kollisionsrechtliche Lösung) oder in seinem Sichtbarwerden (dann eher Lösung auf Ebene des Sachrechts) liegt. Einer solchen Differenzierung ist allerdings entgegenzuhalten, dass sie rein formal und wenig aussagekräftig ist[731]. Maßgebend muss vielmehr sein, welche Vorgehensweise dem grundsätzlichen Charakter des Anpassungsproblems am besten gerecht wird. Vor diesem Hintergrund erscheint die sachrechtliche Anpassung aufgrund der dogmatischen Grundlagen des Instituts vorzugswürdig[732]. Im Anpassungsfall werden die Zwecke des anwendbaren Sachrechts verfehlt. Die Verhältnismäßigkeit gebietet es in diesem Fall, die Zwecke der berufenen Sachrechtsausschnitte bestmöglich

---

725 *Kegel*, FS Lewald, S. 285; *Lüderitz*, IPR, Rn. 198; *Neuhaus*, Grundbegriffe, S. 358.

726 BGHZ 205, 289 Rn. 31 u. 34, NJW 2015, 2185; *von Bar/Mankowski*, IPR I, § 7 Rn. 257; *Benicke*, FS Schapp, 61 (69); *Köhler*, in: *Gierl/Köhler/Kroiß/Wilsch* (Hrsg.), Internationales Erbrecht, Rn. 151; *Schröder*, Anpassung, S. 95; MüKo/*Sonnenberger*, 5. Aufl., Einl. IPR Rn. 593; wohl auch *Holleaux/Foyer/Geouffre de La Pradelle*, D.i.p., S. 311 (Nr. 636).

727 Vgl. dazu *Looschelders*, Anpassung, S. 164; dahingehend MüKo/*Sonnenberger*, 5. Aufl., Einl. IPR, Rn. 593.

728 *Looschelders*, Anpassung, S. 210 f.

729 *Kegel/Schurig*, IPR, § 8 III 1; Soergel/*Kegel*, vor Art. 3 EGBGB, Rn. 158.

730 *Stoll*, FS Kegel (1987), 643.

731 Vgl. MüKo/*von Hein*, Einl. IPR Rn. 255.

732 Zu den Grundlagen der Dogmatik zwischen den Rechtsanwendungsebenen s.o. Kap. 2, A, IV (S. 103 ff.).

durch Modifikation der Normen zur Geltung zu bringen. Das Rekurrieren auf die kollisionsrechtliche Ebene ohne eine derartige Prüfung würde ein vorschnelles Übergehen des Verweisungsbefehls bedeuten[733]. Die sachrechtliche Anpassung stellt vielmehr sicher, dass die kollisionsrechtliche Wertentscheidung im Anpassungsfall bestmöglich aufrechterhalten wird. Das Kollisionsrecht bringt mit dem Verweis auf unterschiedliche Rechtsordnungen zum Ausdruck, dass die Rechtsfrage gerade nicht nur durch eine Rechtsordnung beurteilt werden soll, was allerdings das Ergebnis der Vornahme einer kollisionsrechtlichen Grenzverschiebung im Rahmen der Lösung auf Ebene des IPR wäre. Demnach wird die Sachrechtslösung dem Willen des IPR besser gerecht[734]. Für die vorrangige Modifikation auf Ebene des Sachrechts spricht aber auch, dass die Wirkungen kollisionsrechtlicher Lösungen häufig pauschal und weitreichend sind, während die Sachrechtsmodifikation feinere Differenzierungen ermöglicht[735]. Wo die Sachrechtsmodifikation allerdings ihre Grenzen erfährt, ist auf Ebene des Kollisionsrechts anzupassen.

C. Kollisionsrechtliche Lösungsmodelle

Kollisionsrechtliche Lösungsmodelle beheben die den Anpassungslagen eigenen Widersprüchlichkeiten durch eine modifizierte Anwendung der einschlägigen Kollisionsnormen.

I. Allgemein

Bei der Untersuchung der Grundlagen der Anpassung hat sich gezeigt[736], dass die Sachnormmodifikation im Rahmen der materiellrechtlichen Anpassung in der Absicht erfolgt, den ursprünglichen kollisionsrechtlichen Verweisungsbefehl angesichts der durch den Auslandsbezug hervorgerufenen, wesentlich gestörten Interessenlage durch das Aufrechterhalten der berufenen Wertungen so weit wie möglich zu verwirklichen. Die materiellrechtliche Anpassung ist als Fortsetzung des ursprünglichen Ziels des Kollisionsrechts anzusehen, in der sich die originäre Verweisungsentscheidung indes nur sinngemäß mittels Modifikation der Sachnormen verwirklicht. Wenn dies nicht ohne wesentliche Verfälschung des

---

733 Vgl. oben. Kap. 2, A, IV, 2 (S. 104 ff.).

734 *Schwarz*, Der Zugewinnausgleich im Todesfall bei Anwendung ausländischen Erbrechts, S. 126.

735 Staudinger/*Dörner*, Art. 25 EGBGB Rn. 749; *Kegel/Schurig*, IPR, § 8 III 2; *Köhler*, in: *Gierl/Köhler/Kroiß/Wilsch* (Hrsg.), Internationales Erbrecht, Rn. 151.

736 S.o. Kap. 2, A, IV, 2 (S. 104 ff.).

Sachrechts durchzuführen ist, ist in der Folge auf kollisionsrechtliche Modelle zurückzugreifen. Da die kollisionsrechtlichen Lösungsmodelle sämtlich mit einer neuen Anknüpfungsentscheidung einhergehen, ist in dieser Lösungsvariante die engste Verbindung des Sachverhalts nicht die primäre Richtschnur[737]. Denn die engste Verbindung, die in der ursprünglichen Anknüpfungsentscheidung ausgedrückt war, konnte in dieser Situation durch die berufenen Sachrechtsausschnitte nicht sinnvoll verwirklicht werden. Die kollisionsrechtliche Modifikation muss sich daher nach anderen Maßgaben richten.

II. Grenzverschiebungen

1. *Die teleologische Reduktion und Extension von Kollisionsnormen*

Um Widersprüche zwischen mehreren berufenen Rechtsordnungen aufzulösen, kann eine einheitliche Anknüpfung der Rechtsfrage nützlich sein[738]. Hierfür wird in der Literatur vor allem die Möglichkeit von Grenzverschiebungen im Anwendungsbereich der Normen vorgebracht[739]. Auch der Bundesgerichtshof hat diese Art der Auflösung des Normwiderspruchs anerkannt. Er stellte mit Blick auf die Anpassung in Staatsverträgen fest, dass zur Auflösung des Normwiderspruchs unter anderem die betreffende Kollisionsnorm modifiziert werden könne[740].

Bei dieser Variante der Modifikation wird bildlich gesprochen der Anwendungsbereich der einen maßgeblichen Kollisionsnorm auf Kosten des Anwendungsbereichs der anderen ausgedehnt[741]. Dogmatisch werden diese Vorgänge mittels teleologischer Reduktion und Extension verwirklicht[742]: Der Anwendungsbereich der einen Kollisionsnorm wird erweitert, derjenige der anderen eingeschränkt. So wurde unter Geltung des autonomen IPR beispielsweise im „Witwenfall" vorgeschlagen, entweder den Anwendungsbereich des Art. 15 EGBGB a.F. (jetzt: Art. 26 EuGüVO) auch auf erbrechtliche Aspekte

737 Vgl. oben. Kap. 2, A, IV, 3, b) (S. 111 ff.).

738 *von Bar/Mankowski*, IPR, § 7 Rn. 257; *von Hoffmann/Thorn*, IPR, § 6 Rn. 36; *Keller/Siehr*, Allgemeine Lehren, S. 454; *Kropholler*, IPR, § 34 IV 1; *Vitta*, Corso di diritto internazionale privato e processuale, S. 168.

739 *von Bar/Mankowski*, IPR, § 7 Rn. 257; *von Hoffmann/Thorn*, IPR, § 6 Rn. 36; *Kegel/Schurig*, IPR, § 8 III 1; *Kropholler*, IPR, § 34 IV; *ders.*, FS Ferid, 279 (284).

740 BGH, Urt. v. 15.1.1986 – IV b ZR 75/84, FamRZ 1986, 345 (347).

741 *Kegel/Schurig*, IPR, § 8 III 1; *Larenz*, Methodenlehre, S. 379; *Lüderitz*, IPR, Rn. 198.

742 *Benicke*, FS Schapp, S. 61 (74); *Kropholler*, IPR, § 34 IV; *Looschelders*, Anpassung, S. 195 f., 203.

des Sachverhalts zu erstrecken, oder die Vorschrift des Art. 25 EGBGB a.F. (jetzt: Art. 21 EuErbVO) auf die güterrechtlichen zu erweitern[743]. Entsprechend wäre dann das jeweils andere Statut in seinem Anwendungsbereich einzuschränken.

In den Fällen der sich widersprechenden Kommorientenvermutungen besteht die Besonderheit, dass ein und dieselbe Kollisionsnorm (Art. 9 Satz 1 EGBGB) den Widerspruch zwischen den anwendbaren Sachrechten verursacht[744]. In dieser Situation ist die Möglichkeit einer Grenzverschiebung zugunsten eines der anwendbaren Personalstatuten in den Blick zu nehmen. Die Wahl eines bestimmten der beiden in Betracht kommenden Sachrechte lässt sich aber mit sachlichen Gründen kaum rechtfertigen, da die Vorzugswürdigkeit einer Vermutungsregel gegenüber der anderen nur schwer zu begründen sein wird[745]. Dieser Widerspruchsfall ist daher auf einem anderen Weg aufzulösen[746].

Kein Anpassungsproblem ist zwar im Falle der qualitativen Normdiskrepanz gegeben[747], eine Grenzverschiebung wird zur Lösung dieser Widerspruchssituation aber ebenfalls diskutiert. Zur Illustration des Lösungsansatzes soll daher auf diesen Fall nochmals eingegangen werden. Im Beispiel der Verwirklichung der Anordnung eines *Trusts* durch den englischen Erblasser hat sich das Erfordernis herausgestellt, die Rechtsfigur in die Kategorien des deutschen Rechts zu „übersetzen"[748], weil man der Absicht des Erblassers bestmöglich entgegen kommen wollte. Dem Berechtigten kann in diesen Fällen schon deswegen nicht das Recht an der Sache verwehrt werden, weil dies vom Einzelstatut durch den sachenrechtlichen Vorbehalt gar nicht bezweckt wird; die Friktionen mit den Grundsätzen des Einzelstatuts bestehen im Bereich der rechtstechnischen Verwirklichung des Rechtsübergangs[749]. Die notwendige Verwirklichung

---

743 *Kegel*, FS Lewald, S. 285; *Schwarz*, Der Zugewinnausgleich im Todesfall bei Anwendung ausländischen Erbrechts, S. 126; vgl. zur ausführlichen Lösung des „Witwenfalls" *Looschelders*, Anpassung, S. 296 ff.

744 Zur Kommorientenproblematik unter Geltung des europäischen IPR s.u. Kap. 8, C (S. 284) u. Kap. 9, B, IV (S. 302); es ist vorzugswürdig, auch unter Geltung des europäischen IPR das über Art. 9 EGBGB berufene Personalstatut als die relevante Rechtsordnung anzusehen, soweit es um Kommorientenvermutungen geht.

745 *Looschelders*, Anpassung, S. 382.

746 S. dazu im Rahmen der kollisionsrechtlichen Ersatzanknüpfung und Sachnormen im IPR, Kap. 3, C, III u. E (S. 173 ff., 179 ff.).

747 S.o. Kap. 2, C, I, 3 (S. 142).

748 BGH NJW 1995, 58 (59), IPRspr. 1994 Nr. 125; vgl. auch *Benicke*, FS Schapp, 61 (67).

749 *Looschelders*, Anpassung, S. 130 f.

der Anordnung des Erblassers erfolgt im Beispiel des *Trust* dann, indem der Anwendungsbereich des Einzelstatuts auf Kosten desjenigen des Gesamtstatuts erweitert wird: So wird der *lex rei sitae* die Umsetzung der Rechtsfigur mit ihren eigenen Kategorien ermöglicht. Dieser Vorgang beinhaltet zum einen eine Erweiterung des Anwendungsbereichs des Einzelstatuts durch eine Reduktion der das Gesamtstatut berufenden Verweisungsnorm[750] und damit eine kollisionsrechtliche Grenzverschiebung[751]. Zum anderen ist in der „Übersetzung" der Anordnung des Erblassers in die „Sprache" des Einzelstatuts eine Transposition der Anordnungen zu sehen[752]. Demnach umfasst die rechtstechnische Lösung des Problems der qualitativen Normdiskrepanz sowohl eine kollisionsrechtliche Grenzverschiebung mittels teleologischer Reduktion der das Vermögensstatut berufenden Kollisionsnorm, da die verwiesenen Rechtsnormen nicht für die Art und Weise der Verwirklichung der Anordnung des Erblassers gelten sollen, als auch eine Transposition auf der Grundlage des Einzelstatuts, das diese Anordnung mit seinen Kategorien bestmöglich verwirklicht.

Gegen kollisionsrechtliche Lösungen in Gestalt von Grenzverschiebungen wird vorgebracht, dass diese eine einmal erfolgte Subsumtion unter die Kollisionsnorm aufgrund des darauffolgenden Ergebnisses korrigierten[753]. Diese Kritik übersieht allerdings, dass teleologische Modifikationen auch im Sachrecht erst erfolgen können, wenn zunächst eine reguläre Subsumtion erfolgt ist, die sich als unsachgemäß herausstellt[754]. Kollisionsrechtliche Lösungen in Gestalt von Grenzverschiebungen sind notwendig, wenn die sachrechtliche Anpassung einen entstandenen Normwiderspruch nicht beheben kann[755]. In diesem Fall kann den beteiligten Kollisionsnormen der Anspruch entnommen werden, nicht ohne Modifikation auf den Fall angewendet werden zu wollen, da das mit der Verweisung verfolgte Ziel des Auffindens der engsten Verbindung durch die berufenen Sachrechte nicht abgebildet werden konnte.

---

750 *Looschelders*, Anpassung, S. 407.

751 Vgl. MüKo/*von Hein*, Einl. IPR Rn. 269.

752 *Looschelders*, Anpassung, S. 407; *Vischer*, Tatbestände, S. 63, der auf die Identität der Fragestellung in Widerspruchsfällen zwischen Einzel- und Gesamtstatut und Transpositionsfällen hinweist; vgl. zur Transposition und ihrer Abgrenzung zur Anpassung Kap. 1, A, I, 3, b).

753 Staudinger/*Sturm/Sturm*, Einl. IPR Rn. 258 (S. 38).

754 MüKo/*von Hein*, Einl. IPR Rn. 254.

755 Zur Begründung der Notwendigkeit kollisionsrechtlicher Lösungen s.o. Kap. 2, A, IV, 3, b), aa) (S. 111).

2. *Auswahl der Kollisionsnorm*

Sind zwei Kollisionsnormen für die Anpassungslage ursächlich, stellt sich die Frage, welche Norm in ihrem Anwendungsbereich einzuschränken und welche von ihnen auszudehnen ist. Maßgeblich für diese Entscheidung sind insbesondere die durch die Kollisionsnormen geschützten internationalprivatrechtlichen Interessen[756]. Das Abstellen auf diese Interessen verwirklicht die im Kollisionsrecht ausgesprochenen Wertungen im Anpassungsfall. Ferner ist diese Vorgehensweise der Rechtssicherheit zuträglich, da sich die mit der Anknüpfung bezweckten Ziele durch Auslegung ermitteln lassen. Demnach stellt sich die Frage, unter welcher Annahme der Gesetzgeber die Verweisung geschaffen hat und welches Interesse mit ihr geschützt werden sollte. Die so gefundenen Interessen sind dann gegeneinander abzuwägen.

Es kommt in dieser Abwägung wesentlich auf die Parteiinteressen an, die durch die jeweilige Kollisionsnorm geschützt werden sollen[757]. Auch der Schwerpunkt des Rechtsverhältnisses in einer der beteiligten Rechtsordnungen bietet einen wesentlichen Anhaltspunkt für die Auswahl der einzuschränkenden oder auszudehnenden Kollisionsnorm[758]. Insofern gewinnt der Aspekt des Sitzes des Rechtsverhältnisses innerhalb der kollisionsrechtlichen Anpassung an Bedeutung. Er stellt sich jedoch hier als Leitlinie für die dem Rechtsverhältnis „noch möglichst nahe“ Rechtsordnung dar.

So lässt sich etwa für die Bevorzugung des Erbstatuts im „Witwenfall“ mittels einer teleologischen Extension von Art. 21 Abs. 1 EuErbVO und einer entsprechenden Reduktion des Art. 26 EuGüVO anführen, dass im Falle des Fehlens einer güterrechtlichen Abfindung nach dem Güterrechtsstatut durch die Einschränkung desselben keine schutzwürdigen Interessen des betreffenden Ehegatten verletzt werden[759]. Für die Anwendung des Güterstatuts hingehen kann das Interesse des überlebenden Ehegatten an der Anwendung desjenigen Sachrechts angeführt werden, das die Ehe zu Lebzeiten geprägt hat[760].

---

756 *Schwarz*, Der Zugewinnausgleich im Todesfall bei Anwendung ausländischen Erbrechts, S. 128.

757 BGH, Beschl. vom 12.5.1971 – IV ZB 52/70, BGHZ 65, 193 (199) = NJW 1971, 1516; *Looschelders*, Anpassung, S. 198.

758 *Looschelders*, Anpassung, S. 199; *Raape/Sturm*, IPR S. 164 (zum Fall widersprechender Anordnungen in Sorgerechtsfällen).

759 *Looschelders*, Anpassung, S. 307 (zu Art. 25 EGBGB).

760 *Looschelders*, Anpassung, S. 307; *Müller-Freienfels*, in: *Lauterbach*, Vorschläge und Gutachten zur Reform des deutschen internationalen Erbrechts, 42 (53).

Auch der Bundesgerichtshof[761] machte den Gesichtspunkt des Parteiinteresses in einem Anpassungsfall zum internationalen Namensrecht fruchtbar. In dem Sachverhalt stand der Name einer spanischen Staatsangehörigen in Rede, die einen Deutschen geheiratet hatte. Die Besonderheit des Falles lag darin, dass die vom Gericht für korrekturbedürftig gehaltene Normenhäufung durch eine Doppelqualifikation der Namensfrage zustande gekommen war. Die problematische Namensfrage wurde sowohl dem Personalstatut als auch dem Ehewirkungsstatut zugeordnet[762]. Unter Berufung auf das Interesse der Antragstellerin, nicht gegen ihren Willen einen von ihrem Heimatrecht abweichenden Namen führen zu müssen, entschied sich das Gericht dazu, dem Personalstatut den Vorrang zu geben[763].

3. Grenzverschiebung und Auslegung

Die Erweiterung oder Einschränkung des Anwendungsbereichs von Kollisionsnormen wird mittels teleologischer Extension beziehungsweise Reduktion verwirklicht. Die kollisionsrechtliche Anpassung in dieser Form wird mitunter zur Auslegung von Kollisionsnormen gerechnet[764]. Es wurde festgestellt, dass die bloße Auslegung von (Sach-)Normen nicht als Anpassung angesehen werden kann[765]. Auch von der restriktiven und extensiven Auslegung von Kollisionsnormen lässt sich die teleologische Reduktion beziehungsweise Extension abgrenzen. Maßgeblich ist insoweit der Ausgangspunkt der Beziehung beider Institute zum Wortlaut des Gesetzes. Die Auslegung von Normen bezieht sich nur auf die möglichen Bedeutungen des Wortlauts. Der teleologischen Reduktion beziehungsweise Extension hingegen ist gerade ein Außerachtlassen des Wortlauts eigen: Erstrebt wird die Fortsetzung einer Auslegung über die Grenze des möglichen Wortsinns hinaus[766]. Zuzugeben ist insofern aber, dass gerade im Bereich der einschränkenden oder erweiternden Anwendung des Gesetzestexts durch teleologische Reduktion oder Extension eine besondere Nähe zur Auslegung von Normen besteht[767].

---

761 BGHZ 56, 193.

762 BGHZ 56, 193 (199).

763 BGHZ 56, 193 (199).

764 Vgl. die Hinweise von *Dannemann*, Ungewollte Diskriminierung, S. 428 und *Pawlowski*, Einführung in die juristische Methodenlehre, § 7 Rn. 203.

765 S.o. Kap. 2, A, II, 2 (S. 95).

766 *Larenz/Canaris*, Methodenlehre, S. 276.

767 Vgl. *Kropholler*, Internationales Einheitsrecht, S. 292.

4. Bezug zum grundlegenden Verständnis der Anpassung

Die teleologische Reduktion oder Extension einer Norm erfolgt dem Wortlaut der Operation entsprechend anhand eines Zwecks (*telos*). Dieser Zweck wird von der Norm selbst verfolgt[768], was ihrer modifizierten Anwendung eine Rechtfertigung verschafft. Der Norm wird der Anspruch entnommen, dass sie auf den jeweiligen Fall nicht unverändert angewandt werden will. Wenn man also das Mittel der teleologischen Grenzverschiebung als denkbare Lösung der Anpassungslage ansieht, so erkennt man damit auch an, dass der jeweiligen Kollisionsnorm in der Anpassungslage der Zweck innewohnt, den Widerspruch und damit die Anpassungslage zu beseitigen. Die Notwendigkeit der Beseitigung von Normwidersprüchen wohnt unter Zugrundelegung dieser Annahme also dem IPR als solchem inne[769].

Denn man geht dann davon aus, dass das Kollisionsrecht eine (teleologische) Modifikation erfährt, weil sich in der Sachrechtsanwendung Widersprüchlichkeiten gezeigt haben[770]. Das (vorläufige) Ergebnis der Rechtsanwendung auf Ebene des Sachrechts wirkt auf die Ebene des Kollisionsrechts zurück und veranlasst eine spezifische Anwendung desselben.

Die Annahme, dass Kollisionsnormen dem Bestehen von Anpassungslagen entgegentreten und daher deren Beseitigung bezwecken, steht nicht etwa in Widerspruch zur Natur des IPR. Dies wäre vielleicht zu vermuten, da festgestellt wurde, dass die Anpassung als „Nebenwirkung“ der Analyse durch das IPR eine Begleiterscheinung desselben ist. Insoweit ist wiederum ein Hinweis auf die Unterscheidung zwischen Vorgehensweise und Zweck des IPR zielführend[771]. Das Kollisionsrecht verfolgt ein bestimmtes Ziel beziehungsweise existiert zu einem bestimmten Zweck. Die Vorgehensweise zur Erreichung des Ziels birgt dabei die Gefahr in sich, an einem bestimmten Punkt in eine Sachlage „überzutreten“, die dem Zweck geradezu entgegenwirkt. Wenn auch an diesem Punkt das

---

768 *Kramer*, Juristische Methodenlehre, S. 224 f.; *Larenz*, Methodenlehre, S. 375: „gemäß der immanenten Teleologie des Gesetzes“, S. 376: die „dem Gesetz eigene (…) Teleologie“, S. 381.

769 *Clavel*, D.i.p., S. 46 Rn. 100; vgl. auch *Looschelders*, Anpassung, S. 196 f.: „Der Anwendungsbereich der betreffenden Kollisionsnorm wird nämlich nicht aufgrund der ‚Ähnlichkeit‘ der zu beurteilenden Rechtsfragen ausgedehnt, sondern mit Rücksicht darauf, daß der Zweck der Vorschrift – die gleichmäßige Beurteilung des Sachverhalts – sich im Einzelfall nur bei einheitlicher Anknüpfung der verschiedenen Anspruchskategorien verwirklichen läßt.“.

770 Vgl. *Schurig*, Kollisionsnorm und Sachrecht, S. 237.

771 Vgl. oben Kap. 2, A, I, 1 (S. 88).

Ziel verfehlt wird, so ändert sich nichts an dessen Maßgeblichkeit; geändert wird dann vielmehr die Vorgehensweise zu seiner Erreichung. Die kollisionsrechtliche Verweisung gilt in ihrer Gestalt nur für den Regelfall, in dem die Bewertung durch die berufenen Sachrechte gesichert ist. Der Anpassungsfall stellt vor diesem Hintergrund eine Ausnahme dar, für die der Verweisung der Anspruch entnommen werden kann, nicht unverändert gelten zu wollen.

III. Alternativen: Die Bildung einer neuen Kollisionsnorm und die kollisionsrechtliche Ersatzanknüpfung

Als weitere Möglichkeit der kollisionsrechtlichen Lösung von Anpassungsfällen kommt in Betracht, für den jeweiligen Widerspruchsfall *ad hoc* eine neue Kollisionsnorm zu bilden[772]. Rechtstechnisch wird hierbei die maßgebliche Rechtsordnung durch Wahl eines neutralen Anknüpfungspunkts bestimmt[773]. Diese Operation geht damit einher, dass alle anwendbaren Kollisionsnormen teleologisch reduziert werden[774]. Die Bildung einer neuen Kollisionsnorm stellt einen erheblichen Eingriff in das Kollisionsrecht dar und ist darüber hinaus mit einiger Rechtsunsicherheit verbunden.

Schließlich ist denkbar, im Falle widerstreitender Sachrechte die *lex fori* ersatzweise anzuwenden[775]. In diesem Fall müssten die maßgeblichen Kollisionsnormen sämtlich teleologisch reduziert werden und auf den jeweiligen Sachverhalt nicht angewendet werden. Diese Variante hat zwar für sich, dass der Richter sich in der Folge im Rahmen einer Rechtsordnung bewegt, über die er eine genaue Kenntnis hat. Der Rückgriff auf die *lex fori* und die damit einhergehende Bevorzugung der „eigenen Lösung" lässt sich mit sachlichen Gründen allerdings nur ausnahmsweise rechtfertigen. Diese Varianten sollten daher nur in eng begrenzten Ausnahmefällen Anwendung finden.

Auch die Anknüpfung an ein drittes, „neutrales" Recht in Gestalt einer allgemeinen kollisionsrechtlichen Ersatzanknüpfung kommt in Betracht. So wurde im Rahmen der Kommorientenproblematik unter Geltung autonomen Kollisionsrechts erwogen, eine Anknüpfungsleiter zu etablieren, die sich zunächst an den familienrechtlichen Verhältnissen der Betroffenen orientiert und sodann auf den gemeinsamen gewöhnlichen Aufenthalt derselben blickt[776]. Zu beachten

772 *Kegel/Schurig*, IPR, § 8 III 1; *Schurig*, Kollisionsnorm und Sachrecht, S. 237.

773 *Raape/Sturm*, IPR, S. 263.

774 *Looschelders*, Anpassung, S. 203.

775 *Kropholler*, IPR, § 34 IV 1; diese Lösung bevorzugt *Aguilar Navarro* für den Fall, dass die Sachrechte miteinander unvereinbar sind, D.i.p., I-II, S. 254.

776 *Looschelders*, Anpassung, S. 382.

ist, dass mit derartigen Ansätzen eine relativ weitgehende Befugnis auf Seiten des Rechtsanwenders verbunden ist, die der Rechtssicherheit abträglich sein kann. Angesichts der häufig erfolgreichen Varianten der Anpassung auf Ebene des Sachrechts und der teleologischen Reduktion beziehungsweise Extension von Normen des Kollisionsrechts scheint die praktische Relevanz dieser alternativen Lösungsmodelle auch eher gering.

D. Materiellrechtliche Lösungsmodelle

Materiellrechtliche Lösungsansätze beheben das Anpassungsproblem auf Ebene des Sachrechts; das Kollisionsrecht bleibt dabei intakt[777]. Man ist mit dem Bild von *Raape/Sturm*[778] innerhalb dieser Lösung schon durch die „Pforte des IPR" hindurchgegangen und zum Tor des „eigentlichen Privatrechts" gelangt. Die denkbaren Möglichkeiten der modifizierten Sachrechtsanwendung scheinen zahlreich und unübersichtlich[779]. Vor dem Hintergrund der erarbeiteten dogmatischen Konzeption des Anpassungsproblems lassen sich aber klare Leitlinien aufstellen.

I. Die Formen der Sachrechtsmodifikation

1. Überblick

Die Vorgehensweise im Rahmen der materiellrechtlichen Anpassung wird unterschiedlich beschrieben. Das Sachrecht soll in dieser Lösung etwa durch Einschränkung, Ergänzung oder Umbildung[780] angewendet werden. Die Sachnormen seien derart umzugestalten beziehungsweise zu ergänzen, dass sie zu einem sinnvollen Ergebnis führen[781]. Auch die Auslegung wird mitunter neben der Umbildung der Sachnormen als Variante der materiellrechtlichen Anpassung angesehen[782]. Schließlich wird die materiellrechtliche Anpassung auch in

777 Kritisch ggü. der Lösung auf Ebene des Sachrechts unter Verweis auf die Überforderung des Richters *Offerhaus*, ZfRV 5 (1964), 65 (77), der den *ordre public* insoweit für die „ehrlichere Waffe" hält.

778 IPR, § 14 C I.

779 Vgl. *Dannemann*, Ungewollte Diskriminierung, S. 447: „Man wird kaum erschöpfend darstellen können, wie eine sachrechtliche Anpassung vorgenommen werden kann.".

780 *Kropholler*, IPR, § 34 IV; *ders.*, FS Ferid, 282; von „Modifikation" sprechen auch *Dölle*, IPR, S. 84 und *Neuhaus*, Grundbegriffe, S. 358.

781 *Raape/Sturm*, IPR, C II 1; ähnlich *Calvo Caravaca/Carrascosa González*, D.i.p. I, S. 424 Nr. 78.

782 *Benicke*, FS Schapp, 61 (69).

einer Veränderung[783], Kombination[784] oder Kumulation[785] mehrerer Sachrechte oder in der Durchführung einer Analogie[786] gesehen.

Dannemann zufolge kommt als sachrechtliche Anpassung zunächst in Betracht, vergleichbare Verfahren, Institutionen oder Präzedenzfälle im jeweiligen Sachrecht zu finden, anhand derer die Lösung des Anpassungsproblems entwickelt werden soll[787]. Des Weiteren sei denkbar, eine vermittelnde Lösung zu entwickeln, die gegebenenfalls in Gestalt der Schaffung einer Sachrechtsnorm zu verwirklichen ist und sich innerhalb der Grenzposten der jeweiligen Inlandsergebnisse zu halten hat[788]. In Fällen, in denen beide vorgeschlagenen Lösungswege nicht zu verwirklichen seien, müssten die involvierten sachrechtlichen Interessen bewertet werden, die bei einer Anpassung jeweils das Nachsehen hätten[789].

Auch zur Maßgabe der Sachrechtsmodifikation werden Aussagen getroffen. Die modifizierte Anwendung der Normen soll sich nach den Erfordernissen der konkreten Widerspruchssituation richten[790]. Die Rede ist auch von einer „der veränderten Interessenlage ‚angepaßte[n]' Anwendung der berufenen Sachnormen"[791]. Auf die modifizierte Anwendung orientiert am jeweiligen *Einzelfall* verweisen *Dölle*[792], *Kropholler*[793] und *Neuhaus*[794]. Ähnlich ist die Formulierung bei *Kegel/Schurig*[795], die eine Ausrichtung an der „ungewöhnlichen Lage" beziehungsweise an der Tatsache, dass Teile des Sachverhalts von einem anderen Recht beurteilt werden, befürworten. *Schwander* will an das „internationalrechtliche

783 *Kegel/Schurig*, IPR, § 8 III 1.

784 *Neuhaus*, Grundbegriffe, S. 358; ähnlich *Aguilar Navarro*, D.i.p., I-II, S. 254 und *Vitta*, Corso di diritto internazionale privato e processuale, S. 168, die von einer jeweils teilweisen Anwendung der berufenen Rechte ausgehen.

785 *Lüderitz*, IPR, S. 95; ähnlich *Audit*, D.i.p., Nr. 316: „solution de synthèse".

786 Staudinger/*Dörner*, Art. 25 EGBGB, Rn. 748.

787 *Dannemann*, Ungewollte Diskriminierung, S. 447.

788 *Dannemann*, Ungewollte Diskriminierung, S. 449 f.

789 *Dannemann*, Ungewollte Diskriminierung, S. 450.

790 Vgl. *Lewald*, Règles générales, S. 142.

791 *Looschelders*, Anpassung, S. 4.

792 IPR, S. 84; die modifizierte Anwendung müsse dem konkreten Sachverhalt gerecht werden.

793 FS Ferid, S. 279; *ders.*, IPR, S. 234.

794 Grundbegriffe, S. 353.

795 *Kegel/Schurig*, IPR, § 8 I, III.

Element“ anpassen[796], während ferner von einer Anpassung der Sachnormen *aneinander* die Rede ist[797].

2. *Die „bewegliche“ Anwendung von Sachnormen*

Die Theorie von einer beweglichen Anwendung der Sachnormen im Anpassungsfall geht vom Grundsatz aus, dass widersprüchliche Ergebnisse mit den Mitteln der Sachrechtsordnung aufgefangen werden können[798]. Zur Lösung der Anpassungslage kann es genügen, die Anwendung einer Sachnorm abzulehnen, deren Zweck aufgrund der zusätzlichen Anwendbarkeit einer weiteren Rechtsordnung nicht mehr zutrifft[799]. Weitere mögliche Modifikationen bestehen in der Auslassung eines Tatbestandsmerkmals oder in einer analogen Anwendung bestimmter Normen[800].

Maßgeblich für diese Art der Anpassung ist, dass die berufenen Sachnormen sinngemäß angewendet werden, damit ihr Zweck der veränderten Interessenlage entsprechend verwirklicht wird[801]. Diese Erkenntnis hat zum Ausgangspunkt, dass der Auslandsbezug an sich bereits störend auf das Sachrecht einwirken kann[802]; die Anpassungsnotwendigkeit ist gleichzeitig Symptom für eine wesentliche Störung, die eine über die Auslegung hinausgehende Modifikation der Normen erfordert. Die von den Rechtsordnungen für „reine Inlandsfälle“ beabsichtigten Rechtslagen dienen dabei als Anhaltspunkt für die konkrete Ausgestaltung der Auflösung des Interessenkonflikts. Aufgrund der Verknüpfung von Kollisions- und Sachrecht und der damit einhergehenden grundsätzlich miteinander in Einklang stehenden Wertungen der beiden Rechtsanwendungsebenen kann die in der Anknüpfung zum Ausdruck kommende Wertentscheidung auch bei der Anwendung des Sachrechts Geltung erlangen[803].

---

796 Lois, S. 34; ähnlich *Batiffol/Lagarde*, D.i.p., S. 320 (Nr. 270) und *Holleaux/Foyer/Geouffre de La Pradelle*, D.i.p., S. 310 f. (Nr. 635).

797 *Rigaux*, D.i.p. I, Nr. 7.15 S. 289; Staudinger/*Sturm/Sturm*, Einl. IPR Rn. 252.

798 *Schurig*, Kollisionsnorm und Sachrecht, S. 238.

799 *Looschelders*, Anpassung, S. 165.

800 Diese Modifikationen konnten beispielsweise in den Entscheidungen des OLG Celle, Urt. v. 30.11.1978 – 5 U 138/76, IPRspr. 1979, Nr. 20 (Auslassung eines Tatbestandsmerkmals) und des BayOBLG, Beschl. v. 23.9.1980 – Breg. 1 Z 62/80, IPRax 1981, 100 (analoge Anwendung einer Norm des österreichischen Rechts) beobachtet werden, s.o. Kap. 2, B, III, 2 (S. 131).

801 *Looschelders*, Anpassung, S. 102 f.

802 *Schurig*, Kollisionsnorm und Sachrecht, S. 237.

803 *Looschelders*, Anpassung, S. 102; *Lorenz*, FamRZ 1987, 645 (648).

3. *Konkretisierungsansätze*

Besondere materiellrechtliche Lösungsansätze wurden zur genaueren Strukturierung der sachrechtlichen Anpassung entwickelt. Die im Sinne einer Billigkeitskorrektur erfolgende Abwandlung der Sachnormen hin zum materiell gewünschten Ergebnis ist bereits als unsachgemäß mit der Begründung zurückgewiesen worden, dass diese Vorgehensweise klarer inhaltlicher Maßstäbe entbehrt[804]. Nach der Rahmentheorie soll der Anspruchsumfang im Falle von Widersprüchen auf das von beiden Sachrechten vorgesehene Mindestmaß erhöht beziehungsweise auf das beiderseitige Höchstmaß verringert werden. Insofern werden Bedenken unter Praktikabilitätsgesichtspunkten vorgebracht[805].

II. Zusammenfassung und Würdigung

1. *Die Modifikation der Sachnormen*

Die vorrangig zu prüfende Möglichkeit der materiellrechtlichen Anpassung hat sich an dem Ziel zu orientieren, die Zwecke der anwendbaren Sachnormen in einer dem Auslandssachverhalt entsprechenden Weise zu verwirklichen. So kann es erforderlich sein, ein Tatbestandsmerkmal zu übergehen, wenn auf diese Weise der Sinn der anwendbaren Normen verwirklicht werden kann. Im Rahmen des „Witwenfalls" ist die Modifikation der Erbquoten der zentrale Gesichtspunkt der Sachrechtsanpassung. Zweitrangig ist die konkrete Art der Modifikation; entscheidend ist die Maßgabe, unter der sie erfolgt. Die Sachrechtsoperationen müssen sich stets an dem Ziel orientieren, die Interessenwertung der Sachnormen unter den Besonderheiten des Auslandssachverhalts zu verwirklichen.

Die Suche nach vergleichbaren Instituten zur Lösung des Anpassungsproblems kann einen gewichtigen Anhaltspunkt für die vorzugswürdige Interessenentscheidung bieten, enthält jedoch einige Unsicherheitsmomente. Das dann ausschlaggebende Kriterium der Vergleichbarkeit kann gegebenenfalls stark von subjektiven Einschätzungen abhängen. Dieser Gesichtspunkt ist auch mit Blick auf die Lösungsvariante zu beachten, in der die beteiligten Sachrechtsinteressen zu bewerten sind: Hier lassen sich nur schwer allgemeine Maßgaben formulieren, nach denen eine Gewichtung zu erfolgen hat.

Darüber hinaus ist denkbar, dass die Interessenlage so stark verändert ist, dass den Wertungen der betreffenden Rechtsordnungen keine hinreichenden

---

804 S.o. Kap. 2, A, IV, 2, b) (S. 105).

805 *Looschelders*, Anpassung, S. 169 f.

inhaltlichen Vorgaben zur Auflösung der Widersprüche entnommen werden können[806]. Ferner kann es sein, dass die Regelungszwecke der anwendbaren Sachrechte sich geradezu als konträr darstellen, sodass sie nicht gleichzeitig verwirklicht werden können[807]. In diesen Fällen sind kollisionsrechtliche Lösungen beziehungsweise die Schaffung von Sachnormen im IPR zu prüfen.

Die Rahmenbetrachtung schafft im Bereich des Zusammentreffens unterschiedlicher Statute für Güter- und Erbrecht einen Anhaltspunkt, an dem die Nachlassverteilung orientiert werden sollte. Wie sich bei Untersuchung der Notwendigkeit des Anpassens gezeigt hat, ist das konkrete vorläufige Rechtsanwendungsergebnis grundsätzlich Ausdruck der gestörten Interessenlage im anwendbaren Sachrecht. Daher muss dieses Ergebnis gerade bei Geldleistungsansprüchen auch zum Ausgangspunkt der Modifikation genommen werden, deren konkrete Ausgestaltung sich an den Zielsetzungen der beteiligten Sachrechte orientiert[808].

2. *Die Auswahl des anzupassenden Sachrechts*

Fraglich ist bei den materiellrechtlichen Lösungsmodellen, in welchem der beteiligten Sachrechte eine Anpassung durchzuführen ist beziehungsweise auf Grundlage welcher Rechtsordnung die Lösung entwickelt werden soll. Hierzu wird teilweise das Gesetz des geringsten Widerstands angeführt: Die Anpassung solle in demjenigen Sachrecht erfolgen, in welchem sich der Eingriff als weniger schwerwiegend darstellt[809]. Im Falle des beiderseitigen Normwiderspruchs wird ferner vorgebracht, den wichtigsten Teil der streitigen Rechtsfrage aufrechtzuerhalten[810].

Es erscheint indes sachgerecht anzunehmen, dass die Anpassung grundsätzlich dort zu erfolgen hat, wo die Zweckverfehlung am größten ist[811]. Bei einseitiger Störung der sachrechtlichen Interessenlage kann die Anpassung nur in derjenigen Rechtsordnung erfolgen, in der die Störung vorliegt[812]. Bei

---

806 *Aguilar Navarro*, D.i.p., I-II, S. 254; *Looschelders*, Anpassung, S. 103, 165, 381 (zum Beispiel der widersprechenden Kommorientenvermutungen).

807 *Aguilar Navarro*, D.i.p., I-II, S. 254, der bei Unvereinbarkeit der Sachrechte den Rückgriff auf die *lex fori* befürwortet; *Looschelders*, Anpassung, S. 167.

808 Zur Anwendung auf den Fall der Normenhäufung s.u. Kap. 8, A, I (S. 271).

809 *Dannemann*, Ungewollte Diskriminierung, S. 445; MüKo/*Sonnenberger*, 5. Aufl., Einl. IPR Rn. 601.

810 *Cansacchi*, Rec. des cours 1953-II, 81 (136, 142).

811 Dazu *Looschelders*, Anpassung, S. 178.

812 A.A. *Schröder*, Anpassung, S. 47, der auch die Abwandlung der anderen Rechtsordnung in Betracht zieht.

beidseitigem Normwiderspruch ist der Widerstand gegen eine Anpassung in der am stärksten gestörten Rechtsordnung am geringsten, da in der anderen Rechtsordnung durch eine Anpassung auch an sich beachtliche Zwecke übergangen werden müssten[813]. Eine sich am wichtigsten Teil des Rechtsverhältnisses orientierende Schwerpunktbetrachtung trägt Unsicherheitsmomente in die Beurteilung ein. Im Interesse der Rechtssicherheit und Verhältnismäßigkeit ist schließlich auch zu fordern, dass der modifizierende Eingriff in das jeweilig in seinem Zweck gestörte Sachrecht möglichst geringfügig bleibt[814].

III. Beispiel: Der „Hauskindfall"

Ein Beispiel für eine erfolgte materielle Anpassung lässt sich im „Hauskindfall"[815] beobachten. Hier wäre mangels Vorliegens der „Dienstleistungspflicht" im Rahmen der Vorschrift des § 845 S. 1 BGB ein Anspruch der Hinterbliebenen eigentlich zu versagen gewesen. Da dieses Ergebnis aber darauf beruhte, dass die deutsche Norm mit Blick auf eine wesentlich abweichende Gestaltung der Rechtsfrage konzipiert war, sah sich das Gericht dazu veranlasst, auf das Merkmal der Dienstleistungspflicht zu verzichten[816]. Modifiziert wurde der Tatbestand der Sachnorm, indem ein regulär zu prüfendes Tatbestandsmerkmal „übergangen" wurde. Diese Rechtsanwendung geht mithin über eine bloße Auslegung der Norm hinaus und verwirklicht somit die Wertungen der anwendbaren Sachrechte. Nach deutschem Deliktsrecht soll eine Entschädigung nur gewährt werden, wenn ein entsprechender Verlust im Erwerb der Hinterbliebenen eingetreten ist. Dem belgischen Recht hingegen ließ sich entnehmen, dass die Nichtregelung einer Dienstverpflichtung nicht in den Kontext der Schadensersatzpflicht im konkreten Fall gesetzt werden konnte, da die Rechtsfrage von der Generalklausel erfasst worden wäre.

E. Sachnormen im IPR

I. Definition und Vorgang

Die Figur der Sachnorm im IPR ist ein weiteres Mittel, das zur Lösung von Anpassungsproblemen diskutiert wird[817]. Unter dem Begriff werden verschiedene

---

813 *Looschelders*, Anpassung, S. 178.

814 *Kegel/Schurig*, IPR, § 8 III 1; *Mansel*, FS Canaris (2017), 739 (781).

815 S.o. Kap. 1, A, II, 3, c) (S. 57).

816 OLG Köln, Urt. v. 8.3.1994 – 3 U 75/89, FamRZ 1995, 1200 (1201).

817 Vgl. den Hinweis bei *Kegel/Schurig*, IPR, § 8 III 3, die diese Variante aber für entbehrlich halten.

Dinge verstanden[818]. Hier wird der Begriff der Sachnormen im IPR im Sinne von Normen des inländischen Rechts gebraucht, die die internationale Rechtsfrage mittels einer Kombination aus beteiligten Rechtsordnungen oder einer neuen Sachnorm unmittelbar entscheiden. Diese Normen sind als selbstbegrenzte Sachnormen zu verstehen, die in materiellrechtlicher Hinsicht eine Sonderregelung beinhalten und in kollisionsrechtlicher Hinsicht eine einseitige Kollisionsnorm darstellen, die die Anwendung der Regelung befiehlt[819].

Für das Anpassungsproblem wird im Rahmen dieser Lösung ein *ad hoc*-Rechtssatz geschaffen, der die Rechtsfrage inhaltlich entscheidet. Das Ergebnis wird im Rahmen der *lex fori* entwickelt[820]. In rechtstechnischer Hinsicht erfolgt die Bildung einer Sachnorm im IPR mittels der teleologischen Reduktion der eigentlich anwendbaren Kollisionsnorm und damit auch im Wege einer Abwandlung der regulären kollisionsrechtlichen Verweisung[821]. Mit der Bildung von Sachnormen im IPR ist ein erheblicher Gestaltungsspielraum auf Seiten des Richters verbunden. Damit einher geht auch die Gefährdung der Rechtssicherheit und des internationalen Entscheidungseinklangs[822]. Von dieser Lösungsvariante sollte daher zurückhaltend Gebrauch gemacht werden.

II. Verhältnis zu kollisions- und materiellrechtlichen Lösungen

Da die Bildung von Sachnormen im IPR eine Abwandlung der regulären kollisionsrechtlichen Verweisung beinhaltet, kann sie erst vorgenommen werden, wenn die Verweisung sich als undurchführbar erwiesen hat. Auf Sachnormen im IPR sollte zur Lösung des Anpassungsproblems daher erst zurückgegriffen werden, wenn eine Anpassung auf Sachrechtsebene nicht durchführbar ist[823]. Hinsichtlich des Verhältnisses zur kollisionsrechtlichen Anpassung ist festzustellen, dass die Anpassung der Kollisionsnormen in Gestalt der Grenzverschiebung

---

818 Vgl. MüKo/*von Hein*, Einl. IPR Rn. 99 ff.; zu den weiteren Anwendungsfällen von Sachormen im IPR vgl. auch *Siehr*, in: *Holl/Klinke* (Hrsg.). Interationales Privatrecht, Internationales Wirtschaftsrecht,103 (106 ff.).

819 *Kropholler*, IPR, § 13 V; *Looschelders*, Anpassung, S. 220, 223; *Schurig*, Kollisionsnorm und Sachrecht, S. 239 f.; *Steindorff*, Sachnormen im IPR, S. 33; auf den „Doppelcharakter" der Normen hinweisend *Benicke*, FS Schapp, 61 (76).

820 *Benicke*, FS Schapp, 61 (76); *Looschelders*, Anpassung, S. 221.

821 *Looschelders*, Anpassung, S. 221 f.

822 MüKo/*von Hein*, Einl. IPR Rn. 102.

823 *Looschelders*, Anpassung, S. 222; einen Vorrang von Kollisions- und Sachrechtsanpassung statuieren auch *Benicke*, FS Schapp, S. 61 (76) und *Kegel/Schurig*, IPR, § 8 III 3; ähnlich *von Hoffmann/Thorn*, IPR, § 6 Rn. 37.

deutlichere Maßstäbe für die Lösung bietet[824]. Diese Variante ist daher gegenüber der mit Rechtsunsicherheit verbundenen Schaffung von Sachnormen im IPR[825] grundsätzlich vorzugswürdig.

Erforderlich ist die Schaffung einer Sachnorm im IPR im Rahmen des Falles der sich widersprechenden Kommorientenvermutungen[826]. Hier will das IPR dem Auslandsbezug des Sachverhalts gerecht werden, indem es über das Personalstatut zwei Regelungen beruft, die entgegengesetzte Rechtsfolgen anordnen. Für diese Problemsituation wurde unter autonomem IPR die Auflösung mittels eines materiellrechtlichen Satzes befürwortet, nach dem entweder beide Personen gleichzeitig gestorben sind oder keine die andere überlebt hat[827]. Dieses Ergebnis beruht auf der zutreffenden Erwägung, dass beiden anwendbaren Sachrechten die Absicht gemein ist, eine eindeutige Zuordnung des Nachlasses zu gewährleisten. Hier lässt sich aber durch entsprechende Sachrechtsanwendung kein sinnvolles Ergebnis ableiten, weil die Sachrechte sich direkt widersprechen[828]. Zudem kann auch ein Vorrang eines der beiden Statuten, der im Wege der nachrangig einschlägigen kollisionsrechtlichen Anpassung zu erwägen ist, nicht sachlich gerechtfertigt werden. Die Bildung eines materiellen Rechtssatzes entspricht demnach der Anpassungslage am besten. Auch das europäische IPR folgt in Gestalt von Art. 32 EuErbVO der Wahl einer Sachnorm im IPR zur Auflösung der Kommorientenproblematik[829].

Zusammenfassung und Zwischenergebnis

Entsprechend der erarbeiteten Konzeption sollen der Untersuchung der Anpassung auf Ebene des europäischen Kollisionsrechts die folgenden Maßgaben zugrunde gelegt werden.

I. Vorzug verdient die Bezeichnung „Anpassung“, da „Angleichung“ an die Rechtsangleichung erinnert und zu Unrecht eine Vorbildfunktion eines der beteiligten Rechte suggeriert. Die Konturen der Anpassung sind auf Ebene des mitgliedstaatlichen IPR nach wie vor schwer zu ziehen. Einzelne, streitige Aspekte des Instituts hängen in unterschiedlichem Ausmaß

824 Vgl. *Looschelders*, Anpassung, S. 222.
825 MüKo/*von Hein*, Einl. IPR Rn. 255; vgl. zu Problemen dieses Lösungswegs in der Praxis auch *Neuhaus*, Grundbegriffe, S. 392.
826 S.o. Kap. 1, B, II, 2, b) (S. 71).
827 *Kegel/Schurig*, IPR, § 8 III 3; *Looschelders*, FS Coester-Waltjen, 531 (540).
828 Vgl. *Gössl*, RabelsZ 2018, S. 618 (639).
829 Zur Analyse dieser Vorschrift s.u. Kap. 9, B, IV (S. 302).

miteinander zusammen, sodass eine analytische Untersuchung der Anpassung Schwierigkeiten bereitet. Normierungen der Anpassung sind selten zu finden. Der Wortlaut bestehender Normierungen zeugt vom Einzelfallcharakter der Anpassung.

II. Die Ursache des Anpassungsproblems ist die dem Kollisionsrecht eigene Vorgehensweise, die in der Analyse des internationalen Falles mittels Kollisionsnormen mit bestimmten Anknüpfungsmerkmalen besteht. Durch die analytische Methode des IPR können Sachrechtsausschnitte zusammengefügt werden beziehungsweise mit fremdem Prozessrecht in Verbindung gebracht werden, die in ihrer Kombination ein widersprüchliches Ergebnis produzieren. Typischerweise auftretende Fälle der Zergliederung des Sachverhalts sind die Anwendbarkeit unterschiedlicher Statuten in Vor- beziehungsweise Teilfrage einerseits und Hauptfrage andererseits, der Statutenwechsel und die (partielle) Rechtswahl durch die Parteien. Das Anpassungsproblem stellt sich gleichsam als ein unerwünschter Nebeneffekt der größtenteils zu sachgerechten Ergebnissen führenden Sachverhaltsanalyse im grenzüberschreitenden Fall dar.

III. Hergebrachte Fallgruppen wie Normenmangel, Normenhäufung und qualitative Normdiskrepanz erfassen das Anpassungsproblem nicht erschöpfend, liefern jedoch aufgrund ihrer Anschaulichkeit und vergleichsweise großen Verbreitung einen ersten Ansatzpunkt zur Behandlung von Anpassungslagen in der Praxis. Der Anwendungsbereich der Anpassung erstreckt sich auf den Fall der gleichzeitigen Anwendbarkeit mehrerer Sachrechte insbesondere aufgrund des Auseinanderfallens der Statuten in Vorfrage und Hauptfrage sowie in Güter- und Erbstatut. Ferner können Anpassungsfälle auftreten, wenn Sach- und Prozessrecht unterschiedlichen Rechtsordnungen unterliegen und im Falle des sogenannten einseitigen Normwiderspruchs. Die Fallgruppen der erfolgten oder vorausgesetzten Rechtsanwendung, der hypothetische Normwiderspruch sowie die qualitative Normdiskrepanz können aber keinen Normwiderspruch der Art produzieren, die für den Anpassungsfall charakteristisch ist.

IV. Von der Auslegung ist die Anpassung zu unterscheiden. Die Auslegung ist begrenzt auf den möglichen Wortsinn des Normtextes, während der Anpassung Widersprüche zugrunde liegen, die eine weitergehende Modifikation von Normen erforderlich machen. Soweit die Auslegung als Methode der Anpassung angesehen wird, liegt zumeist ein vergleichsweise weitgehendes Auslegungsverständnis zugrunde.

Die Qualifikation ist der Anpassung vorgelagert. Erst wenn die einschlägigen Kollisionsnormen bestimmt sind, können sich Probleme der Anpassung aus der Sachrechtsanwendung zeigen. Die Substitution ist ein Institut, das gerade keinen für die Anpassung charakteristischen Normwiderspruch voraussetzt oder eine widersprüchliche Interessenwertung verlangt; in dogmatischer Hinsicht fehlt insoweit zudem die im Rahmen der Anpassung bestehende Möglichkeit einer kollisionsrechtlichen Handhabung des Problems. Im Rahmen der Transposition werden keine Normen modifiziert, sondern Rechtsinstitute mit „vorhandenen Mitteln", also anwendbaren Sachnormen in die Rechtsordnung, der diese Normen entstammen, übersetzt. Die Anpassung ist schließlich kein Instrument, mit dem Wertungen des inländischen Sachrechts gegenüber dem Ergebnis aus der Anwendung des ausländischen Sachrechts durchgesetzt werden sollen, wie dies bei dem Institut des *ordre public* der Fall ist.

V. Die Notwendigkeit der Anpassung kann nur vage und nicht ohne Bewertung der Besonderheiten des konkreten Einzelfalls begründet werden. Die beteiligten Sachrechte weisen im Anpassungsfall eine Störung auf, die in der mangelnden Verwirklichung ihrer Wertungen am konkreten Sachverhalt besteht. Dies zeigt sich zumeist daran, dass die Sachrechte in ihrer alleinigen Anwendung ein vom kombinierten Ergebnis in übereinstimmender Form abweichendes Resultat produziert hätten. Diese Situation kann aber im Einzelfall aufrechtzuerhalten sein. In diesem Fall ist die Abweichung den Besonderheiten des konkreten Auslandssachverhalts geschuldet.

Denkbar ist aber auch, dass sich keine Gemeinsamkeiten in den berufenen Sachrechtsausschnitten finden lassen. Eine Anpassung kann dann dennoch erforderlich sein. Insbesondere im Rahmen der Vorfragenanküpfung kann das Zustandekommen des Ergebnisses der Rechtsanwendung angesichts spezifischer Ausgestaltungen in einem der beteiligten Sachrechte zu hinterfragen sein. Es ist in einem ersten Schritt zu prüfen, zu welcher Problemsituation der jeweils berufene Sachrechtsausschnitt Stellung nimmt. In einem zweiten Schritt stellt sich die Frage, ob diese Stellungnahme auch noch in der durch den jeweils anderen berufenen Sachrechtsausschnitt geschaffenen Situation Geltung beanspruchen kann.

VI. Die Ausprägungen der Anpassung auf Ebene des materiellen Rechts und des IPR haben eine jeweils andere Funktion für die Beantwortung der grenzüberschreitenden Rechtsfrage. Die materiellrechtliche Anpassung ist als Fortsetzung des kollisionsrechtlichen Verweisungsbefehls zu verstehen. Dies schließt eine Modifikation anhand allgemeiner

Billigkeitserwägungen aus. Die Abwandlung der Sachnorm kann im Tatbestand oder der Rechtsfolge erfolgen. Eine kategorische Trennung zwischen beiden Ansatzpunkten kann nicht sinnvoll durchgeführt werden und wäre für die Rechtsanwendung auf der Ebene des europäischen Kollisionsrechts wenig hilfreich.

Auf Ebene des Kollisionsrechts ist anzupassen, wenn die Verweisung gescheitert ist, mithin die Wertungen des Sachrechts nicht durch modifizierte Anwendung desselben zu verwirklichen sind, ohne es faktisch zu verfälschen. Diese Lösungen auf Ebene des IPR sind nicht mehr dem ursprünglichen Verweisungsbefehl nachgebildet; dennoch soll mit ihnen durch kollisionsrechtliche Interessen die dem Sachverhalt bestmöglich entsprechende Rechtsordnung gefunden werden.

VII. Den prüfungstechnischen Vorrang verdient die Anpassung auf Ebene des anwendbaren Sachrechts, auf der dem Anpassungsproblem in der Regel flexibler begegnet werden kann und auf deren Grundlage der kollisionsrechtliche Verweisungsbefehl je nach Fallgestaltung noch aufrechterhalten werden kann.

Lösungen des Anpassungsproblems sind entweder im Kollisions- oder im Sachrecht möglich. Auf Ebene des Kollisionsrechts kommt in erster Linie in Betracht, den Anwendungsbereich der einschlägigen Kollisionsnormen mittels teleologischer Extension oder Reduktion so zu verschieben, dass eine einheitliche Anknüpfung der Rechtsfrage möglich ist, die eine gleichmäßige Behandlung der Rechtsfrage verspricht. Die Bildung einer neuen Kollisionsnorm und die Anwendung der *lex fori* sind ebenfalls denkbare Lösungen; diese sollten aber aufgrund der mit ihnen verbundenen weitreichenden Modifikationen an der regulären Rechtsanwendung und der damit einhergehenden Beeinträchtigung der Rechtssicherheit nur ausnahmsweise in Betracht gezogen werden.

Die materiellrechtliche Anpassung erfolgt durch Modifikation des Tatbestands oder der Rechtsfolge von Sachnormen. Die Operation hat sich an den Zwecken der anwendbaren Sachnormen zu orientieren und hat aus diesen heraus die Lösung zu entwickeln. Anzupassen ist das Sachrecht, bei dem die Zweckstörung am größten ist. Die Bildung von Sachnormen im IPR ist aufgrund der mit ihr einhergehenden Einschnitte in der Vorhersehbarkeit des Ergebnisses als *ultima ratio* anzusehen.

VIII. Die zum Auffinden des Sitzes des Rechtsverhältnisses eingesetzte analytische Methode des IPR hat im Anpassungsfall zu einem Zustand geführt, an dem die sachnächsten Rechtsordnungen nach kollisionsrechtlicher Wertung gefunden wurden, aber nicht sinnvoll in der Entscheidung der grenzüberschreitenden Rechtsfrage abgebildet werden können. Parallel zu der originären Schaffung von Verweisungsnormen beziehungsweise der Auslegung materiellen Rechts in der grenzüberschreitenden Rechtsfrage mit dem Ziel, den Auslandsbezug abzubilden, operiert die Anpassung mit kollisionsrechtlichen und materiellrechtlichen Modifikationen. Sie hilft letztlich im Einzelfall der auf einer nur typisierenden Zuteilung beruhenden Unzulänglichkeit des Kollisionsrechts ab, das materiell sachgerechte Ergebnis in sämtlichen Auslandssachverhalten vorzubereiten.

Kapitel 4. Das europäische Internationale Privatrecht

A. Einführung

Nachdem die Konturen der Anpassung unter Bezugnahme auf die dogmatischen Grundlagen des Instituts herausgearbeitet wurden, soll der Fokus im Folgenden auf dem europäischen Internationalen Privatrecht und seiner Rolle für das Anpassungsproblem liegen. Dazu wird auf die eingangs dargestellten Anpassungsfälle zum europäischen IPR zurückgegriffen. Hierbei soll erläutert werden, wie sich die Problematik unter Geltung der steigenden Anzahl an europäischen Kollisionsnormen ausnimmt und ob die Lösungsansätze, die im Rahmen des autonomen IPR von Wissenschaft und Rechtsprechung entwickelt wurden, auch auf unionsrechtlichem Terrain berechtigterweise Geltung beanspruchen können. Dadurch wird herausgearbeitet, welche Bedeutung dem Institut der Anpassung auf europäischer Ebene insbesondere mit Blick auf das Prinzip des internationalen Entscheidungseinklangs zukommt.

Zunächst werden dazu das europäische IPR und seine Charakteristik in den Vordergrund gestellt[830]. Innerhalb dieser Untersuchung wird mit Blick auf die für die Anpassung charakteristische Modifikation von Rechtsnormen auch der Frage nachgegangen, welchen Spielraum der nationale Rechtsanwender bei Anwendung des unionsweit vereinheitlichten Kollisionsrechts hat. Nach der Veranschaulichung der allgemeinen Notwendigkeit des Anpassens auf der europäischen Ebene werden die hergebrachten Lösungsansätze unter den Gegebenheiten des Verordnungsrechts untersucht[831]. Dabei wird insbesondere geprüft, in welcher Beziehung die Lösung des Anpassungsproblems zur Zuständigkeit des Europäischen Gerichtshofs steht. Vor dem Hintergrund dieser Erkenntnisse wird der Frage nachgegangen, ob sich aus der Provenienz der Normen bestimmte Maßgaben für die Lösung des Anpassungsproblems ergeben[832]. Die Anpassung als Institut des „Allgemeinen Teils" des IPR soll dann nach der Lösung konkreter Beispielsfälle auch in Bezug zu der Diskussion um eine „Rom 0-Verordnung" gesetzt werden[833]. Eine Prognose über die Entwicklung der Anpassungsproblematik im europäischen IPR auch mit Blick auf die Rolle des

---

830 S.u. Kap. 4 (S. 187 ff.).
831 S.u. Kap. 5, 6 (S. 217 ff.; 235 ff.).
832 S.u. Kap. 7 (S. 257 ff.).
833 S.u. Kap. 8, 9 (S. 271 ff.; 295 ff.).

EuGH dient schließlich als Grundlage für eine zusammenfassende Betrachtung der „europäischen Anpassung“.

B. Definition und Grundlagen des europäischen Internationalen Privatrechts

Die folgende Untersuchung will die bei der Untersuchung der Grundlagen der Anpassung eingeführte Unterscheidung zwischen Zweck und Vorgehensweise des Kollisionsrechts auch mit Blick auf die europäischen Verweisungsnormen beibehalten. Die Darstellung des Charakters des europäischen IPR wird zunächst auf seine Methodik beschränkt, während sein Zweck im Rahmen der Notwendigkeit der Anpassung näher untersucht werden soll. Diese Erörterungen dienen der Beantwortung der Frage, wie sich im europäischen IPR gegebenenfalls bestehende Besonderheiten im Vergleich zum autonomen IPR auf die einzelnen Gesichtspunkte der Anpassung auswirken.

I. Allgemeines

1. Terminologie und Normenbestand

Wenn im Folgenden die Rede vom europäischen IPR ist, so sind diejenigen Normen angesprochen, die einen im weitesten Sinne europarechtlichen Ursprung haben und die für die Europäische Union insgesamt einheitlich oder nur für eine Gruppe von Mitgliedstaaten gemeinsam gelten[834]. Es geht somit um die Normen, die von der Europäischen Gemeinschaft oder der Europäischen Union mittels ihrer Institutionen geschaffen wurden oder in Unionsrecht transformiert wurden. Diese Normen lassen sich aufteilen in Sekundärrecht der Union und Recht aus Staatsverträgen. Auch das europäische Primärrecht ist als Quelle europäischen Kollisionsrechts nicht von vorneherein auszuschließen. Insoweit spielen die Grundfreiheiten eine besondere Rolle[835].

Zu den Staatsverträgen mit europäischem IPR und IZVR zählen diejenigen Rechtsakte, denen die Europäische Union als Vertragspartei beigetreten ist, wie zum Beispiel das Lugano-Übereinkommen (vgl. Art. 3 Nr. 2 EGBGB)[836].

---

834 Vgl. *Kreuzer*, RabelsZ 70 (2006), 1 (5); *Mansel*, Systemwechsel im europäischen Kollisionsrecht, S. 1.

835 Vgl *Bruinier*, Der Einfluss der Grundfreiheiten auf das IPR, S. 39 ff.; zur Frage des kollisionsrechtlichen Gehalts der Grundfreiheiten sogleich, Kap. 4, B, I, 2, b) (S. 191).

836 Luganer Übereinkommen über die gerichtliche Zuständigkeit und die Anerkennung und Vollstreckung von Entscheidungen in Zivil- und Handelssachen vom 30.10.2007.

Darüber hinaus sind Staatsverträge zwischen mehreren Mitgliedstaaten zu nennen, denen die EU nicht in ihrer Gesamtheit beigetreten ist (z.B. das KSÜ[837]). Staatsverträge, die zwischen allen Mitgliedstaaten galten, jedoch in europäisches Recht transformiert worden sind (wie das EuGVÜ[838] und das EVÜ[839]), werden aus der Betrachtung ausgeklammert.

Bezüglich des sekundären Unionsrechts sind in erster Linie die für das Internationale Privat- und Zivilverfahrensrecht ergangenen Verordnungen zu nennen (vgl. Art. 3 Nr. 1 EGBGB). In diesem Rahmen lassen sich zum einen Verordnungen anführen, die grundsätzlich für sämtliche Mitgliedstaaten gelten und auf Art. 81 Abs. 2 AEUV basieren und zum anderen solche, die nur für eine Gruppe von Mitgliedstaaten gemeinsam gelten, wie die Rom III-Verordnung[840]. Der Geltungsbereich der Rechtsakte, auf die Art. 3 Nr. 1 EGBGB Bezug nimmt, erstreckt sich auf das gesamte Hoheitsgebiet der in Art. 52 EUV genannten Staaten[841]. Besonderheiten im Anwendungsbereich der europäischen Rechtsinstrumente bestehen für das Vereinigte Königreich, Irland, Dänemark und Zypern[842].

Von den Rechtsinstrumenten des so umrissenen Rechtsgebietes sind im Rahmen der Bestimmung des anwendbaren Rechts insbesondere die Rom I-Verordnung[843], die Rom II-Verordnung[844], die Rom III-Verordnung[845] und das Haager Unterhaltsprotokoll[846] (i.V.m. Art. 15 EuUntVO) von Bedeutung. Die auf dem Gebiet des Internationalen Zivilverfahrensrechts zentralen Instrumente sind das Lugano-Übereinkommen, die EuGVVO („Brüssel Ia-VO“)[847], die EuEheVO („Brüssel IIa-VO“)[848] und die EuUntVO[849]. Die

837 Haager Übereinkommen über die Zuständigkeit, das anzuwendende Recht, die Anerkennung, Vollstreckung und Zusammenarbeit auf dem Gebiet der elterlichen Verantwortung und der Maßnahmen zum Schutz von Kindern vom 19.10.1996.

838 S.o. Fn. 264.

839 Übereinkommen von Rom über das auf vertragliche Schuldverhältnisse anwendbare Recht vom 19.6.1980.

840 Verordnung (EU) Nr. 1259/2010 des Rates zur Durchführung einer Verstärkten Zusammenarbeit im Bereich des auf die Ehescheidung und Trennung ohne Auflösung des Ehebandes anzuwendenden Rechts vom 20.12.2010.

841 MüKo/*von Hein*, Art. 3 EGBGB Rn. 56.

842 Vgl. hierzu MüKo/*von Hein*, Art. 3 EGBGB Rn. 57 ff.

843 S.o. Fn. 407.

844 S.o. Fn. 227.

845 S.o. Fn. 840.

846 S.o. Fn. 217.

847 S.o. Fn. 635.

848 S.o. Fn. 273.

849 S.o. Fn. 269.

EuErbVO[850] sowie die EuInsVO[851] beinhalten Normen sowohl zum anwendbaren Recht als auch zur Internationalen Zuständigkeit. Dies gilt auch für die am 28.7.2016 in Kraft getretenen Verordnungen auf dem Gebiet des Internationalen Güterrechts[852]. Auf diesen Rechtsinstrumenten soll im Folgenden der Fokus liegen. Daneben bestehen mehrere Kollisionsnormen in Richtlinien und weiteren Verordnungen für spezielle Sachgebiete[853] (vgl. auch z.B. Art. 23 Rom I-VO, der auf die Geltung spezieller Rechtsakte im Bereich des Vertragskollisionsrechts außerhalb der Rom I-VO hinweist), auf die jedoch nicht im Einzelnen eingegangen werden soll.

2. Quellen des europäischen IPR

Im Rahmen der Übersicht über das europäische IPR ist deutlich geworden, dass die hier im Zentrum stehenden Normen ihren Ursprung entweder im Sekundärrecht der EU oder in Staatsverträgen haben, dass aber auch das in dem Vertrag über die Europäische Union in Gestalt des Vertrags von Lissabon (EUV) und dem Vertrag über die Arbeitsweise der Europäischen Union (AEUV) enthaltene Primärrecht nicht aus der Betrachtung ausgeklammert werden darf.

a) Sekundärrecht und Staatsverträge der Europäischen Union

Von dem Normenbestand, der vorliegend als europäisches Kollisionsrecht behandelt wird, findet sich ein Teil in Staatsverträgen. Diese Kollisionsnormen weisen die Besonderheit auf, dass es sich bei ihnen im Ausgangspunkt um Völkerrecht handelt. Aus dieser Charakteristik lassen sich diverse Besonderheiten für die Rechtsanwendung ableiten. Internationales Einheitsrecht erfordert eine eigenständige Methodik, die Ausfluss seiner speziellen Zielsetzung ist[854]. Von Bedeutung ist jedoch hauptsächlich das europäische Kollisionsrecht in Gestalt des Verordnungsrechts.

Die Verordnung hat gemäß Art. 288 Abs. 2 S. 1 AEUV allgemeine Geltung. In allen ihren Teilen verbindlich gilt sie unmittelbar in jedem Mitgliedstaat (Art. 288 Abs. 2 S. 2 AEUV). Diese Verbindlichkeit konkretisiert sich in

---

850 S.o. Fn. 59.

851 Verordnung (EG) Nr. 1346/2000 des Rates über Insolvenzverfahren vom 29.5.2000.

852 Bzgl. der EuGüVO s.o. Fn. 113; EuPartVO s.o. Fn. 124.

853 Vgl. Staudinger/*Hausmann*, Art. 3 EGBGB Rn. 21.

854 *Kropholler*, Internationales Einheitsrecht, S. 235; *Meyer-Sparenberg*, Staatsvertragliche Kollisionsnormen, S. 101.

Rechten und Pflichten für die von der Verordnung Betroffenen[855]. Mit Blick auf die Anpassungsproblematik interessiert insbesondere die Verpflichtung der Mitgliedstaaten beziehungsweise deren rechtsanwendender Stellen. Das Unionsrecht ist mithin ohne weitere Umsetzungsakte unmittelbar anwendbar[856] und geht dem nationalen Recht vor. Aus diesem Wesen ergeben sich besondere Anforderungen an die Anwendung des europäischen Kollisionsrechts. Welche Implikationen die Charakteristik dieser Normen für die Anpassung hat, wird im Rahmen der Frage nach der Anwendung des europäischen Kollisionsrechts näher zu untersuchen sein[857].

b) *Primärrecht als Quelle europäischen Kollisionsrechts*

Mit Blick auf die Entscheidungen des EuGH zur Niederlassungsfreiheit der Art. 49, 54 AEUV[858] und zum Namensrecht[859] wird diskutiert, ob die primärrechtlichen Normen, insbesondere die Grundfreiheiten, versteckte Kollisionsnormen oder ein allgemeines Anerkennungsprinzip beinhalten[860]. Der Gerichtshof statuierte die Unvereinbarkeit der Sitztheorie mit der europarechtlichen Niederlassungsfreiheit[861].

Den europäischen Grundfreiheiten wird angesichts der Rechtsprechung des EuGH teilweise eine versteckte Kollisionsnorm zugunsten der Gründungstheorie entnommen[862]. Eine solche Norm muss indes einseitig verstanden werden, denn sie verweist für Gesellschaften, die nach dem Recht des Wegzugstaates

---

855 *Biervert*, in: *Schwarze* (Hrsg.), EUV/AEUV, Art. 288 AEUV, Rn. 20; *Ruffert*, in: *Calliess/Ruffert* (Hrsg.), EUV/AEUV, Art. 288 AEUV, Rn. 20.

856 Streinz/*Schroeder*, EUV/AEUV, Art. 288 AEUV Rn. 58.

857 S.u. Kap. 4, F (S. 206 ff.).

858 EuGH, Urt. v. 16.12.2008, C-210/06, *Cartesio*, NJW 2009, 569 EuGH, Urt. v. 13.12.200, C-411/03, *SEVIC*, NJW 2006, 425; EuGH, Urt. v. 30.09.2003, C-167/01, *Inspire Art*, NJW 2003, 3331; EuGH, Urt. v. 05.11.2002, C-208/00, *Überseering*, NJW 2002, 3614 = NZG 2017, 1308 m. Anm. *Wachter*; EuGH, Urt. v. 09.03.1999, C-212/97, *Centro*, NJW 1999, 2027; EuGH, Urt. v. 27.09.1988, C-81/87, *Daily Mail*, NJW 1989, 2186.

859 EuGH, Urt. v. 14.10.2008, C-253/06, Slg. 2008, I-76, *Grunkin Paul II*, NJW 2009, 135; EuGH, Urt. v. 2.10.2003, C-148/02, Slg. 2003, I-11613, *Garcia Avello* = FamRZ 2004, 173.

860 Vgl. *Thomale*, NZG 2011, 1290 ff.; *Wendehorst*, FS Heldrich, 1071 ff.

861 EuGH, Urt. v. 30.09.2003, C-167/01, *Inspire Art*, NJW 2003, 3331, Rn. 96 ff.; EuGH, Urt. v. 05.11.2002, C-208/00, *Überseering*, NJW 2002, 3614 = NZG 2017, 1308, Rn. 51; EuGH, Urt. v. 09.03.1999, C-212/97, *Centros*, NJW 1999, 2027, Rn. 30.

862 *Weller*, ZGR 2010, S. 679 (697).

gegründet wurden, auf dessen eigenes Recht[863]. Als allseitige Kollisionsnorm lässt sich die Gründungstheorie nicht verstehen, da die Rechtsprechung des Gerichtshofs aus *Daily Mail* in Gestalt der „Geschöpftheorie“ nie aufgegeben wurde[864]. Für die hier interessierende Thematik kann somit festgestellt werden, dass die Rechtsprechung des EuGH zur Niederlassungsfreiheit – verstanden im Sinne einer ungeschriebenen, einseitigen Kollisionsnorm – Teil des Normenkomplexes des europäischen IPR ist. Für die Anpassung hat diese Feststellung jedoch nur untergeordnete Bedeutung. Ein Anwendungsbereich der Anpassung im internationalen Gesellschaftsrecht zeigt sich etwa mit Blick auf grenzüberschreitende Gesellschaftsumwandlungen[865]. Gemäß der insoweit maßgeblichen kollisionsrechtlichen Verweisungsregel der Vereinigungstheorie richtet sich das Erlöschen einer Gesellschaft bei einem Wegzug ins Ausland nach ihrem bisherigen Personalstatut, während ihre Entstehung nach dem Recht des Zuzugsstaats zu beurteilen ist[866]. Diese kumulative Berufung von Rechtsnormen für einen einheitlichen Lebenssachverhalt erinnert an die Situation bei der Normenhäufung. Eine uneingeschränkte Verdoppelung gleicher Erfordernisse wird im Kontext der grenzüberschreitenden Gesellschaftsumwandlung abgelehnt[867]. Auch insoweit wird demnach ein kollisionsrechtlich erlangtes Ergebnis zur Vermeidung von Wertungswidersprüchen korrigiert.

3. *Die Kompetenzen der Europäischen Union bezüglich der Kodifikation des Internationalen Privatrechts*

a) Sekundäres Unionsrecht

Die Kompetenz der Europäischen Union zum Erlass von Kollisionsnormen gründet hauptsächlich auf Art. 81 Abs. 2 lit. c AEUV (Justizielle Zusammenarbeit in Zivilsachen). Nach dem Wortlaut von Art. 65 lit. b EGV a.F. war der Erlass dieser Normen nur zulässig, soweit dies für das reibungslose Funktionieren des Binnenmarkts erforderlich war. Seit Inkrafttreten des Vertrags von Lissabon[868] können Kollisionsnormen von der Europäischen Union auch dann

863 MüKo/*von Hein*, Art. 3 EGBGB Rn. 111.
864 MüKo/*von Hein*, Art. 3 EGBGB Rn. 111.
865 Vgl. *von Hein/Brunk*, IPRax 2018, 46 ff.
866 *von Hein/Brunk*, IPRax 2018, 46 (47 f.).
867 Vgl. im Einzelnen *von Hein/Brunk*, IPRax 2018, 46 (48).
868 Vertrag von Lissabon vom 13.12.2007 zur Änderung des Vertrages über die Europäische Union und des Vertrags zur Gründung der Europäischen Gemeinschaft, ABl. EU 2007, C 306/1, in Kraft getreten am 1.12.2009.

erlassen werden, wenn dies „insbesondere" (Art. 81 Abs. 2 AEUV) für das Funktionieren des Binnenmarktes erforderlich ist. Der Binnenmarktbezug wird mit dieser Änderung in der Formulierung der Norm zum Regelbeispiel für eine Begründung einer Maßnahme[869]. Erweitert wird somit die Möglichkeit zum Erlass von kollisionsrechtlichen Vorschriften, indem auch andere Ziele verfolgt werden können[870]. Praktische Bedeutung hat der Wandel insbesondere in dem keinen unmittelbaren Marktbezug aufweisenden[871] internationalen Familien- und Erbrecht[872]. Die Änderung im Wortlaut führt aber auch dazu, dass Drittstaatensachverhalte durch die auf der Grundlage des Art. 81 Abs. 2 lit. c AEUV erlassenen Maßnahmen erfasst werden können[873].

Eine andere Erweiterung ihres Kompetenzbereichs hat die Union dadurch erfahren, dass das einschränkende Tatbestandsmerkmal der „Förderung der Vereinbarkeit" aus Art. 65 lit. b EGV a.F. gestrichen wurde. Diese Änderung hat die Zulässigkeit eines Erlasses unmittelbar geltender Kollisionsnormen klargestellt[874]. Die Ermächtigungsgrundlage des Art. 81 Abs. 2 AEUV zieht das „ordentliche Gesetzgebungsverfahren" nach Art. 289 Abs. 1, 294 AEUV nach sich[875]. Nach Art. 81 Abs. 3 AEUV besteht aber für den Bereich des Familienrechts das Erfordernis des „besonderen Gesetzgebungsverfahrens" gemäß Art. 289 Abs. 2 AEUV. Hierbei ist insbesondere erforderlich, dass eine einstimmige Beschlussfassung im Rat nach Anhörung des Parlaments erfolgt[876].

Die Vorschriften der Art. 20 EUV, 326 ff. AEUV geben den Mitgliedstaaten überdies die Möglichkeit einer „Verstärkten Zusammenarbeit". Danach kann eine Gruppe von mindestens neun Mitgliedstaaten mit Hilfe der Instrumente des Unionsrechts und der Organe der Union eine vertiefte Integration befördern[877].

---

869 *Bogdan*, Concise Introduction to EU PIL, S. 9; *Dutta*, EuZW 2010, 530 (531); *Roth*, EWS 2011, 314 (317).

870 *Roth*, EWS 2011, 314 (318).

871 Vgl. *Basedow*, AcP 200 (2000), 445 (475 f.).

872 In diesem Sinne: Max Planck Institute for Comparative and International Private Law, RabelsZ 74 (2010), S. 522 (529 f.); *Stumpf*, in: *Schwarze* (Hrsg.), EUV/AEUV, Art. 81 AEUV Rn. 14.

873 MüKo/*von Hein*, Art. 3 EGBGB Rn. 36.

874 MüKo/*von Hein*, Art. 3 EGBGB Rn. 35; *Roth*, in: *Kieninger/Remien* (Hrsg.), Europäische Kollisionsrechtsvereinheitlichung, S. 11 (21); *ders.*, EWS 2011, 314 (317).

875 EU Kommentar EUV/AEUV, Schwarze/*Stumpf*, Art. 81 AEUV, Rn. 8; vgl. aber auch *Dutta*, EuZW 2010, 530 (533), der eine Abweichung von diesem Verfahren im Bereich des IPR aufgrund der „opt-in"-Möglichkeit bestimmter Mitgliedstaaten konstatiert.

876 *Schoo*, in: *Schwarze* (Hrsg.), EUV/AEUV, Art. 289 AEUV Rn. 9.

877 MüKo/*von Hein*, Art. 3 EGBGB Rn. 51.

Diese Vorschrift diente als Ermächtigungsgrundlage für den Erlass der Rom III-Verordnung, der EuGüVO und der EuPartVO[878].

b) Die Kompetenz zum Abschluss völkerrechtlicher Verträge

Die Europäische Union kann auch völkerrechtliche Verträge auf dem Gebiet des Kollisionsrechts abschließen. Gemäß Art. 3 Abs. 2, 216 AEUV besteht für die Europäische Union die durch die „AETR"-Rechtsprechung des EuGH[879] begründete alleinige Kompetenz zum Abschluss von Staatsverträgen auf dem Gebiet des IPR[880]. Die für die Europäische Union als Völkerrechtssubjekt bindenden Verträge verpflichten über Art. 261 Abs. 2 AEUV auch die Mitgliedstaaten[881]. Die Schaffung von IPR mittels völkerrechtlicher Verträge spielt aber gegenüber dem auf dem Gebiete des Kollisionsrechts bestehenden Verordnungsrecht nur eine sich stetig reduzierende Rolle[882].

C. Die Entstehung des europäischen IPR

Das europäische IPR hat in den letzten Jahren einen exponentiellen Anstieg seiner Normen erfahren[883]. Diese „Invasion der Europäischen Gemeinschaft in das IPR"[884] hat mit der Rom II-Verordnung und der ihr zeitlich nachfolgenden Rom I-Verordnung begonnen. Vor dieser Beschleunigung der europäischen Gesetzgebung auf dem Gebiet des IPR haben sich zwei wesentliche Phasen[885] der Entwicklung unionsweit vereinheitlichten Kollisionsrechts ereignet, die im Folgenden kurz skizziert werden sollen.

---

878 Allg. zur Verstärkten Zusammenarbeit *Lignier/Geier*, Die Verstärkte Zusammenarbeit in der Europäischen Union – Politischer Hintergrund, Bestandsaufnahme und Zukunftsperspektiven, RabelsZ 79 (2015), 546.

879 EuGH, 31.3.1971 – Rs. C-22/70: Kommission ./. Rat, „AETR", Slg. 1971, 263.

880 MüKo/*von Hein*, Art. 3 EGBGB Rn. 48; *Kreuzer*, RabelsZ 70 (2006), 1 (18); *Matthias Weller*, in: *ders.* (Hrsg.), Europäisches Kollisionsrecht, S. 53.

881 *Oppermann/Classen/Nettesheim*, Europarecht, § 10 Rn. 159.

882 Vgl. *Jayme/Kohler*, IPRax 1999, S. 401; BeckOK BGB/*Lorenz*, Einl. IPR Rn. 26.

883 Vgl. MüKo/*von Hein*, Art. 3 EGBGB, Rn. 30; *Heinze*, FS Kropholler, 105; *Kieninger*, in: *dies./Remien* (Hrsg.), Europäische Kollisionsrechtsvereinheitlichung, 1 (7); *Mac Eleavy Fiorini*, in: *Fallon/Lagarde/Poillot-Peruzzeto* (Hrsg.), Quelle architecture pour un code européen de droit international prive?, S. 27; *Reimann*, Creighton L. Rev. 49 (2016), 507 (511 f.).

884 *Mankowski*, Interessenpolitik und europäisches IPR, S. 13.

885 Auf diese Zweiteilung stellt auch *Nehne* ab, Methodik und allgemeine Lehren des europäischen Internationalen Privatrechts, S. 9 ff.

I. Die Zeit der völkerrechtlichen Verträge

Mit der Gründung der Europäischen Wirtschaftsgemeinschaft (EWG) lässt sich der Beginn der „völkerrechtlichen Integrationsphase" markieren[886]. Vor diesem Zeitpunkt hatten sich zwar erste Ansätze zu einer gemeinsamen Kodifikation des IPR geregt[887], jedoch ist die Materie zunächst im Wesentlichen alleinige Angelegenheit der jeweiligen Staaten geblieben. Auf Grundlage des Art. 220 EGV wurde zwischen den Mitgliedstaaten das EuGVÜ von 1968 geschlossen. Ein weiteres von den Mitgliedstaaten vereinbartes Übereinkommen war das Römer EWG-Übereinkommen über das auf vertragliche Schuldverhältnisse anzuwendende Recht (EVÜ) aus dem Jahr 1980. Dieses Übereinkommen bildet zusammen mit dem EuGVÜ den Normenbestand, der in der Phase der völkerrechtlichen Verträge alleinig für alle Mitgliedstaaten gemeinsam in Kraft getreten ist[888]. Umgesetzt wurde das EVÜ vor allem in den Vorschriften der Art. 27 bis 37 EGBGB a.F.[889]. Art. 293 EGV begründete keine Rechtsetzungskompetenz, sondern beinhaltete lediglich eine Aufforderung an die Mitgliedstaaten, sich über bestimmte Regelungsbereiche zu verständigen[890]. Im Rahmen der Europäischen Politischen Zusammenarbeit (EPZ) erfolgte die Unterzeichnung des Europäischen Sorgerechtsübereinkommens[891] und des Haager Kindesentführungsübereinkommens[892].

Durch den Vertrag von Maastricht aus dem Jahr 1992[893] wurden zwar keine Rechtsetzungskompetenzen der EU begründet, allerdings fanden sich hier erstmals „Bestimmungen über die Zusammenarbeit in den Bereichen Justiz und Inneres" (Art. B 4. Spiegelstrich EUV 1993)[894]. Diese Zusammenarbeit gehörte

886 *Kreuzer*, RabelsZ 70 (2006), 1 (9); zu dieser Periode auch *Nehne*, Methodik und allgemeine Lehren des europäischen Internationalen Privatrechts, S. 9.

887 Vgl. hierzu *Kreuzer*, RabelsZ 70 (2006), 1 (4).

888 *Kreuzer*, RabelsZ 70 (2006), 1 (16); *Meeusen*, Eur. J. Migr. L. 9 (2007), 287 (288).

889 MüKo/*von Hein*, Art. 3 EGBGB Rn. 29.

890 *Kreuzer*, RabelsZ 70 (2006), 1 (10).

891 Europäisches Übereinkommen vom 20.5.1980 über die Anerkennung und Vollstreckung von Entscheidungen über das Sorgerecht für Kinder und die Wiederherstellung des Sorgeverhältnisses (Europäisches Sorgerechtsübereinkommen).

892 Haager Übereinkommen über die zivilrechtlichen Aspekte internationaler Kindesentführung vom 25.10.1980.

893 Vertrag über die Europäische Union (Maastricht-Vertrag) vom 7.2.1992, ABl. EG 1992 C 224/1.

894 *Kreuzer*, RabelsZ 70 (2006), 1 (11); *Trüten*, Die Entwicklung des IPR in der EU, S. 107.

dem Bereich der „Dritten Säule“ zur intergouvernementalen Tätigkeit der Gemeinschaften an[895].

Die Vorschrift des Art. K.3 EUV bildete sodann die Grundlage für das EU-Zustellungsübereinkommen (1997)[896] und das Brüssel-II-Übereinkommen über die Zuständigkeit und die Anerkennung und Vollstreckung von Entscheidungen in Ehesachen (1998)[897]. Diese Instrumente traten indes nicht in Kraft[898]. Für eigenständige Rechtsakte des sekundären Unionsrechts war in dieser Zeit mangels entsprechender Kompetenz kein Raum[899]. Völkerrechtliche Verträge blieben in diesem Stadium aufgrund des Fehlens anderweitiger Zuständigkeiten das zentrale Rechtsetzungsinstrument auf internationaler Ebene[900].

II. Die Phase der Europäisierung

Der Abschluss des Vertrags von Amsterdam[901] im Jahr 1999 leitete den Beginn der nächsten Etappe in der Entwicklung des europäischen IPR ein. Der Vertrag gab der Europäischen Union (damals noch „Europäische Gemeinschaft“) erstmals in seinem Art. 65 EGV a.F. die Möglichkeit der Verabschiedung von Normen des Kollisionsrechts, indem die „Justizielle Zusammenarbeit in Zivilsachen“ von der sogenannten dritten Säule der intergouvernementalen Zusammenarbeit hin in die erste Säule der Gemeinschaftskompetenz überführt wurde[902]. An dieser Justiziellen Zusammenarbeit ist der Mitgliedstaat Dänemark momentan

895 *Matthias Weller*, in: *ders.* (Hrsg.), Europäisches Kollisionsrecht, S. 42.

896 Übereinkommen aufgrund von Art. K.3 des Vertrags über die Europäische Union über die Zustellung gerichtlicher und außergerichtlicher Schriftstücke in Zivil- und Handelssachen in den Mitgliedstaaten der Europäischen Union vom 26.5.1997, ABl. 1997 C 261/2.

897 Übereinkommen aufgrund von Art. K. 3 des Vertrags über die Europäische Union über die Zuständigkeit und die Anerkennung und Vollstreckung von Entscheidungen in Ehesachen vom 28.5.1998, ABl. 1998 C 221/2.

898 *Matthias Weller*, in: *ders.* (Hrsg.), Europäisches Kollisionsrecht, S. 42.

899 *Kreuzer*, RabelsZ 70 (2006), 1 (17); *Trüten*, Die Entwicklung des IPR in der EU, S. 109.

900 *Basedow*, in: *Mansel/Baur* (Hrsg.), Systemwechsel im europäischen Kollisionsrecht, 19 (24).

901 Amsterdamer Vertrag vom 2.19.1997, ABl. Nr. C 340 S. 1; BGBl. 1998 II S. 386, in Kraft getreten am 1.5.1999.

902 *Geimer*, Internationales Zivilprozessrecht, Rn. 245; MüKo/*von Hein*, Art. 3 EGBGB Rn. 29; *Kohler*, Rev. crit. dr. internat. privé 88 (1999), 1 (20 f.); *Matthias Weller*, in: *ders.* (Hrsg.), Europäisches Kollisionsrecht, S. 43.

nicht beteiligt. Insoweit bestehen jedoch Erstreckungsabkommen mit der Europäischen Union[903].

Im Vertrag wurde im Jahr 1997 das Ziel der Errichtung eines Raumes der „Freiheit, der Sicherheit und des Rechts“ niedergelegt[904], das sich heute in Art. 67 AEUV wiederfindet. Dem folgten Planungsakte des Europäischen Rats, des Rats für „Justiz und Inneres“ und der Europäischen Kommission zur Verwirklichung dieses Raumes im Bereich der justiziellen Zusammenarbeit, die die Abschaffung des Exequaturverfahrens zum zentralen Punkt erhoben[905]. Die so angesprochenen Maßnahmen lassen sich zurückführen auf den sogenannten Wiener Aktionsplan[906], der durch den Europäischen Rat auf seiner Sondertagung in Tampere bestätigt wurde[907]. Der Grundsatz der gegenseitigen Anerkennung von Urteilen und anderen Entscheidungen von Justizbehörden ist zu einem Grundpfeiler der justiziellen Zusammenarbeit innerhalb der Union geworden[908].

Das im Anschluss an diese Tagung erarbeitete Maßnahmenprogramm[909] des Rates betonte die Bedeutung der Abschaffung des Vollstreckbarerklärungsverfahrens und stützte sich auf die Punkte der Einführung von Regeln über die gerichtliche Zuständigkeit, der Verstärkung von Urteilswirkungen im Vollstreckungsstaat und entsprechenden unterstützenden Maßnahmen wie beispielsweise der Harmonisierung des Kollisionsrechts[910]. Im Anschluss an diese Vorgaben wurden die EuGVVO und die EheGVVO erlassen. Das erste kollisionsrechtliche Instrument auf Grundlage der durch den Vertrag von Amsterdam geschaffenen, heute in Art. 81 Abs. 2 lit. c AEUV zu findenden Ermächtigung stellt die Rom II-Verordnung aus dem Jahr 2007 dar[911].

---

903 Vgl. Abl. EU 2005 L 299/82 (bzgl. der Brüssel Ia-VO), Abl. EU 2005 L 300/55 (bzgl. der EuZVO) und Abl. EU 2009 L 149/80 (bzgl. der EuUntVO).

904 *Basedow*, RabelsZ 73 (2009), 455.

905 *Kreuzer*, RabelsZ 70 (2006), 1 (19); *Trüten*, Die Entwicklung des IPR in der EU, S. 112.

906 Aktionsplan des Rates und der Kommission zur bestmöglichen Umsetzung der Bestimmungen des Amsterdamer Vertrags über den Aufbau eines Raums der Freiheit, der Sicherheit und des Rechts.

907 *Kreuzer*, RabelsZ 70 (2006), 1 (19).

908 Vgl. den Kommissionsentwurf für die Rom II-VO, KOM (2003) 427 endg., S. 2.

909 Maßnahmenprogramm, ABl. 2001 C 12/1 = IPRax 2001, 163.

910 *Kreuzer*, RabelsZ 70 (2006), 1 (19 f.).

911 *Wagner*, in: *Arnold* (Hrsg.), Grundfragen des Europäischen Kollisionsrechts, 105 (115).

D. Die Methode des europäischen IPR

Die Trennung zwischen der Methode des Kollisionsrechts und seinem Zweck wurde im ersten Teil als wesentlich festgestellt, soweit die grundlegende dogmatische Einordnung des Anpassungsproblems betroffen ist[912]. Im Folgenden soll denn auch zunächst die Methode des europäischen IPR in den Blick genommen werden. Diese Untersuchung dient als Grundlage für die Darlegung der Entstehung von Anpassungslagen im europäischen Kollisionsrecht. Untersucht werden sollen nur diejenigen Aspekte der europäischen Methode, die für die analytische Vorgehensweise auf Unionsebene und die weitere dogmatische Untersuchung des Anpassungsproblems von entscheidender Bedeutung sind[913].

I. Universelle Anwendbarkeit

Der Großteil der Instrumente des europäischen IPR geht vom Grundsatz der universellen Anwendbarkeit der Kollisionsnormen aus. Von den hier in den Blick zu nehmenden Regelungen zum anwendbaren Recht sind sämtliche als *lois uniformes* ausgestaltet, so etwa die Vorschriften der Art. 2 Rom I-VO, Art. 3 Rom II-VO und Art. 21 Rom III-VO. Die bestehenden Rechtsakte zeigen, dass die Anwendbarkeit des europäischen IPR auf Drittstaatensachverhalte mittlerweile zum Prinzip geworden ist. In dieser Charakteristik der Verweisungsnormen hat sich demnach eine Anknüpfungsmethode durchgesetzt, die vom Grundsatz der Gleichbehandlung aller Rechtsordnungen ausgeht[914]. Das europäische Internationale Prozessrecht hingegen regelt die internationale Zuständigkeit ausschließlich mit Blick auf innereuropäische Sachverhalte, in der Regel nicht jedoch mit Blick auf Drittstaaten[915].

Dieser Gesichtspunkt ist insbesondere für die Begründung der Notwendigkeit der Anpassung und die materiellrechtliche Normmodifikation von Belang. In beiden Bereichen kommt es auf die Feststellung des Zwecks der beteiligten Sachrechte an[916]. Die insoweit erforderliche Kenntnis von Sinn und Zweck der

---

912 Vgl. oben Kap. 2, A, I, 1 (S. 88).

913 Zur Methodik des europäischen IPR allgemein vgl. insbesondere *Nehne*, Methodik und allgemeine Lehren des europäischen Internationalen Privatrechts, 2012.

914 *Roth*, in *Kieninger/Remien* (Hrsg.),: Europäische Kollisionsrechtsvereinheitlichung, 11 (30).

915 *Matthias Weller*, in: *ders.* (Hrsg.), Europäisches Kollisionsrecht, S. 62; eine Ausnahme stellt etwa Art. 24 Brüssel Ia-VO dar.

916 Zu Notwendigkeit und sachrechtlicher Anpassung im europäischen IPR s.u. Kap. 5 bzw. Kap. 6, E u. Kap. 7, C (S. 217 ff.; 248 ff.; 261 ff.).

aus Sicht der *lex fori* fremden Regelung kann daher unter der möglichen Beteiligung von Vorschriften aus Drittstaaten und damit womöglich selbst fremder Rechtskreise noch größere Bedeutung erhalten und für die Praxis zu erhöhtem Aufwand beim Auffinden und der Analyse der einschlägigen Wertungen führen.

II. Der Grundsatz der Rechtswahlfreiheit

Das europäische IPR ist ferner von der Möglichkeit der Rechtswahl durch die Parteien geprägt[917]. Die Wahl des anwendbaren Rechts stellt einen wesentlichen Grundsatz des Verordnungs-IPR dar[918]. Erwägungsgrund 11 Rom I-VO postuliert, dass die Rechtswahl „einer der Ecksteine des Systems der Kollisionsnormen im Bereich der vertraglichen Schuldverhältnisse" sein sollte. So ermöglichen es die Vorschriften der Art. 3 Rom I-VO, Art. 14 Rom II-VO, Art. 5 Rom III-VO, Art. 22, 24 EuErbVO und Art. 22 EuGüVO/EuPartVO den Parteien, das anwendbare Recht zu wählen. Im Rahmen der Rom I-Verordnung ist die Rechtswahl mithin der primär beachtliche Gesichtspunkt. Auch eine Teilrechtswahl ist zulässig, Art. 3 Abs. 1 S. 3 Rom I-VO. Ihre Grenzen findet die Rechtswahlfreiheit etwa, wenn es um den Schutz der strukturell schwächeren Partei geht[919]. Mit Blick auf Verbraucher- und Arbeitsverträge ordnet die Rom I-Verordnung in Art. 6 Abs. 2 S. 2 und Art. 8 Abs. 1 S. 2 eine Günstigkeitskontrolle an[920]. Bei Beförderungs- und Versicherungsverträgen (Art. 5 bzw. 7 Rom I-VO) werden die Wahlmöglichkeiten des anwendbaren Rechts beschränkt, um ein angemessenes Schutzniveau für die betreffenden Personengruppen zu gewährleisten (vgl. Erwägungsgrund 32 Rom I-VO).

Wie bereits mit Blick auf das autonome IPR festgestellt wurde[921], kann die Rechtswahl zur Anwendbarkeit verschiedener Sachrechte auf eine einheitliche Rechtsfrage führen. Diese Aufteilung ist geeignet, Anpassungslagen hervorzurufen, wenn die Kombination der Sachrechtsausschnitte deren Wertungen deren sinnvollen Niederschlag an der Rechtsfrage verhindert.

---

917 *Leible*, in: *Reichelt* (Hrsg.), Europäisches Gemeinschaftsrecht und IPR, 31 (45); bezogen auf die Rom I- und Rom II-VO: *Brödermann*, NJW 2010, 807 (811); *Mansel*, in: *Leible/Unberath* (Hrsg.), Brauchen wir eine Rom 0-Verordnung?, 241 (261); allg. zur Rechtswahl im europäischen IPR *Kroll-Ludwigs*, Die Rolle der Parteiautonomie im europäischen Kollisionsrecht (2013); *Rühl*, FS Kropholler, 187 ff.

918 Vgl. Rauscher/*von Hein*, Art. 3 Rom I-VO, Rn. 1; *ders.*, European Property Law Journal (EPLJ) 6 (2017), 142 (153).

919 Vgl. *Rühl*, FS Kropholler, 187 (201).

920 *Mansel*, in: *Leible/Unberath* (Hrsg.), Brauchen wir eine Rom 0-Verordnung?, 241 (266).

921 S.o. Kap. 1, A, III, 2, c) (S. 64).

III. Feste Anknüpfungsregeln mit Ausweichklauseln

Die europäischen Kollisionsnormen weisen in erster Linie feste Anknüpfungsregeln auf, die durch Ausweichklauseln aufgelockert sind[922]. Dies entspricht den Vorgaben des Erwägungsgrundes 16 Rom I-VO, der zwar das Ziel der Vorhersehbarkeit und der damit einhergehenden Rechtssicherheit betont, gleichzeitig aber dem Richter ein Ermessen zur Beurteilung des Einzelfalls einräumen will. In Erwägungsgrund 14 Rom II-VO wird ferner die allgemeine Regel der bestimmten Anknüpfungskriterien dem Erfordernis gegenübergestellt, eine angemessene Behandlung von Einzelfällen zu gewährleisten. Mit diesem Ansatz wird ein Mittelweg zwischen der Maßgeblichkeit der engsten Verbindung und festen Anknüpfungsregeln etabliert[923]. Er lässt sich auch in Art. 4 Rom I-VO beobachten, der feste Anknüpfungen für entsprechende Vertragsarten bereithält, während in Absatz drei eine Ausweichklausel zugunsten desjenigen Rechts besteht, mit dem der Sachverhalt enger verbunden ist. Die engste Verbindung erfährt insoweit auch eine Präzisierung[924]. Entsprechende Gestaltungen finden sich etwa in Art. 26 Abs. 1 EuGüVO und Art. 21 Abs. 2 EuErbVO. Das Prinzip der engsten Verbindung behält somit auch im europäischen IPR eine wesentliche Bedeutung[925], wie auch durch Erwägungsgrund 20 Rom I-VO bestätigt wird.

Da im Rahmen der Begründung der Anpassungsnotwendigkeit sowie den Lösungsmöglichkeiten von Anpassungsfällen neben den Wertungen der beteiligten Sachrechte auch der Sinn und Zweck der Verweisungsnormen von Bedeutung ist, soll dieser Themenkreis an entsprechender Stelle eingehend bearbeitet werden[926]. Die Beziehung zwischen der Zweckbestimmung des europäischen IPR und der Suche nach der engsten Verbindung des Sachverhalts erfährt insoweit ebenfalls Beachtung.

---

922 *Brödermann*, NJW 2010, 807 (811); *Leible*, in: *Reichelt* (Hrsg.), Europäisches Gemeinschaftsrecht und IPR, S. 31 (48 f.); *Roth*, in: *Kieninger/Remien* (Hrsg.), Europäische Kollisionsrechtsvereinheitlichung, S. 28; *Matthias Weller*, in: *ders.* (Hrsg.), Europäisches Kollisionsrecht, S. 63 f.; vgl. zur Rom II-Verordnung *von Hein*, ZEuP 2009, 6 (16 f.); zu Ausweichklauseln im europäischen IPR allg. vgl. auch MüKo/*von Hein*, Einl. IPR, Rn. 31 ff.; *Hirse*, Die Ausweichklausel im IPR, S. 436 ff.

923 *Roth*, in: *Kieninger/Remien* (Hrsg.), Europäische Kollisionsrechtsvereinheitlichung, S. 11 (28).

924 Vgl. *Sonnenberger*, FS Kropholler, 227 (237 f.).

925 *Leible*, in: *Reichelt (Hrsg.)*, Europäisches Gemeinschaftsrecht und IPR, 31 (38).

926 S.u. Kap. 5, B, III (S. 231) zur Bedeutung der engsten Verbindung bei der Anpassungsnotwendigkeit u. Kap. 7, C, II (S. 263 ff.) hinsichtlich der Relevanz der Wertungen des europäischen Kollisionsrechts bei der sachrechtlichen Anpassung.

IV. Bereichsbezogene Kollisionsnormen

Mitunter lassen sich für bestimmte Sachbereiche auch spezielle Kollisionsnormen finden. Dieser Aspekt wird ebenfalls in Erwägungsgrund 14 Rom II-VO aufgegriffen: „(...) neben einer allgemeinen Regel Sonderregeln (...)". Zu erwähnen sind hier beispielhaft Art. 5 bis 8 Rom I-VO für die Bereiche Beförderung, Verbraucher, Versicherungsverträge und Arbeitsverträge sowie die Art. 5 ff. Rom II-VO. In Art. 25 EuErbVO findet sich ferner eine Sonderregelung für Erbverträge. Die in den bereichsbezogenen Verweisungsnormen zum Ausdruck kommenden besonderen Schutzzwecke haben für die Anpassung mittelbar Bedeutung, soweit es um ihre verschiedenen Lösungsvarianten geht[927].

V. Sachnormverweisungen

Ein weiteres Charakteristikum des europäischen IPR sind Sachnormverweisungen[928]. Dieser Grundsatz lässt sich etwa in Art. 20 Rom I-VO, Art. 24 Rom II-VO, Art. 11 Rom III-VO und Art. 12 HUP beobachten. Zu beachten ist insoweit, dass Art. 14 Rom II-VO und Art. 11 Rom III-VO den Renvoi überhaupt ausschließen, während etwa Art. 20 Rom I-VO seinen Ausschluss einschränkend nur insoweit anordnet, wie in der Verordnung nichts anderes bestimmt ist[929]. Eine Ausnahme vom Grundsatz der Sachnormverweisung ist auch in der Europäischen Erbrechtsverordnung zu finden. Nach Art. 34 Abs. 1 lit. a, b EuErbVO wird der Renvoi insoweit zugelassen, als das IPR des Drittstaates auf das Recht eines Mitgliedstaats zurück- beziehungsweise auf das Recht eines anderen Drittstaats weiterverweist, wenn dieser sein eigenes Recht anwenden würde. Insoweit hat der europäische Gesetzgeber den Entscheidungseinklang im Verhältnis zu Drittstaaten für vorrangig vor der eigenen kollisionsrechtlichen Anknüpfung erklärt[930]. Diese Ausgestaltung der Verweisungsnormen beugt den Komplikationen vor, die mit einer eventuell erforderlichen Anwendung des Kollisionsrechts von Drittstaaten (beziehungsweise fremden mitgliedstaatlichen Kollisionsrechts,

927 S.u. Kap. 7, B, I, 1 u. C, II (S. 258, 263 ff.).

928 *Brödermann*, NJW 2010, 807 (813); *Kadner Graziano*, RabelsZ 73 (2009), 1 (75); vgl. allg. *von Hein*, in: *Leible/Unberath* (Hrsg.), Brauchen wir eine Rom 0-Verordnung?, 341 (363 ff.).

929 Vgl. *von Hein*, in: *Leible/Unberath* (Hrsg.), Brauchen wir eine Rom 0-Verordnung?, 341 (363, 367, 370).

930 *von Hein*, in: *Leible/Unberath* (Hrsg.), Brauchen wir eine Rom 0-Verordnung?, 341 (373 f.).

wie dies im Falle der Rom III-Verordnung bei einem nicht teilnehmenden Mitgliedstaat der Fall wäre) verbunden sind[931].

VI. „Sachnormorientierte" Anknüpfungen

Das europäische IPR beinhaltet Anknüpfungen, die sich in besonderem Maße an den im Sachrecht ausgeformten Interessen der Rechtssubjekte orientieren. So erklären es auch die Erwägungsgründe mitunter zum Ziel des europäischen IPR, einen Interessenausgleich zu bewirken[932]. Deutlich wird diese Absicht beispielsweise auch an einer Formulierung in der Begründung des Kommissionsentwurfs zur Rom II-Verordnung, bei der es um die Zwecke des (materiellen) Wettbewerbsrechts geht: „Diese dreifache Funktion des Wettbewerbsrechts muss sich in einem modernen Kollisionsrecht widerspiegeln."[933]

Im Beispiel des Kommissionsentwurfs wird die materielle Regelungsfunktion der Vorschriften zum Wettbewerbsrecht in direkte Beziehung zur Aufgabe des Kollisionsrechts gesetzt. Da dieses Charakteristikum des europäischen Kollisionsrechts aber auch die allgemeine Frage nach seinen Zwecken berührt, soll die Problematik im Detail gesondert behandelt werden[934]. Für die Frage nach der Methodik ist festzuhalten, dass durch das Sachrecht geprägte Interessen einen merklichen Niederschlag innerhalb des europäischen Internationalen Privat- und Verfahrensrechts unter Einschluss seiner Erwägungsgründe gefunden haben.

VII. Zusammenfassung: Die Entstehung von Anpassungslagen im europäischen Kollisionsrecht

Es kann festgestellt werden, dass die Methode des europäischen IPR sich weitgehend mit der aus dem autonomen IPR bekannten analytischen Methode deckt. Das europäische Kollisionsrecht gliedert den Sachverhalt ebenfalls nach den Kategorien des Privatrechts auf, ist Verweisungsrecht und gründet nicht etwa auf dem Anerkennungsprinzip[935]. Auffallend ist ferner, dass keine Generalklauseln, sondern fest umrissene Anknüpfungsregeln verwendet werden, die eine Auflockerung durch Ausweichklauseln erfahren. Die Kollisionsnormen weisen

931 MüKo/*Martiny*, Art. 20 Rom I-VO, Rn. 2; *Mankowski*, IPRax 2010, 389 (398).

932 Vgl. nur die Erwägungsgründe 24, 32 Rom I-VO und 16, 20 Rom II-VO.

933 KOM (2003) 427 endg., S. 17

934 S.u. Kap. 5, B, II (S. 223 ff.).

935 MüKo/*von Hein*, Einl. IPR Rn. 41; MüKo/*Sonnenberger*, 5. Aufl., Einl. IPR Rn. 15; *ders.*, FS Kropholler, 227 (228 f.); *Wilke*, GPR 2012, 334 (338).

Anknüpfungsgegenstände auf, die im Ausgangspunkt aus dem autonomen IPR bekannt sind – wobei ihnen europäisch-autonome Bedeutung zukommt. Für verschiedene Aspekte einer Materie existieren mitunter spezielle Kollisionsnormen, die sie näher aufgliedern.

Vor diesem Hintergrund kann kein grundlegender Wechsel der Methode im Vergleich zum autonomen Kollisionsrecht festgestellt werden. Das europäische IPR bewegt sich hinsichtlich seiner Vorgehensweise vielmehr „in klassischen Bahnen“[936]. Einzelne Besonderheiten lassen sich dennoch feststellen. So kommt den speziellen Kollisionsnormen für besondere Vertrags- oder Deliktstypen eine wesentliche Bedeutung zu. Auch ist klar ausgesprochen, dass gewisse Kollisionsnormen der Förderung bestimmter Zwecke dienen. Das Prinzip der engsten Verbindung ist aber nach wie vor prägend für die Methodik[937].

Die geringen Unterschiede in der Methodik der Verweisungsnormen führen auch dazu, dass hinsichtlich des Entstehens von Anpassungslagen kein vom autonomen IPR grundsätzlich abweichender Befund gestellt werden kann. Der grenzüberschreitende Sachverhalt wird auch von den europäischen Kollisionsnormen in einer Weise verarbeitet, die zur Anwendbarkeit unterschiedlicher Sachrechte auf einzelne Teile einer Rechtsfrage führen kann. Diese können in ihrer Kombination in der Folge auch ein widersprüchliches Ergebnis produzieren. Auch der europäische Verweisungsapparat ist analytisch und stellt den europäischen Rechtsanwender vor die Aufgabe der anschließenden Synthese auf Ebene des Sachrechts.

E. Formale Eigenschaften des europäischen Kollisionsrechts

Das europäische IPR weist formale Besonderheiten auf, die sich aus der Beschaffenheit der Europäischen Union als supranationalem Gebilde ergeben. Unterschiede zum autonomen Kollisionsrecht lassen sich insbesondere im Bereich der Regelungsdichte der Rechtsakte und des Gesetzgebungsverfahrens beobachten.

---

936 *Kühne*, ZVglRWiss 114 (2015), 355 (361 f., 365); *Remien*, in: *Leible/Unberath* (Hrsg.), Brauchen wir eine Rom 0-Verordnung?, 223 (224); *Roth*, EWS 2011, 314 (320); vgl. auch *von Hein*, ZEuP 2009, 6 (9): „in methodologischer Sicht (…) eher konservativ“ (zur Rom II-Verordnung); *ders.*, MüKo, Einl. IPR Rn. 40 ff.

937 *von Hein*, ZEuP 2009, 6 (9) (zur Rom II-Verordnung).

I. Regelungsdichte und Abstimmungsfragen

Ein erster Unterschied des europäischen IPR zum autonomen IPR kann hinsichtlich des Ausmaßes seiner Regelungsdichte beobachtet werden. Der europäische Gesetzgeber sieht sich nicht der Pflicht ausgesetzt, sämtliche Bereiche des Internationalen Privatrechts zu regeln. So zeigen sich derzeit noch viele Lücken im europäischen IPR[938]. Insbesondere seien hier – neben einer zusammenfassenden Regelung eines Allgemeinen Teils – beispielhaft das Internationale Sachenrecht und das Internationale Gesellschaftsrecht zu nennen[939]. Zu beachten ist insoweit auch die Bereichsausnahme in Art. 1 Abs. 2 lit. g Rom II-VO hinsichtlich der Anknüpfung von Persönlichkeitsrechtsverletzungen.

Ferner wurden Vorschläge zu einer zusammenfassenden Kodifikation erwogen, auf deren Ausarbeitung auch eine Stellungnahme der Europäischen Kommission hindeutet[940]. Die derzeit bestehende mangelnde Abstimmung zwischen einzelnen Instrumenten sowie deren Lückenhaftigkeit kann zu Friktionen in der Rechtsanwendung führen[941]. Die Erwägungsgründe 40 Rom I-VO und 34 Rom II-VO postulieren, dass eine Aufteilung der Kollisionsnormen auf mehrere Rechtsinstrumente vermieden werden sollte. Die Erwägungsgründe 7 und 17 der Rom I-VO deuten in dieselbe Richtung, indem sie eine übereinstimmende Interpretation von Anwendungsbereich und Bestimmungen in Rom I-Verordnung und EuGVVO gebieten. Der EuGH hat in der Rechtssache *Kainz* insofern festgestellt, dass die Erwägungsgründe durchaus auf den Willen des Unionsgesetzgebers hindeuteten, die Anwendungsbereiche der Rom I-Verordnung und der EuGVVO in Einklang zu bringen[942]. Der Gerichtshof betonte jedoch auch, dass diese Intention nicht dazu führe, dass die Normen der EuGVVO etwa im Lichte derjenigen der Rom I-VO zu interpretieren wären, sondern dass die eigenständige Systematik und Zielsetzung der EuGVVO vorrangig seien[943]. Trotz des Strebens nach Gleichlauf sind daher die spezifischen Erwägungen für IPR und IZVR nicht außer Acht zu lassen. Auf den Vorrang der spezifischen Zwecke der

---

938 Vgl. *Rühl/von Hein*, RabelsZ 79 (2015), 701 (713 ff.); *Kieninger*, IPRax 2017, 200 ff.; zur Kodifikation eines europäischen Allgemeinen Teils ausführlich s.u. Kap. 9, A.

939 *Kieninger*, IPRax 2017, 200 (201 ff.); *Rühl/von Hein*, RabelsZ 79 (2015), 701 (739).

940 Vgl. MüKo/*von Hein*, Art. 3 EGBGB Rn. 69.

941 *Roth*, EWS 2011, 314 (327); *Rühl/von Hein*, RabelsZ 79 (2015), 701 (713 ff.).

942 EuGH, Urt. v. 16.1.2014 – C-45/13, *Kainz*, NJW 2014, 1166, Rn. 20.

943 EuGH, Urt. v. 16.1.2014 – C-45/13, *Kainz*, NJW 2014, 1166, Rn. 20; vgl. auch *Coester-Waltjen*, in: *Kieninger/Remien* (Hrsg.), Europäische Kollisionsrechtsvereinheitlichung, 77 (99); MüKo/*von Hein*, Art. 3 EGBGB Rn. 161.

jeweiligen Rechtsinstrumente deutet auch der Umstand, dass Erwägungsgrund 39 Rom I-VO eine eindeutige Bestimmung des Begriffs des „gewöhnlichen Aufenthalts" bei Gesellschaften in Abweichung zur Handhabung der Frage durch die EuGVVO fordert, die insoweit in Art. 60 Abs. 1 EuGVVO drei Varianten bereitstellt. Weitere Durchbrechungen des Grundsatzes eines Gleichlaufs von IPR und IZVR lassen sich schließlich im Bereich der Direktansprüche gegen Haftpflichtversicherer und der Ehescheidung nach ausländischem Recht finden[944].

II. Gesetzgebungsverfahren

Der nationale Gesetzgeber hat bei der Schaffung von Kollisionsrecht den Anwendungsbereich seines eigenen Sachrechts im Blick, während im Gesetzgebungsprozess auf europäischer Ebene keine umfassende materiellrechtliche Basis des Privatrechts als Unterlage dient[945]. Den Bezugspunkt bilden insoweit vielmehr die materiellen Rechte der Mitgliedstaaten. Treffender erscheint es vor diesem Hintergrund, den europäischen Gesetzgeber als Mittler anzusehen[946], der innerhalb der Europäischen Union den konkurrierenden materiellen Rechten ihren Anwendungsbereich zuteilt. Der Gesichtspunkt der mangelnden materiellrechtlichen Grundlage des Gesetzgebungsprozesses für europäisches IPR ist auch mit Blick auf die zwischen Kollisions- und materiellem Recht bestehenden Wechselwirkungen von Interesse[947].

Besonders auf Unionsebene ist ferner, dass der europäische Gesetzgeber beim Erlass von Kollisionsnormen auf der Grundlage des Art. 81 Abs. 2 AEUV an bestimmte Regelungsziele gebunden ist, die der Vorschrift zugrunde liegen[948]. Die so erlassenen Maßnahmen stehen im Lichte der Förderung des Binnenmarkts. Der ursprünglich wirtschaftliche Charakter des Zusammenschlusses der Mitgliedstaaten wirkt somit in gewissem Ausmaß in den Erlass von IPR-Normen

---

944 *Basedow*, in: *von Hein/Rühl* (Hrsg.), Kohärenz im IPR und IZVR, 3 (17 ff.).

945 *Basedow*, in: *ders./Hopt/Zimmermann* (Hrsg.), Handwörterbuch des Europäischen Privatrechts, Band I, S. 906; *Dutta*, EuZW 2010, 530 (533); *Siehr*, in: *Jud/Rechberger/Reichelt* (Hrsg.), Kollisionsrecht in der EU, S. 77 (85); vgl. auch MüKo/*von Hein*, Einl. IPR Rn. 42.

946 *Basedow* spricht insoweit von einer Stellung des Unionsgesetzgebers gleich der eines Schiedsrichters, in: *ders./Hopt/Zimmermann* (Hrsg.), Handwörterbuch des Europäischen Privatrechts, Band I, S. 906; *ders.*, RabelsZ 73 (2009), 455 (458).

947 S.u. Kap. 5, C; Kap. 7, C (S. 231, 261 ff.).

948 *Roth*, EWS 2011, 314 (322).

fort[949]. Das Gesetzgebungsverfahren beinhaltet außerdem sprachliche Schwierigkeiten in Gestalt der Herausbildung einer gemeinsamen Rechtssprache und in der Tatsache der großen Sprachenvielfalt der 24 Amtssprachen[950]. Das Gesetzgebungsverfahren auf europäischer Ebene ist schließlich vom Einfluss politischer Interessen geprägt[951]. Nicht zuletzt der Ausschluss in Art. 1 Abs. 2 lit. g Rom II-VO betreffend die Anknüpfung von Persönlichkeitsrechtsverletzungen ist im Wesentlichen Ausfluss eines derartigen Konfliktes[952].

F. Die Anwendung und Auslegung des europäischen IPR

Im Folgenden soll die Anwendung des europäischen IPR durch die mitgliedstaatlichen Gerichte untersucht werden. Dabei wird insbesondere der Frage nachgegangen, welche Besonderheiten für die Rechtsanwender im Vergleich zu autonomem IPR bestehen. Diese Untersuchung soll als Grundlage innerhalb des später zu untersuchenden Aspektes der denkbaren Modifikationen in der Kollisionsrechtsanwendung zur Auflösung von Normwidersprüchen dienen.

I. Vorbemerkung: Völkerrecht und supranationales Unionsrecht

Die Normen des europäischen Kollisionsrecht sind hauptsächlich im europäischen Sekundärrecht in Gestalt des Verordnungsrechts zu finden. Für diese Rechtsnormen gilt einheitlich das Erfordernis der autonomen (unionsrechtlichen) Anwendung beziehungsweise Auslegung, die von einer Auslegung nach völkerrechtlichen Grundsätzen zu unterscheiden ist[953]. Die Grundlage für diese Diskrepanz der unionsrechtlichen von der völkerrechtlichen Auslegungsmethode wurde mit der Rechtsprechung des EuGH in der Entscheidung *van Gend & Loos* gelegt[954]. Hier hat der Gerichtshof die Wendung der „neuen

---

949 Dahingehend auch *Bariatti/Pataut*, in: *Fallon/Lagarde/Poillot-Peruzzetto* (Hrsg.): Quelle architecture pour un code européen de droit international privé?, 337 (342).

950 Vgl. *Nehne*, Methodik, S. 40; *Siehr*, in: *Jud/Rechberger/Reichelt* (Hrsg.), Kollisionsrecht in der EU, 77 (83 f.); allg. zur Sprachthematik in der EU *Jarass*, in: *Schulze/Ajani* (Hrsg.), Gemeinsame Prinzipien, S. 371 ff.; *Robbers*, ebd., S. 419 ff.

951 Vgl. *Mankowski*, Interessenpolitik und europäisches Kollisionsrecht, S. 16 f.

952 Vgl. *Joubert*, in: *dies./Corneloup* (Hrsg.), Rome II, 55 (58 ff.); MüKo/*Junker*, Art. 1 Rom II-VO Rn. 43; Erman/*Hohloch*, Art. 1 Rom II-VO Rn. 12; *Jayme/Kohler*, IPRax 2007, 493 (494); Rauscher/*Unberath/Cziupka*, Art 1 Rom II-VO Rn. 66 ff.

953 *Herdegen*, Europarecht, § 8 Rn. 79; *Oppermann/Classen/Nettesheim*, Europarecht, § 10 Rn. 165.

954 *Roth*, RabelsZ 75 (2011), 787 (797); *Schroeder*, JuS 2004, 180 (181).

Rechtsordnung des Völkerrechts“[955] eingeführt, die die Eigenständigkeit und den spezifischen Charakter des Unionsrechts in Abgrenzung zum nationalen Recht und zum Völkerrecht hervorhebt. Außerdem besteht in diesem Bereich innerhalb der Europäischen Union einheitlich geltendes Staatsvertragsrecht, das mit Drittstaaten geschlossen wurde, auf das aber grundsätzlich völkerrechtliche Auslegungsregeln anzuwenden sind.

Zwischen Völkerrecht aus Staatsverträgen und supranationalem Recht bestehen in mehrfacher Hinsicht Unterschiede. Abweichungen lassen sich insbesondere beim Entstehungsprozess der Normen und bezüglich ihres Geltungsbereichs feststellen. Sowohl Völkerrecht als auch nationales Recht sind allerdings aufgrund ihrer Geltung innerhalb mehrerer Rechtsordnungen und -traditionen in erhöhtem Maße auf die einheitliche Anwendung durch Rechtsanwender angewiesen und stellen an hergebrachte Anwendungsmethoden besondere Anforderungen. Die besonderen Grundsätze der Auslegung von Völkerrecht und der Auslegung supranationalen Rechts stehen weitgehend auf gemeinsamen Grundlagen[956]. Soweit für die unionsrechtlich besondere Anwendung im Folgenden Gesichtspunkte aus dem Bereich der Auslegung von Völkerrecht herangezogen werden, geschieht dies mit Blick auf die Gemeinsamkeiten, die zwischen der Anwendung von supranationalem Recht und derjenigen von Völkerrecht bestehen[957].

II. Die autonome Auslegung

Im Zentrum der Auslegung des europäischen IPR steht das Gebot der autonomen Auslegung des Unionsrechts[958]. Es gilt sowohl für das Verordnungsrecht als auch für die von der Europäischen Union in ihrer Gesamtheit abgeschlossenen völkerrechtlichen Verträge. Was das Verordnungs-IPR angeht, so ergibt sich die Pflicht zur einheitlichen Anwendung aus Art. 288 Abs. 2 AEUV in Verbindung mit dem Grundsatz des *effet utile*, demzufolge dem europäischen Recht bei der Anwendung in den Mitgliedstaaten die bestmögliche Effektivität zukommen

955 EuGH, Urt. v. 5.2.1963, Rs. 26/62, Slg. 1963, 1, 25, *van Gend & Loos.*

956 Vgl. *Roth*, RabelsZ 75 (2011), 787 (796 f.).

957 Vgl. zur Nähe zwischen staatsvertraglichem Recht und europäischem Recht *Kreuzer*, in: *Jud/Rechberger/Reichelt* (Hrsg.), Kollisionsrecht in der Europäischen Union, 1 (3); *Heinze*, FS Kropholler, S. 105 (127).

958 Vgl. zu diesem Gebot etwa EuGH, Urt. v. 06.10.1982 – C-283/81, *C.I.L.F.I.T*, NJW 1983, 1257, Rn. 19 f.; EuGH, Urt. v. 14.1.1982 – C-64/81, *Corman*, Slg. 1982, 13, Rn. 8; EuGH, Urt. v. 17.12.1980 – C-149/79, *Kommission/Belgien*, Slg. 1980, 3881, Rn. 19.

soll[959]. Einzelne Ausnahmen in Gestalt einer Verweisung auf das nationale Recht sprechen auch dafür, dass das autonome Verständnis der Normen den Regelfall bilden soll[960].

Die autonome Auslegung muss sich am Zweck des Rechtsinstruments und dessen unionsrechtlichem Ursprung orientieren[961]. Damit einher geht das Erfordernis einer eigenständigen Begriffsbildung[962]. Ein autonomes Verständnis der Begrifflichkeiten des europäischen Kollisionsrechts soll der Gefahr vorbeugen, dass die mitgliedstaatlichen Rechtsanwender ihre nationalen Begriffsverständnisse unbesehen auf die Rechtsanwendung auf Ebene des Unionsrechts übertragen. Die Pflicht zur autonomen Auslegung korrespondiert entscheidend mit dem Gebot der einheitlichen Rechtsanwendung[963].

Selten sind Vorgaben zur Anwendung der vereinheitlichen Normen wie in Art. 20 HUP und in Erwägungsgrund 11 der Rom II-Verordnung zu finden[964]. Eine Auslegungsregel, die wie Art. 18 EVÜ die autonome Anwendung der vereinheitlichten Regeln vorschreibt, ist aber entbehrlich, da sich dieses Postulat schon aus der Natur des europäischen Rechts ergibt[965].

Neben dem Gebot der autonomen Auslegung des vereinheitlichten Rechts stehen die hergebrachten Auslegungsmethoden der grammatischen, systematischen, historischen und teleologischen Auslegung. Diese Methoden erfahren dem Charakter der Rechtsnormen geschuldete Abwandlungen[966]. So steht im

---

959 EuGH, Urt. v. 19.11.1991 – C-6/90 und C-9/90, *Francovich und Bonifaci*, Slg. 1991, 5357, Rn. 32; EuGH, Urt. v. 9.3.1978 – C-106/77, *Simmenthal*, Slg. 1978, 629, Rn. 14.

960 *Riesenhuber* in: *ders.* (Hrsg.), Europäische Methodenlehre, S. 201 f.

961 *Coester-Waltjen*, in: *Kieninger/Remien* (Hrsg.), Europäische Kollisionsrechtsvereinheitlichung, S. 86.

962 *Schroeder*, JuS 2004, 180 (185).

963 *Heiss/Kaufmann-Mohi*, in: *Leible/Unberath* (Hrsg.), Brauchen wir eine Rom 0-Verordnung?, 181 (189); *Kropholler*, Die Auslegung von EG-Verordnungen, in: *Basedow* (Hrsg. u.a.), Aufbruch nach Europa, 583 (590); *Kreuzer*, in: *Müller-Graff* (Hrsg.), Gemeinsames Privatrecht in der Europäischen Gemeinschaft, 457 (537 f.); *Meyer-Sparenberg*, Staatsvertragliche Kollisionsnormen, S. 110, 119; *Roth*, RabelsZ 75 (2011), 786 (799).

964 MüKo/*von Hein*, Art. 3 EGBGB Rn. 155.

965 Rauscher/*von Hein*, Art. 3 Rom I-VO Rn. 9.

966 *Kropholler*, Die Auslegung von EG-Verordnungen, in: *Basedow* (Hrsg. u.a.), Aufbruch nach Europa, 2001, 583 (588 f.); *ders.*, Internationales Einheitsrecht, S. 263; zur Auslegung von Gemeinschaftsrecht allgemein s. *Anweiler*, die Auslegungsmethoden des Gerichtshofs der Europäischen Gemeinschaft (1996); *Buck*, Über die Auslegungsmethoden des Gerichtshofs der Europäischen Gemeinschaft (1998); *Schulze* (Hrsg.), Auslegung europäischen Privatrechts und angeglichenen Rechts (1999).

Ausgangspunkt jede Auslegung von vereinheitlichtem Recht unter dem Ziel, ein international anerkennungsfähiges Ergebnis hervorzubringen und die Einheitlichkeit der Rechtsanwendung nicht zu gefährden[967].

III. Die hergebrachten Auslegungsmethoden und ihre „europäische Bedeutung“

Auf die allgemeine Bedeutung der hergebrachten Auslegungsmethoden soll im Folgenden nicht eingegangen werden. Der Schwerpunkt der Betrachtung liegt in der Frage, wie sich diese Methoden unter der Geltung europäischen Kollisionsrechts ausnehmen.

1. Die Wortlautauslegung

Die Wortlautauslegung im europäischen Verordnungsrecht dient dem Ziel, eine sich vom nationalen Begriffsverständnis unterscheidende, unionsrechtliche Wortbedeutung zu finden[968]. Schwierigkeiten können sich aus der gleichrangigen Geltung 24 sprachlicher Versionen der Vorschriften innerhalb der Union ergeben[969]. Dies ist insbesondere der Fall, wenn der Wortlaut einzelner Bestimmungen geringfügig voneinander abweicht: Hier ist der kleinste gemeinsame Nenner zu finden[970] beziehungsweise ist die Divergenz mithilfe weiterer Auslegungsmethoden, insbesondere unter Beachtung der teleologischen Auslegung, aufzulösen[971]. Verschiedene Sprachfassungen können allerdings auch die Möglichkeit dazu bieten, die eine Fassung zur Klärung der anderen im Wege des Vergleichs heranzuziehen[972]. Insgesamt ist die Wortlautauslegung zwar Ausgangspunkt der Auslegung, sie hat jedoch angesichts der erhöhten Schwierigkeiten in einer vielsprachigen Gemeinschaft für das europäische IPR eine eher geringe Bedeutung[973].

---

967 *Kropholler*, Internationales Einheitsrecht, S. 258.

968 *Kropholler*, in: *Basedow* (Hrsg. u.a.), Aufbruch nach Europa, 583 (590).

969 Vgl. EuGH, Urt. v. 06.10.1982 – 283/81, *C.I.L.F.I.T*, NJW 1983, 1257, Rn. 18.

970 MüKo/*von Hein*, Art. 3 EGBGB Rn. 159.

971 MüKo/*von Hein*, Art. 3 EGBGB Rn. 159; *Riesenhuber*, in: *ders.* (Hrsg.), Europäische Methodenlehre, S. 205; *Stotz*, in: *Riesenhuber* (Hrsg.), Europäische Methodenlehre, S. 495.

972 *Kropholler*, Internationales Einheitsrecht, S. 266 f.

973 *Schroeder*, JuS 2004, 180 (182).

2. *Die systematische Auslegung*

Die systematische Auslegung europäischen Kollisionsrechts kann innerhalb des Aufbaus der jeweiligen Verordnung oder mit Blick auf andere Verordnungen erfolgen[974]. Eine systematische Betrachtung innerhalb eines einzelnen Rechtsakts ist anzustreben, weil dieser als „ein kleines Rechtssystem für sich“[975] betrachtet werden kann. Aber auch die harmonische Auslegung der Rechtsinstrumente untereinander ist ein Anliegen des europäischen Gesetzgebers[976]. Wie bereits gesehen, zeigt sich dies zum Beispiel an den Erwägungsgründen 7 und 17 Rom I-VO, die eine übereinstimmende Interpretation in Rom I-VO und EuGVVO anordnen[977]. Die Beispiele für die Durchbrechung dieses Grundsatzes[978] zeigen aber auch, dass letztlich die jeweiligen spezifischen Zwecke der Rechtsakte ausschlaggebend sind. Im Rahmen der Anpassungsproblematik im „Witwenfall“ wird insbesondere das systematische Verhältnis der EuErbVO zur EuGüVO von Interesse sein[979]. Der Stellenwert einer rechtsaktübergreifenden systematischen Auslegung wird sich mit dem weiteren Anstieg europäischer IPR-Instrumente erhöhen.

3. *Die historische Auslegung*

Bei der historischen Auslegung des europäischen IPR können die Gesetzesmaterialien zur Entstehungsgeschichte der jeweiligen Verordnung herangezogen werden. Für die Rom I- bis Rom III-Verordnungen fehlen allerdings erläuternde Berichte, wie sie zum Europäischen Vertragsübereinkommen (EVÜ) und zum Europäischen Gerichtsstands- und Vollstreckungsübereinkommen (EuGVÜ) existierten[980]. Angesichts des dynamischen Charakters des Unionsrechts und in Anbetracht der Tatsache, dass die vorhandenen Dokumente einer übersichtlichen

---

974 *Kropholler*, in: *Basedow* u.a. (Hrsg.), Aufbruch nach Europa, 583 (591).

975 MüKo/*von Hein*, Art. 3 EGBGB Rn. 160; zur EuGVVO *Kropholler/von Hein*, Europäisches Zivilprozessrecht, EuGVO Einl. Rn. 72; zum staatsvertraglichen Recht *Kropholler*, Internationales Einheitsrecht, S. 273.

976 MüKo/*von Hein*, Art. 3 EGBGB Rn. 161; *Riesenhuber*, in: *ders.* (Hrsg.), Europäische Methodenlehre, S. 208.

977 S.o. Kap. 4, E, I (S. 204).

978 S.o. Kap. 4, E, I (S. 204).

979 Vgl. *Weber*, DNotZ 2016, 424; zur Lösung des „Witwenfalls“ auf europäischer Ebene s.u. Kap. 8, A (S. 271 ff.).

980 MüKo/*von Hein*, Art. 3 EGBGB Rn. 162; *Kropholler*, in: *Basedow* u.a. (Hrsg.), Aufbruch nach Europa, 583 (591).

Publikation entbehren, hat diese Auslegungsmethode im europäischen Kollisionsrecht keine allzu tragende Bedeutung[981]. Der EuGH hat jedoch wiederholt auf die *travaux préparatoires* in Gestalt von Richtlinien- oder Verordnungsentwürfen sowie Begründungen der Kommission Bezug genommen[982].

4. *Die teleologische Auslegung*

Von zentraler Bedeutung für das europäische Sekundärrecht erweist sich die teleologische Auslegung, die auf die Ermittlung der objektiven Ziele und Zwecke der jeweiligen Norm abstellt[983]. In diesem Rahmen sind vor allem die Erwägungsgründe der Verordnungen zu erwähnen[984], aber auch die *travaux préparatoires* können in gewissem Umfang Aufschluss über den Zweck einer Maßnahme geben[985]. Ferner kann die Wahl einer bestimmten Ermächtigungsgrundlage Anhaltspunkte für die Auslegung bieten[986]. Da der Vorschrift des Art. 81 Abs. 2 AEUV insoweit wesentliche Bedeutung zukommt, ist insbesondere das Ziel der Vollendung des Binnenmarktes für die Auslegung europäischen Kollisionsrechts zu beachten.

Im Allgemeinen sind sowohl formelle als auch materielle Zwecke zu berücksichtigen. In formeller Hinsicht ist die teleologische Auslegung wesentlich durch die Ziele des Internationalen Entscheidungseinklangs und den Grundsatz des *effet utile* geprägt[987]. Der Rechtssicherheit in Gestalt der Vorhersehbarkeit kommt ebenfalls entscheidendes Gewicht zu.

Bezüglich der materiellen Zwecke sind nicht nur allgemeine Zielsetzungen wie etwa der Verbraucher- oder der Arbeitnehmerschutz in den Blick zu

---

981 MüKo/*von Hein*, Art. 3 EGBGB Rn. 163; *Schmidt*, RabelsZ 59 (1995), 568 (582); *Herdegen*, Europarecht, § 8 Rn. 79; *Hommelhoff*, Die Auslegung angeglichenen Gesellschaftsrechts – eine Analyse der EuGH-Rechtsprechung, in: *Schulze* (Hrsg.), Die Auslegung europäischen Privatrechts und angeglichenen Rechts, 29 (33 f.); a.A. *Riesenhuber*, in: *ders.* (Hrsg.), Europäische Methodenlehre, S. 211.

982 Vgl. etwa EuGH, Urt. v. 7.12.2010 – C-585/08 und C-144/09, Slg. 2010, I-12570, *Pammer/Alpenhof*, Rn. 43; EuGH, Urt. v. 3.5.2007 – C-386/05, Slg. 2007, I-3699, *Color Drack*, Rn. 18; EuGH, Urt. v. 10.3.2005 – C-5/05, Slg. 2006, I-11075, *Joustra*, Rn. 20.

983 *Kropholler*, in: *Basedow* (Hrsg. u.a.), Aufbruch nach Europa, 583 (592).

984 *Riesenhuber*, in: *ders.* (Hrsg.), Europäische Methodenlehre, S. 215.

985 *Meyer-Sparenberg*, Staatsvertragliche Kollisionsnormen, S. 114 (allerdings im Zusammenhang mit der historischen Auslegung); *Schmidt*, RabelsZ 59 (1995), 568 (582).

986 *Riesenhuber*, in: *ders.* (Hrsg.), Europäische Methodenlehre, S. 215.

987 MüKo/*von Hein*, Art. 3 EGBGB Rn. 164; *Kropholler*, in: *Basedow* (Hrsg. u.a.), Aufbruch nach Europa, S. 583 (592 f.); *Roth*, RabelsZ 75 (2011), 786 (805 f.).

nehmen; vielmehr gilt es, die spezifischen Zwecke der jeweiligen Regelungen herauszuarbeiten[988]. Die teleologische Auslegung findet ihre Grenzen im Gebot der Rechtssicherheit und damit im möglichen Wortsinn der auszulegenden Norm[989]. Auch die rechtsvergleichende Auslegung lässt sich ergänzend anführen. Sie dient als Unterfall der autonomen und teleologischen Auslegung dazu, Erwägungen aus der ausländischen Rechtsprechung und Literatur zum auszulegenden Rechtsinstrument mit in die Auslegung einzubeziehen[990].

5. *Zusammenfassung: Die Freiheit des mitgliedstaatlichen Richters bei der Anwendung europäischen Kollisionsrechts*

Für den mitgliedstaatlichen Richter ergeben sich bei der Anwendung und Auslegung von europäischem Kollisionsrecht die für vereinheitlichtes (Unions)-Recht geltenden Beschränkungen. Ein hoher Stellenwert kommt dem Ziel der Einheitlichkeit der Rechtsanwendung zu, dem eine entsprechende Einschränkung der Auslegungsbefugnisse des Rechtsanwenders entspricht. Dies lässt sich beispielhaft an einer Entscheidung des EuGH erkennen, in der der Gerichtshof eine teleologische Einschränkung der Vorschrift des Art. 16 Nr. 1 EuGVÜ mit der Begründung abgelehnt hat, dass richterliche Ausnahmen von der Anwendung der Norm eine zu große Unsicherheit bewirkten[991].

Auswirkungen auf die Auslegungsbefugnisse des Richters hat der Charakter des Verordnungsrechts aber auch in inhaltlicher Hinsicht. So ist den Schutzzwecken, die durch die Erwägungsgründe bezeichnet werden, besondere Bedeutung für die Auslegung beizumessen. Die Rechtsanwendung sollte insbesondere bei den auf Art. 81 Abs. 2 AEUV gegründeten Rechtsinstrumenten nach Möglichkeit auch das Ziel der Verwirklichung des Binnenmarkts in die Auslegungsfrage miteinfließen lassen. Welche Modifikationen dem Rechtsanwender bei der Anwendung von Kollisionsrecht im Rahmen der kollisionsrechtlichen Lösung der Anpassungsprobleme möglich sind, soll im Rahmen der Diskussion der Lösungsansätze näher beleuchtet werden.

---

988 *Riesenhuber*, in: *ders.* (Hrsg.), Europäische Methodenlehre, S. 215.

989 *Kropholler*, *Basedow* (Hrsg. u.a.), Aufbruch nach Europa, 583 (592 f.); *ders.*, Internationales Einheitsrecht, S. 297.

990 MüKo/*von Hein*, Art. 3 EGBGB Rn. 167; *Kropholler*, Internationales Einheitsrecht, S. 278, 280; *Meyer-Sparenberg*, Staatsvertragliche Kollisionsnormen, S. 110; zur Bedeutung der Rechtsvergleichung im Rahmen der sachrechtlichen Anpassung auf Ebene des europäischen IPR s.u. Kap. 7, C, III (S. 268).

991 EuGH, Urt. v. 15.1.1985 – C-241/83, NJW 1985, 905, Rn. 22 f.

G. Das Vorabentscheidungsverfahren

Die Rechtsprechung des EuGH spielt für die Anwendung des europäischen (Kollisions-)Rechts in den Mitgliedstaaten eine zentrale Rolle insofern, als er letztverbindlich zur Entscheidung über die richtige Auslegung europäischen Kollisionsrechts berufen ist.

I. Allgemein

Die Auslegung des Verordnungsrechts nimmt der EuGH vornehmlich durch seine in Art. 267 AEUV statuierte Vorabentscheidungsbefugnis vor. Das entsprechende Verfahren dient der Sicherung der einheitlichen Anwendung des Unionsrechts in den Mitgliedstaaten[992]. Die Möglichkeit oder Pflicht zur Vorlage aufseiten der mitgliedstaatlichen Gerichte erstreckt sich einerseits auf die Rechtmäßigkeit der Handlungen der Organe der Mitgliedstaaten in ihrer Anwendung von Verordnungsrecht. Aber auch die von der Europäischen Union abgeschlossenen Staatsverträge unterfallen der Auslegungsbefugnis des EuGH im Rahmen des Vorabentscheidungsverfahrens[993].

Der Gerichtshof entscheidet über Rechtsfragen zu den in Art. 267 Abs. 1 AEUV genannten Gegenständen. Er übt seine Befugnis nur aus, wenn die Gerichte der Mitgliedstaaten den Gerichtshof darum ersuchen. Erforderlich ist, dass das vorlegende Gericht eine Auslegungs- oder Gültigkeitsfrage hat, deren Klärung es für den Erlass seines Urteils für erforderlich hält (Art. 267 Abs. 2 AEUV). Diese Frage muss auf den Ausgang des mitgliedstaatlichen Verfahrens zudem entscheidenden Einfluss haben[994]. Für letztinstanzliche Gerichte besteht in diesem Fall eine Vorlagepflicht (vgl. Art. 267 Abs. 3 AEUV), während Gerichte der unteren Instanzen grundsätzlich zur Vorlage einfach berechtigt sind[995]. Eine Vorlagepflicht der letztinstanzlichen Gerichte entfällt vor allem, wenn die richtige Anwendung des Unionsrechts derart

992 Streinz/*Ehricke*, Art. 267 AEUV, Rn. 5.

993 EuGH, Urt. v. 30.4.1974 – C-181/73, *Hageman*, Slg. 1974, 449 Rn. 2 ff.; EuGH, Urt. v. 4.5.2010 – C-533/08 – *TNT Express Nederland BV/AXA Versicherung-AG*, Slg. I 2010, 4137 = NJW 2010, 1736, Rn. 60; MüKo/*von Hein*, Art. 3 EGBGB Rn.141.

994 MüKo/*von Hein*, Art. 3 EGBGB Rn. 148.

995 Abweichend davon besteht der Rechtsprechung des EuGH zufolge eine Vorlagepflicht, wenn die Gerichte von der Ungültigkeit eines Unionsrechtsakts ausgehen wollen, vgl. Schwarze/*Schwarze*, Art. 267 AEUV, Rn. 49.

offenkundig ist, dass keinerlei Raum für einen vernünftigen Zweifel besteht (und damit ein *acte clair* vorliegt)[996].

II. Die Entscheidungen des EuGH und ihre Bedeutung für die Anwendung des europäischen Kollisionsrechts

Der EuGH entscheidet mit seinen Urteilen nicht den nationalen Ausgangsfall, sondern beantwortet lediglich die Auslegungsfrage[997]. Diese Entscheidung ergeht, nachdem das vorlegende Gericht dem Gerichtshof die wesentlichen tatsächlichen Gesichtspunkte der Streitigkeit, den Wortlaut der potentiell anwendbaren nationalen Vorschriften und die Gründe für den Zweifel an der Auslegung des Unionsrechts mitsamt dessen Bezug zu den nationalen Vorschriften dargelegt hat[998]. Die Richter werden in diesem Prozess auch mit den gegebenenfalls unterbreiteten Auslegungsvorschlägen des vorlegenden Gerichts konfrontiert[999]. Dem EuGH obliegt somit die Aufgabe, das Unionsrecht anhand des konkret aufgetretenen Streits im jeweiligen Mitgliedstaat zu konkretisieren[1000].

Was die Entscheidungsfindung angeht, so gebraucht der EuGH jedenfalls im Ausgangspunkt den tradierten Auslegungskanon[1001]. Dessen Ausprägungen erfahren dem Charakter des Unionsrechts geschuldete Modifikationen. Im Zentrum steht die autonome Auslegung; der teleologischen Auslegung kommt entscheidendes Gewicht zu[1002]. Im Rahmen der teleologischen Auslegung ist die Orientierung an den Zielen der Union gemäß Art. 13 Abs. 1 und 2 EUV von hervorgehobener Bedeutung[1003].

Die Umsetzung der Entscheidung des EuGH in das mitgliedstaatliche Verfahren bleibt dem vorlegenden Gericht überlassen. Die Ausgestaltung des Vorabentscheidungsverfahrens lässt folglich die Absicht einer klaren Arbeitsteilung

---

996 Vgl. etwa EuGH, Urt. v. 06.10.1982 – C-283/81, *C.I.L.F.I.T*, NJW 1983, 1257, Rn. 16; BGH, Urt. v. 25.1.2017 – VIII ZR 257/15, RIW 2017, 229, Rn. 40 (zum LugÜ); BGH, Beschl. v. 20.7.2015 – NotZ (Brfg) 13/1, NJW 2015, 3034, Rn. 29; Schwarze/*Schwarze*, Art. 267 AEUV Rn. 48.

997 *Coester-Waltjen*, in: *Kieninger/Remien* (Hrsg.), Europäische Kollisionsrechtsvereinheitlichung, 77 (83); MüKo/*von Hein*, Art. 3 EGBGB, Rn. 154.

998 *Stotz*, in: *Riesenhuber* (Hrsg.), Europäische Methodenlehre, S. 510.

999 Vgl. *Roth*, RabelsZ 75 (2011), 786 (817).

1000 Vgl. *Gsell*, AcP 214 (2004), 99 (114).

1001 *Hommelhoff*, in: *Schulze* (Hrsg.), Auslegung europäischen Privatrechts, S. 29; *Roth*, RabelsZ 75 (2011), 787 (798).

1002 *Schroeder*, JuS 2004, 180 (183).

1003 *Roth*, RabelsZ 75 (2011), 786 (802 f.).

zwischen dem EuGH und den mitgliedstaatlichen Gerichten erkennen[1004]. Da die Entscheidungen des EuGH sich ausschließlich auf den jeweiligen Einzelfall beziehen[1005], ist ihre Umsetzung durch die Gerichte auch im Wesentlichen unproblematisch. Probleme zeigen sich jedoch, wenn es um die Frage geht, welche allgemeinen Leitlinien die mitgliedstaatlichen Gerichte den Entscheidungen für gleich gelagerte Fälle entnehmen können[1006]. Dieser Aspekt der EuGH-Rechtsprechung ist für Anpassungsfälle in besonderem Maße von Bedeutung.

1004 Vgl. *Stotz*, in: *Riesenhuber* (Hrsg.), Europäische Methodenlehre, S. 509 f.
1005 *Hommelhoff*, in: *Schulze* (Hrsg.), Auslegung europäischen Privatrechts, 29 (39).
1006 Vgl. dazu *Hommelhoff*, in: *Schulze* (Hrsg.), Auslegung europäischen Privatrechts, 29 (40).

Kapitel 5. Die Notwendigkeit der Anpassung im europäischen Kollisionsrecht

A. Vorbemerkungen

I. Überblick: Die bisherige Behandlung der Anpassung im europäischen Kollisionsrecht in Literatur und Rechtsprechung

Die Anpassung bei Geltung des europäischen Kollisionsrechts hat in der wissenschaftlichen Literatur bis jetzt zwar an mehreren Stellen, jedoch soweit ersichtlich keine umfassende und grundlegende Bearbeitung erfahren[1007]. Mitunter wird die Anpassung bei der Untersuchung des Allgemeinen Teils des IPR im Kontext der europäischen Verweisungsnormen gar (bewusst) insgesamt ausgespart[1008]. Dies geschieht zum Teil unter dem Hinweis, dass eine Ausarbeitung allgemeiner Grundsätze beziehungsweise eine Anpassungsregelung im europäischen IPR noch nicht an der Zeit sei[1009]. Von anderen wird erst gar keine wesentliche Differenzierung zwischen der autonomen und der Anpassung auf mitgliedstaatlicher Ebene vorgenommen[1010]. Soweit Stellungnahmen zur europäischen Anpassung bestehen, wird davon ausgegangen, dass die im Rahmen des autonomen IPR entwickelten Maßgaben grundsätzlich Anwendung finden können[1011]. Zugleich

---

1007 Direkt zur „europäischen Anpassung" äußern sich vor allem *Brödermann/Rosengarten*, IPR/IZVR, Rn. 171 ff.; *Dannemann*, in: *Leible* (Hrsg.), General Principles of European Private International Law, 331; *Dörner*, IPRax 2017, 81 (85); MüKo/*Dutta*, Vor Art. 20 EuErbVO, Rn. 58 ff.; *Franzina*, FS Picchio Forlati, 185; *Gössl*, RabelsZ 2018, S. 618 ff.; MüKo/*von Hein*, Einl. IPR, Rn. 256 ff.; *Kühn*, Gestörte Gesamtschuld, S. 236 ff.; *Looschelders*, IPRax 2016, 349 (352); *ders.*, Die allgemeinen Lehren des internationalen Privatrechts im Rahmen der europäischen Erbrechtsverordnung, FS Coester-Waltjen, 531 (541 f.); *Paffhausen*, Bucerius Law Journal 2014, 10.

1008 So z.B. *Bonomi*, in *Dutta/Weber* (Hrsg.), die Europäischen Güterrechtsverordnungen, 123 ff.; *Rieländer*, Jahrbuch Junger Zivilrechtswissenschaftler (2016), 303 ff.; *Ungerer*, Das europäische IPR auf dem Weg zum Einheitsrecht, S. 22 ff.

1009 Vgl. *Jayme*, in: *Leible/Unberath* (Hrsg.), Brauchen wir eine Rom 0-Verordnung?, 33 (44).

1010 Vgl. *Brödermann/Wegen*, in: *Prütting/Wegen/Weinreich* (Hrsg.), BGB, IPR-Anh 1/ Art. 18 Rom I, Rn. 9. f. hinsichtlich einer Anpassung wegen prozessrechtlicher Differenzen im Rahmen von Art. 18 Rom I-VO.

1011 *Dörner*, IPRax 2017, 81 (85); MüKo/*Dutta*, Vor Art. 20 Rn. 59 f.; MüKo/*von Hein*, Einl. IPR Rn. 256 ff.; *Looschelders*, IPRax 2016, 349, (352); *Traar*, in: *Burgstaller* (Hrsg. u.a.), Die EU-Erbrechtsverordnung, Art. 1 EuErbVO Rn. 16.

wird aber auch auf die gegebenenfalls notwendige Modifikation der nationalen Grundsätze im europäischen Kontext hingewiesen[1012]. Die Rechtsprechung hatte sich, soweit ersichtlich, noch nicht mit einem europäischen Anpassungsfall auseinanderzusetzen.

Eine weitere Äußerung zur europäischen Anpassung lässt sich in den Schlussanträgen des Generalanwaltes *Szpunar* vom 13. Dezember 2017 zu dem Vorabentscheidungsersuchen des Kammergerichts[1013] finden, über das der EuGH in der Rechtssache *Mahnkopf* entschieden hat[1014]. In seinem Beschluss vom 25. Oktober 2016[1015] hatte das Berliner Gericht dem EuGH eine Frage zur Vorabentscheidung vorgelegt, die die Abgrenzung von Erb- und Güterrecht betrifft. Mit Blick auf die Erteilung eines Europäischen Nachlasszeugnisses wollte das Gericht wissen, ob Art. 1 Abs. 1 EuErbVO in der Weise auszulegen ist, dass die Vorschrift sich auch auf die Bestimmung des § 1371 Abs. 1 BGB bezieht, der die güterrechtlichen Fragen nach dem Tod eines Ehegatten regelt. Hinsichtlich der Vorschriften der Art. 68 lit. l, 67 Abs. 1 EuErbVO ergab sich die Frage, ob und gegebenenfalls unter welchen Modifikationen das Europäische Nachlasszeugnis auch einen Erbteil ausweisen darf, der teilweise aus der Anwendung des § 1371 Abs. 1 BGB resultiert.

Obwohl deutsches Sachrecht sowohl in erb- als auch in güterrechtlicher Hinsicht auf die Frage der Nachlassbeteiligung anwendbar war (und damit keine typische Anpassungslage indiziert war), äußerte sich der Generalanwalt *Szpunar* auch zu Fragen der Qualifikation und der Anpassung. Insofern stellt er zwar fest, dass Anpassungsfragen für das Vorabentscheidungsersuchen keine maßgebliche Bedeutung hätten[1016]. Interessant ist allerdings, dass er im Kontext der Vorschriften der Europäischen Erbverordnung und mit Blick auf die Europäische Güterverordnung davon ausgeht, dass die Anpassung auf kollisions- und materiellrechtlicher Ebene erfolgen kann[1017]. Der Generalanwalt schloss seine

---

1012 MüKo/*von Hein*, Einl. IPR Rn. 256; *Kühn*, Gestörte Gesamtschuld, S. 236; zur Modifikation der autonomen Lösungen im europäischen IPR s.u. Kap. 7 (S. 257 ff.).

1013 Rechtssache C-558/16: Vorabentscheidungsersuchen des Kammergerichts Berlin, eingereicht am 3. November 2016 – *Doris Margret Lisette Mahnkopf* vgl. EuGH Gerichtsmitteilung v. 30.1.2017 – C-558/16, BeckEuRS 2017, 494018.

1014 Dazu oben Kap. 1, A, II, 2, b) (S. 48).

1015 KG, Beschl. v. 25.10.2016 – 6 W 80/16, FamRZ 2017, 64 = ZEV 2017, 33.

1016 Schlussanträge des Generalanwalts *Szpunar* vom 13.12.2017, C-558/16, ECLI: EU: C:2017:965, Rn. 64.

1017 Schlussanträge des Generalanwalts *Szpunar* vom 13.12.2017, C-558/16, ECLI: EU: C:2017:965, Rn. 63.

Ausführungen zur Anpassung mit der Bemerkung, dass sich Anpassungsfragen auch nach Beantwortung der Vorlagefrage (im europäischen IPR) weiter stellen können und unterstellte deren Vornahme den Umständen des konkreten Einzelfalls[1018].

Damit zeigt sich sowohl, dass die Literatur auf das Problem der europäischen Anpassung aufmerksam geworden ist, als auch, dass konkrete Anpassungsprobleme in der Rechtsprechung aufgetreten sind. Interessant ist ferner, dass sich auf europäischer Ebene schon im Rahmen der Untersuchung angrenzender Fragekreise wie der Reichweite der Europäischen Erbverordnung eine Sensibilität für das Anpassungsproblem feststellen lässt. Die Notwendigkeit und die einzelnen Modalitäten der Anpassung im europäischen IPR sollen jedoch im Folgenden näher untersucht werden.

II. Prinzipielle Zulässigkeit und Erforderlichkeit der Anpassung im europäischen Kollisionsrecht

Eine Anpassung ist im europäischen IPR bei entsprechendem Normenwiderspruch nicht nur möglich, sondern auch erforderlich[1019]. Dies folgt aus der generellen Bedeutung, die die Anpassung mit Blick auf das System der Rechtsanwendungsebenen von Kollisions- und Sachrecht hat[1020]. Bei der Untersuchung der Stellung und Funktion der Anpassung zwischen den Rechtsanwendungsebenen hat sich gezeigt, dass die sachrechtliche Anpassung als Fortsetzung der ursprünglichen Verweisung zu verstehen ist, indem sie die berufenen Wertungen durch Modifikation der materiellen Normen trotz der festgestellten Friktionen des Anpassungsfalls bewahren will. Die kollisionsrechtliche Lösung hingegen kann gleichsam als alternative Abhilfe zur Verwirklichung der engsten Verbindung (die ihrerseits in der originären Verweisung ausgesprochen ist) angesehen werden.

Methodik und Zweck des europäischen IPR führen hinsichtlich der grundsätzlichen Möglichkeit der Anpassung des durch Kollisionsrechtsanwendung gewonnenen Rechtsanwendungsergebnisses zu keiner anderen Bewertung.

1018 Schlussanträge des Generalanwalts *Szpunar* vom 13.12.2017, C-558/16, ECLI: EU: C:2017:965, Rn. 66.

1019 Zweifelnd zur Zulässigkeit aber (hinsichtlich des europäischen Güter- und Erbkollisionsrechts) *Kowalczyk*, GPR 2012, 212 (213).

1020 Zur Bedeutung der Anpassung insoweit s.o. Kap. 2, A, IV; dahingehend wohl auch *Köhler*, in: *Gierl/Köhler/Kroiß/Wilsch* (Hrsg.), Internationales Erbrecht, Rn. 150: „systemimmanenter Korrekturmechanismus“.

Die analytische Methode des europäischen IPR kann ebenso Anpassungslagen produzieren. Das widersprüchliche Ergebnis entspricht nicht dem Verweisungsbefehl des europäischen IPR, das mit der Berufung der jeweiligen Sachrechtsausschnitte ein stimmiges Ergebnis in der internationalen Rechtsfrage hervorbringen wollte.

Nicht erforderlich ist es insoweit, auf die Grundfreiheiten als Rechtfertigung für eine Anpassung zurückzugreifen[1021]. Zwar ist durchaus denkbar, dass etwa die Schlechterstellung des überlebenden Ehegatten bei der widersprüchlichen Kombination verschiedener Sachrechtsausschnitte in Erb- und Güterstatut sich negativ auf die Wahrnehmung seines Freizügigkeitsrechts aus Art. 21 AEUV auswirkt[1022]. Derartige Auswirkungen können jedoch für viele Anpassungslagen zumindest mittelbar konstruiert werden. Wesentlich ist aber, dass das Bestehen der Anpassungslage mit Sinn und Zweck der europäischen Verweisungsnorm in Widerspruch tritt. Wenn darüber hinaus auch eine offenbare Beschränkung der Grundfreiheiten erfolgt, so kann dieser Umstand zusätzlich zu der Begründung der Anpassungsnotwendigkeit beispielsweise auf eine allgemeine Bedeutung eines bestimmten Problemfalls hindeuten. Er ist jedoch nicht als notwendiges Kriterium für die Eröffnung der Normkorrektur im Wege der Anpassung anzusehen.

Indem die Anpassungslage korrigiert wird, wird zugleich auch dem Gebot der bestmöglichen Durchsetzung des Unionsrechts (*effet utile*) Genüge geleistet[1023]. Die sachrechtliche Anpassung dient der Verwirklichung des Verweisungsbefehls der europäischen Kollisionsnorm. Die Wertungen es europäischen IPR könnten auch im Fall der teleologischen Extension beziehungsweise Reduktion innerhalb der kollisionsrechtlichen Anpassung eine Richtung vorgeben. Vor diesem Hintergrund wird klar, dass die Erwägungsgründe 12 der Europäischen Erbrechtsverordnung beziehungsweise 26 der EuGüVO/EuPartVO nur deklaratorisch besagen, dass abseits von Art. 31 EuErbVO beziehungsweise Art. 29 EuGüVO/EuPartVO auch „andere Formen der Anpassung" zulässig sind.

1021 So etwa *Gössl*, RabelsZ 2018, S. 618 (631 f.).

1022 Vgl. *Gössl*, RabelsZ 2018, S. 618 (632).

1023 Vgl. *Gössl*, RabelsZ 2018, S. 618 (643).

B. Die Auswirkungen der Besonderheiten des europäischen Kollisionsrechts auf die Notwendigkeit der Anpassung

Im autonomen IPR hat sich gezeigt, dass die Notwendigkeit der Anpassung sich am vorläufigen Rechtsanwendungsergebnis manifestiert und dadurch ausgelöst wird, dass die sachrechtliche Interessenwertung der berufenen Normen wesentlich gestört ist[1024]. Diesem Zustand ist inhärent, dass die betreffende Rechtsfrage durch die berufenen Sachrechte nicht in einer Weise beurteilt wird, in der jedes Sachrecht seine Wertung realisiert.

Für die Begründung der Anpassungsnotwendigkeit im europäischen IPR könnten aufgrund des abweichenden Charakters der Normen weitere Gesichtspunkte relevant sein. Besonderheiten würden sich ergeben, wenn eine der vorgehenden Überlegungen für das europäische Kollisionsrecht nicht in der gleichen Form aufrechterhalten werden könnte. Zunächst ist dazu die allgemeine Situation zu skizzieren, in der der europäische Gesetzgeber sich befindet (unten I). Im Rahmen der Untersuchung der Methode des europäischen IPR ist angeklungen, dass die Charakteristik des europäischen IPR hinsichtlich seiner Zwecke vom autonomen IPR unterscheidet. Dementsprechend ist die andersartige Ausgestaltung der unionsrechtlichen Normen hinsichtlich ihrer Bedeutung für die Begründung der Anpassungsnotwendigkeit zu untersuchen (unten II).

I. Aus- und Inlandssachverhalte

Für die Anpassung ist es von zentraler Bedeutung, die Beziehungen von Sach- und Kollisionsrecht im europäischen IPR möglichst klar zu definieren. Eine erste, diesbezügliche Besonderheit des europäischen Kollisionsrechts liegt in dem Umstand, dass dem Unionsgesetzgeber nicht wie mitgliedstaatlichen Gesetzgebern bei der Schaffung von Kollisionsnormen ein Sachrecht vor Augen steht, auf dessen Grundlage er gleichsam das Kollisionsrecht entwickelt[1025]. Vielmehr nimmt er eine Art „Schiedsrichterposition" ein, die die Festlegung des Anwendungsbereichs der betroffenen nationalen Rechtsordnungen beinhaltet[1026]. Weiterhin sieht er sich auch nicht der Pflicht ausgesetzt, sämtliche Bereiche des IPR

1024 Vgl. Kap. 2, B, IV (S. 149 ff.).

1025 *Dutta*, EuZW 2010, 530 (533); vgl. auch MüKo/*von Hein*, Einl. IPR Rn. 42, der auf das Interesse der Mitgliedstaaten an der Anwendbarkeit eigenen Rechts als ein mögliches Motiv bei der Schaffung von IPR hinweist.

1026 *Basedow*, in: *ders./Hopt/Zimmermann* (Hrsg.), Handwörterbuch des Europäischen Privatrechts, S. 906; *ders.*, RabelsZ 73 (2009), 455 (458); vgl. auch *Roth*, EWS 2011, 314 (321); *Trüten*, Die Entwicklung des IPR in der EU, S. 653.

zu regeln. Bei Lücken im unionsrechtlichen System gilt das autonome IPR der Mitgliedstaaten fort.

Für den europäischen Gesetzgeber gibt es demnach keine Aus- und Inlandssachverhalte. Dies könnte als problematisch beurteilt werden, wenn man als Zweck des IPR eine gleichheitssatzgemäße Beurteilung des internationalen Sachverhalts ansieht[1027]. Denn dann gibt es folglich für den europäischen Gesetzgeber auch kein Vergleichsmoment für den zu beurteilenden internationalen Sachverhalt in Gestalt eines vom „eigenen" Sachrecht vorgegebenen Inlandssachverhalts, von dessen Behandlung die Behandlung des Auslandssachverhalts abweichen müsste. Dieser Unterschied in der Schaffung von Kollisionsrecht wirkt sich aber in der Praxis und mit Blick auf die Notwendigkeit der Anpassung nicht aus. Denn der maßgebliche Gesichtspunkt liegt insoweit in der Rechtsanwendung durch die Mitgliedstaaten[1028]. Diese wenden das als Verordnungsrecht unmittelbar und vorrangig geltende europäische Kollisionsrecht an (vgl. Art. 288 Abs. 2 AEUV). Aus Sicht der mitgliedstaatlichen Rechtsanwender gibt es durchaus In- und Auslandssachverhalte. Daher besteht insoweit kein Unterschied zum autonomen IPR. Die Herkunft der Kollisionsnormen wirkt sich jedoch in anderer Hinsicht aus: Die Mitgliedstaaten wenden dem Stellenwert nach eigenes Kollisionsrecht an, das aber nicht auf der Grundlage ihrer eigenen Sachrechtsordnung konzipiert ist. Wenn man davon ausgeht, dass das IPR der Vorbereitung der sachgerechten Entscheidung in Auslandssachverhalten dient und daher Verweisungen „mit Blick auf das Sachrecht" schafft, ergibt sich in dieser Hinsicht ein Unterschied.

Die Mitgliedstaaten wenden in Gestalt des europäischen IPR Rechtsnormen an, die die angemessene Beurteilung des Sachverhalts in Auslandssachverhalten verwirklichen sollen, deren Konkretisierung wiederum durch Normen unterschiedlicher Rechtssysteme und -traditionen erfolgt, auf deren Grundlage diese angewendeten (Kollisions-)Rechtsnormen nicht entworfen wurden. Das Verständnis von der Wechselbezüglichkeit von Sach- und Kollisionsrecht[1029] beinhaltet für die europäische Sicht demnach gewisse Friktionen. Festgestellt wurde, dass das Kollisionsrecht im Verhältnis zum Sachrecht das Sekundäre, gleichsam Abgeleitete ist, das ohne einen Blick auf seinen Ursprung nicht sinnvoll verstanden werden kann[1030]. Dieses Ergebnis wirkt sich in der tatsächlichen

1027 Vgl. Kap. 2, B, I, 4 (S. 126).

1028 Zu den Blickwinkeln des Gesetzgebers, Rechtsunterworfenen und Richters auf internationalprivatrechtliche Fragen allgemein *Wengler*, RabelsZ 16 (1951), 1.

1029 S.o. Kap. 2, A, IV (S. 103 ff.).

1030 S.o. Kap. 2, A, IV (S. 103 ff.).

Rechtsanwendung auf europäischer Ebene aber weniger tiefgreifend aus. Das liegt hauptsächlich daran, dass das europäische IPR sich solcher Begrifflichkeiten bedient, die für die Mitgliedstaaten zumindest definierbar sind. Dieser Gesichtspunkt ist für die Strukturierung der sachrechtlichen Anpassung im europäischen IPR indes ebenfalls relevant[1031].

II. Ziele des europäischen Kollisionsrechts

Die besondere Zielsetzung des europäischen Kollisionsrechts, die bereits bei Behandlung der Methodik des europäischen IPR angeklungen ist, könnte eine abweichende Beurteilung des Notwendigkeitskriteriums bewirken. Im Folgenden sollen die Besonderheiten der unionsrechtlichen Kollisionsnormen näher beleuchtet werden und hinsichtlich ihrer Bedeutung für die Notwendigkeit der Anpassung auf europäischer Ebene analysiert werden.

1. Vorbemerkung

Besonderheiten im europäischen IPR ergeben sich schon allgemein daraus, dass seine Normen im Rahmen des Prozesses der europäischen Integration und der Verwirklichung des Binnenmarktes der Europäischen Union entstanden sind. Der Überblick über die Geschichte des europäischen IPR hat verdeutlicht, dass auch das Kollisionsrecht aus Erwägungen des Funktionierens des europäischen Binnenmarktes heraus geschaffen wurde[1032]. Die gegenseitige Anerkennung gerichtlicher Entscheidungen ist der Ausgangspunkt dieser Rechtsetzung. Das europäische IPR steht demnach als Instrument der EU in engem Zusammenhang mit deren Zielen und soll insbesondere jenes Ausgangsziel fördern[1033]. Beispielhaft lässt sich das anhand der Kommissionsbegründung zur Rom II-Verordnung verdeutlichen: „Art. 4 (…) erfüllt auch die allgemeinen Ziele der Europäischen Union – ein hohes Schutzniveau in Bezug auf die Gesundheit der Verbraucher und die Aufrechterhaltung fairer Wettbewerbsbedingungen auf

---

1031 S.u. Kap. 7, C, II (S. 263 ff.).

1032 S.o. Kap. 4, C (S. 194); vgl. auch *Reichelt*, in: *dies.* (Hrsg.), Europäisches Gemeinschaftsrecht und IPR, 5: „Instrument der Europäischen Integration".

1033 *Bariatti/Pataut*, in: *Fallon/Lagarde/Poillot-Peruzzetto* (Hrsg.): Quelle architecture pour un code européen de droit international privé?, 337 (342); *Michaels*, FS Kropholler, 151 (160); MüKo/*Sonnenberger*, 5. Aufl., Einl. IPR, Rn. 15; *Matthias Weller*, in: *ders.* (Hrsg.), Europäisches Kollisionsrecht, 40, 64; Kommissionsbegründung zur Rom I-VO, KOM (2005) 650 endg., S. 2.; Kommissionsbegründung zur Rom II-VO, KOM (2003) 427 endg., S. 7.

einem bestimmten Markt."[1034] Das Erfordernis einer Binnenmarktförderung der jeweiligen Maßnahme war zudem lange Zeit in der Ermächtigungsgrundlage des Art. 81 Abs. 2 AEUV enthalten[1035]. Aufgrund dieser Ausgangssituation ist auch ersichtlich, dass sich das europäische Kollisionsrecht vom „klassischen" IPR ein Stück weit entfernt hat[1036].

2. *Klassische Ziele im europäischen Kollisionsrecht*

Im europäischen IPR lassen sich zunächst einige Ziele wiederfinden, die aus dem von *Savigny* geprägten, als klassisch bezeichneten IPR[1037] bekannt sind.

a) Das Prinzip der engsten Verbindung

Das für das autonome IPR zentrale Postulat der Suche nach der engsten Verbindung des Sachverhalts ist im Zuge der Europäisierung des IPR nicht etwa untergegangen[1038]. Aus der Ähnlichkeit der europäischen Methode mit derjenigen des autonomen IPR ließe sich vielmehr der Schluss ziehen, dass auch auf europäischer Ebene das Auffinden des „Sitzes" beziehungsweise Schwerpunkts[1039] des Rechtsverhältnisses das Ziel des Kollisionsrechts ist. Das Prinzip der engsten Verbindung, das Ausdruck der Suche nach dem Sitz des Rechtsverhältnisses ist[1040], findet sich etwa in Art. 5 Abs. 3 Rom I-VO, Art. 5 Abs. 2 Rom II-VO, Art. 21 Abs. 2 Rom III-VO, Art. 15 Abs. 2 KSÜ und in Art. 26 Abs. 1 lit. c EuGüVO. Dies zeigt, dass der Gedanke der Suche nach dem räumlich besten Recht auch im europäischen IPR weiter Bedeutung hat[1041]. Die Nennung des Prinzips der engsten Verbindung in einer Ausweichklausel lässt den Schluss zu, dass die vorgelagerten Regelanknüpfungen als spezielle Ausprägungen des allgemeinen Grundsatzes angesehen werden können[1042]. Dass die Suche nach der

---

1034 KOM (2003) 427 endg., S. 16.

1035 Vgl. zur Bedeutung der Streichung des Erfordernisses der Binnenmarktförderung für die Kodifikation von europäischem IPR *Weller*, IPRax 2011, 429 (436).

1036 Vgl. *Schroeder*, JuS 2004, 180 (186); *Wilke*, in: *Leible/Unberath* (Hrsg.), Brauchen wir eine Rom 0-Verordnung?, 23 (30).

1037 Vgl. *Weller*, RabelsZ 81 (2017), 747 (751).

1038 Zu den insoweit kritischen Stimmen s.u. Kap. 5, B, III (S. 229).

1039 Vgl. zu den verschiedenen Formulierungen derselben Erwägung MüKo/*Sonnenberger*, 5. Aufl., Einl. IPR Rn. 23.

1040 *Lehmann*, FS Spellenberg, 245 (253).

1041 *Leible*, in: *Reichelt* (Hrsg.), Europäisches Gemeinschaftsrecht und IPR, 31 (38); *Sonnenberger*, FS Kropholler, 227 (236).

1042 Vgl. allg. dazu MüKo/*von Hein*, Einl. IPR Rn. 31; *Weller*, IPRax 2011, 429 (432 f.).

engsten Verbindung zunächst durch spezielle Anknüpfungsregeln erfolgen soll, hängt mit der Erwägung zusammen, dass das „freie" Abstellen auf die mit dem Sachverhalt am engsten verbundene Rechtsordnung mit Rechtsunsicherheit verbunden ist[1043].

Da die Förderung bestimmter Interessen neben diese Ausgestaltung tritt, erfährt das Prinzip der engsten Verbindung jedoch eine gewisse Schwächung[1044]. Die Anknüpfungen, die besonderen Zwecken dienen, stellen eine Durchbrechung der Neutralität gegenüber dem Inhalt des anwendbaren Rechts dar[1045]. Auffallend ist in diesem Zusammenhang, dass Kollisionsnormen und Erwägungsgründe bestimmte Zwecke aufstellen und dennoch zugleich von der engsten Verbindung die Rede ist. Das wirft die Frage auf, in welchem Verhältnis die beiden Gesichtspunkte zueinander stehen. Besteht die engste Verbindung grundsätzlich zu derjenigen Rechtsordnung, in der etwa der Verbraucher am besten geschützt wird oder dort, wo der Interessenausgleich zwischen Schädiger und Geschädigtem inhaltlich am besten verwirklicht wird? Mit anderen Worten ergibt sich im europäischen IPR eine Rangfrage. Bestimmt der Schutzzweck der europäischen Kollisionsnorm gleichzeitig den Schwerpunkt des Rechtsverhältnisses, sodass etwa der Schadenseintrittsort nicht nur die am engsten verbundene Rechtsordnung bezeichnet, sondern zugleich auch das Recht, das den Interessenausgleich zwischen Schädiger und Geschädigtem am besten verwirklicht (vgl. zu Art. 4 Rom II-VO den Erwägungsgrund 16 der Rom II-Verordnung)? Da dieser Fragekreis wesentlich mit der Sachrechtsmodifikation der materiellrechtlichen Anpassung zusammenhängt, soll er an dieser Stelle näher untersucht werden[1046]. Festzuhalten ist, dass auch das europäische IPR mit der Frage nach der engsten Verbindung operiert, sich aber parallel auch von dem seiner Herkunft geschuldeten Streben nach der Verwirklichung bestimmter Schutzzwecke leiten lässt.

1043 KOM (2003) 427 endg., S. 13.

1044 Vgl. dazu *Clavel*, in: *Cafaggi/Muir Watt* (Hrsg.), The Regulatory Function of European Private Law, 62 (zur Rechtswahl), *Michaels*, FS Kropholler (2008), 151 ff.; *Mankowski*, in: *Basedow* (Hrsg. u.a.), Aufbruch nach Europa, S. 595 (613); *Roth*, in: *Kieninger/Remien* (Hrsg.), Europäische Kollisionsrechtsvereinheitlichung, 11 (31 f.); *Weller*, RabelsZ 81 (2017), 747 (758); *Wilke*, in: *Leible/Unberath* (Hrsg.), Brauchen wir eine Rom 0-Verordnung?, 23 (30).

1045 Vgl. MüKo/*von Hein*, Einl. IPR, Rn. 30 a.E.; dahingehend auch *Schack*, Liber amicorum Kegel, 179 (193).

1046 S.u. Kap. 7, C, II (S. 263 ff.).

b) Internationaler Entscheidungseinklang, Rechtssicherheit und Vorhersehbarkeit

Die Verwirklichung Internationalen Entscheidungseinklangs ist ein wesentlicher Zweck des europäischen IPR[1047], was insbesondere an Erwägungsgrund 6 der Rom I-Verordnung deutlich wird[1048]. Hinter diesem auch als äußeren Entscheidungseinklang bezeichneten Ideal steht im Wesentlichen das Bestreben, dass der Ausgang eines Rechtsstreits nicht vom Ort des beurteilenden Gerichts abhängen soll[1049]. Im Hinblick auf das europäische IPR ist zu beachten, dass das Prinzip in engem Zusammenhang mit der Förderung des Binnenmarktes (vgl. Art. 81 Abs. 2 AEUV) und der effizienten Beilegung internationaler Streitigkeiten steht[1050].

Aber auch die Rechtssicherheit ist ein grundlegendes Prinzip der Kollisionsnormen des europäischen IPR[1051]. Dass die Rechtssicherheit in Gestalt der Vorhersehbarkeit von Entscheidungen und der Berücksichtigung der Parteierwartungen von besonderer Bedeutung ist, verdeutlichen insbesondere die Erwägungsgründe und Entwurfsbegründungen. Die Erwägungsgründe 6, 16 Rom I-VO und 14 Rom II-VO etwa nehmen ausdrücklich Bezug auf dieses Ziel. Die Entwurfsbegründungen der Verordnungen zeigen an zahlreichen Stellen, dass insbesondere die berechtigten Erwartungen der Parteien und die Vorhersehbarkeit des anwendbaren Rechts zentrale Anliegen des europäischen Kollisionsrechts sind[1052]. Art. 17 Rom II-VO schließlich verdeutlicht ebenfalls den Stellenwert, den die berechtigten Erwartungen der Parteien im europäischen Kollisionsrecht haben[1053]. Die Norm trägt dem Umstand Rechnung, dass das nach der Rom II-VO berufene Sachrecht unter Umständen vom Schädiger nicht vorausgesehen werden konnte und ermöglicht die Berücksichtigung der am Handlungsort geltenden Sicherheits- und Verhaltensregeln.

1047 *Bariatti/Pataut*, in: *Fallon/Lagarde/Poillot-Peruzzetto* (Hrsg.), Quelle architecture pour un code européen de droit international privé?, S. 337 (342); allg. zu diesem Prinzip im europäischen IPR vgl. *Nietner*, Internationaler Entscheidungseinklang im europäischen Kollisionsrecht, 2016.

1048 MüKo/*von Hein*, Einl. IPR, Rn. 5 f.

1049 *Kropholler*, IPR § 6 I.

1050 MüKo/*von Hein*, Einl. IPR Rn. 7.

1051 *Roth*, in: *Kieninger/Remien* (Hrsg.), Europäische Kollisionsrechtsvereinheitlichung, 11 (30).

1052 Vgl. bspw. KOM (2003) 427 endg., S. 5, 7, 13, 15; KOM (2005) 650 endg., S. 3, 4, 6, 9.

1053 MüKo/*von Hein*, Einl. IPR Rn. 271.

3. *Besondere Ziele des europäischen Kollisionsrechts*

a) *Schwächerenschutz und Interessenausgleich*

Der Schutz der strukturell schwächeren Partei ist ein zentrales Anliegen des europäischen Kollisionsrechts[1054]. Die Erwägungsgründe 23 Rom I-VO und 31 Rom II-VO etwa nennen dieses Ziel explizit. In den Erwägungsgründen 25 und 32 Rom I-VO werden zudem Verbraucher, zu befördernde Personen und Versicherungsnehmer als solche schutzbedürftigen Parteien angeführt. Dieser Schutz wird verwirklicht, indem den genannten Personengruppen Sonderanknüpfungen zuteilwerden[1055]. So beruhen beispielsweise die Anknüpfungen des Art. 4 Abs. 1 lit. e und f Rom I-VO ausweislich der Kommissionsbegründung darauf, dass nach materiellem Unionsrecht der Franchisenehmer und der Vertriebshändler in ihrer jeweiligen Funktion als strukturell schwächere Partei anzusehen sind[1056]. Auch die Vorschrift des Art. 10 EuInsVO dient mit ihrer Verweisung auf das für Arbeitsverträge maßgebliche Recht dem Schutz des Arbeitnehmers in der Insolvenz des Arbeitgebers, sofern diese unter die Europäische Insolvenzverordnung fällt[1057].

Deutlich lässt sich das Prinzip des Schwächerenschutzes ferner auch anhand von Art. 6 Abs. 2 Rom I-VO erkennen, der die Geltung des Günstigkeitsprinzips für Verbraucher statuiert. Da dem Verbraucher in jedem Fall der Schutz zukommt, der durch die zwingenden Vorschriften des Rechts des Staates des gewöhnlichen Aufenthalts begründet wird[1058], wird ein durch das Sachrecht geprägtes Interesse direkt und ausdrücklich in die Anwendung einer kollisionsrechtlichen Vorschrift importiert. Dieser Aspekt bezeichnet einen Unterschied zum autonomen IPR, das mit der Benennung von Schutzzwecken zurückhaltender ist[1059].

Eine Ausnahme findet sich jedoch in Art. 19 EGBGB[1060]. Die Norm stellt hinsichtlich der Abstammung des Kindes mehrere Anknüpfungen zur Verfügung,

---

1054 Vgl. zum Schutz der schwächeren Partei als Einschränkung der Parteiautonomie *Lehmann*, FS Spellenberg (2010), 245 (250 ff.).

1055 *Michaels*, FS Kropholler, 151 (157); *Weller*, IPRax 2011, 429 (436 f.).

1056 Vgl. KOM (2005) 650 endg., S. 6.

1057 Bericht *Virgós/Schmit* Nr. 125.

1058 Vgl. MüKo/*Martiny*, Art. 6 Rom I-VO Rn. 51; Palandt/*Thorn*, Art. 6 Rom I-VO, Rn. 8; zum gewöhnlichen Aufenthalt im europäischen IPR allgemein vgl. *Rentsch*, Der gewöhnliche Aufenthalt im System des europäischen Kollisionsrechts, 2017.

1059 Vgl. *Schack*, FS Kegel, 179 (193), der konstatiert, dass innerhalb der EU ergebnisblinde Kollisionsnormen ausgedient haben.

1060 Vgl. allg. zu den mit der Vorschrift verbundenen Problemen *Frank*, StAZ 2009, 65 ff.

die nach herrschender Ansicht in einem Alternativverhältnis zueinander stehen[1061]. Die Gesetzesbegründung zur Vorgängervorschrift scheint dieses Verständnis zu bestätigen[1062], während diejenige zu Art. 19 EGBGB von einer „Regelanknüpfung“ an den gewöhnlichen Aufenthalt des Kindes spricht[1063]. Der Wortsinn der Norm lässt jedenfalls keinen Schluss auf eine Rangfolge zu[1064], sodass es sinnvoll erscheint, von einem Alternativverhältnis auszugehen. Hinter dieser Alternativanknüpfung steht das Bestreben des Gesetzgebers, die Feststellung der Abstammung zu erleichtern. Die nach dem Günstigkeitsprinzip zu bestimmende Rechtsordnung wird mitunter als diejenige beschrieben, die dem Kind zum frühestmöglichen Zeitpunkt einen Vater zuordnet[1065]. Insoweit hat sich die Bestreben zum Schutz des Kindeswohls folglich in der Ausgestaltung der (autonomen) Kollisionsnorm des Art. 19 EGBGB niedergeschlagen.

b) Die Förderung des Binnenmarkts

Wie bereits eingangs ausgeführt, ist ein weiterer zentraler Aspekt der Regulierung durch das europäische IPR das Ziel der Förderung des Binnenmarkts[1066]. Dies überrascht wenig und entspricht der Natur des europäischen Kollisionsrechts: Die Unionsrechtsakte, die auf Art. 81 AEUV gestützt werden, müssen die in Art. 3 EUV statuierten Unionspolitiken fördern[1067]. Der EuGH hat in der Sache *Tessili/Dunlop* zur Auslegung des Begriffs des „Erfüllungsortes“ etwa festgestellt, dass das der EuGVO vorangegangene EuGVÜ dazu dient, Behinderungen im Rechtsverkehr zwischen den Mitgliedstaaten auszuräumen[1068]. Die Erwägungsgründe sowie Entwurfsbegründungen zu den Verordnungen geben Aufschluss über das Ausmaß an Einfluss, den die europäischen Kollisionsnormen auf die

---

1061 Vgl. BGH, Beschl. v. 13.9.2017 – XII ZB 403/16, NJW 2017, 3447, Rn. 14; OLG Nürnberg, Beschl. v. 14.09.2015 – 11 W 277/15, BeckRS 2016, 06878, Rn. 14 f.; MüKo/*Helms*, Art. 19 EGBGB Rn. 12.

1062 BT Drucks. 10/5632, S. 43 (zu Art. 20 EGBGB a.F.).

1063 BT Drucks. 13/4899, S. 137.

1064 *Frank*, StAZ 2009, 65 (66).

1065 OLG Karlsruhe, Beschl. v. 26.10.2004 – 2 WF 176/04, FamRZ 2005, 1679 (1698); BayObLG, Beschl. v. 11.1.2002 – 1Z BR 51/01, FamRZ 686 (687); vgl. insoweit aber *Frank*, StAZ 2009, 65 (66 f.) zu weiteren Gesichtspunkten für die Bestimmung der günstigsten Rechtsordnung.

1066 S.o. Kap. 4, C; vgl. auch *Weller*, IPRax 2011, 429 (433).

1067 *Weller*, RabelsZ 81 (2017), 747 (758); *ders.*, in: *Arnold* (Hrsg.), Grundfragen des Europäischen Kollisionsrechts, 133 (142).

1068 EuGH, Urt. v. 6.10.1976, C-12/76, *Tessili/Dunlop*, Slg. 1976, 1473, Rn. 9.

Aspekte des Binnenmarkts haben sollen. Zu beachten ist aber auch, dass ausgehend von der „wirtschaftlichen Grundprägung" des europäischen IPR durchaus eine Ausweitung dieses primär wirtschaftlichen Ansatzes stattgefunden hat[1069].

III. Würdigung: Die besondere Zweckbestimmung des europäischen Kollisionsrechts

Das europäische IPR hat grundsätzlich zum Ziel, den Schwerpunkt des Rechtsverhältnisses aufzufinden, wie sich etwa an den Ausweichklauseln zeigt. Daneben will das Unionsrecht allerdings auch besondere Ziele wie die Vollendung des Binnenmarkts verwirklichen. Das von der Europäischen Union geschaffene Kollisionsrecht ist schon allein wegen der Natur des supranationalen Unionsrechts, die sich in der Ermächtigungsgrundlage des Art. 82 AEUV wiederspiegelt, den Unionspolitiken verpflichtet. Die primärrechtlich in Art. 3 EUV niedergelegten Interessen müssen auch innerhalb des europäischen IPR einen Niederschlag finden. Das europäische Verweisungsrecht weist entsprechend eine besondere Beziehung zu Interessen auf, die klassischerweise im Sachrecht relevant werden. Diese Beziehung äußert sich vor allem darin, dass in Erwägungsgründen und einzelnen Normen der Schutz eines bestimmten Interesses ausdrücklich zum Ziel erhoben wird. Von den Verweisungen durch die jeweiligen Kollisionsnormen wird angenommen, dass sie den jeweiligen Zweck bestmöglich schützen. Man kann vor diesem Hintergrund konstatieren, dass die Suche nach dem mit dem Sachverhalt am engsten verbundenen Recht eine gewisse Störung erfährt, die in der Anknüpfung unter dem Ziel der Verwirklichung bestimmter materieller Interessen begründet ist[1070]. Diese parallele Relevanz wirft die Frage des Verhältnisses zwischen dem Ziel der Anwendung des räumlich besten Rechts und der des bestschützenden Rechts auf[1071]. Geht die Maßgeblichkeit der Ziele so weit, dass die engste Verbindung des Rechtsverhältnisses erst dadurch definiert wird, dass in einem bestimmten Recht das zu schützende Interesse bestmögliche Geltung erhält?

1069 *Wilke*, in: *Leible/Unberath* (Hrsg.), Brauchen wir eine Rom 0-Verordnung?, 23 (28); dahingehend auch *Jayme*, Rechtsvergleichung und kulturelle Identität, S. 34.

1070 Auf das Bestehen von „Wertungsdiskrepanzen" weist auch *Mankowski* hin, in: *Basedow* (Hrsg. u.a.) Aufbruch nach Europa, 595 (615); ähnlich auch *Remien*, in: *Leible/Unberath* (Hrsg.), Brauchen wir eine Rom 0-Verordnung?, 223 (226), der von einem „Beziehungsproblem" der Kollisionsnormen spricht.

1071 Dazu schon oben, Kap. 5, B, II, 2, a) (S. 224).

Diesen Überlegungen entspricht es, dass das Benennen konkreter Sachrechtsinteressen im europäischen IPR mitunter als Anzeichen einer wesentlichen, teilweise sogar als revolutionär bezeichneten[1072] Änderung im Rahmen der IPR-Dogmatik verstanden wird[1073]. Vorgebracht wird, dass eine Materialisierung des Internationalen Privatrechts im Gange sei, die in Gestalt politisierter Anknüpfungen in Konkurrenz zu den klassischen Prinzipien der Gleichwertigkeit der Rechtsordnungen und der Neutralität des Kollisionsrechts trete[1074]. Auch Vergleiche mit der US-amerikanischen *Conflicts Revolution* werden insoweit gezogen[1075]. Gegenstimmen stellen im europäischen IPR eine nur punktuelle Durchbrechung der klassischen Lehre fest[1076]. So betont etwa *von Hein* mit Blick auf die Rom II-Verordnung, dass diese den „fundamentally Savignian path" beschreite, was etwa an der Verwendung flexibler Regeln in Verbindung mit speziellen Normen für bestimmte Arten von Delikten deutlich werde[1077]. Die Auffassung einer klassischen Prägung des europäischen Kollisionsrechts vertritt auch Generalanwalt *Wahl* in seinen Schlussanträgen[1078] in der Rechtssache *Lazar*[1079]. Mit Blick auf Art. 4 Rom II-VO wird insoweit festgestellt, dass die Vorschrift mit dem Anknüpfungskriterium des Schadenseintrittsorts einer „klassischen Kollisionsnorm des internationalen Privatrechts" folgt[1080].

Richtigerweise wird man von einer grundlegenden Umwälzung im Charakter des Kollisionsrechts auf europäischer Ebene nicht sprechen können. Die

---

1072 *Michaels*, FS Kropholler, 151 ff.; *ders.*, Tul. L. Rev. 82 (2008), 1607 ff.

1073 *Lehmann*, FS Spellenberg, 245 ff.; *Weller*, IPRax 2011, 429 ff.; *ders.*, in: *Arnold* (Hrsg.), Grundfragen des Europäischen Kollisionsrechts, 133 (136); *ders.*, RabelsZ 81 (2017), 747 (767).

1074 *Kühne*, FS Heldrich, 815 (817); *Weller*, in: *Fallon/Lagarde/Poillot-Peruzzetto* (Hrsg.), Quelle architecture pour un code européen de droit international privé?, 327 (332 f.); *ders.*, in: *Arnold* (Hrsg.), Grundfragen des Europäischen Kollisionsrechts, 133 (142); *ders.*, RabelsZ 81 (2017), 747 (770).

1075 *Meeusen*, Eur. J. Migr. L. 9 (2007), 287 (291).

1076 MüKo/*von Hein*, Einl. IPR, Rn. 40, 43; *ders.*, in: *Ahern/Binchy* (Hrsg.), The Rome II Regulation, 153 (160): „fundamentally Savignian paradigm"; *ders.*, FS Kropholler, 553 (564) (zu Art. 4 III Rom II-VO); *Remien*, in: *Leible/Unberath* (Hrsg.)., Brauchen wir eine Rom 0-Verordnung?, 223 (224); *Roth*, EWS 2011, 314 (320), demzufolge sich das europäische IPR in „klassischen Bahnen" bewegt.

1077 Tul. L. Rev. 82 (2008), 1663 (1703).

1078 Generalanwalt *Wahl*, Schlussanträge vom 10.9.2015, C-350/14, ECLI: EU: C:2015:586.

1079 EuGH, Urt. v. 10.12.2015 – C-350/14, *Lazar*, ECLI: EU: C:2015:802 = NJW 2016, 466.

1080 Generalanwalt *Wahl*, Schlussanträge vom 10.9.2015, C-350/14, ECLI: EU: C:2015:586, Rn. 27.

analytische Methode des autonomen IPR ist auch in der Vorgehensweise des europäischen IPR vorherrschend. Diese Methode nimmt auch auf europäischer Ebene eine Aufgliederung des Sachverhalts nach den Kategorien des Privatrechts vor. Mit dieser Analyse geht ferner einher, dass das europäische Kollisionsrecht zum Ziel hat, die mit der Rechtsfrage räumlich am engsten verbundene Rechtsordnung aufzufinden. Zuzugeben ist der Auffassung einer revolutionsähnlichen Änderung im IPR allerdings, dass der besondere Charakter des supranationalen EU-Rechts in Gestalt seiner besonderen Schutzzwecke sich wohl gleichrangig neben die Suche nach der engsten Verbindung positioniert hat. Auch dies ist aber nicht zwingend ein Anzeichen für eine grundlegende Umgestaltung des Kollisionsrechts, zeigt sich doch auch auf autonomer Ebene mitunter das „Durchschlagen" eines bestimmten Interesses auf die Ausgestaltung einer Verweisungsnorm[1081]. Die europäischen Kollisionsnormen berufen stellenweise ein bestimmtes Recht in der Annahme, dass dieses das jeweilige materielle Interesse am besten schützt. Dies hat grundsätzlich nichts mit der engsten Verbindung des Sachverhalts zu tun, sondern verdeutlicht dahinterstehende, konkrete Anliegen des Unionsrechts. An diesen Stellen ist Idee von der blinden oder abstrakten Verweisung nur noch in abgemilderter Form auszumachen.

C. Schlussfolgerungen für die Notwendigkeit der Anpassung im europäischen Kollisionsrecht

Ausgangspunkt der Untersuchung der Zwecke des europäischen IPR war die Überlegung, dass mit Abweichungen im Charakter der europäischen Normen auch Abweichungen in der Begründung der Notwendigkeit der Anpassung verbunden sein könnten. Gezeigt hat sich, dass die Suche nach der engsten Verbindung des Sachverhalts und weitere klassische Prinzipien des IPR gleichrangig neben den unionsrechtlichen Zwecken stehen.

Wie man das Verhältnis zwischen diesen Maßgaben beurteilt, hat aber im Ergebnis keine praktischen Auswirkungen auf die Begründung der Anpassungsnotwendigkeit. Dass die Kollisionsnormen bei der Berufung der jeweiligen Sachnormen unter einer bestimmten Zielsetzung stehen, ändert grundsätzlich nichts an der Tatsache, dass gerade die Beurteilung durch die berufenen Sachnormen gefordert ist. Die Sachrechtsanwendung soll in derjenigen Weise erfolgen, wie sie in dem betreffenden Staat regelmäßig vorgenommen wird. Kann dieses Ziel aber nicht verwirklicht werden, weil die spezifische Kombination der

1081 S.o. Kap. 5, B, II, 3, b) (zu Art. 19 EGBGB) (S. 228).

Rechtsordnungsteile eine adäquate Realisierung der jeweiligen Wertungen verhindert, so ist auch im europäischen IPR eine Anpassung vorzunehmen. Dem verbindlichen Verweisungsbefehl des europäischen IPR wird in diesem Fall nicht genügt. Zweitrangig ist insofern, unter welchem Vorsatz die betreffenden Sachrechte auf die Rechtsfrage angewendet werden sollten.

Somit ergibt sich auch angesichts der Existenz bestimmter Schutzzwecke im europäischen IPR das Erfordernis, das Ergebnis der Rechtsanwendung auf eine wesentliche Störung der sachrechtlichen Interessenlage in den berufenen Sachnormen festzustellen. Diese wiederum ist auch auf europäischer Ebene erkennbar an der Verfehlung eines übereinstimmend verfolgten Ziels beziehungsweise an der mangelnden Verwirklichung der Absicht des Sachrechtsausschnitts an der Rechtsfrage. Inwieweit die besondere Zwecksetzung des europäischen IPR sich jedoch auf die Lösungsvarianten der Anpassung auswirkt, ist an entsprechender Stelle zu diskutieren[1082].

D. Die Feststellung der Störung der sachrechtlichen Interessenlage

Wenn die berufenen Sachrechtsausschnitte ihre Wertung nicht entsprechend ihrem Zweck an der Rechtsfrage realisieren können, verwirklicht sich der Verweisungsbefehl des europäischen Kollisionsrechts nicht wie beabsichtigt. Die Feststellung eines solchen Widerspruchs in der Sachrechtsanwendung erhält daher eine besondere Bedeutung in der Rechtsanwendung innerhalb der Europäischen Union. Dass die Feststellung der Störung in der Sachrechtswertung einen zentralen, aber komplexen Bereich des Anpassungsproblems darstellt, wurde im Rahmen der Untersuchung des autonomen IPR schon festgestellt[1083]. Die besondere Brisanz dieser Aufgabe im Anschluss an die Verweisung durch europäisches IPR liegt daran, dass ihre Erfüllung in Gestalt der Entscheidung über die Interessenstörung zugleich eine Aussage über die Verwirklichung der Anordnung einer europäischen Kollisionsnorm beinhaltet. Denn kann die Rechtsfrage von den berufenen Sachnormen nicht beurteilt werden, weil die tatsächliche Interessenlage von der vom Sachrecht vorausgesetzten wesentlich abweicht, hat sich die Verweisung auf die Sachnormen nicht entsprechend realisieren können. Um diese Aufgabe für den Rechtsanwender zu erleichtern, ist eine genaue Kenntnis des anzuwendenden Sachrechts von zentraler Bedeutung.

1082 S.u. Kap. 8 (S. 271 ff.).

1083 S.o. Kap. 2, B, IV (S. 136).

Insoweit kommen auch rechtsvergleichende Erkenntnisse zum Tragen, die im Rahmen der (europäischen) Anpassung von zentraler Bedeutung sind[1084]. Die Kenntnis der Ziele der jeweils anwendbaren Sachnormen bewirkt insoweit mittelbar eine korrekte Anwendung des europäischen Kollisionsrechts. Das Wissen um die Zweckbestimmung der anwendbaren Sachnormen bereitet außerdem zugleich eine potentiell erforderliche sachrechtliche Anpassung vor.

1084 *Fauvarque-Cosson*, Am. J. Comp. L. 49 (2001), 407 (412); *Kropholler*, ZVglRWiss 77 (1978), 1 (9); *Rühl*, in: *Zimmermann* (Hrsg.), Zukunftsperspektiven der Rechtsvergleichung, 103 (117 f.); s.u. Kap. 7, C, III (S. 286).

Kapitel 6. Diskussion der hergebrachten Lösungen des Anpassungsproblems unter Geltung des europäischen Kollisionsrechts

A. „Alte" Lösungen und „neues" Kollisionsrecht

Für das autonome IPR haben sich weitgehend anerkannte Leitlinien zur Lösung des Anpassungsproblems herausgebildet[1085]. Entsprechend wäre als Alternative zu besonderen Lösungsregeln auf europäischer Ebene auf einen Rückgriff an die nationalen Maßstäbe zu denken. Die Vorschriften der Art. 29. Abs. 2 UAbs. 2 und 31 bis Art. 33 EuErbVO beziehungsweise Art. 54 Brüssel Ia-VO[1086] würden sich dann als punktuelle Sonderregelung des Anpassungsproblems auf Unionsebene darstellen. Der Allgemeinbezug der Anpassung spricht allerdings gegen ein solches Verständnis. Denn das Institut betrifft als Baustein des Allgemeinen Teils des IPR das (vereinheitlichte) Kollisionsrecht naturgemäß vorgelagert und umfassend[1087]. Es handelt sich bei ihr um eine der „Fragen, deren einheitliche Beantwortung Voraussetzung für die einheitliche Anwendung des Besonderen Teils ist."[1088]. Dementsprechend verbietet allein die Natur des Instruments, nationale Lösungen von vornherein unmodifiziert auf die supranationale Ebene zu übertragen[1089]. Vielmehr ist zu prüfen, ob und inwieweit sich hergebrachte Lösungsmethoden in Anbetracht der andersartigen Interessenlage des europäischen IPR eignen[1090]. Die für das autonome Kollisionsrecht entwickelten Lösungen sollen im Folgenden hinsichtlich ihrer Tauglichkeit auf europäischer Ebene

---

1085 Zu den Lösungsvarianten im autonomen IPR s.o. Kap. 3 (S. 155 ff.).

1086 Zu diesen Normen und ihrer Bedeutung für die „europäische Anpassung" s.u. Kap. 9, B, II–VI (S. 299–302).

1087 Vgl. zu dieser Erwägung hinsichtlich der Instrumente der Qualifikation und der Vorfrage *Wilke*, GPR 2012, 334 (337 f.).

1088 *Kreuzer*, in: *Jud/Rechberger/Reichelt* (Hrsg.), Kollisionsrecht in der EU, 1 (3).

1089 Vgl. schon *Pirrung*, Internationales Privat- und Verfahrensrecht nach dem Inkrafttreten der Neuregelung des IPR, S. 23, der hinsichtlich der Institute des Allgemeinen Teils feststellt, dass mit Blick auf Kollisionsnormen staatsvertraglicher Provenienz eine Differenzierung vorzunehmen sein werde.

1090 MüKo/*von Hein*, Einl. IPR Rn. 43; vgl. ferner *Bariatti/Pataut*, in: *Fallon/Lagarde/Poillot-Peruzzetto* (Hrsg.): Quelle architecture pour un code européen de droit international privé?, 337 (341 f.).

untersucht werden. Die sich dabei zeigenden Friktionen werden anschließend im Rahmen der Überlegung fruchtbar gemacht, welche Vorgaben die europäische Rechtsnatur für die unionsweit einheitliche Anwendung der Lösungsansätze der Anpassung aufstellt.

B. Kollisionsrechtliche Lösungen

I. Grenzverschiebungen: Allgemein

Im Rahmen der kollisionsrechtlichen Lösung des Anpassungsproblems kommt vorrangig die Grenzverschiebung zwischen den im konkreten Fall anwendbaren Kollisionsnormen in Betracht[1091]. Diese ist mittels einer teleologischen Reduktion beziehungsweise Extension zu erreichen. Für das europäische IPR stellt sich die Frage nach der Zulässigkeit einer solchen Modifikation.

Geht man von der Beteiligung von zwei Kollisionsnormen aus, so beinhaltet die teleologische Modifikation im Rahmen der kollisionsrechtlichen Anpassung eine Abwandlung und faktische Nichtbeachtung des Verweisungsbefehls einer Kollisionsnorm *A*: der Verweisungsbefehl dieser Kollisionsnorm auf eine Rechtsordnung *X* wird dann missachtet, indem der Anwendungsbereich von *A* für den jeweiligen Fall nicht gelten soll. Im Gegenzug soll der Verweisungsbefehl einer europäischen Kollisionsnorm *B*, die auf *Y* verweist, auch den Anwendungsbereich von *A* erfassen und somit den von *A* erfassten Bereich ebenfalls der Rechtsordnung *Y* unterwerfen. Die Grenzverschiebungen gehen demnach mit einer Missachtung des grundsätzlich verbindlichen Anwendungsbereichs der Verordnungen einher[1092].

II. Zum „Witwenfall"

Die Konstellation des „Witwenfalls" in Gestalt der Normenhäufung unter Zugrundelegung von unionsrechtlich vereinheitlichtem IPR wurde schon vorgestellt[1093]. Dort hat sich gezeigt, dass nach der vom EuGH in der Rechtsache *Mahnkopf*[1094] konstatierten erbrechtlichen Qualifikation des deutschen

---

1091 Zu den kollisionsrechtlichen Lösungen im autonomen IPR s.o. Kap. 3, C (S. 166 ff.).

1092 MüKo/*von Hein*, Einl. IPR Rn. 257; *Looschelders*, IPRax 2016, 349 (352); *Meyer-Sparenberg*, Staatsvertragliche Kollisionsnormen, S. 155 (zu Modifikationen im staatsvertraglichen Bereich zur Verbindlichkeit des Verweisungsbefehls *Frimston*, in: *Bergquist* (u.a. Hrsg.), EU-ErbVO, Art. 1 Rn. 2.

1093 S.o. Kap. 1, B, II, 3, a) (S. 72).

1094 S.o. Kap. 1, A, II, 2, b) (S. 48).

Zugewinnausgleichs vor allem dann noch eine Normenhäufung auftreten kann, wenn das deutsche Erbstatut mit einer in güterrechtlicher Hinsicht anwendbaren Rechtsordnung zusammentrifft, die einen bestimmten güterrechtlichen Ausgleich gewährt. Bei der Kombination deutschen Erbrechts und italienischen Güterrechts hatte sich eine entsprechende Normenhäufung gezeigt[1095]. Die Methode der kollisionsrechtlichen Grenzverschiebung soll mit Bezug auf die insoweit relevanten Vorschriften der Art. 21 Abs. 1 EuErbVO und Art. 26 Abs. 1 lit. a EuGüVO veranschaulicht werden. Die kollisionsrechtliche Grenzverschiebung ist insbesondere vor dem Hintergrund der positivrechtlichen Vorgaben des europäischen IPR zu untersuchen.

1. Der Rahmen des europäischen Kollisionsrechts

Würde man zur Auflösung des Anpassungsproblems im „Witwenfall" eine kollisionsrechtliche Grenzverschiebung etwa zugunsten des Güterstatuts vornehmen, so würde hieraus die Notwendigkeit einer teleologischen Reduktion des Art. 21 Abs. 1 EuErbVO und einer entsprechenden teleologischen Extension des Art. 26 Abs. 1 lit. a EuGüVO folgen. Die EuGüVO würde somit auf erbrechtliche Aspekte erstreckt. Diese Modifikation steht in Widerspruch zu den Vorgaben zum Anwendungsbereich der Verordnungen, die in Art. 1 EuGüVO beziehungsweise Art. 1 EuErbVO und den jeweiligen Erwägungsgründen niedergelegt sind. Der Anwendungsbereich bestimmt für die Rechtsanwender verbindlich die Reichweite der Kollisionsnormen.

Die Europäische Güterverordnung ist gemäß Art. 1 Abs. 2 lit. d EuGüVO nicht auf die Rechtsnachfolge nach dem Tod des Ehegatten anwendbar, sodass eine Ausdehnung der Vorschrift des Art. 26 Abs. 1 lit. a EuGüVO auf erbrechtliche Aspekte sich grundsätzlich verbietet. Eine etwaige teleologische Extension des Art. 21 Abs. 1 EuErbVO stößt auf die gleichen Widerstände: Nach Art. 1 Abs. 1 Satz 1, Abs. 2 lit. d EuErbVO erstreckt sich die Verordnung nur auf die Rechtsnachfolge von Todes wegen, nicht aber auf Fragen des ehelichen Güterrechts[1096]. Zwar könnte Erwägungsgrund 12 in die Richtung interpretiert werden, dass auch güterrechtliche Aspekte vom Anwendungsbereich der Verordnung erfasst werden könnten, indem er die Berücksichtigung güterrechtlicher Aspekte bei

---

1095 S.o. Kap. 1, B, II, 3, a) (S. 72).

1096 Vgl. das Vorabentscheidungsersuchen des KG Beschluss vom 25.10.2016 – 6 W 80/16, FamRZ 2017, 64 = ZEV 2017, 33 und die Schlussanträge des Generalanwalts *Szpunar* vom 13.12.2017, C-558/16, ECLI: EU: C:2017:965.

der Bestimmung des Nachlasses erlaubt[1097]. Darüber hinaus nimmt die Verordnung in Art. 23 Abs. 2 lit. b EuErbVO Bezug auf die güterrechtliche Stellung des Ehegatten[1098].

Jedoch spricht gegen eine entsprechende Folgerung des Einschlusses güterrechtlicher Aspekte in den Anwendungsbereich der Europäischen Erbverordnung der klare Wortlaut des Erwägungsgrundes 11, der bestimmt, dass „eine Reihe von Fragen, die als mit Erbsachen zusammenhängend betrachtet werden könnten", aus dem Anwendungsbereich der Verordnung auszuschließen ist. Auch Erwägungsgrund 12 bestimmt in Satz 1, dass der Geltungsbereich der Verordnung sich nicht auf Fragen des ehelichen Güterrechts erstreckt. An dieser positivrechtlichen Ausgangslage wird ersichtlich, dass eine teleologische Reduktion oder Extension im „Witwenfall" gegen die verbindliche Vorgabe des regulären Anwendungsbereichs der Verordnungen verstoßen würde.

2. *Insbesondere: Erwägungsgrund 12 EuErbVO*

In diesem Zusammenhang ist die genauere Untersuchung des Erwägungsgrundes 12 EuErbVO von Interesse, der es den Behörden der Mitgliedstaaten ermöglicht, im Einzelfall die Tatsache der Beendigung des Güterstandes des Erblassers „bei der Bestimmung des Nachlasses und der jeweiligen Anteile der Berechtigen [zu] berücksichtigen." (Satz 2). Was dieser Ermächtigungsgrund konkret bezweckt, ist nicht klar[1099]. Teilweise wird die Ausgestaltung des Erwägungsgrundes als Ermächtigung zu einer sachrechtlichen Anpassung verstanden[1100]. Dafür spricht zwar, dass der Bezug zur Beendigung des Güterstandes „bei der Bestimmung des Nachlasses" erfolgen soll, was auf den Prozess der Anwendung der jeweiligen sachrechtlichen Vorschrift hindeutet. Für die verbindliche Anordnung einer bestimmten Vorgehensweise erscheint die Formulierung indes zu vage. Zur Bestimmung des Nachlasses gehört im weiteren Sinne außerdem in internationalen Sachverhalten auch die Anwendung der Europäischen Erbverordnung selbst, in deren Rahmen (dann kollisionsrechtlich) die Berücksichtigung erfolgen könnte. Darüber hinaus ist es wenig wahrscheinlich, dass der europäische Gesetzgeber in einem Erwägungsgrund zu einer Verordnung

---

1097 Zu diesem Erwägungsgrund und seiner Bedeutung für die Vornahme der Anpassung im europäischen IPR sogleich Kap. 6, B, II 2 (S. 238).

1098 Vgl. KG Beschl. v. 25.10.2016 – 6 W 80/16, FamRZ 2017, 64, Rz. 32.

1099 *Dörner*, ZEV 2012, 505 (507): „sybillinisch"; *Mankowski*, ZEV 2017, 479 (482); *Walther*, GPR 2014, 325 (327).

1100 *Paffhausen*, Bucerius Law Journal 2014, 10 (14).

die allgemeine Ermächtigung zur Vornahme einer materiellrechtlichen Anpassung erteilen würde. Dies wäre nicht nur dogmatisch zweifelhaft, da die Erwägungsgründe lediglich der Erläuterung eines Rechtsakts dienen; mit der offenen Formulierung des Erwägungsgrundes würde zudem gleichsam eine Blankettermächtigung zu wesentlichen Eingriffen in das anwendbare Sachrecht erteilt.

Die Erwähnung der güterrechtlichen Aspekte in dem Erwägungsgrund zeigt jedenfalls, dass der europäische Gesetzgeber das mögliche Anpassungsproblem zwischen Güter- und Erbstatut gesehen hat[1101]. Erwägungsgrund 12 EuErbVO kann aber nicht mehr als eine Interpretationshilfe für Gerichte sein[1102]. Für die Lösung des Anpassungsproblems auf europäischer Ebene lassen sich aufgrund der allgemeinen Formulierung des Erwägungsgrundes auch keine konkreten Leitlinien entnehmen.

III. Schaffung einer neuen Kollisionsnorm und kollisionsrechtliche Ersatzanknüpfung

Die Bildung einer *ad hoc*-Kollisionsnorm geht mit der teleologischen Reduktion der anwendbaren Kollisionsnormen einher und macht darüber hinaus die Wahl eines neutralen Anknüpfungsmoments erforderlich[1103]. Diese Lösungsvariante scheint auf europäischer Ebene wenig geeignet. Mit ihr geht eine gleich mehrfache Missachtung des verbindlichen Anwendungsbereichs der Verordnungen einher. Sind zwei Kollisionsnormen für die Kombination der jeweiligen Sachrechte ursächlich, so sind beide teleologisch zu reduzieren, um die Schaffung einer neuen Vorschrift vorzubereiten. Daran anknüpfend ist festzustellen, dass eine solche Lösung eine erhebliche Einbuße an Rechtssicherheit mit sich bringt. Die Wahl eines weiteren Anknüpfungsmoments durch den nationalen Rechtsanwender bei der Bildung einer *ad hoc*-Kollisionsnorm unterliegt keinen klaren Leitlinien. Demnach ist diese Auswahl faktisch kaum vorhersehbar, was eine Einbuße mit Blick auf die Vorhersehbarkeit von Entscheidungen im Anpassungsfall bedeutet. Auch die ersatzweise Berufung der *lex fori* erscheint auch auf europäischer Ebene wenig geeignet. Dem hilfsweisen Rückgriff auf das eigene

---

1101 *Dutta*, FamRZ 2013, 4 (14); vgl. auch *Dörner*, ZEV 2012, 505 (507) mit der weiteren möglichen Deutung, dass ein allgemeiner Grundsatz normiert werden sollte, demzufolge nur solche Vermögenswerte erbrechtlich zu verteilen sind, die nicht auf güterrechtlichem Wege schon zugewiesen wurden.

1102 Vgl. *Dannemann*, in: *Leible* (Hrsg.), General Principles of European Private International Law, 331 (334).

1103 S.o. Kap. 3, C, III (S. 172).

Recht im Anpassungsfall ist unter dem Gesichtspunkt der Gleichwertigkeit der Rechtsordnungen skeptisch zu begegnen.

Zur kollisionsrechtlichen Lösung des Anpassungsproblems unter den Gegebenheiten des europäischen IPR lässt sich zusammenfassend die Missachtung des verbindlichen Anwendungsbereichs der Verordnungen konstatieren. Geht man jedoch davon aus, dass der Befehl zur teleologischen Modifikation auch im europäischen IPR aus dem Kollisionsrecht an sich folgt, so lassen sich weitergehende Schwierigkeiten mit Blick auf die Rechtsprechungskompetenz des Europäischen Gerichtshofs ausmachen, die Gegenstand des folgenden Abschnitts sind.

C. Probleme der teleologischen Grenzverschiebung im europäischen IPR

I. Ausgangspunkt: Die Befugnisse der nationalen Gerichte und das Auslegungsmonopol des EuGH

Die kollisionsrechtlichen Lösungen des Anpassungsproblems in Gestalt teleologischer Modifikationen stehen grundsätzlich in Widerspruch zu den verbindlichen Vorgaben der Verordnungen zu deren Anwendungsbereich. Das Anpassungsproblem im Beispiel des „Witwenfalls" ist allein anhand der Vorgaben in den beteiligten Verordnungen sowie deren Erwägungsgründen nicht eindeutig zu lösen. Gleichwohl ist davon auszugehen, dass auch im Rahmen des europäischen IPR eine teleologische Modifikation aus der Konzeption des Kollisionsrechts folgt, um dessen Ziele im Anpassungsfall bestmöglich zur Geltung zu bringen. Es stellt sich aber die Frage, welche Auswirkungen die Missachtung des verbindlichen Verweisungsbefehls auf die Rechtsprechungspraxis der Mitgliedstaaten hat. Insbesondere ist von Interesse, in welchem Verhältnis eine teleologische Modifikation zum Auslegungsmonopol des EuGH und dem damit verbundenen Vorabentscheidungsverfahren steht[1104].

Die nationalen Gerichte sind grundsätzlich sowohl zur Vornahme der teleologischen Auslegung als auch dazu befugt, bei Feststellung einer Lücke im sekundären Unionsrecht im Wege der teleologischen Reduktion Abhilfe zu schaffen[1105]. Dies ist vor allem der Fall, wenn die Modifikation zur Verwirklichung der Zwecke des Primärrechts erforderlich scheint[1106]. So könnte man annehmen, dass

---

1104 Vgl. MüKo/*von Hein*, Einl. IPR Rn. 257; *Looschelders*, IPRax 2016, 349 (352).

1105 *Gössl*, RabelsZ 2018, V 2 b; *Leible/Domröse*, in: *Riesenhuber* (Hrsg.) Europäische Methodenlehre, § 8 Rn. 35.

1106 *Leible/Domröse*, in: *Riesenhuber* (Hrsg.) Europäische Methodenlehre, § 8 Rn. 35.

eine teleologische Grenzverschiebung von europäischen Kollisionsnormen der Verwirklichung der „Freiheit, der Sicherheit und des Rechts" im Sinne von Art. 3 Abs. 2 EUV in Gestalt von widerspruchsfreien Entscheidungen der nationalen Gerichte dient. Ferner wird mit ihr zugleich dem Gebot des *effet utile* gedient[1107].

Dass die teleologische Modifikation im Rahmen von staatsvertraglichen Normen zulässig ist, wird mitunter auch mit einem Erst-Recht-Schluss begründet: Wenn der Richter schon zur Abwehr von Verstößen gegen den *ordre public* legitimiert ist, müsse diese Legitimation erst recht bestehen, wenn beide beteiligten Rechtsordnungen sich gegen das Ergebnis sträubten[1108]. Dieser Aussage ist zuzugeben, dass auch im Rahmen von vereinheitlichten Kollisionsnormen eine Anpassung vorzunehmen ist, wenn die beteiligten Sachrechte sich gegen das Ergebnis im weitesten Sinne „sträuben". Die Erforderlichkeit einer Korrektur sagt aber noch nichts darüber aus, ob die Modifikation der Normen ohne die Beachtung weiterer Erfordernisse in gleicher Weise wie im autonomen Recht durchgeführt werden kann.

Für den Bereich von Staatsverträgen hat der Bundesgerichtshof festgestellt, dass Anpassungsprobleme hier zu lösen sind, „indem entweder die betreffende Kollisionsnorm, soweit nach der gesetzlichen oder staatsvertraglichen Vorgabe möglich, modifiziert oder für das offenbar werdende Koordinierungsproblem eine neue Kollisionsregel entwickelt (…) wird"[1109]. Ob diese Feststellung uneingeschränkt für das europäische Kollisionsrecht gelten kann, erscheint fraglich. Ausgangspunkt für kollisionsrechtliche Anpassungen im Rahmen von Staatsverträgen müssen die Wertungen des jeweiligen Rechtsinstruments sein[1110]. Die Möglichkeit zur teleologischen Modifikation der Kollisionsnormen muss vor dem Hintergrund des Prinzips des internationalen Entscheidungseinklangs und der Rechtssicherheit differenziert betrachtet werden.

Da die im Rahmen der teleologischen Modifikation vorliegende bewusste und beabsichtigte Missachtung des verbindlichen Anwendungsbereichs der Verordnung einen wesentlichen „Eingriff"[1111] in das europäische Recht darstellt, scheint es naheliegend, eine entsprechende Vorlagepflicht des mit dieser Überlegung konfrontierten nationalen Gerichts an den EuGH nach Art. 267 Abs. 1

1107 S.o. Kap. 5, A, II (S. 219).
1108 *Meyer-Sparenberg*, Staatsvertragliche Kollisionsnormen, S. 155 f.
1109 BGH FamRZ 1986, S. 345 (347), NJW-RR 1986, 1005 (1006) = IPRax 1986, 382 (384).
1110 *Looschelders*, Anpassung, S. 206.
1111 Vgl. *Meyer-Sparenberg*, Staatsvertragliche Kollisionsnormen, S. 155.

lit. b i.V.m. Abs. 3 AEUV zu erwägen. Es ist jedoch für letztinstanzliche Gerichte und Instanzgerichte eine differenzierte Betrachtung anzustellen.

II. Die Vorlagepflicht der letztinstanzlichen Gerichte gemäß Art. 267 Abs. 3 AEUV

Eine Vorlagepflicht an den EuGH besteht gemäß Art. 267 Abs. 1 lit. b i.V.m. Abs. 3 AEUV im Falle einer entscheidungserheblichen Frage der Auslegung oder Gültigkeit des Unionsrechts für letztinstanzliche Gerichte. Die Pflicht entsteht in Übereinstimmung mit der sogenannten konkreten Theorie in den Fällen, in denen im konkreten Ausgangsrechtsstreit kein ordentliches Rechtsmittel mehr gegeben ist[1112]. Die teleologische Reduktion beziehungsweise Extension im Rahmen der kollisionsrechtlichen Anpassung könnte mit Blick auf die Vorlageverpflichtung eine solche Frage der Auslegung oder Gültigkeit des Unionsrechts darstellen. Welche der beiden Varianten genau einschlägig ist, wäre im Rahmen der Vorlagepflicht der *letztinstanzlichen* Gerichte aber nicht von entscheidender Bedeutung, da in beiden Fällen notwendig vorzulegen ist.

Der Begriff der „Auslegung“ im Sinne von Art. 267 AEUV erstreckt sich auf die Frage des Inhalts und der Tragweite des Unionsrechts[1113]. In dogmatischer Hinsicht sind die teleologische Reduktion und Modifikation zwar von der bloßen Auslegung zu unterscheiden[1114]. Allerdings erfährt der Begriff eine nicht unerhebliche Ausdehnung auf europäischer Ebene[1115]. Die „Auslegung“ im Sinne der europarechtlichen Vorschrift ist zum einen in einem autonomen Sinne zu verstehen: So umfasst sie auch die Schließung von Lücken im Unionsrecht[1116]. Zum anderen stellt die teleologische Reduktion oder Extension eine noch weitergehende modifizierte Anwendung des Kollisionsrechts als eine bloße Feststellung des möglichen Wortsinns dar. Im Rahmen der Abgrenzung von Auslegung und Anpassung hat sich die Nähe der Institute und insbesondere die Tatsache gezeigt, dass die Anpassung als eine hinsichtlich der Eingriffsintensität gesteigerte

---

1112 *Schwarze*, in: *ders.* EU-Kommentar, Art. 267 Rn. 43.

1113 Streinz/*Ehricke*, EUV/AEUV, Art. 267 Rn. 13.

1114 S.o. Kap. 3, C, II, 3 (S. 171).

1115 Vgl. *Tomuschat*, Gerichtliche Vorabentscheidung, S. 103: „in einem sehr weiten Sinne zu begreifen“.

1116 *Gaitanides*, in: *von der Groeben/Schwarze/Hatje* (Hrsg.), NK-Europarecht, Art. 267 Rn. 29.

Auslegung darstellt[1117]. Vor diesem Hintergrund ist davon auszugehen, dass die teleologische Modifikation innerhalb der Anpassung des Kollisionsrechts jedenfalls als ein wesensgleiches Plus zu der Auslegung im Sinne von Art. 267 AEUV angesehen werden kann und folglich unter den Begriff subsumiert werden kann. Dies lässt sich ferner mit dem vorrangigen Zweck des Vorabentscheidungsverfahrens stützen, die einheitliche Anwendung des Unionsrechts[1118] zu sichern. Wenn schon bei solchen entscheidungserheblichen Zweifeln von der letzten Instanz vorgelegt werden muss, die die *Auslegung* von Unionsrecht betreffen, so muss dies erst recht gelten, wenn entscheidungserhebliche Zweifel hinsichtlich einer methodisch weiter in das vereinheitlichte Recht eingreifenden Operation zur Diskussion stehen.

Zur Auslösung der Vorlagepflicht des letztinstanzlichen Gerichts ist ausweislich der Vorschrift des Art. 267 AEUV weiterhin erforderlich, dass es sich bei der Anpassungsfrage um eine aus Sicht des befassten Gerichts entscheidungserhebliche Frage handelt. Dies kann zwar nicht allgemein vorab für etwa entstehende Anpassungsfragen festgestellt werden. Da jedoch eine widersprüchliche Interessenwertung beziehungsweise eine wesentliche Störung in den Interessen der anwendbaren Sachrechte charakteristisch sind für das Anpassungsproblem, ist davon auszugehen, dass insbesondere die Frage nach der Zulässigkeit seiner kollisionsrechtlichen Abhilfe von den betroffenen Gerichten als ein entscheidungserheblicher Aspekt beurteilt wird[1119]. Dazu kommt, dass die im Rahmen der Anpassung in Rede stehenden, vorläufigen Rechtsanwendungsergebnisse häufig das Rechtsempfinden stören. Die typischen Anpassungsfälle und die Untersuchung der Anpassung in der deutschen Rechtsprechung verdeutlichen darüber hinaus, dass die Auflösung der Anpassungslage zumeist entscheidungserhebliche Bedeutung für den Rechtsstreit hat. Für die letztinstanzlichen Gerichte ist daher eine Verpflichtung zur Vorlage an den EuGH gemäß Art. 267 AEUV anzunehmen, wenn sie zur Auflösung des Anpassungsproblems eine teleologische

1117 S.o. Kap. 2, A, IV, 3, a) (S. 107); jedenfalls zur sachrechtlichen Anpassung; in dieser Hinsicht sind die Erwägungen indes auf die Frage der kollisionsrechtlichen Anpassung übertragbar.

1118 Vgl. *Streinz/Ehricke*, EUV/AEUV, Art. 267 AEUV Rn. 5 f.; *Frenz*, Handbuch Europarecht 5, Rn. 3223.

1119 Zum Ausblick auf die Praxis der nationalen Gerichte bzgl. der EuGH Vorlage s.u. Kap. 9, C, I (S. 304).

Reduktion oder Extension der anwendbaren europäischen Kollisionsnormen vornehmen wollen[1120].

III. Instanzgerichte: Teleologische Grenzverschiebung als Auslegungs- oder Gültigkeitsfrage

1. Allgemein: Gültigkeitsfragen

Für Instanzgerichte besteht nach der Rechtsprechung des EuGH nur dann eine Vorlagepflicht im Rahmen des Vorabentscheidungsverfahrens, wenn die betreffenden Gerichte von der Ungültigkeit eines Unionsrechtsakts ausgehen wollen[1121]. Im Übrigen sind sie vorlageberechtigt, Art. 267 Abs. 2 AEUV. Ausgangspunkt der Vorlagepflicht ist die hauptsächliche Funktion des Vorabentscheidungsverfahrens, die einheitliche Anwendung des Unionsrechts zu sichern[1122]. Die Vorlagepflicht für Instanzgerichte ergibt sich aus der Erwägung, dass die Annahme der Ungültigkeit durch ein nationales (Instanz-)Gericht einen besonders schwerwiegenden Fall der uneinheitlichen Anwendung des Kollisionsrechts darstellt[1123]. Das Erfordernis der einheitlichen Anwendung des Unionsrechts zur Wahrung der Rechtssicherheit wirkt sich in diesem Bereich in besonderem Maße aus[1124]. Wenn ein nationales Gericht nämlich von der Ungültigkeit eines Unionsrechtsakts ausgeht, so ist mit dieser Feststellung grundsätzlich auch gesagt, dass es von der Anwendung der jeweiligen Norm absehen wird. Dadurch wird dann die Pflicht zur vorrangigen Anwendung des Unionsrechts aus Art. 5 Abs. 3 EUV verletzt. Somit stellt sich die Frage, ob die teleologische Reduktion zur Lösung des europäischen Anpassungsfalls auch unter die Operationen fällt, deren Antizipation eine Vorlagepflicht des mitgliedstaatlichen Gerichts auslöst.

1120 So im Ergebnis auch MüKo/*von Hein*, Einl. IPR Rn. 257; *Looschelders*, IPRax 2016, 349 (352).

1121 EuGH, Urt. v. 4.6.2002, Rs. C-99/00, *Lyckeskog*, Slg. 2002, I-4839, Rn. 15; EuGH, Urt. v. 22.10.1987, C-314/85, *Foto Frost/Hauptzollamt Lübeck*, Slg. 1987, 1499, Rn. 15, 20; *Frenz*, Handbuch Europarecht 5, Rn. 3305; *Schwarze*, in: *ders.* (Hrsg.), EUV/AEUV, Art. 267 AEUV Rn. 49.

1122 Vgl. *Schwarze*, in: *ders.* (Hrsg.), EUV/AEUV, Art. 267 AEUV Rn. 2 f.

1123 Vgl. EuGH, Urt. v. 22.10.1987, C-314/85, *Foto Frost/Hauptzollamt Lübeck*, Slg. 1987, 1499, Rn. 15; *Broberg/Fenger*, Vorabentscheidungsverfahren, S. 232.

1124 *Schwarze*, in: *ders.* (Hrsg.), EUV/AEUV, Art. 267 AEUV Rn. 50.

2. *Die teleologische Reduktion der europäischen Kollisionsnorm als Frage der Gültigkeit eines Unionsrechtsaktes*

Das gesamte sekundäre Unionsrecht ist unter dem Aspekt der Gültigkeit im Verfahren nach Art. 267 AEUV überprüfbar[1125]. Eine Gültigkeitsfrage im Sinne der Vorschrift stellt sich dann, wenn der betreffende Unionsrechtsakt unrechtmäßig sein könnte[1126]. Maßstab ist insoweit das höherrangige Unionsrecht[1127]. Als Folge der teleologischen Reduktion zur kollisionsrechtlichen Lösung des Anpassungsproblems wird eine eigentlich anwendbare Kollisionsnorm nicht angewendet. Damit diese Operation wie die Annahme der Ungültigkeit die Pflicht zur Vorlage an den EuGH auslöst, müssten beide Fälle der Wertung nach gleichzusetzen sein. Denn ein Unterschied zwischen ihnen besteht freilich schon darin, dass „Ungültigkeit" gerade impliziert, dass ein bestimmter Rechtsakt oder eine Norm dauerhaft und eben nicht nur für den jeweiligen (Anpassungs-)Fall nicht anzuwenden ist.

Die teleologische Reduktion verstanden als eine Art „einzelfallbezogene Ungültigkeit des Unionsrechts" könnte zu den Situationen gezählt werden, die für Instanzgerichte eine Vorlagepflicht auslösen. Der Grund für die Annahme einer wertungsmäßigen Gleichheit der beiden Situationen zeigt sich mit erneutem Blick auf die Funktion des Vorabentscheidungsverfahrens und die Rechtsprechung des EuGH zur Vorlagepflicht der Instanzgerichte. Die Annahme der Ungültigkeit gilt als ein besonders schwerer Fall der uneinheitlichen Auslegung des Unionsrechts. Dies spricht dafür, dass auch die teleologische Reduktion eine Vorlagepflicht nach sich zieht. Denn auch in diesem Fall wird von dem verbindlichen Anwendungsbefehl des Unionsrechts bewusst abgewichen. Da diese Abweichung auch in der Absicht erfolgt, Normwidersprüche auflösen, dient sie im Ergebnis auch den übergeordneten Zwecken des EU-Rechts in Gestalt der Erleichterung des Rechtsverkehrs im Binnenmarkt mittels widerspruchsfreier Entscheidungen. Insofern ist daher auch die Parallele zur Situation im Rahmen der Gültigkeitsprüfung gegeben, die zum Maßstab der jeweiligen Norm das höherrangige Unionsrecht bestimmt.

Dazu kommt, dass die Nichtanwendung im Falle der teleologischen Reduktion die einheitliche Anwendung des Unionsrechts noch intensiver belastet als

---

1125 *Gaitanides*, in: *von der Groeben/Schwarze/Hatje* (Hrsg.), NK-Europarecht, Art. 267 Rn. 32.

1126 *Schwarze*, in: *ders.* (Hrsg.), EUV/AEUV, Art. 267 Rn. 21.

1127 *Gaitanides*, in: *von der Groeben/Schwarze/Hatje* (Hrsg.), NK-Europarecht, Art. 267 Rn. 35; *Schwarze*, in: *ders.* (Hrsg.), EUV/AEUV, Art. 267 Rn. 23.

die Annahme der Ungültigkeit. Denn erstere ist einzelfallbezogen und macht es daher schwieriger, die Nichtanwendung vorauszusehen, während letztere eine umfassende Nichtanwendung nach sich zieht, die mit einer bestimmten Sicherheit verbunden ist.

In diese Richtung deutet schließlich auch die Tatsache, dass das Vorabentscheidungsverfahren auch der Sicherung des individuellen Rechtsschutzes dient[1128]. Es hat sich gezeigt, dass die Anpassungsfragen in besonderer Weise mit Gesichtspunkten der Billigkeit beziehungsweise der materiellen Gerechtigkeit „aufgeladen" sind. Eine Verpflichtung auf Seiten der Mitgliedstaaten im Bereich der Anpassung sichert, dass gerade dieser sensible Bereich eine Behandlung in Übereinstimmung mit Unionsrecht erfährt. Somit wird auch der individuelle Rechtsschutz in der Widerspruchssituation in bestmöglicher Weise befördert.

Vor diesem Hintergrund ist festzuhalten, dass die teleologische Reduktion einer europäischen Kollisionsnorm bei wertender Betrachtung der Feststellung der Ungültigkeit eines Unionsrechtsakts im Sinne der Rechtsprechung des EuGH nahezu gleichkommt. Es ist folglich davon auszugehen, dass im Falle einer teleologischen Reduktion eine der Annahme der Ungültigkeit gleichstehenden Haltung des nationalen Gerichts gegeben ist, die eine Vorlage an den EuGH erforderlich macht.

3. *Die teleologische Extension der europäischen Kollisionsnorm Frage der Gültigkeit eines Unionsrechtsaktes*

Fraglich erscheint, ob auch die teleologische Extension als Frage gelten sollte, die die Instanzgerichte zur Vorlage verpflichtet. Insofern ist zum einen denkbar, dass die teleologische Extension als spiegelbildliche Aktion der teleologischen Reduktion unter Beteiligung zweier Kollisionsnormen europäischer Provenienz erfolgt. Dann sind Extension und Reduktion voneinander abhängig und können bei wertender Betrachtung auch als eine einheitliche Operation angesehen werden, die der Annahme der Ungültigkeit durch das Gericht wertungsmäßig gleichzusetzen ist.

Ein anderer Fall ergibt sich, wenn zwei Kollisionsnormen an der Beurteilung des Sachverhalts beteiligt sind, von denen nur eine unionsrechtlicher Herkunft ist. Dies war beispielsweise in den Fällen der Nachlassbeteiligung des überlebenden Ehegatten denkbar. Vor Inkrafttreten der EuGüVO war das Begehren des Ehegatten nach Art. 21 Abs. 1 EuErbVO und Art. 14, 15 EGBGB a.F. zu

1128 Vgl. Streinz/*Ehricke*, EUV/AEUV, Art. 267 Rn. 8; *Frenz*, Handbuch Europarecht 5, Rn. 3224.

beurteilen. Insoweit ließe sich der Anwendungsbereich des Erbstatuts ebenfalls auf Kosten der autonomen Kollisionsnorm erweitern. Die teleologische Extension von Art. 21 Abs. 1 EuErbVO ginge dabei nicht mit einer entsprechenden teleologischen Reduktion einer anderen *unionsrechtlichen* Kollisionsnorm einher. Auch diese Modifikation beinhaltet indes einen erheblichen Eingriff in den Anwendungsbereich des europäischen IPR. Obwohl insofern keine Nichtanwendung einer europäischen Kollisionsnorm vorliegt, gefährdet auch die Ausdehnung des Anwendungsbereichs einer europäischen Norm auf einen Bereich, der dem nationalen IPR vorbehalten sein sollte, die Einheitlichkeit der Rechtsanwendung in der Europäischen Union in gleichem Ausmaß wie eine teleologische Reduktion.

Gleichwohl gibt es Fälle, in denen das europäische IPR auf die eigentlich dem autonomen IPR vorbehaltenen Bereich ausgedehnt wird. Eine solche Ausnahme besteht mit Blick auf die analoge Anwendung der Rom I-Verordnung auf die Frage der Wirksamkeit von Gerichtsstandsvereinbarungen. Aus der Bereichsausnahme in Art. 1 Abs. 2 lit. e Rom I-VO ist grundsätzlich zu schließen, dass der Bereich dem autonomen IPR vorbehalten sein soll. Da allerdings die Art. 27 ff. EGBGB a.F. gestrichen wurden, ist eine analoge Anwendung der Art. 3 ff. Rom I-VO insoweit sinnvoll[1129].

Die hier angesprochenen Konstellationen betreffen jedoch Fälle, in denen das autonome IPR durchaus Normen bereithält, die den Sachverhalt erfassen. Mit Blick auf die Anpassung ist daher festzuhalten, dass eine Extension der autonomen Verweisungsnorm eine Missachtung des Anwendungsbereichs der Verordnung bedeutet. Daher ist auch bezüglich der teleologischen Extension davon auszugehen, dass sie unter dem Gesichtspunkt der Ungültigkeit des Unionsrechts die Vorlage an den EuGH für Instanzgerichte erforderlich macht.

D. Zwischenergebnis: Kollisionsrechtsmodifikationen im europäischen Kollisionsrecht

Die kollisionsrechtlichen Lösungen in Gestalt der teleologischen Reduktion beziehungsweise Extension, der Ersatzanknüpfung an die *lex fori* oder an ein neutrales Recht, sowie die Bildung einer neuen Kollisionsnorm können auf europäischer Ebene grundsätzlich durchgeführt werden. Da auch die Ersatzanknüpfung

1129 LG München I, Endurt. v. 11.08.2017 – 33 O 8184/16, MDR 2017, 1323, Rn. 24; *von Hein*, RIW 2013, 97 (105); Musielak/Voit/*Stadler*, ZPO, Art. 25 EuGVVO Rn. 5; Thomas/Putzo/*Hüßtege*, ZPO, Art. 25 EuGVVO Rn. 5.

und die Bildung einer neuen Kollisionsnorm mit einer teleologischen Reduktion einhergehen, unterliegen diese Lösungsvarianten bezüglich ihrer Bedeutung für den Anwendungsbefehl des europäischen IPR insgesamt einer einheitlichen Beurteilung. Zwar ergibt sich auch für das europäische IPR der Anspruch der Kollisionsnormen, Anpassungslagen zu beseitigen. Die teleologischen Modifikationen bedürfen aufgrund der mit ihnen verbundenen wesentlichen Eingriffe in unionsweit vereinheitlichtes Recht jedoch der Vorlage an den EuGH. Dies gilt sowohl für letztinstanzliche Gerichte als auch für Instanzgerichte.

An diese Feststellung schließt sich die Frage an, welche weiteren Konsequenzen für die kollisionsrechtliche Modifikation im europäischen Kollisionsrecht zu ziehen sind. Die jedesmalige Vorlage an den EuGH im Fall der Erwägung einer Anpassung sollte aufgrund der hiermit verbundenen Umstände und Verlängerung der Verfahren als zweitrangige Lösung angesehen werden[1130]. In Betracht kommt aber, dass sich aus der europäischen Provenienz der Kollisionsnormen an sich bereits autonome Grundsätze für die teleologische Modifikation ableiten lassen, die eine Anrufung des EuGH entbehrlich machen. Sollte sich diese Überlegung nicht bestätigen, ist die Beibehaltung des gegenwärtigen Zustands in Beziehung zu setzen zu einer denkbaren Normierung von Maßstäben für die Anpassung. Nach der Darlegung der Situation im Rahmen der sachrechtlichen Lösung soll auf diese beiden Varianten eingegangen werden.

E. Materiellrechtliche Lösungen

Die sachrechtliche Lösung des Anpassungsproblems besteht in einer der veränderten Interessenlage angepassten Anwendung der Sachnormen, die durch eine Modifikation von Tatbestand oder Rechtsfolge der anwendbaren Normen erfolgt[1131]. Diese sinngemäße, „bewegliche" Anwendung erfolgt, um den Zweck der Sachnormen im Anpassungsfall zu verwirklichen. Auf den ersten Blick scheint die Abwandlung des Sachrechts in keiner Beziehung zum Kollisionsrecht zu stehen beziehungsweise keine Auswirkungen auf dessen Anwendungsbereich zu haben. Die sachrechtliche Anpassung scheint vielmehr nicht von der Natur und Herkunft des Kollisionsrechts abzuhängen. Entsprechend wird mitunter angenommen, dass die sachrechtliche Anpassung im Bereich international

---

1130 Ähnlich *Wilke*, in: *Leible/Unberath* (Hrsg.), brauchen wir eine Rom 0-Verordnung?, 23 (25), der die Judikative als (nach der Legislative) „zweitbeste[n] Problemlöser" für die Probleme des Allgemeinen Teils im europäischen IPR bezeichnet.

1131 S.o., Kap. 3, D (S. 174 ff.).

vereinheitlichter Kollisionsnormen keinen besonderen Grundsätzen unterliegt[1132]. Dass die sachrechtliche Anpassung aber durchaus Rückwirkungen auf den europäischen Verweisungsbefehl haben kann, soll im Folgenden dargelegt werden.

I. Die Bedeutung der Sachrechtsmodifikation für die Anwendung des europäischen Kollisionsrechts

Die Beziehung zwischen Sachrechtsmodifikation und europäischem Kollisionsrecht stellt sich vor dem Hintergrund problematisch dar, dass die materiellrechtliche Anpassung einen nicht unerheblichen Eingriff in das Sachrecht beinhaltet, der darüber hinaus im Kontext der europäischen Rechtsanwendung von der jeweiligen Rechtskultur des Forumsstaats geprägt sein kann. Die modifizierte Anwendung des berufenen Sachrechts durch die verschiedenen mitgliedstaatlichen Gerichte kann entsprechend selbst für die gleiche Anpassungslage unterschiedliche Formen annehmen. Dieses Risiko besteht zwar grundsätzlich auch bei den Gerichten ein und desselben Staates. Die Besonderheit auf europäischer Ebene rührt jedoch daher, dass die Gerichte der Mitgliedstaaten jeweils unterschiedliche Rechtstraditionen aufweisen[1133]. Dies macht entsprechend unterschiedliche Gewichtungen in der Sachrechtsmodifizierung im Rahmen der Anpassung wahrscheinlich und vergleichsweise schwerwiegend. Gerade mit Blick auf den Normenwiderspruch zwischen Güter- und Erbstatut ist eine deutlich differierende Bewertung im Rahmen der Sachrechtsanwendung denkbar. Denn diese Rechtsgebiete weisen mitunter große Unterschiede im Sachrecht der einzelnen Rechtsordnungen auf.

Zu bedenken ist außerdem, dass die Vorhersehbarkeit der Entscheidungen und die damit einhergehende Rechtssicherheit auch abseits vom Institut der Anpassung durch die reguläre Anwendung des berufenen Sachrechts bereits mit Schwierigkeiten verbunden sein kann. Im Falle der Anwendbarkeit ausländischen Sachrechts etwa kann sich die Feststellung der tatsächlichen Anwendungspraxis im betreffenden Staat als problematisch darstellen.

Im Rahmen der Anpassungsproblematik ergibt sich aufgrund der Möglichkeit einer Modifikation der Norm eine umso stärkere Gefahr für die Rechtssicherheit. Denn die Widersprüchlichkeit des Ergebnisses eröffnet den Rechtsanwendern grundsätzlich einen ungemein größeren Spielraum in der Anwendung des

---

1132 Für das staatsvertragliche IPR *Meyer-Sparenberg*, Staatsvertragliche Kollisionsnormen, S. 154 f.

1133 Vgl. *Legrand*, International and Comparative Law Quarterly 45 (1996), 52 (60 ff.).

Sachrechts (nämlich in einem Hinausgehen über die Auslegung), als dies ohne widersprüchliche Interessenwertung der Fall ist. Die gegebenenfalls stark voneinander abweichenden Anwendungen im Rahmen der sachrechtlichen Anpassung könnten wertungsmäßig mit dem Verweis auf eine andere Rechtsordnung beziehungsweise der Schaffung einer neuen Kollisionsnorm gleichzusetzen sein[1134]. Denn die unterschiedlichen Rechtstraditionen, die sich in der der Kollisionsrechtsanwendung nachfolgenden Sachrechtsanwendung niederschlagen können, sowie die öffnende Wirkung des Interessenwiderspruchs könnten zu stark differierenden Ergebnissen führen. In diesem Fall läge faktisch auch eine Abwandlung des durch die europäische Kollisionsnorm ausgesprochenen Verweisungsbefehls vor.

Vor diesem Hintergrund ist die anpassende Sachrechtsmodifikation von wesentlicher Bedeutung für den Anwendungsbefehl des europäischen Kollisionsrechts. Ohne die korrekte Anwendung des berufenen Sachrechts, wie sie im jeweiligen Mitgliedstaat regelmäßig vorgenommen wird, wird der Zweck des Kollisionsrechts vereitelt. Die in diesen Fällen erfolgte reguläre Anwendung des Kollisionsrechts würde nachträglich ihren Wert verlieren, wenn nicht Grundsätze für die Sachrechtsmodifikation aufgestellt werden. Ansonsten scheint die mit der Vereinheitlichung des IPR intendierte Rechtssicherheit in Gestalt der Vorhersehbarkeit der Entscheidungen in der Europäischen Union gefährdet.

Dieser Befund legt nahe, dass eine grundsätzliche Strukturierung der modifizierten Anwendung des Sachrechts erforderlich ist. Es ist nicht ausgeschlossen, dass sich Fälle ergeben, in denen das Ergebnis der Korrektur nicht klar zutage tritt. In diesen Fällen stellt sich dann die Frage, aus welchen allgemeinen Maßgaben das Ergebnis gewonnen werden kann. Eine Strukturierung der materiellrechtlichen Anpassung könnte die Rechtssicherheit in Gestalt der Vorhersehbarkeit von Entscheidungen in Anpassungsfällen wahren. Im Folgenden soll diese Problematik einerseits unter dem Gesichtspunkt der Rechtsprechungskompetenz des EuGH und andererseits unter dem der inhaltlichen Strukturierung der sachrechtlichen Anpassung[1135] untersucht werden.

1134 Vgl. *Braga*, FS Wengler II, 191 (197), der konstatiert, dass bei auf Anpassung beruhenden Lösungen in Wirklichkeit das Kollisionsrecht korrigiert wird; dies klingt auch bei *Kühn* an, Gestörte Gesamtschuld, S. 238.

1135 S.u. Kap. 7, C, II (S. 263 ff.).

II. Die Stellung des EuGH zur Sachrechtsmodifikation im europäischen Anpassungsfall

In Betracht kommt, dass die Gefahr voneinander stark differierender Sachrechtsmodifikationen im Rahmen der Anpassung und die damit einhergehende faktische Beeinträchtigung des Verweisungsbefehls eine Vorabentscheidung durch den EuGH gemäß Art. 267 AEUV zur Auslegung der Kollisionsnorm, die das entsprechend zu korrigierende Sachrecht berufen hat, erforderlich machen.

1. Erwägungen pro (Annex-)Kompetenz

Ein Gericht, das eine Sachrechtsmodifikation erwägt, könnte die Frage nach deren (konkreter) Zulässigkeit dem EuGH vorzulegen haben[1136]. Der EuGH würde in diesem Fall im Ergebnis vor die Aufgabe gestellt werden, die europäische Kollisionsnorm, die die Anwendung des betreffenden Sachrechts angeordnet hat, hinsichtlich der Frage auszulegen, ob und gegebenenfalls wie das vorlegende Gericht die Sachrechtsmodifikation vorzunehmen hat. Der EuGH entscheidet über Auslegungs- und Gültigkeitsfragen des Europäischen Unionsrechts in ausschließlicher Zuständigkeit. Auslegungsfragen zu nationalem Recht sind allerdings kein statthafter Gegenstand des Vorabentscheidungsverfahrens[1137].

Eine (Annex-)[1138]Kompetenz des EuGH hinsichtlich der konkreten Ausgestaltung der materiellrechtlichen Anpassung könnte jedoch aus dem Umstand des Zusammenhangs zwischen Kollisions- und Sachrechtsebene abzuleiten sein. Die Rechtsanwendungsebenen können nicht isoliert voneinander verstanden werden und stehen in einer Wechselbeziehung zueinander[1139]. Das sich auf sachrechtlicher Ebene zeigende Anpassungsproblem ist direkt mit der Methode des europäischen IPR verknüpft, das den Auslandsbezug mittels der Analyse des Sachverhalts verarbeitet hat. Für eine solche Kompetenz spricht weiter der Zweck des Vorabentscheidungsverfahrens, eine einheitliche Anwendung des Unionsrechts zu gewährleisten. Diese Einheitlichkeit in der Kollisionsrechtsanwendung wird nur vollständig erreicht, wenn auch die darauf folgende Anwendung des

---

1136 Für eine Auslegungskompetenz des EuGH im Rahmen derartiger Sachrechtsfragen *Köhler*, in: *Gierl/Köhler/Kroiß/Wilsch* (Hrsg.), Internationales Erbrecht, Rn. 150, 152.

1137 Vgl. nur EuGH, 15.7.1964 – C-6/64, *Costa/E.N.E.L.*, Slg. 1964, 1251 (1262); Streinz/*Ehricke*, EUV/AEUV, Art. 267 Rn. 13 f; Calliess/Ruffert/*B. Wegener*, EUV/AEUV, Art. 267 Rn. 3.

1138 Vgl. *Paffhausen*, Bucerius Law Journal 2014, 10 (15 Fn. 49).

1139 S.o. Kap. 2, A, IV (S. 103 ff.).

Sachrechts eine einheitliche ist. Zwar ließe sich mit dieser Erwägung grundsätzlich nahezu jede Sachrechtsauslegung (die dem europäischen IPR nachfolgt) zur Überprüfung an den EuGH übermitteln. Im Falle der Anpassung handelt es sich aber um Auslegungsfragen, die ganz spezifisch mit der charakteristischen (analytischen) Vorgehensweise des europäischen Kollisionsrechts verbunden sind und daher einen besonders engen Bezug zu ihm und dem Gebot seiner einheitlichen Anwendung aufweisen. Darüber hinaus erscheint es fragwürdig, die kollisionsrechtliche Anpassung als zulässigen Gegenstand im Rahmen des Vorabentscheidungsverfahrens anzusehen, die sachrechtliche aber nicht, wenn man von einer engen Verknüpfung der beiden Ebenen der Rechtsanwendung ausgeht. Eine Unterscheidung hinsichtlich der Lösungswege könnte ferner dazu führen, dass ein Gericht eine eigentlich erforderliche kollisionsrechtliche Lösung vermeidet, um kein Vorabentscheidungsverfahren anstrengen zu müssen und die Abwandlung des Verweisungsbefehls in eine sachrechtliche Anpassung kleidet.

2. *Würdigung und Entscheidung*

a) *Keine Kompetenz hinsichtlich der konkreten Ausgestaltung der sachrechtlichen Anpassung*

Entscheidend für eine sachgerechte Beurteilung der Kompetenzfrage ist zunächst, ob die Sachrechtsmodifikation noch als Auslegung nationalen Rechts oder schon als „Auslegung der Verträge“ oder „Auslegung der Handlungen der Organe“ (Art. 267 AEUV) angesehen werden kann. Gegen Letzteres spricht die Natur der sachrechtlichen Anpassung als Modifikation des Tatbestands oder der Rechtsfolge materiellrechtlicher Vorschriften. Trotz der Verbindung zwischen Sachrechtsmodifikation und europäischem Verweisungsbefehl ist die Auslegung des Unionsrechts hinsichtlich des Widerspruchs auf Sachrechtsebene nur sehr mittelbar betroffen. Eine hypothetische Vorlagefrage zur Sachrechtsmodifikation mag diese Distanz verdeutlichen. Ein Gericht könnte angesichts des Widerspruchs im „Witwenfall“ etwa geneigt sein, zu fragen: „Ist Art. 21 Abs. 1 EuErbVO so auszulegen, dass die Vorschrift einer Anwendung nationalen Rechts entgegensteht, mittels der das durch die Kollisionsnorm berufene Sachrecht einer Weise modifiziert wird, die dem überlebenden Ehegatten einen um den Betrag X geringeren Erbteil zuspricht als durch die Norm angeordnet, wenn aufgrund der Maßgeblichkeit der materiellen güterrechtlichen Regelung eines anderen Statuts der Anteil am ehelichen Gesamtvermögen unter Anwendung beider Statuten im Ergebnis das übersteigen würde, was dem Sinn und Zweck beider anwendbaren Rechtsordnungen entspricht?“.

Die hypothetische Frage zeigt, dass die Problematik ihren Schwerpunkt im Aufeinandertreffen der materiellen Regelungen der anwendbaren Sachrechte hat. Die Distanz zum europäischen Kollisionsrecht erscheint zu groß für die Annahme einer Auslegungskompetenz hinsichtlich der konkreten Ausgestaltung der Modifikation des Sachrechts. Das der Anpassungslage zugrunde liegende Problem der sich unterscheidenden nationalen Regelungen an sich ist kein Gesichtspunkt, der von der Auslegungskompetenz des EuGH umfasst ist. Dies hat auch das Oberlandesgericht Frankfurt/Main[1140] in einer Entscheidung betont, in der es um die Anerkennung eines österreichischen Urteils zu Unterhaltsansprüchen ging. Dort wurde geltend gemacht, dass die Anerkennung zu versagen sei, weil das österreichische Recht eine von der deutschen abweichende Regelung zur Anrechnung kindbezogener Leistungen vorsah. Das Gericht stellte mit Blick auf die Anregung eines Vorabentscheidungsverfahrens fest, dass „Unterschiede in der Behandlung [*erg.* einer bestimmten Rechtsfrage] und Verzerrungen, die sich aus Unterschieden zwischen Rechtsordnungen ergeben würden"[1141], nicht die Auslegungszuständigkeit des EuGH aktivieren.

Die Frage nach der sachrechtlichen Anpassung könnte zwar als Ausnahme von der grundsätzlichen Kompetenzregelung des EuGH angesehen werden. Hiergegen spricht aber die Vorschrift des Art. 258 AEUV (Vertragsverletzungsverfahren), die als ausnahmsweise Befassung des EuGH mit Fragen des nationalen Rechts angesehen werden kann[1142]. Diese Regelung deutet darauf hin, dass eine derartige Zuständigkeit nur in speziellen Situationen unter engen Voraussetzungen vorliegen soll. Diskutiert wird mitunter eine weitere Ausnahme von dem Grundsatz der Unzuständigkeit für die Auslegung nationalen Rechts mit Blick auf Vorschriften, die inhaltsgleiche Regelungen enthalten beziehungsweise auf Unionsrecht verweisen[1143]. Selbst wenn man von einer solchen Ausnahme ausginge, wird hieran doch deutlich, dass die Befassung des EuGH mit nationalem Recht eine wesentlich engere Verknüpfung mit dem Unionsrecht erfordert,

---

1140 OLG Frankfurt/Main, Beschl. v. 21.6.2005 – 20 W 463/04, IPRspr. 2005, Nr. 170.

1141 OLG Frankfurt/Main, Beschl. v. 21.6.2005 – 20 W 463/04, IPRspr. 2005 Nr. 170 (S. 466).

1142 Vgl. hierzu als Beispiel für die Auslegung nationalen Rechts durch den EuGH *Stotz*, in: *Riesenhuber* (Hrsg.), Europäische Methodenlehre, S. 504.

1143 Vgl. die Bezugnahme durch den EuGH, C-306/99, Slg. 2003, I-1, *BIAO*, Rn. 88 ff.; EuGH, C-297/88 u. C-197/89, Slg. 1990, I-3763, *Dzodzi*, Rn. 36 f., zu letzterer Entscheidung vgl. *Kropholler/von Hein*, FS Großfeld, 615 (617 ff.); EuGH, C-28/95, Slg. 1997, I-4161, *Leur-Bloem*, Rn. 32 f.; vgl. zu dieser Zuständigkeit *Karpenstein*, Praxis des EU-Rechts, S. 148.

als sie zwischen sich im Sachrecht zeigenden Widersprüchen und Sachverhaltsanalyse durch das Verordnungsrecht gegeben ist[1144].

Eine Unterscheidung der Zuständigkeit des Gerichtshofs hinsichtlich der Lösungswege ist auch als Grenzziehung im Interesse der Rechtssicherheit erforderlich. Eine Entscheidung über die Sachrechtsmodifikation aus Anlass der Analyse durch europäisches Kollisionsrecht würde wesentlich in die Befugnisse der nationalen Gerichte eingreifen und das Prinzip der Kooperation zwischen dem EuGH und mitgliedstaatlichen Gerichten[1145] beeinträchtigen. In der Zusammenschau mit der klaren gesetzlichen Regelung in Art. 267 AEUV und dem Aspekt der Rechtssicherheit erweist sich die Lösung des Problems auf Ebene der Mitgliedstaaten allein zweckmäßig[1146]. Eine (Annex-)Kompetenz des EuGH hinsichtlich der Ausgestaltung sachrechtlichen Modifikation im Rahmen der Anpassung ist vor diesem Hintergrund abzulehnen.

b) Grenzziehungskompetenz des EuGH

Die fehlende Kompetenz hinsichtlich der konkreten Ausgestaltung der sachrechtlichen Anpassung schließt allerdings nicht aus, dass der EuGH über die Ziehung der Grenzen der sachrechtlichen Anpassung entscheidet. Insofern ist eine parallele Betrachtungsweise zur Situation im Rahmen des *ordre public* hilfreich[1147]. So wie der EuGH dort den mitgliedstaatlichen Gerichten einen Beurteilungsspielraum hinsichtlich des Inhalts der öffentlichen Ordnung belässt, so muss den nationalen Richtern auch die konkrete Ausgestaltung der sachrechtlichen Anpassung im Rahmen der europäischen Kollisionsrechts verbleiben. Die Grenzen, innerhalb derer sich ein mitgliedstaatliches Gericht im System des europäischen IPR auf die Anpassung berufen darf, sind jedoch vom EuGH zu überprüfen. Für die Praxis bedeutet dies insbesondere mit Blick auf

---

1144 Kritisch auch *Frenz*, Handbuch des Europarechts, Rn. 3276.

1145 Zu diesem Grundsatz vgl. *Frenz*, Handbuch des Europarechts, Rn. 3230.

1146 Vgl. auch *Looschelders*, IPRax 2016, 349 (352), der die Zulässigkeit der materiellrechtlichen Lösung sowie deren Vorzugswürdigkeit (hinsichtlich des „Witwenfalls“) mit Blick auf das europäische IPR konstatiert.

1147 Vgl. dazu MüKo/*von Hein*, Art. 6 EGBGB Rn. 156 ff. unter Verweis auf die EuGH Entscheidung vom 6.9.2012 – C-619/10, *Trade Agency Ltd./Seramico Investments*, Rn. 49: „Es ist demnach nicht Sache des Gerichtshofs, den Inhalt der öffentlichen Ordnung eines Mitgliedstaats zu definieren, doch hat er über die Grenzen zu wachen, innerhalb deren sich das Gericht eines Mitgliedstaats auf diesen Begriff stützen darf, um der Entscheidung eines Gerichts eines anderen Mitgliedstaats die Anerkennung zu versagen.“; s. auch *Renner*, in: *Rühl/von Hein* (Hrsg.), 359 (362 f.).

den „Witwenfall", dass dem EuGH durchaus die Zuständigkeit zukommt, vom nationalen Gericht getroffene Entscheidungen über die Erbquote als Ausdruck einer materiellrechtlichen Anpassung daraufhin zu überprüfen, ob sie sich im Rahmen dessen halten, was nach der Erb- und Güterrechtsverordnung unter der Anpassung zu verstehen ist. Zuzugeben ist, dass die sachrechtliche Anpassung faktisch oft in die Auslegungskompetenz des EuGH zu fallen scheint. Dennoch hat ihre konkrete Ausgestaltung schlussendlich auch deswegen bei den Mitgliedstaaten zu verbleiben, da ansonsten geringfügige Modifikationen, die vergleichsweise deutlich aus den Wertungen der anwendbaren Sachrechte folgen, vorschnell vorgelegt werden könnten.

III. Zusammenfassung: Sachrechtsmodifikation und europäisches Kollisionsrecht

Obwohl eine weitreichende Sachrechtsmodifikation in erheblicher Weise mittelbar auf die effektive Anwendung des europäischen IPR zurückwirken kann, sind die beiden Rechtsgebiete mit Blick auf die Entscheidungsbefugnisse des EuGH zu trennen. Zwar gefährdet eine etwa eintretende unterschiedliche Gewichtung in der Sachrechtsmodifikation indirekt die einheitliche Anwendung des europäischen Kollisionsrechts, jedoch korrespondiert diese Gefahr nicht mit einer Vorlagepflicht an den EuGH bezüglich der Ausgestaltung der Modifikation. Der Gerichtshof hat im Anpassungsfall keine Kompetenz zur Auslegung nationalen Rechts – auch eine ausnahmsweise Gewährung einer solchen Kompetenz erscheint nicht angezeigt. Es ist folglich davon auszugehen, dass der EuGH mit Blick auf die Sachrechtsmodifikation im Rahmen der Anpassung lediglich zur Grenzziehung berufen ist.

Es stellt sich dennoch die Frage, ob und wie sich die mit der Sachrechtsmodifikation einhergehende Gefahr der faktischen Beeinträchtigung des kollisionsrechtlichen Verweisungsbefehls in der Rechtsanwendung niederschlagen soll. Dieser Frage wird im Rahmen der Untersuchung besonderer sachrechtlicher Lösungsansätze auf Ebene des EU-Rechts nachgegangen[1148]. Sollte sich hier zeigen, dass eine Strukturierung des Problems sich aus der europäischen Provenienz der Normen nicht in einer der Rechtssicherheit genügenden Weise ergibt, ist auch hinsichtlich der materiellrechtlichen Anpassung eine Normierung von Lösungsmaßstäben zu untersuchen.

1148 S.u. Kap. 7, C (S. 261 ff.).

Kapitel 7. Anforderungen an die Lösung des Anpassungsproblems im europäischen Kollisionsrecht

Nachdem die hergebrachten Lösungsansätze hinsichtlich ihrer Tauglichkeit für das europäische Kollisionsrecht dargestellt wurden, muss im Folgenden geprüft werden, ob die Provenienz der Normen eine bestimmte Strukturierung der Lösungsansätze gebietet, die sie als sachgerechte Instrumente für die reguläre Rechtsanwendung erscheinen lässt.

A. Rangverhältnis der Lösungen

Die Frage nach dem Rangverhältnis von kollisions- und materiellrechtlichen Lösungen stellt sich auch auf europäischer Ebene. Für das autonome IPR wurde der prüfungstechnische Vorrang der Sachrechtsmodifikation als vorzugswürdig erarbeitet[1149]. Der Grund für diesen Vorrang liegt in der dogmatischen Struktur des Anpassungsproblems. Außerdem ist die Sachrechtsanpassung im Vergleich zu den schematischen Lösungen der kollisionsrechtlichen Anpassung die flexiblere Variante. Die Analyse des Sachverhalts erfolgt auf Ebene des europäischen IPR in gleicher Weise wie dies aus dem autonomen IPR bekannt ist. Auch ist das europäische Kollisionsrecht Verweisungsrecht, was zu einer Zusammenführung von Sachrechtsausschnitten verschiedener Rechtsordnungen führen kann.

Vor diesem Hintergrund ergibt sich hinsichtlich der Prüfungsreihenfolge der Lösungsmethoden im europäischen IPR kein Unterschied. Nach wie vor ist davon auszugehen, dass bei Verfehlung des Zwecks der berufenen Sachrechte zunächst eine modifizierte Anwendung des Sachrechts in einer den Besonderheiten des Auslandssachverhalts entsprechenden Weise angezeigt ist. Der originäre Verweisungsbefehl soll durch sinngemäße Anwendung des berufenen Sachrechts aufrechterhalten werden. Dadurch wird dem Zweck des europäischen IPR entsprochen. Ein Vorteil dieses Verständnisses im europäischen Recht ist zudem mit Blick auf die Verbindlichkeit des Unionsrechts und den Internationalen Entscheidungseinklang gegeben. Dem hohen Stellenwert dieser Grundsätze entspricht es, wenn modifizierende Eingriffe in das Kollisionsrecht im Rechtsanwendungsprozess so lange wie möglich vermieden werden. Letztere stellen einen

---

1149 S.o. Kap. 3, B, II (S. 165).

wesentlichen Eingriff in den verbindlichen Verweisungsbefehl des europäischen IPR dar, während die Sachrechtsmodifikation die jeweiligen Wertungen unter Wahrung der Verweisung aufrechterhalten will[1150]. Die Sachrechtsmodifikation ist daher auch auf europäischer Ebene das prüfungstechnisch erste Mittel, sobald die Anpassungsnotwendigkeit festgestellt wurde[1151]. Insoweit sind allerdings der Provenienz der Normen geschuldete Besonderheiten zu beachten.

B. Kollisionsrechtliche Lösungen auf europäischer Ebene

Es hat sich gezeigt, dass die hergebrachten kollisionsrechtlichen Lösungsansätze für eine reguläre Rechtsanwendung im europäischen IPR aufgrund ihrer weitreichenden Eingriffe in das europäische Kollisionsrecht und der damit verbundenen Pflicht zur Vorlage an den EuGH wenig praktikabel sind. Denkbar ist, dass sich dem europäischen Ursprung der Normen autonome Grundsätze zur Strukturierung der kollisionsrechtlichen Anpassung entnehmen lassen, die ohne die Erforderlichkeit einer Vorlage an den EuGH eine einheitliche Rechtsanwendung gewährleisten.

I. Die teleologische Reduktion oder Extension im europäischen Kollisionsrecht

1. *Allgemeine Voraussetzungen und Auswahl der Kollisionsnorm*

Eine Grenzverschiebung zugunsten einer bestimmten Norm setzt voraus, dass die jeweils anwendbaren Kollisionsnormen den Zweck haben, auf einen bestimmten Fall nicht angewendet beziehungsweise ausgedehnt zu werden[1152]. Wie bereits festgestellt[1153], verfolgt auch das europäische IPR den Zweck, die engste Verbindung des Rechtsverhältnisses aufzufinden und dadurch mitunter bestimmte, vom Sachrecht geprägte Zwecke zu verwirklichen. Wenn dieses Ziel aufgrund der Anpassungslage im materiellen Recht nicht realisiert werden kann, ist die kollisionsrechtliche Grenzverschiebung als notwendige, teleologisch über

1150 Vgl. aber *Gössl*, RabelsZ 2018, IV 2 b, die mit Blick auf die Zuständigkeitsverteilung zwischen den Mitgliedstaaten und der EU die kollisionsrechtliche Anpassung für das mildere Mittel hält.

1151 Zur Vorzugswürdigkeit der materiellrechtlichen Anpassung im europäischen IPR auch MüKo/*von Hein*, Einl. IPR Rn. 263; *Looschelders*, IPRax 2016, 349 (352) (zum „Witwenfall").

1152 Vgl. oben Kap. 3, C (S. 166 ff.).

1153 S.o. Kap. 5, B, III (S. 229).

den Wortlaut hinausgehende Auslegung der Norm anzusehen[1154], die diesem Scheitern abhilft. Dazu kommt, dass dem europäischen IPR auch der Anspruch zu entnehmen ist, widersprüchliche Rechtsergebnisse vermeiden zu wollen, die sich mittelbar negativ auf den Gebrauch des Freizügigkeitsrechts innerhalb der Europäischen Union auswirken[1155]. Die Erforderlichkeit der Grenzverschiebung ergibt sich, wie bereits festgestellt, auch im europäischen IPR aus dem Zweck des Kollisionsrechts selbst[1156].

Für die kollisionsrechtliche Lösung des Anpassungsproblems stellt sich schließlich auch auf europäischer Ebene die Frage, welche Kollisionsnorm zu reduzieren und welche zu extendieren ist. Auch wenn eine autonome Kollisionsnorm an der Auswahlentscheidung beteiligt ist, sind die Besonderheiten des europäischen IPR zu beachten. Denn wie oben festgestellt, würde sich auch die Modifikation der autonomen Norm mittelbar auf den Anwendungsbereich der europäischen Verweisungsnorm auswirken[1157]. Für die Auswahl der Kollisionsnorm können kollisionsrechtliche Interessen, Parteiinteressen oder Gesichtspunkte zum Schwerpunkt des Rechtsverhältnisses von Bedeutung sein.

2. Kollisionsrechtliche Interessen

Sind dem Kollisionsrecht besondere Wertungen zu entnehmen, so können diese sich auf die Auswahl der Kollisionsnormen im Rahmen der teleologischen Reduktion oder Extension auswirken. Dieser Ansatz rechtfertigt sich aus dem Bestreben, die eigenständige Wertung des Kollisionsrechts auch im Anpassungsfall aufrechtzuerhalten. Diese Vorgehensweise ist der Wahrung Rechtssicherheit bei der Anpassung zuträglich, da die Zwecke für die Rechtsanwender jedenfalls durch Auslegung sowie im Lichte der Rechtsprechung des EuGH festzustellen sind.

Die im europäischen IPR beziehungsweise in den Erwägungsgründen zu den Verordnungen benannten Interessen können Bedeutung hinsichtlich der Frage erlangen, welche Kollisionsnorm einzuschränken und welche auszudehnen ist. Wenn ein bestimmtes Interesse dem europäischen Gesetzgeber zufolge förderungswürdig ist, ist der Blick auf die zur Anwendung berufenen Sachrechte notwendig, um dieses Interesse in der konkreten Rechtsfrage bestmöglich zu schützen. Insoweit kann auch die in den beteiligten Sachrechten festgelegte

---

1154 Vgl. zum autonomen IPR *Looschelders*, Anpassung, S. 195.
1155 Vgl. KOM (2009) 154 endg., S. 2.
1156 S.o. Kap. 5, A, II (S. 219).
1157 S.o. Kap. 6, E, I (S. 249).

Interessenwertung auf die Auswahlentscheidung einwirken. Bedeutung erlangt sie freilich nur dann und insoweit, als dies durch die kollisionsrechtliche Interessenwertung angezeigt ist. Eine umfassende Interessenabwägung muss schließlich auch auf europäischer Ebene nach allgemeinen Abwägungsgrundsätzen das schwächste Interesse opfern und das stärkste schützen[1158].

3. *Die Erwartungen der Parteien und der Schwerpunkt des Rechtsverhältnisses*

Bei der Auswahl der Kollisionsnorm sind auch die berechtigten Erwartungen der Parteien zu berücksichtigen[1159]. Dies gilt insbesondere angesichts des Stellenwertes, den der europäische Gesetzgeber der Gestaltung durch die Parteien beimisst[1160]. Deutlich wird dies etwa an der Ausgestaltung der Verweisungsnormen der Art. 26 Abs. 3 lit. b EuGüVO beziehungsweise Art. 26 Abs. 2 lit. b EuPartVO. Das Vertrauen der Parteien in die Anwendung ihres „vertrauten" Rechts kann schutzwürdig sein. Dieser Umstand ist demnach bei der Auswahl der Kollisionsnorm im Rahmen der kollisionsrechtlichen Grenzverschiebung zu berücksichtigen.

Soweit sich in den beteiligten Verordnungen Unterschiede in der Bedeutung der Vorhersehbarkeit des Ergebnisses der Rechtsanwendung ausmachen lassen, kann diese Information im Rahmen der teleologischen Reduktion und Extension verwertet werden. Zeigt sich etwa, dass eine Verordnung nur eine eingeschränkte Rechtswahl erlaubt und keine Ausweichanknüpfung an eine engere Verbindung vorsieht, so kann dies ein Indiz dafür sein, dass die betreffende Kollisionsnorm dieser Verordnung im Rahmen der teleologischen Modifikation zurücktreten kann[1161]. Schließlich erlangen auch der Schwerpunkt des Rechtsverhältnisses und die zu seinem Auffinden maßgeblichen Kriterien Bedeutung innerhalb der teleologischen Modifikation der kollisionsrechtlichen Anpassung. Zwar wurde die kollisionsrechtliche Modifikation als eine bloße Ausweichlösung zum eigentlich gefundenen Schwerpunkt des Rechtsverhältnisses identifiziert, jedoch können – wie im autonomen IPR[1162] – die Beziehungen zu der gleichsam

1158 Vgl. zum autonomen IPR *Kegel/Schurig*, IPR, § 8 III 1.

1159 Zum autonomen IPR *Kegel/Schurig*, IPR § 2 II 1.

1160 Vgl. KOM (2005) 650 endg., S. 9 (zur Rom I-Verordnung); KOM (2003) 427 endg., S. 13 (zur Rom II-Verordnung); vgl. zur Rechtswahl oben Kap. 4, D, II (S. 199).

1161 Vgl. *Gössl*, RabelsZ 2018, IV 1 d.

1162 Vgl. Kap. 3, C, II, 2 (S. 170).

nächstnäheren Rechtsordnung im Rahmen der Auswahlentscheidung herangezogen werden[1163].

II. Kollisionsrechtliche Ersatzanknüpfungen

Die Lösungsvarianten der kollisionsrechtlichen Ersatzanknüpfung an die *lex fori* oder ein drittes, „neutrales" Recht sowie die Schaffung einer neuen Kollisionsnorm nehmen sich auf Ebene des europäischen IPR problematisch aus. Diese Modelle gefährden in besonderem Maße die durch die Wahl der Verordnungsform beabsichtigte Wahrung der Rechtssicherheit und Vorhersehbarkeit des anwendbaren Rechts[1164]. Sie erscheinen für die Rechtsanwendung im System des europäischen Verordnungsrechts nicht geeignet, sofern sie samt ihrer Voraussetzungen nicht klar für alle Mitgliedstaaten als Lösungen normiert werden. Aus der Struktur des europäischen IPR ergibt sich keine deutliche Vorgabe für die Anwendung dieser Lösungswege.

III. Zwischenergebnis

Die hergebrachte kollisionsrechtliche Lösung in Gestalt der Grenzverschiebung zwischen den anwendbaren Normen ist auch auf europäischer Ebene eine Operation, die notwendig ist, wenn dem Verweisungsbefehl durch Anwendung der berufenen Sachnormen nicht sinnvoll Folge geleistet werden kann. Eine gewisse Struktur erhält dieser Lösungsweg durch die im europäischen IPR benannten Ziele. Auch auf Ebene des europäischen IPR ist eine umfassende Interessenabwägung der beteiligten kollisionsrechtlichen Interessen vorzunehmen: Die Wertungen des europäischen Rechts fließen in die Entscheidung für die teleologische Reduktion beziehungsweise Extension bestimmend mit ein.

C. Sachrechtliche Lösungen auf europäischer Ebene: Die Maßgaben für die Sachrechtsmodifikation

I. Vorüberlegung

Bei der sachrechtlichen Modifikation besteht die Gefahr, dass unter dem Einfluss unterschiedlicher Rechtstraditionen und einem differierenden Verständnis von der durch den Normwiderspruch eröffneten Freiheit zur Korrektur unterschiedliche Lösungen ein und desselben Anpassungsfalles befürwortet werden. Um die

---

1163 S.u. Kap. 8, A, II (S. 274 ff.).

1164 Vgl. zu diesen Zielen KOM (2003) 427 endg., S. 8; KOM (2005) 650 endg., S. 4.

Realisierung dieser Gefahr möglichst weitgehend auszuschließen, ist eine entsprechende Vorlagepflicht zum EuGH indes in der gegenwärtigen Ausgestaltung des Vorabentscheidungsverfahrens nur geeignet, soweit es um die Grenzziehung innerhalb der materiellrechtlichen Anpassung geht[1165]. Eine Strukturierung der sachrechtlichen Anpassung auf europäischer Ebene könnte sich aber aus der Charakteristik der das Problem hervorrufenden europäischen Normen ergeben. Denn die Normen und ihre Besonderheiten sind für alle Rechtsanwender in den Mitgliedstaaten verbindlich. Der autonome Charakter des europäischen Verordnungsrechts kann daher daraufhin untersucht werden, ob er auch im Widerspruchsfall auf Ebene des Sachrechts eine einheitliche Struktur für die Lösung des Widerspruchsfalls vorgeben kann. Dazu ist der Charakter des europäischen IPR hinsichtlich seiner Bedeutung für die Sachrechtsmodifikation zu analysieren.

Das europäische IPR verfolgt nicht nur den durch die Verweisung erkennbaren Zweck, dass die in seinen Anwendungsbereich fallenden Sachverhalte mit den Wertungen der berufenen Sachrechte beurteilt werden. Die Berufung der jeweiligen Sachrechte erfolgt in bestimmten Bereichen in der Annahme, dass die Anwendung dieser Sachnormen auf die Rechtsfrage die vom vereinheitlichten Unionsrecht verfolgten spezifischen Zwecke am besten fördert. So dient etwa die Verweisung auf das Tatortrecht in Art. 4 Abs. 1 Rom II-VO nach Ansicht des europäischen Gesetzgebers am besten dem Ausgleich zwischen dem Geschädigten und dem potentiell Haftenden (vgl. Erwägungsgrund 16 S. 2 der Rom II-Verordnung). Dieser Umstand bedeutet einen gewissen Unterschied im Vergleich mit dem autonomen IPR[1166].

Die im europäischen IPR benannten „Sachnormzwecke"[1167] könnten sich auf die Struktur der sachrechtlichen Anpassung auswirken. Fraglich ist, ob bei der sachrechtlichen Anpassung nicht nur die Wertungen der anwendbaren Sachnormen, sondern darüber hinaus auch die vom Kollisionsrecht benannten Zwecke zur Geltung gebracht werden können. Auf diese Weise könnte die europäische Provenienz der Normen im Anpassungsfall ihre Entsprechung finden, was für die Widerspruchssituation einen Zuwachs an Einheitlichkeit in der Rechtsanwendung bedeuten würde. Dazu ist die grundlegende Frage zu untersuchen, ob

---

1165 S.o. Kap. 6, E, II, 2, b) (S. 254).

1166 Zur Diskussion um den neuartigen Charakter der europäischen Kollisionsnormen vgl. schon oben, Kap. 5, B, III (S. 229).

1167 S.o. Kap. 4, D, VI (S. 202).

die mit der europäischen Herkunft einhergehenden Zwecke des IPR in dogmatisch stimmiger Weise berücksichtigt werden können.

II. Die Bedeutung der im europäischen IPR benannten Sachnorminteressen für die Sachrechtsmodifikation in der materiellrechtlichen Anpassung

1. Ausgangspunkt: Originäre Verweisung und „Sachnormzwecke“

Ausgehend von den für das autonome IPR erarbeiteten Grundsätzen ist anzunehmen, dass auch im Rahmen der europäischen Anpassung grundsätzlich das durch die Verweisungsnorm berufene Recht bestmöglich verwirklicht werden soll. Das bedeutet mithin, dass sich die sachrechtliche Anpassung an den Sachnormzwecken orientiert und nicht etwa aus allgemeinen Billigkeitserwägungen gewonnen wird. Können nun die berufenen Rechtsordnungen ihre Wertung nicht in der Antwort auf die Rechtsfrage realisieren, weil die Interessenlage wesentlich gestört ist, kann der durch die Kollisionsnorm ausgesprochenen Vermutung nicht vollständig entsprochen werden. Die Anpassung wird vorgenommen, wenn das ursprüngliche Ziel mit der vorrangigen Methode der Sachverhaltsanalyse nicht erreicht werden konnte und zielt auf die Aufrechterhaltung jenes Zwecks mit geänderten Mitteln. Sie dient ebenfalls der Verwirklichung des originären Zwecks der Verweisung. Einerseits ist daher die Wertung der anwendbaren Sachrechte zu bewahren.

Andererseits können aber die vom europäischen Kollisionsrecht verfolgten Zwecke in die Modifikation der anwendbaren Sachrechte im Anpassungsfall einwirken. Erwägungsgrund 23 Rom I-VO bestimmt beispielsweise ausdrücklich, dass die europäischen Kollisionsnormen die als schwächer angesehene Partei schützen wollen. Zu diesem Zweck existieren etwa besondere Normen für Arbeitnehmer (Art. 8 Rom I-VO), durch die der Arbeitnehmer als strukturell schwächere Partei geschützt werden soll[1168]. Aufgrund dieser und anderer besonderer Zielsetzungen gestaltet sich die sachrechtliche Anpassung auf europäischer Ebene von der Natur der Rechtsnormen und ihrer Entstehungsgeschichte beeinflusst.

1168 Rauscher/*von Hein*, Art. 8 Rom I-VO Rn. 11; MüKo/*Martiny*, Art. 8 Rom I-VO Rn. 1.

2. *Einheitlichkeit der Rechtsanwendung und allgemeines Kollisionsrechtsverständnis*

Der erste Grund für die Maßgeblichkeit der dem europäischen IPR zugrundeliegenden Zwecke innerhalb der sachrechtlichen Anpassung ist im Prinzip der Einheitlichkeit der Rechtsanwendung und des Internationalen Entscheidungseinklangs zu sehen. Diese Vorgaben rechtfertigen es, im Rahmen der Widerspruchssituation der Anpassung auf die ursprünglich vom IPR intendierte Gestaltung zu blicken. Die Berücksichtigung der vom Verordnungsrecht ausdrücklich benannten Zwecke ist der einheitlichen Anwendung des Kollisionsrechts zuträglich und verschafft ihm die bestmögliche Geltung. Sie steht darüber hinaus im Einklang mit dem Grundsatz der effektiven Anwendung des Unionsrechts (*effet utile*)[1169].

Ein weiterer Grund für die Berücksichtigung der Sachnormzwecke im Rahmen der materiellrechtlichen Anpassung ist in dem Verständnis von der Verbundenheit beider Rechtsanwendungsebenen zu sehen. Geht man davon aus, dass kollisions- und sachrechtliche Ebene nicht strikt voneinander getrennt betrachtet werden können, sondern vielmehr in Wechselbeziehung zueinander stehen, so müssen die vom IPR getroffenen Wertungen auch in der sachrechtlichen Anpassung ihren Niederschlag finden. Die Beachtung der Zwecke wird aber nur dort erforderlich und möglich, wo sich aus dem europäischen Kollisionsrecht ergibt, dass durch die Verweisung ein konkreter Zweck gefördert werden soll. Insoweit geben insbesondere die Erwägungsgründe und die Kommissionsbegründungen zu einzelnen Verweisungsnormen Aufschluss. Die Möglichkeit der Einwirkung auf die sachrechtliche Anpassung ist auch deswegen begrenzt, weil das europäische IPR Verweisungsrecht darstellt und keine sachrechtliche Gestaltung bezweckt. Ein vorschnelles Rekurrieren auf die bezeichneten Zwecke tritt in Widerspruch zu der Ausgestaltung des europäischen IPR als Verweisungsrecht.

Schließlich ergibt sich die Möglichkeit der Berücksichtigung der europäischen Zielsetzungen aus der dogmatischen Bedeutung der sachrechtlichen Anpassung als modifizierte Sachrechtsanwendung entsprechend den Umständen des Auslandssachverhalts. Wenn das europäische Unionsrecht bereits auf die reguläre Sachrechtsanwendung in den Mitgliedstaaten im Rahmen der Auslegung aufgrund seiner normhierarchischen Stellung einwirken kann, so muss dies erst recht der Fall sein, wenn der Befehl zur Anwendung eines bestimmten

1169 Vgl. zu diesem Grundsatz hinsichtlich der Auslegung des EU-Rechts *Potacs*, EuR 2009, 465 ff.; *Roth*, RabelsZ 75 (2011), 787 (805 f.).

Sachrechts aus dem europäischen Recht stammt und die damit verfolgten Zwecke ausdrücklich benannt wurden.

Gerechtfertigt ist der Einbezug der Sachnorminteressen indes nur, wo dies durch die konkreten Umstände der Rechtsfrage angezeigt ist. Das bedeutet, dass die sachrechtliche Anpassung auch einen Spielraum eröffnen muss, der den Einfluss der Wertung ermöglicht. Denn die sachrechtliche Anpassung muss sich, um den originären Verweisungsbefehl auch im Anpassungsfall zu befolgen, in erster Linie an den Wertungen der berufenen Rechtsordnungen orientieren. Nur dort, wo sich ein Auslegungsspielraum eröffnet, ist dann mit den Wertungen des europäischen IPR zu argumentieren. So können die Ziele des europäischen IPR schließlich der Rechtsanwendung in Anpassungsfällen auf Ebene des Sachrechts gewisse Strukturen vorgeben.

3. Bedenken gegen die Berücksichtigung der vom europäischen Verordnungsrecht verfolgten Zwecke innerhalb der sachrechtlichen Anpassung

Gegen dieses Einwirken der dem europäischen Kollisionsrecht zugrundeliegenden Ziele auf die sachrechtliche Modifikation im Rahmen der Anpassung lassen sich vor allem zwei Gesichtspunkte einwenden. Der eine Einwand betrifft den Stellenwert der originären Verweisungsentscheidung, deren Aufrechterhaltung bei der Untersuchung der Grundlagen der Anpassung für grundlegend erachtet wurde[1170]. Der andere Einwand bezieht sich auf die Beziehung zwischen Kollisions- und Sachrechtsebene.

a) Die Entwertung der ursprünglichen Verweisungsentscheidung

Zuerst interessiert die zum dogmatischen Verständnis der Anpassung erarbeitete Feststellung, dass die sachrechtliche Anpassung das originäre Ziel der Verweisung in Gestalt des Auffindens der engsten Verbindung weiterverfolgt, indem sie die zu diesem Zweck berufenen Sachrechte bestmöglich, d.h. der veränderten Interessenlage entsprechend verwirklichen will[1171]. Diese Erkenntnis gebietet grundsätzlich, lediglich die Wertungen des berufenen Rechts bei der sachrechtlichen Anpassung zu berücksichtigen, ohne die vom europäischen IPR benannten Interessen gleichsam „hereinspielen" zu lassen. Ein solches wertendes Einwirken auf die Sachrechtsanwendung könnte mit Blick auf die Ermächtigungsgrundlage der Vorschrift des Art. 81 Abs. 2 AEUV problematisch sein. Die Vorschrift

1170 S.o. Kap. 2, A, IV, 2 (S. 104 ff.).

1171 S.o. Kap. 2, A, IV, 2 (S. 104 ff.).

ermächtigt zum Erlass von Kollisionsnormen, nicht aber zum Erlass von Sachnormen.

Dieses Problem kam auch in den Schlussanträgen in der Rechtssache *Nikiforidis* zur Sprache[1172]. Gegenstand der zweiten Vorlagefrage des Verfahrens war die Reichweite der Vorschrift des Art. 9 Abs. 3 Rom I-VO. Die Europäische Kommission hatte insoweit vertreten, dass die Berücksichtigung fremder Eingriffsnormen außerhalb der Vorschrift des Art. 9 Abs. 3 Rom I-VO ausgeschlossen sei[1173]. Angesichts dieser Lesart warnte der Generalanwalt vor einem Verständnis, das der Rom I-VO als kollisionsrechtliches Regelwerk Einfluss auf das anwendbare Recht zuerkennt[1174]. Die Interpretation der Kommission führe zu Kompetenzproblemen, denn die Rom I-VO sei auf der Grundlage der Vorschrift des Art. 81 Abs. 2 AEUV erlassen worden; eine Einwirkung auf die Anwendungspraxis des berufenen Rechts dürfe daher nicht erfolgen[1175].

An dieser Stelle sei zunächst bemerkt, dass sich die Überlegung überhaupt nur daraus ergibt, dass denkbar ist, dass die mit dem Sachverhalt am engsten verbundene Rechtsordnung das jeweils benannte Interesse in der „Rechtsanwendungswirklichkeit" nicht fördert. Denn wäre die engste Verbindung des Sachverhalts immer dort, wo auch das benannte Interesse in der konkreten Rechtsfrage am besten geschützt wird, könnte die Entscheidung über die Einwirkung der vom europäischen IPR bezeichneten Interessen dahinstehen. Es ist aber denkbar, dass etwa die Verweisung durch Art. 4 Abs. 1 Rom II-VO im konkreten Einzelfall dem Interessenausgleich zwischen Schädiger und Geschädigtem nicht sachgerecht dient. Weiter könnten bezüglich Art. 8 Rom I-VO die Rechtsordnung, die die Antwort auf die gesuchte engste Verbindung ist[1176] und diejenige des bestmöglichen Arbeitnehmerschutzes in der jeweiligen Rechtsfrage auseinanderfallen[1177]. Hier wirkt sich die schon festgestellte Widersprüchlichkeit der

---

1172 Schlussanträge des Generalanwalts *Szpunar* in C-135/15, *Nikiforidis*, ECLI: EU:C:2016:281.

1173 Vgl. Schlussanträge des Generalanwalts *Szpunar* in C-135/15, *Nikiforidis*, ECLI: EU: C:2016:281, Rn. 99.

1174 Schlussanträge des Generalanwalts *Szpunar* in C-135/15, *Nikiforidis*, ECLI: EU: C:2016:281, Rn. 105.

1175 Schlussanträge des Generalanwalts *Szpunar* in C-135/15, *Nikiforidis*, ECLI: EU: C:2016:281, Rn. 107.

1176 Vgl. den Kommissionsentwurf zur Rom I-Verordnung, KOM (2005) 650, S. 13.

1177 Dahingehend auch *Remien*, in: *Leible/Unberath* (Hrsg.), Brauchen wir eine Rom 0-Verordnung?, 223 (226), der es als „überdehnt" bezeichnet, den Schutzzweck der Kollisionsnormen zur engsten Verbindung umdeklarieren zu wollen.

Anknüpfung im unionsrechtlich vereinheitlichten Kollisionsrecht aus[1178]. Vor diesem Hintergrund stellt sich die Frage, warum im europäischen IPR neben der ursprünglichen Verweisungsentscheidung auch die zugrunde liegende Wertentscheidung berücksichtigt werden kann. Überspielt man auf diese Weise nicht nachträglich den originären Verweisungsbefehl, indem man bei der Korrektur von Widersprüchen doch wieder auf die mit der Verweisung verfolgten Zwecke zurückgeht?

Für eine Berücksichtigung der Zwecke spricht, dass das Prinzip der engsten Verbindung durch die Natur des europäischen IPR als Mittel der europäischen Integration und der Förderung des Binnenmarkts eine gewisse Schwächung erfahren hat[1179]. Dieser Wandel in der Struktur des Kollisionsrechts hat auch eine spiegelbildliche Auswirkung in der Anpassung zur Folge. Dies hängt damit zusammen, dass die Anpassung im materiellrechtlichen Bereich das originäre Ziel der Verweisung teilt – und sich dieses auf europäischer Ebene in mehrere wohl gleichrangige Aspekte aufspaltet. Daneben das Prinzip der engsten Verbindung gleichrangig die Zwecke der europäischen Integration gestellt sind, muss im Rahmen der Anpassung der mit der Verweisung verfolgte Zweck neben den berufenen Sachrechten nach Möglichkeit ihren Niederschlag finden.

b) *Die Stärke der Verbindung zwischen kollisions- und materiellrechtlicher Ebene*

Der zweite Einwand betrifft das Argument der Verknüpfung der Rechtsanwendungsebenen. Festgestellt wurde unter Rückgriff auf die erarbeiteten Grundsätze der Anpassung, dass die Ziele des europäischen IPR bei der sachrechtlichen Anpassung unter anderem deswegen Bedeutung erfahren können, weil beide Rechtsanwendungsebenen in Verbindung miteinander betrachtet werden müssen. Im Rahmen der Darstellung der Notwendigkeit der Anpassung hat sich indes bereits gezeigt, dass die Kollisionsnormen des europäischen IPR naturgemäß nicht auf der „Grundlage" eines bestimmten Sachrechts entworfen wurden[1180]. Vielmehr stellt das Verordnungsrecht eine vom nationalen Sachrecht zu unterscheidende Rechtsmasse dar, deren Kennzeichen autonome Begrifflichkeiten und Bedeutungen sind. Im europäischen IPR von der Verknüpfung der

1178 Dies hat sich bei der Untersuchung der Zwecke schon angedeutet, s.o. Kap. 5, B, III.

1179 Dies ist bei der Untersuchung der Methode des europäischen IPR deutlich geworden (s.o. Kap. 4, D), konnte aber auch im Rahmen der Darlegung der Ziele des europäischen IPR festgestellt werden, s.o. Kap. 5, B, III (S. 229).

1180 S.o. Kap. 5, B, I (S. 221).

Rechtsanwendungsebenen zu sprechen, die ein Einwirken der in diesem zum Ausdruck kommenden Wirkungen auf das nationale Sachrecht rechtfertigen soll, scheint daher weiterer Rechtfertigung zu bedürfen.

Auch in dieser Hinsicht ist auf den besonderen Charakter des Unionsrechts hinzuweisen, der auch in übrigen Bereichen selbstverständlich auf die Auslegung und Anwendung des nationalen Sachrechts einwirkt. Das europäische Verweisungsrecht ist nur gleichsam noch ein „Stück weiter" vom Sachrecht der Mitgliedstaaten entfernt. An der grundsätzlichen Wechselbeziehung zwischen Sach- und Kollisionsrecht vermag dies nichts zu ändern. Die unterschiedliche Herkunft der Rechtsnormen verhindert nicht, dass die Wertungen des Unionsrechts in der Sachrechtsanwendung berücksichtigt werden können.

4. Zusammenfassung

Auch im Rahmen der sachrechtlichen Anpassung auf europäischer Ebene sind in erster Linie die Wertungen der berufenen Sachrechte zu verwirklichen. Die Sachrechtsmodifikation kann aber dann unter der Berücksichtigung eines bestimmten Interesses erfolgen, wenn das Anpassungsproblem aufgrund der Beteiligung von Kollisionsnormen entstanden ist, die sich der Förderung gerade dieses Interesses verschrieben haben. Hierfür muss aber zunächst ein Beurteilungsspielraum festgestellt werden, der eine derartige Gewichtung möglich macht[1181]. Zu beachten ist schließlich, dass diese Maßgaben immer gelten, sobald eine europäische Verweisungsnorm am Rechtsanwendungsergebnis beteiligt ist und nicht etwa nur dann, wenn ausschließlich EU-Kollisionsnormen angewendet wurden.

III. Rechtsvergleichung

Hinsichtlich der Modalitäten der Sachrechtsmodifikation ist schließlich besonderes Augenmerk auf die Rechtsvergleichung zu richten. Hat die Rechtsvergleichung schon für das autonome IPR einen zentralen Stellenwert[1182], so vertieft sich ihre Bedeutung im Rahmen des überstaatlich vereinheitlichten IPR – insbesondere mit Blick auf die Anpassung[1183].

1181 Zu Fallbeispielen, bei denen beide Wertungen berücksichtigt werden s.u. Kap. 8 (S. 271 ff.).

1182 *von Bar/Mankowski*, IPR I, § 7 Rn. 251; MüKo/*von Hein*, Einl. IPR Rn. 320; *Rauscher*, IPR, Rn. 141 ff.; *Sonnenberger*, IPRax 2011, 325 (335).

1183 Vgl. *Looschelders*, Anpassung, S. 207.

Zunächst sind rechtsvergleichende Erkenntnisse wichtig mit Blick auf die Feststellung der Anpassungslage. Insoweit muss geprüft werden, ob das von den beteiligten Rechtsordnungen Bezweckte sich im Ergebnis der Rechtsanwendung niederschlägt[1184]. Hier interessiert aber vor allem der Nutzen der rechtsvergleichenden Betrachtung mit Blick auf die materiellrechtliche Lösung des Anpassungsproblems[1185]. Es wurde bereits festgestellt, dass die Lösungen des Anpassungsproblems auf sachrechtlicher Ebene im Ausgangspunkt aus den Wertungen der berufenen Sachrechte zu entwickeln sind[1186]. Dazu ist vom Rechtsanwender festzustellen, was von dem jeweils berufenen Sachrechtsausschnitt mit Blick auf seine Funktion im entsprechenden Rechtssystem bezweckt wird[1187]. Bei der Beantwortung dieser Frage ist der Vergleich zwischen den beteiligten Rechtsordnungen bedeutsam. Dies zeigt, dass die für das europäische Kollisionsrecht relevante Sachrechtsvergleichung neben ihrer Relevanz für Überlegungen zur funktionalen Äquivalenz im Rahmen der Substitution und der Transposition auch mit Blick auf die Anpassung fruchtbar gemacht werden kann[1188].

Ist nur ein Sachrecht berufen, ergibt sich eine methodisch grundsätzlich gleiche Prüfung[1189]. In diesem Fall ist es erforderlich, die Funktion des anwendbaren Sachrechts unter Einwirkung des Auslandsbezugs auf den Sachverhalt zu prüfen, der bewirken kann, dass die Zwecke des anwendbaren Sachrechts verfehlt werden und das Ergebnis der Rechtsanwendung von dem abweicht, was die betreffenden Rechtsordnungen (der *lex fori* und des berufenen Rechts) separat hervorgebracht hätten. Sowohl bei der Anwendbarkeit mehrerer Sachrechtsausschnitte als auch im Fall des Auseinanderfallens von Sach- und Prozessrecht ist die berufene Sachnorm in ihrer Funktion zu verstehen.

1184 Zur Notwendigkeit im europäischen IPR s.o. Kap. 5 (S. 217 ff.).

1185 Von einem doppelten Nutzen der Rechtsvergleichung für die Anpassung spricht auch *Kropholler*, ZVglRWiss 77 (1978), 1 (9).

1186 S.o. Kap. 7, C, II, 1 (S. 263).

1187 Zum maßgeblichen Kriterium der Funktionalität im Rahmen der Rechtsvergleichung vgl. *Zweigert/Kötz*, Einführung in die Rechtsvergleichung, § 3 II; allgemein zur Rechtsvergleichung vor Gericht *Kadner Graziano*, RIW 2014, 473–487.

1188 Vgl. *Fauvarque-Cosson*, Am. J. Comp. L. 49 (2001), 407 (412); *Kropholler*, ZVglRWiss 77 (1978), 1 (9); *Rühl*, in: *Zimmermann* (Hrsg.), Zukunftsperspektiven der Rechtsvergleichung, 103 (117 f.).

1189 Vgl. zum autonomen IPR *Looschelders*, Anpassung, S. 179.

Kapitel 8. Analyse der Lösungen der Beispielsfälle zur Anpassung im europäischen Kollisionsrecht

Die erarbeiteten Maßgaben sollen nun hinsichtlich ihrer Bedeutung für die schon angeführten Anpassungsprobleme des europäischen IPR untersucht werden.

A. Der „Witwenfall"

Der „Witwenfall" in Gestalt von Normenmangel und Normenhäufung ergibt sich angesichts der jüngsten EuGH Rechtsprechung in der Rechtssache *Mahnkopf*[1190] vor allem dann, wenn deutsches Recht mit einer Rechtsordnung zusammentrifft, die eine unter europäischem Recht güterrechtlich zu qualifizierende Abfindung des einen Ehegatten für den Fall des Versterbens des anderen vorsieht.

I. Normenhäufung

1. Sachverhalt

Eine Normenhäufung hat sich im Falle der Kombination deutschen Erbrechts und italienischen Güterrechts gezeigt[1191]. Hat der Erblasser seinen letzten gewöhnlichen Aufenthalt in Deutschland, während der erste gemeinsame gewöhnliche Aufenthalt der Ehegatten in Italien war, so findet nach Art. 21 Abs. 1 EuErbVO deutsches Erbrecht Anwendung. Hiernach ist neben § 1931 Abs. 1 BGB auch die erbrechtlich zu qualifizierende Vorschrift des § 1371 Abs. 1 BGB anzuwenden.

Über Art. 26 Abs. 1 lit. a EuGüVO käme die italienische Norm des Art. 191 ital. Cc zur Anwendung, wenn man unterstellt, dass die Ehegatten im gesetzlichen Güterstand gelebt haben. Hiernach ist ein Anteil am Gesamtgut der Errungenschaftsgemeinschaft zu gewähren. Aus der Kombination der Sachrechte folgt insgesamt eine Beteiligung am Nachlass in Höhe der Hälfte, zuzüglich des Anteils am Gesamtgut nach Art. 191 ital. Cc. Dieses Ergebnis übersteigt nicht nur das nach deutschem Recht zu Gewährende, sondern auch dasjenige, was aus der ausschließlichen Anwendung des italienischen Rechts folgen würde (gemäß

1190 S.o. Kap. 1, A, II, 2, b) (S. 48).
1191 S.o. Kap. 1, A II, 2, d) (S. 48).

Art. 581 ital. Cc ein Drittel am Nachlass zuzüglich des Anteils am Gesamtguts, Art. 191 ital. Cc, wenn man vom Vorhandensein zweier Abkömmlinge ausgeht). Ein solches Ergebnis soll mitunter dadurch vermieden werden, dass bei Anwendung des erbrechtlich berufenen § 1371 BGB die Frage der Substituierbarkeit davon abhängen soll, ob das ausländische Güterstatut eine güterrechtliche Abfindung des überlebenden Ehegatten vorsieht[1192]. Das Ziel dieser Differenzierung ist zustimmungswürdig; jedoch sollte die Beseitigung von Normwidersprüchen den flexibleren Mitteln der Anpassung vorbehalten bleiben[1193].

Angesichts der Erbquote, die eine Beteiligung am Nachlass bewirken würde, die von keinem der anwendbaren Statuten so vorgesehen ist, könnte eine Anpassung vorzunehmen sein. Die Abweichung des kombinierten Ergebnisses von den jeweiligen Inlandsergebnissen spricht grundsätzlich für seine Korrekturbedürftigkeit. Es ist auch nicht ersichtlich, dass diese Diskrepanz aufgrund der Besonderheiten des Inlandssachverhalts gerechtfertigt sein könnte. Eine solche Feststellung lässt sich nur ausnahmsweise treffen und ist meistens an die Besonderheiten des konkreten Einzelfalls geknüpft[1194].

2. Anpassung der Erbquote

Aufgrund des Vorrangs der flexibleren sachrechtlichen Lösungen[1195] ist zunächst eine materiellrechtliche Korrektur des Ergebnisses in den Blick zu nehmen. Im Rahmen der Normenhäufung im „Witwenfall" läuft die sachrechtliche Anpassung auf eine Modifikation der Erbquote hinaus. Bei der Festlegung der angemessenen Quote besteht eine besondere Rechtsunsicherheit, weil die jeweiligen Quoten Ausdruck der spezifischen Interessenbewertung im Bereich von Güter- und Erbrecht der jeweiligen Rechtsordnungen sind. Die Beurteilung des Anpassungsfalls muss sich daher auch unter Geltung des europäischen IPR auf das inhaltliche Ordnungsziel der Nachlassbeteiligung des überlebenden Ehegatten konzentrieren und muss die jeweilige güter- beziehungsweise erbrechtliche Regelung im Kontext mit der Ergänzung durch die andere güter- beziehungsweise erbrechtliche Regelung und deren Funktion innerhalb des jeweiligen Statuts sehen.

Bei der Lösungsfindung ist zu beachten, dass sich die Zwecke der anwendbaren Sachnormen gerade in der im jeweiligen Inlandsergebnis bestehenden

1192 *Fornasier*, FamRZ 2018, 634 (635).
1193 Dazu schon oben Kap. 1, A, II, 2, d) (S. 52 ff.).
1194 Vgl. oben Kap. 2, C, I, 2 (S. 139 ff.).
1195 Zur Rangfrage s.o. Kap. 7, A (S. 257).

Quote verdeutlichen. Demnach erscheint es sachgerecht, sich bei der Formulierung des Ergebnisses an den jeweiligen Inlandsergebnissen zu orientieren. Das heißt nicht zugleich, dass man das von den Rechtsordnungen für Inlandsergebnisse befürwortete Resultat auch auf den Auslandsfall übertragen möchte. Diese Sichtweise würde verkennen, dass der Auslandssachverhalt als von den Inlandssachverhalten wesentlich verschiedener Bezugspunkt beziehungsweise „Subsumtionsstoff“ mit Wertungen belegt werden kann, die in den beteiligten Rechtsordnungen nicht vorgesehen sind.

Wenn aber das konkrete Ergebnis den Interessenbewertungen beider anwendbarer Sachrechte widerspricht, so ist auch an diesem Resultat korrigierend anzusetzen, wenn man den Interessenbewertungen wieder zur Geltung verhelfen will (womit man denn auch – der Funktion der sachrechtlichen Anpassung gemäß – wieder auf die Wertung der berufenen Sachrechte zurückleitet). An einer solchen „Grenzposten-Betrachtung“ wird mitunter kritisiert, sie stelle eine ergebnisorientierte Auswahl dar[1196]. Dies kann jedoch nicht für jeden Fall gelten. Denn die Festlegung der Grenzposten des angepassten Ergebnisses verletzt nicht den Grundsatz, dass das Rechtsanwendungsergebnis aus der kombinierten Anwendung der Sachrechte von dem abweichen darf, was für Inlandsfälle vorgesehen ist[1197]. Das Kriterium der Interessenstörung im Sachrecht kann im „Witwenfall“ nur unter der Prämisse fruchtbar gemacht werden, dass die Quoten die Interessen konkretisieren, weil die Frage der Nachlassbeteiligung nur durch ein Zusammenwirken der beiden Rechtsgebiete des Güter- und Erbrechts sinnvoll bewertet werden kann. Diese Sichtweise garantiert außerdem, dass möglichst klare Maßstäbe zur Bestimmung des zu gewährenden Anteils am Erbrecht aufgestellt werden. Auf diese Weise befördert die Methode auch die Rechtssicherheit. Auf eine direkte Auswahl eines etwa wünschenswerten Ergebnisses oder willkürliche Begrenzungen läuft diese Lösungsvariante nicht hinaus.

3. *Sachrechtliche Lösung*

Die „Grenzposten“ in Gestalt der jeweiligen Inlandsergebnisse können in Fällen wie der Kombination von deutschem und italienischen Recht nicht abstrakt festgelegt werden, da die Erhöhung des erbrechtlichen Anteils am Nachlass durch den güterrechtlichen Ausgleich im italienischen Recht nicht pauschaliert durch Erhöhung der Erbquote erfolgt. Die Entscheidung hängt damit von den

1196 *Looschelders*, Anpassung, S. 169 f.

1197 *Derstadt*, Die Notwendigkeit der Anpassung bei Nachlaßspaltung in internationalen Erbrecht, S. 129.

Umständen des Einzelfalls ab. Für die Festlegung der vorzugswürdigen Lösung zwischen den Ergebnissen der hälftigen Beteiligung sind die vorrangig die Zwecke der berufenen Sachrechtsvorschriften aus dem deutschen und italienischen Recht maßgeblich. Daneben kommen grundsätzlich die Wertungen des Verordnungsrechts zum Tragen, denen allerdings vorliegend keine konkreten Maßstäbe entnommen werden können. Insofern hilft es auch wenig weiter, wenn der EuGH statuiert, dass die EuErbVO die Hindernisse für die Personenfreizügigkeit und bei der grenzüberschreitenden Rechtsdurchsetzung im Erbfall beseitigen soll[1198]. Diesem Ziel kann man jedoch zumindest im Ansatz entsprechen, man eine Vorgehensweise wählt, bei dem die Inlandsergebnisse leichter einheitlich im Anpassungsfall verwendet werden können.

Aus dem Gesichtspunkt der Rechtssicherheit heraus bietet es sich an, das Ergebnis auf das zu kürzen, was höchstens von einer der Rechtsordnungen zu gewähren ist, in diesem Fall die Hälfte am Nachlass. Da dieses Ergebnis voraussichtlich nur sehr geringfügig vom nach italienischem Recht befürworteten Anteil abweicht, dürfte auch kein höherrangiges Interesse aus dieser Rechtsordnung etwa der sonstigen Erben gegen die konkrete Kürzung entgegenstehen. Im Einzelfall sind insoweit jedoch genaue Untersuchungen zu den beteiligten Sachrechtsvorschriften erforderlich, um ein Ergebnis zu entwickeln, das den Verweisungsbefehlen am besten entspricht.

II. Normenmangel im deutsch-französischen „Witwenfall"

1. Sachverhalt und Anpassungsnotwendigkeit

Wenn deutsches Recht etwa über Art. 26 Abs. 1 lit. a EuGüVO in güterrechtlicher Hinsicht berufen ist und Erbstatut gemäß Art. 21 Abs. 1 EuErbVO französisches Recht ist, kann dies zu einem Normenmangel führen[1199]. In dieser Konstellation wäre nach deutschem Recht kein Ausgleich zu gewähren, da die erbrechtlich zu qualifizierende Vorschrift des § 1371 Abs. 1 BGB nicht zur Anwendung kommt. Nach französischem Recht wird eine Beteiligung am Nachlass beim Zusammentreffen mit Abkömmlingen in Höhe eines Viertels gewährt[1200]. Blickt man auf die jeweiligen Inlandsergebnisse, so zeigt sich, dass die Rechtsfolge aus der kombinierten Anwendung der Sachrechtsausschnitte hinter dem nach deutschen

---

1198 EuGH, Urt. v. 1.3.2018 – C-558/16, *Mahnkopf*, ECLI: EU: C:2018:138, ZEV 2018, 205, Rn. 35 (unter Verweis auf EG 7 EuErbVO).

1199 S.o. Kap. 1, B, II, 3, a) (S. 72), auch zum deutsch-italienischen „Witwenfall".

1200 Vgl. *Fornasier*, FamRZ 2018, 634 (635).

Recht zu gewährenden Anteil einer hälftigen Nachlassbeteiligung zurück bleibt. Das französische Recht hätte bei alleiniger Anwendung noch eine güterrechtliche Abfindung in Höhe der Hälfte des Vermögens gewährt, das der Erblasser während der Ehe erworben hat[1201].

Das aus der kombinierten Anwendung der Sachrechtsausschnitte gewonnene Ergebnis bleibt somit hinter den jeweiligen Inlandsergebnissen zurück, was Symptom für die Korrekturbedürftigkeit der Anpassung ist. Wenn im konkreten Sachverhalt keine Besonderheiten auszumachen sind, die die Abweichung ausnahmsweise rechtfertigen, so ist eine Anpassung vorzunehmen.

2. *Auflösung des Normwiderspruchs*

Zunächst könnte eine Korrektur der Erbquote erfolgen. Diese Anpassung ist grundsätzlich eine solche des materiellen Rechts, da die Rechtsfolge der jeweiligen Sachnormen korrigiert wird. Entscheidet man sich dafür, dem Erblasser dasjenige zukommen zu lassen, was ihm mindestens nach einem der Rechte zukommt, so besteht indes faktisch kein Unterschied zu einer kollisionsrechtlichen teleologischen Reduktion des Art. 21 Abs. 1 EuErbVO oder des Art. 26 Abs. 1 lit. a EuGüVO – abhängig davon, welche Rechtsordnung im konkreten Fall weniger gewähren würde – und einer entsprechenden teleologischen Extension der jeweils anderen Vorschrift. Insofern ist zu beachten, dass die wandelbare Anknüpfung an den letzten gewöhnlichen Aufenthalts des Erblassers in Art. 21 Abs. 1 EuErbVO eine Unsicherheit für den überlebenden Ehegatten bedeuten kann. Diesem Umstand kann je nach den Gegebenheiten des konkreten Falles im Anpassungsergebnis Ausdruck verliehen werden. Letztendlich ist für die vorliegende Variante des Normenmangels daher eine Entscheidung zwischen einer entsprechenden teleologischen Modifikation der Kollisionsnormen und der Anwendbarkeit spezieller Theorien zur Sachrechtsmodifikation zu treffen mit dem Ziel, das Mindestmaß aus einer der beteiligten Rechtsordnungen zu gewähren. Die europäische Provenienz der Normen stellt in diesem Fall keine Maßgaben zur Verfügung, die sich auf diese Entscheidung auswirken könnten.

1201 Vgl. Art. 1475 Cc.

3. *Problem der Abbildung im Europäischen Nachlasszeugnis (ENZ) bei Anwendbarkeit deutschen Güterrechts und ausländischen Erbrechts*

a) Die Ausweisung des Anteils aus § 1371 Abs. 1 BGB im ENZ

Fraglich ist, ob der Normwiderspruch mittels Anpassung durch Korrektur der Erbquote im konkreten Fall des Normenmangels bei Anwendbarkeit deutschen Güterrechts und ausländischen Erbrechts behoben werden kann. Der EuGH hat in der Rechtssache *Mahnkopf* unter anderem ausgeführt, dass die erbrechtliche Qualifikation des deutschen Zugewinnausgleichs mit Blick auf das Funktionieren des Europäischen Nachlasszeugnisses (ENZ) von Bedeutung sei[1202]. Insbesondere seien alle zur Bestimmung des Nachlasses relevanten Ansprüche in dem Zeugnis anzuführen[1203].

Daraus wird teilweise geschlossen, dass sich das ENZ auf die Ausweisung der Erbquote beschränken solle und die Wertung des § 1371 Abs. 1 BGB in derartigen Fällen des Normenmangels bei Anwendbarkeit deutschen Güterrechts im Wege eines *Zahlungsanspruchs* in Höhe eines Viertels des Nachlasses als Nachlassverbindlichkeit zu verwirklichen sei[1204]. Diese Lesart scheint zu implizieren, dass die Anpassung eines Normwiderspruchs durch Modifikation der Erbquote fortan angesichts der Rechtsprechung des EuGH zur erbrechtlichen Qualifikation des Zugewinnausgleichs unzulässig ist. Eine so weitgehende Anordnung lässt sich dem Urteil des EuGH in *Mahnkopf* allerdings nicht entnehmen.

b) Abbildung der Wertungen der Sachrechte

Als Ausgangspunkt ist zu bedenken, dass sich Anpassungsfälle bei erbrechtlicher Qualifikation des Zugewinnausgleichs weiterhin ergeben können. Die Ausweisung der Erbquote zum Beispiel im besprochenen deutsch-französischen „Witwenfall"[1205] (ein Viertel des Nachlasses) im ENZ entspricht weder der deutschen noch der französischen Gesamtwertung der Nachlassbeteiligung des überlebenden Ehegatten. Die vermeintlich gute Handhabbarkeit eines bloßen Fokus auf die nach dem Erbstatut gewährte Erbquote sollte nicht gegenüber den insoweit beeinträchtigten Interessen des überlebenden Ehegatten durchgesetzt werden, die darüber hinaus durch die übereinstimmende Wertung der kollisionsrechtlich

---

1202 EuGH, Urt. v. 1.03.2016 – C-558/16, *Mahnkopf*, ECLI: EU: C:2018:138, ZEV 2018, 205, Rn. 36, 42 f.

1203 EuGH, Urt. v. 1.03.2016 – C-558/16, *Mahnkopf*, ECLI: EU: C:2018:138, ZEV 2018, 205, Rn. 43.

1204 *Bandel*, ZEV 2018, 207 (208).

1205 S.o. Kap. 8, A, II, 1 (S. 274).

zur Anwendung berufenen Normen gestützt werden. Eine solche Beschränkung entspricht auch nicht den Vorgaben des EuGH. Dieser hat deutlich gemacht, dass es mit Blick auf das ENZ darauf ankommt, dass alle Informationen betreffend die Ansprüche des überlebenden Ehegatten ausgewiesen sein sollen[1206]. Diese Vorgabe gebietet es vielmehr, die durch kollisionsrechtliche Analyse „untergegangene“ Wertung des § 1371 Abs. 1 BGB im ENZ zu berücksichtigen.

In diesem Fall erscheint es daher vorzugswürdig, auf eine einheitliche Handhabung der Anpassung durch die Rechtsanwender auf europäischer Ebene hinzuwirken, die dann zu einer Abbildung der modifizierten Erbquote im ENZ führt. Dieses Ergebnis folgt auch aus der Zusammenschau mit der Argumentation des Generalanwalts *Szpunar* und dessen Vorschlag der erbrechtlichen Qualifikation. Denn er geht durchaus davon aus, dass die Anpassung auf kollisions- und materiellrechtlicher Ebene erfolgen kann[1207], befürwortet aber ebenfalls eine erbrechtliche Qualifikation des Zugewinnausgleichs. Bringt man diese Aussagen in Einklang, so ergibt sich, dass eine Ausweisung einer korrigierten Erbquote im ENZ ermöglicht werden sollte[1208].

Auf diese Weise sind zwar divergierende Ergebnisse in verschiedenen Mitgliedstaaten nicht auszuschließen: Es kann etwa darauf ankommen, ob das jeweilige Gericht die nach einer der Rechtsordnungen gewährte Mindestbeteiligung ausweisen will oder einen Mittelwert zwischen beiden Inlandsergebnissen bildet; diese Gefahr stellt jedoch einen geringeren Nachteil für die Anspruchsteller dar, als es für ihn die Ausweisung eines Erbteils bedeutet, der den übereinstimmenden Wertungen der berufenen Sachrechte nicht entspricht.

Ein schuldrechtlicher Anspruch hat gegenüber der Ausweisung einer modifizierten Erbquote nicht nur den Nachteil, dass er eine schwächere Rechtsposition darstellt. Auch diese Lösung stellt das beurteilende Gericht letztlich vor die Aufgabe, den nach deutschem Recht zu gewährenden güterrechtlichen Anteil zu errechnen und zu berücksichtigen. Wenn diese Operation also ohnehin stattfindet, so kann sie auch für die Anpassung der Erbquote fruchtbar gemacht werden, die den Wertungen der Sachrechte entspricht und die Interessen des überlebenden Ehegatten abbildet. Will man das Ergebnis des Ausbleibens der güterrechtlichen Versorgung mit Blick auf die Erbquote „hinnehmen“ (und lediglich schuldrechtliche Abhilfe schaffen), so ist der überlebende Ehegatte in seiner Stellung tatsächlich dem Belieben des Erblassers unterworfen, etwa wenn

---

1206 S.o. Fn. 1203.

1207 S.o. Fn. 1017.

1208 So i. Erg. auch *Dörner*, ZEV 2018, 305 (310).

dieser vor seinem Tod seinen gewöhnlichen Aufenthalt verlegt[1209]. Dies spricht jedoch gerade dafür, seine Stellung durch die Vornahme einer Anpassung der Erbquote im Einzelfall zu schützen.

c) Die Wahrung der Funktionsfähigkeit des ENZ

Aus der Betonung des Guts der Funktionsfähigkeit des ENZ durch den EuGH sollte daher nicht geschlossen werden, dass bei europäischem Normenmangel unter Beteiligung des deutschen Güterrechts dessen Wertung schlicht nicht im ENZ abgebildet werden darf. Seine Funktionsfähigkeit sollte vielmehr dadurch gesichert werden, dass Divergenzen in der Anpassung der Erbquote möglichst im Vorhinein eingedämmt werden[1210]. So kann das ENZ eine angepasste Erbquote ausweisen.

Schließlich ist nicht nur bezüglich des Normenmangels, sondern auch bezüglich der Normenhäufung im „Witwenfall“ darauf hinzuweisen, dass die gewonnene Quote nicht ohne Überprüfung im ENZ ausgewiesen werden sollte[1211]. Auch wenn es praktikabler ist, schlicht die Erbquoten zweier Sachrechtsausschnitte zu kombinieren; eine Quote, die dasjenige übersteigt, was von den beteiligten Sachrechten übereinstimmend bevorzugt wird, sollte nicht im ENZ wiedergegeben werden. Auch insoweit empfiehlt sich eine Korrektur mittels Anpassung und die Aufnahme der angepassten Erbquote in das ENZ.

Es ist nicht davon auszugehen, dass der EuGH mit dem Ausspruch der erbrechtlichen Qualifikation des deutschen Zugewinnausgleichs die Vornahme der Anpassung widersprüchlicher Ergebnisse und die Aufnahme der so gewonnenen Ergebnisse im ENZ unterbinden wollte. Dem Urteil kann vielmehr entnommen werden, dass sich in allen Fällen, in denen sich bei Beteiligung des deutschen „güterrechtlichen“ Viertels keine Anpassungslage ergibt, der so zugesprochene Anteil problemlos im ENZ als erbrechtliche Beteiligung wiederfinden kann. Nicht gefolgert werden sollte aus dieser Rechtsprechung, dass in Anpassungsfällen gar keine Abbildung der Wertung des § 1371 Abs. 1 BGB im ENZ erfolgen darf.

1209 *Bandel*, ZEV 2018, 207 (208).

1210 Zu den Maßgaben für die europäische Anpassung oben Kap. 7; vgl. auch einen Vorschlag zur Erläuterung der Anpassung unten Kap. 9, C, IV (S. 315).

1211 Auch *Bandel*, der für den Fall des Normenmangels bei der Anwendbarkeit deutschen Güterrechts mit ausländischem Erbrecht noch einen schuldrechtlichen Ausgleich hinsichtlich der güterrechtlichen Abfindung bevorzugt, scheint sich bei Normenhäufung für eine Anpassung der Erbquote auszusprechen, ZEV 2018, 207 (208).

IV. Normenmangel im „klassischen" Witwenfall

Der „Witwenfall" in seiner klassischen Ausprägung[1212] soll nun ebenfalls im europäischen IPR skizziert werden. Angenommen wird, dass sich aus der kombinierten Anwendung der nach Art. 21 Abs. 1 EuErbVO beziehungsweise Art. 26 Abs. 1 lit. a EuGüVO berufenen Sachrechte ergibt, dass der überlebende Ehegatte „leer ausgeht". Dies kann insbesondere der Fall sein, wenn schwedisches Erbrecht Anwendung findet und der schwedische Erblasser nur eigene Abkömmlinge hat, während das Güterstatut keinen güterrechtlichen Ausgleich gewährt[1213], wie es etwa im österreichischen Recht der Fall ist[1214].

Die Notwendigkeit einer Anpassung lässt sich vergleichsweise einfach mit der Erwägung begründen, dass das gänzliche Ausbleiben einer Versorgung in beiden Rechtsordnungen eine Zweckverfehlung hervorruft. Das Ergebnis ist weder von A noch von B so gewollt und auch nicht durch die Besonderheiten des Auslandssachverhalts gerechtfertigt.

Bezüglich der Form des Normenmangels, in der aus der kombinierten Anwendung der Sachrechtsausschnitte das Ausbleiben der Versorgung folgt, erweist es sich grundsätzlich als vorzugswürdig, kollisionsrechtliche Lösungen zu wählen[1215]: Die sachrechtlichen Anpassungen in Güter- beziehungsweise Erbstatut sind im Falle dieses Normenmangels bei gänzlichem Ausbleiben einer Versorgung mit größeren Unwägbarkeiten verbunden[1216], die sich insbesondere auf die Frage der Höhe der Gewährung des jeweiligen Anspruchs und auf die Herausbildung klarer Lösungsmaßstäbe beziehen. Aus der europäischen Provenienz der Normen können auch in diesem Bereich keine Folgerungen für konkrete Maßstäbe abgeleitet werden. Im Folgenden soll daher nur auf die kollisionsrechtliche Lösung eingegangen werden.

Eine Grenzverschiebung zugunsten des Güterstatuts mittels teleologischer Extension desselben und entsprechender Reduktion des Erbstatuts erscheint

1212 S.o. Kap. 1, B, I, 2, a) (S. 66).

1213 Vgl. zur Möglichkeit des Auftretens dieses „modernen Schwedenfalles" oben Kap. 1, B, I, 2, a) (S. 66).

1214 Vgl. *Dutta*, FamRZ 2015, 1238 (1239 Fn. 7).

1215 *Benicke*, FS Schapp, 61 (74); *von Hoffmann/Thorn*, IPR § 6 Rn. 36; *Kropholler*, FS Ferid, 279 (284); Bamberger/Roth/*Lorenz*, Einl. IPR Rn. 90.

1216 *Kropholler*, IPR, § 34 IV 2 a), der hinsichtlich des autonomen IPR davor warnt, dass die so gewonnenen Ergebnisse willkürlich erscheinen können; diese Erwägungen stellen sich für das Anpassungsproblem aus europäischen Kollisionsnormen nicht anders dar; vgl. daher die ausführliche Diskussion der sachrechtlichen Lösung des Normenmangels im Witwenfall bei *Looschelders*, Anpassung, S. 302–305.

im vorliegenden Fall sachgerecht[1217]. Für diese Variante spricht insbesondere, dass der überlebende Ehegatte dann nach derjenigen Rechtsordnung beerbt wird, nach der er mit dem Erblasser zusammen gelebt hat[1218]. Die Anwendung dieser Rechtsordnung steht daher im Einklang mit der berechtigten Erwartung des Ehegatten, die auch auf europäischer Ebene ein maßgebliches Auswahlkriterium ist[1219]. Dieses Vertrauen kann sich auch in Vermögendispositionen niederschlagen, die mit Blick auf dieses Recht gemacht worden sind[1220]. Darüber hinaus kann das Abstellen auf das wandelbare Erbstatut für den überlebenden Ehegatten nachteilig sein, weil er dessen Anwendbarkeit unter Umständen nicht vorhersehen konnte[1221].

Ein Argument für die Ausdehnung des Güterstatuts auf Kosten des Erbstatuts wird schließlich mitunter auch daraus hergeleitet, dass Art. 26 Abs. 3 EuGüVO ein Ausweichen auf ein anderes Recht nur unter genau bezeichneten Voraussetzungen erlaubt[1222]. Wenn man also der Verordnung deswegen entnimmt, dass sie sich hartnäckiger gegen die Anwendung eines anderen Rechts sträubt als die EuErbVO in deren Art. 21 Abs. 2, so kann hieraus ein Argument für die Anwendung des Güterstatuts abgeleitet werden. Zwar stehen die dogmatischen Unterschiede bezüglich der Anwendung von Ausweichklauseln einerseits und der Vornahme der kollisionsrechtlichen Anpassung andererseits einer entsprechenden Verwertung dieses Gesichtspunkts grundsätzlich entgegen[1223]. Obwohl das für den Anpassungsfall Charakteristische nicht das Verfehlen der engsten Verbindung des Sachverhalts ist, ist auf Ebene der kollisionsrechtlichen Korrektur aber eine weitere Anknüpfung zu schaffen, die sich unter anderem an der engsten Verbindung orientiert[1224]. Demnach kann für die kollisionsrechtliche Lösung im europäischen „Witwenfall" aus der Ausgestaltung der Ausweichklauseln ein Argument für die teleologische Extension der güterrechtlichen Kollisionsnorm hergeleitet werden.

1217 So auch *von Hoffmann/Thorn*, IPR § 6 Rn. 36; *Schwarz*, Zugewinnausgleich, S. 130 f. (zum autonomen IPR).

1218 *Benicke*, FS Schapp, 69 (75); *Looschelders*, Anpassung, S. 307; *Müller-Freienfels*, in: *Lauterbach* (Hrsg.), Vorschläge und Gutachten zur Reform des deutschen Internationalen Erbrechts, S. 53; *Schwarz*, Zugewinnausgleich, S. 131.

1219 Vgl. Kap. 5, B, II, 2, b) (S. 226).

1220 Vgl. *Benicke*, FS Schapp, 69 (75).

1221 Dazu bereits oben Kap. 8, A, II, 2 (S. 275).

1222 *Gössl*, RabelsZ 2018, IV 2 b.

1223 Zur Abgrenzung s. Kap. 2, A, IV, 3, b), bb) (S. 112).

1224 Zu den Gesichtspunkten iRd. kollisionsrechtlichen Anpassung s.o. Kap. 7, B. I (S. 258 ff.).

Aus Sicht der Nachlassgläubiger und Pflichtteilsberechtigten stellt sich diese Lösung jedenfalls nicht nachteilig dar, da die Natur der Ansprüche im Vergleich mit der Tatsache der Minderung der eigenen Beteiligung nachrangig sein dürfte[1225].

Auch insoweit ergibt sich indes aus der Verweisung durch das europäische Kollisionsrecht, deren Erwägungen für die kollisionsrechtliche Anpassung ebenfalls maßgeblich sind, nichts anderes. Da das europäische Internationale Güter- und Erbrecht in besonderem Maße auf die Vorhersehbarkeit und Rechtssicherheit abzielt[1226], liegt auch für den Witwenfall in seiner Ausgestaltung als „Normenmangel“ nahe, eine einheitliche europäische Regelung einzuführen. Die Wahl der auszudehnenden beziehungsweise einzuschränkenden Verweisungsnorm scheint angesichts der Vielzahl der einzubeziehenden Gesichtspunkte mit einer ebenso erheblichen Rechtsunsicherheit belastet wie die sachrechtliche Lösung im Fall der Normenhäufung.

V. Zusammenfassung: der europäische „Witwenfall“

Hinsichtlich der europäischen Anpassung in der Konstellation der güter- und erbrechtlichen Beteiligung des überlebenden Ehegatten am Nachlass hat sich gezeigt, dass die „Witwenproblematik“ nach wie vor nicht nur von Bedeutung ist, sondern auch erhebliche Probleme für die Rechtssicherheit mit sich bringt. Letztlich gilt wohl, was *Rolf Wagner* in diesem Zusammenhang festgestellt hat: „Eine Patentlösung hierfür gibt es weder auf nationaler noch auf europäischer Ebene.“[1227]

B. Der „Hauskindfall“

I. Ausgangslage

Zunächst ist im Rahmen des „Hauskindfalls“[1228], in dem auf den Schadensersatzanspruch der Eltern nach Art. 4 Abs. 1 Rom II-VO deutsches Recht in Gestalt des § 845 S. 1 BGB zur Anwendung kommt, die Notwendigkeit der Anpassung zu statuieren. In dem auf die Hauptfrage anwendbaren deutschen Sachrecht könnte eine wesentliche Interessenstörung vorliegen. Dies ist dann der Fall, wenn die

---

1225 *Benicke*, FS Schapp, 69 (75); *Looschelders*, Anpassung, S. 307 f.

1226 Vgl. KOM (2011) 126 endg., S. 3, 8 (Verordnungsvorschlag zur EuGüVO) und KOM (2009) 154 endg., S. 4 (Verordnungsvorschlag zur EuErbVO).

1227 FamRZ 2009, 269 (279).

1228 Zur Entstehung dieser Anpassungslage unter europäischem IPR s.o. Kap, 1, B, I 3, b) (S. 70).

durch das (nach Art. 21 EGBGB anwendbare) belgische Recht bewirkte Sachlage, der zufolge keine Dienstleistungspflicht besteht, für die Anwendung des deutschen Sachrechts eine wesentliche Störung beziehungsweise die Vereitelung seiner Zwecke bedeutet, die die für die Rechtsfolgeanordnung tragenden Gründe entfallen lassen.

II. Notwendigkeit der Anpassung

Nach regulärer Rechtsanwendung wäre angesichts der Ausgestaltung des belgischen Rechts der Anspruch der Eltern zu versagen, weil die im Rahmen des deutschen Rechts maßgebliche Norm des § 845 S. 1 BGB das Vorliegen einer Dienstleistungspflicht erfordert, die unter belgischem Recht nicht besteht. Die Gründe für die Versagung dieses Anspruchs wegen fehlender Dienstleistungspflicht tragen indes in diesem Falle nicht, weil die Ausgestaltung der beiden Rechtsordnungen mit Blick auf diesen Aspekt grundlegend divergieren. Das belgische Recht fasst diesen vom deutschen Recht speziell benannten Fall unter die allgemeine Generalklausel zum Schadensersatzanspruch. Die Situation, wie sie vom deutschen Sachrecht vorausgesetzt wird, ist somit nicht gegeben. Eine unveränderte Rechtsanwendung würde auch dem Zweck des europäischen IPR widersprechen, dass die Rechtsfrage (hier: der Schadensersatzpflicht) nach den Wertungen der berufenen Rechtsordnungen beantwortet wird. Denn das deutsche Recht würde aufgrund der Maßgeblichkeit einer anderen Rechtsordnung „missverstanden“ und könnte seine Wertung nicht realisieren. Es ist daher erforderlich, die von den anwendbaren Rechtsordnungen bezweckte Rechtsfolge zur Geltung zu bringen. Dies ist vorrangig durch Sachrechtsmodifikation vorzunehmen.

III. Anknüpfung der Vorfrage nach dem Bestehen der Dienstleistungspflicht

Anzumerken ist mit Blick auf die Vorfragenanknüpfung im Bereich europäischer Kollisionsnormen, dass es hier wie im autonomen IPR vorzugswürdig ist, Vorfragen selbstständig anzuknüpfen[1229]. Dafür spricht einerseits, dass die unselbstständige Anknüpfung der Vorfrage mit dem Grundsatz der Gesetzesbindung des Richters in Widerspruch tritt, der die einschlägigen Kollisionsnormen

1229 Vgl. insbesondere *Bernitt*, Die Anknüpfung von Vorfragen im europäischen Kollisionsrecht, S. 101 ff.; 140 f.; MüKo/*von Hein*, Einl. IPR Rn. 177 ff.; *Solomon*, FS Spellenberg, 355 (369).

verpflichtend anzuwenden hat[1230]. Zum anderen ist die unselbstständige Vorfragenanknüpfung mit Unwägbarkeiten verbunden[1231], die die Einheitlichkeit der Rechtsanwendung gefährden. Ferner deutet insbesondere die ausdrückliche Begrenzung des sachlichen Anwendungsbereichs der Verordnungen darauf hin, dass eine unselbstständige Anknüpfung dem Willen des Verordnungsgebers widerspräche: Denn diese Vorgehensweise würde unter Umständen eine mittelbare nachträgliche Erweiterung des Anwendungsbereichs der Verordnung bedeuten[1232]. Auch Erwägungsgrund 21 der EuUntVO spricht jedenfalls für diese Verordnung zugunsten dieses Verständnisses[1233]. Im Allgemeinen ergibt sich die Vorzugswürdigkeit dieses Ergebnisses schließlich schon daraus, dass das abweichende Konzept bereits für die Ebene des autonomen IPR nicht überzeugt[1234].

Erwägungsgrund 21 der Europäischen Güterrechtsverordnung stellt sogar ausdrücklich klar, dass der Rechtsakt nicht für Vorfragen wie die nach dem Bestehen, die Gültigkeit oder die Anerkennung der Ehe gelten soll. Insofern hat der europäische Gesetzgeber die Maßgeblichkeit des autonomen IPR der *lex fori* und damit die selbstständige Anknüpfung der Vorfragen statuiert.

IV. Sachrechtliche Anpassung

Für die Formulierung des Ergebnisses ist vorrangig der Zweck des berufenen Sachrechts maßgeblich. Nach deutschem Schadensersatzrecht sollen die ausschließlich in Vermögensinteressen betroffenen Angehörigen des Verstorbenen geschützt werden, die den Ausfall der Dienstleistung erleiden[1235]. Dieser Zweck ist aufrecht zu erhalten, weil die Gründe für die Versagung des Anspruchs wie oben dargelegt nicht tragen. Da lediglich die Hauptfrage eine Zweckstörung aufweist, ist hier auch eine vorrangig sachrechtliche Anpassung zu erwägen.

Hierzu ist nach dem Grund für die eigentlich vorzunehmende Versagung des Anspruchs zu fragen. Das hierfür ursächliche Nichtvorliegen der Dienstleistungspflicht liegt seinerseits in der Tatsache begründet, dass das belgische Recht derartige Schadensersatzansprüche nach der Generalklausel des Art. 1382 Belg.

1230 *Mäsch*, in: *Leible/Unberath* (Hrsg.), Brauchen wir eine Rom 0-Verordnung?, 201 (206 f.).

1231 Vgl. *Mäsch*, in: *Leible/Unberath* (Hrsg.), Brauchen wir eine Rom 0-Verordnung?, 201 (216 ff.).

1232 MüKo/*von Hein*, Einl. IPR Rn. 177.

1233 *Solomon*, FS Spellenberg, 355 (358).

1234 MüKo/*von Hein*, Einl. IPR Rn. 177; zu den Argumenten auch *von Bar/Mankowski*, § 7 Rn. 195 ff.

1235 MüKo/*Wagner*, § 845 BGB Rn. 1; Staudinger/*Röthel*, § 845 BGB Rn. 1.

Code civil beurteilt. Die Nichtexistenz einer Regelung zur Dienstleistungspflicht im belgischen Recht kann demnach nicht als Aussage zur Frage nach dem Bestehen des Schadensersatzanspruchs angesehen werden. Das belgische Recht gibt in der Festlegung des Fehlens einer Dienstleistungspflicht sozusagen die Antwort auf eine andere Frage. Dieser Umstand rechtfertigt es, das Nichtvorliegen des Tatbestandsmerkmals zu ignorieren. Die Aussage des belgischen Rechts kann offensichtlich im Rahmen des Konzepts des deutschen Deliktsrechts nicht von Belang sein. Indem den Eltern des Verstorbenen ein Schadensersatzanspruch aus § 845 S. 1 BGB zugesprochen werden kann, werden die anwendbaren Sachrechte ihrem Zweck entsprechend zur Geltung gebracht.

Darüber hinaus wird durch diese Modifikation auch den Vorgaben des europäischen IPR genügt. Diese Vorgehensweise verwirklicht die Anordnung der Anwendbarkeit des Tatortrechts aus Art. 4 Abs. 1 Rom I-VO (vgl. Erwägungsgrund 17 Rom II-VO) und das mit dieser Erwägung verknüpfte Ziel eines Ausgleichs der Interessen der Beteiligten (Erwägungsgrund 16 S. 1 Rom II-VO). Würde man die regelmäßige Rechtsanwendung bestehen lassen, würde sich weder die Wertung des deutschen Tatortrechts in der Beantwortung der Rechtsfrage realisieren, noch würde ein sachgerechter Interessenausgleich zwischen den Eltern des Getöteten und dem Schädiger verwirklicht werden. Dies kann im vorliegenden Fall aber nicht unter Berufung auf die Verbindlichkeit des kollisionsrechtlichen Verweisungsbefehls gerechtfertigt werden.

C. Einander widersprechende Kommorientenvermutungen

Die Vorschrift des Art. 32 EuErbVO regelt die Anpassungslage bei einander widersprechenden Kommorientenvermutungen. Die Norm betrifft den Fall des gleichzeitigen Versterbens zweier Personen, von denen zumindest eine bezüglich des Nachlasses der anderen erbberechtigt wäre[1236]. Finden auf die Erbfolge dieser Personen unterschiedliche Erbstatute Anwendung und regeln diese die Angelegenheit unterschiedlich oder gar nicht, ordnet die Vorschrift an, dass keine Person die andere beerbt. Insofern wird mitunter ein Widerspruch festgestellt[1237]. Denn die Frage nach der Reihenfolge des Versterbens ist als Angelegenheit, die die Verschollenheit von Personen betrifft, gemäß Art. 1 Abs. 2 lit. c EuErbVO vom Anwendungsbereich der Verordnung ausgenommen. Dennoch regelt die Norm des Art. 32 EuErbVO das Verhältnis unterschiedlicher

1236 Vgl. *Lagarde*, in: *Bergquist* (Hrsg. u.a.), EU-Erbrechtsverordnung, Art. 32 Rn. 2.
1237 Vgl. *Rugullis*, ZVglRWiss 113 (2014), 186 (207 f.).

Kommorientenvermutungen zueinander und scheint damit eine Frage der Verschollenheit beziehungsweise der Todesvermutung zu betreffen[1238].

Der widersprüchliche Anschein folgt daher aus der Zusammenschau der Bereichsausnahme des Art. 1 Abs. 2 lit. c EuErbVO und dem Abstellen auf die Erbstatuten der Kommorienten in Art. 32 EuErbVO. Aus letzterem Umstand sollte jedoch nicht geschlossen werden, dass die Kommorientenvermutung erbrechtlich zu qualifizieren ist[1239]. Es scheint insofern vielmehr geboten, auf die Personalstatuten abzustellen[1240]. Diese Interpretation stellt die systematische Vereinbarkeit beider Vorschriften sicher. Aus Bereichsausnahme kann geschlossen werden, dass das zur Anwendung berufene Recht die Vorfrage des Versterbens etwa an das Personalstatut knüpfen kann[1241]. Dafür spricht auch, dass Probleme der Kommorientenvermutung zwar typischerweise im erbrechtlichen Kontext auftreten, sich jedoch auch in anderen Bereichen wie der Schenkung unter einer Überlebensbedingung oder im Versicherungsrecht stellen können[1242].

Maßgeblich für die Entstehung des Konfliktes im Rahmen der Kommorientenproblematik ist die Tatsache der unterschiedlichen Regelungen in den verschiedenen Normen zur Todesvermutung. Letztere sind aus deutscher Sicht nach Art. 9 EGBGB zu ermitteln. Personalstatute, die jeweils eine andere Regelung des Versterbenszeitpunkts für den Fall bereithalten, dass der Todeszeitpunkt zweier sich potenziell gegenseitig beerbender Personen nicht ausgemacht werden kann. Wenn die somit berufenen Rechtsordnungen divergierende Anordnungen hinsichtlich des Versterbenszeitpunktes der beiden Personen treffen, soll keiner der beiden Verstorbenen einen Anspruch auf den Nachlass haben.

Da in dieser Regelung ein unmittelbarer „Durchgriff" auf die materielle Rechtslage zu sehen ist[1243], handelt es sich bei der Vorschrift um eine Sachnorm im IPR[1244]. Die Vorschrift ordnet für ein durch die kollisionsrechtliche Analyse

---

1238 Vgl. *Rugullis*, ZVglRWiss 113 (2014), 186 (207 f.).

1239 Vgl. *Dutta/Weber*, Internationales Erbrecht, Art. 32 Rn. 11.

1240 Erman/*Hohloch*, Art. 32 Rn. 4; *Köhler*, in: *Gierl/Köhler/Kroiß/Wilsch* (Hrsg.), Internationales Erbrecht, Rn. 163; *Looschelders*, in: *Hüßtege/Mansel* (Hrsg.), BGB/Rom-Verordnungen/EuErbVO/HUP, Art. 32 EuErbVO Rn. 4 f.; a.A. Rauscher/*Hertel*, EuZPR/EuIPR, Art. 32 EuErbVO Rn. 4.

1241 *Dutta/Weber*, Internationales Erbrecht, Art. 32 Rn. 11.

1242 *Dutta/Weber*, Internationales Erbrecht, Art. 32 Rn. 11.

1243 Vgl. *Fischer-Czermak*, in: *Deixler-Hübner/Schauer* (Hrsg.), EuErbVO-Kommentar, Art. 32 Rn. 1; *Lagarde*, in: *Bergquist* (Hrsg. u.a.), EU-ErbVO, Art. 32 Rn. 4.

1244 MüKo/*Dutta*, Art. 32 Rn. 7; *Gössl*, RabelsZ 2018, IV 2; *Köhler*, in: *Gierl/Köhler/Kroiß/Wilsch* (Hrsg.), Internationales Erbrecht, Rn. 151, 162.

entstandenes Problem eine sachrechtliche Regelung an. Insoweit ist der Begriff der Sachnorm im IPR dahingehend zu verstehen, dass eine materiellrechtliche Regelung einer Rechtsfrage mit Auslandsbezug sich ihrem Standort nach innerhalb des Kollisionsrechts befindet[1245].

Angesichts der Subsidiarität der Lösungsvariante der Sachnorm im IPR ist es vorzugswürdig, die Vorschrift nur anzuwenden, wenn die berufenen Rechtsordnungen im konkreten Fall zu Ergebnissen führen, die nicht miteinander zu vereinbaren sind[1246]. Dies ist namentlich dann der Fall, wenn beide Sachrechte anordnen, dass der Verstorbene Erbe des jeweils anderen sein soll[1247]. Solange daher eine Auslegung der berufenen Rechtsordnungen für die jeweilige Kommorientenproblematik möglich ist, durch die sich die Sachnormzwecke ohne erhebliche Modifikation der Normen am Rechtsanwendungsergebnis niederschlagen, ist ein Rückgriff auf Art. 32 EuErbVO entbehrlich.

Aus der Norm kann der Schluss gezogen werden, dass die sachrechtliche Lösung des Anpassungsproblems als eine mögliche Variante auf Ebene des europäischen Kollisionsrechts anerkannt ist. Ferner spricht die Ausgestaltung dafür, dass eine sachrechtliche Regelung des Anpassungsproblems von der Kompetenzgrundlage des Art. 81 Abs. 2 lit. c AEUV gedeckt wäre[1248].

D. Der einseitige Normwiderspruch

Der Beispielsfall zum einseitigen Normwiderspruch im europäischen IPR[1249] betrifft deutsches Güterrecht, das gemäß Art. 26 Abs. 1 lit. a EuGüVO auf die güterrechtlichen Ansprüche des überlebenden Ehegatten anwendbar ist und das mit dem über Art. 21 Abs. 1 EuErbVO berufenen österreichischen Erbrecht kombiniert wird. Geht man vom Vorhandensein zweier Kinder aus, so erhält der überlebende Ehegatte nach österreichischem Recht erbrechtlich ein Drittel des Nachlasses (§ 757 Abs. 1 ABGB), während die beiden Kinder die übrigen

1245 Vgl. MüKo/*von Hein*, Einl. IPR Rn. 101.

1246 Dafür auch *Fischer-Czermak*, in: *Deixler-Hübner/Schauer* (Hrsg.), EuErbVO-Kommentar, Art. 32 Rn. 5 (unter Berufung auf EG 55 EuErbVO); *Köhler*, in: *Gierl/Köhler/Kroiß/Wilsch* (Hrsg.), Internationales Erbrecht, Rn. 163; vgl. insoweit zum autonomen IPR *Dörner*, IPRax 1994, 362 (365 f.); zur Subsidiarität der Lösung im Rahmen einer Sachnorm im IPR vgl. oben Kap. 3, E, II (S. 180).

1247 *Fischer-Czermak*, in: *Deixler-Hübner/Schauer* (Hrsg.), EuErbVO-Kommentar, Art. 32 Rn. 6.

1248 Vgl. zur Kompetenzproblematik bzgl. der sachrechtlichen Anpassung unten Kap. 7, C, II, 1 (S. 263 ff.).

1249 S.o. Kap. 1, B, V, 2 (S. 83).

zwei Drittel hälftig erhalten, § 732 S. 2 ABGB[1250]. Da die deutsche Vorschrift des § 1371 Abs. 1 BGB entsprechend der jüngsten EuGH-Rechtsprechung in der Rechtssache *Mahnkopf*[1251] nicht in den Anwendungsbereich der EuGüVO fällt, sondern vielmehr von der EuErbVO erfasst ist, findet sie in dieser Konstellation folglich keine Anwendung.

Die so entstehende Rechtsfolge entspricht dem österreichischen Recht, das keine güterrechtliche Teilhabe im Falle des Versterbens eines Ehegatten vorsieht[1252]. Sie weicht jedoch von dem ab, was das deutsche Recht in alleiniger Anwendung gewährt hätte. Da der einseitige Normwiderspruch grundsätzlich als Auslöser von Anpassungslagen herausgearbeitet wurde[1253], ist auch in diesem Fall die Notwendigkeit der Anpassung zu prüfen. Dabei sind vorrangig die Zwecke der beteiligten Sachrechte zu prüfen.

Zunächst ist relevant, ob das österreichische Recht mit der erbrechtlichen Abfindung einen güterrechtlichen Ausgleich bezweckt[1254]. Zu beachten ist insoweit, dass eine derartige Absicht dem Text der österreichischen Vorschrift nicht zu entnehmen ist[1255]. Gegen den Einbezug güterrechtlicher Interessen spricht auch, dass der gesetzliche Güterstand im österreichischen Recht die Gütertrennung ist[1256]. Dem überlebenden Ehegatten stehen im österreichischen Recht außerdem anderweitige Absicherungen zu, die erkennen lassen, dass die Vorschrift des § 757 ABGB sich auf die erbrechtliche Versorgung beschränkt und keine finanziellen Interessenskonflikte aus der Beendigung der ehelichen Gemeinschaft entscheiden will. Die Intention zum Einbezug güterrechtlicher Interessen liegt daher fern[1257].

Dieser Befund spricht dafür, dass eine Korrektur des Ergebnisses vorzunehmen ist. Dabei sind in erster Linie sachrechtliche Lösungen zu prüfen, die in

---

1250 Vgl. *Haunschmidt*, in: *Süß* (Hrsg.), Erbrecht in Europa, S. 1094; *Ferid/Firsching/Dörner/Hausmann*, Internationales Erbrecht (Stand: 103. EL 2018) Österreich, Rn. 227; NK/*Süß*, Länderbericht Österreich, Rn. 35.

1251 S.o. Kap. 1, A, II, 2, b) (S. 48).

1252 Vgl. *Dutta*, FamRZ 2015, 1238 (1239, Fn. 7.).

1253 S.o. Kap. 2, C, IV, 3 (S. 151).

1254 Zu dieser Überlegung mit Blick auf das griechische Recht auch der BGH, s.o. Kap. 1, A, II 1, b) (S. 44).

1255 Vgl. OLG Schleswig, Beschl. v. 19.8.2013 – 3 Wx 60/13, ZEV 2014, 93 (95).

1256 Koziol/Welser/*Kletečka*, Bürgerliches Recht I, S. 478; vgl. auch LG Mosbach, Beschl. v. 18.3.1997 – 2 T 177/96, JuS 1999, 296.

1257 Dies wird meistens der Fall sein, vgl. MüKo/*Siehr*, 5. Aufl., Art. 15 EGBGB Rn. 117; gegen den Einbezug güterrechtlicher Aspekte durch das österreichische Erbrecht auch das OLG Schleswig, Beschl. v. 19.8.2013 – 3 Wx 60/13, ZEV 2014, 93 (95).

Fällen wie dem vorliegenden in eine Modifikation der Erbquote münden. Eine Erhöhung der Erbquote sollte erfolgen, um dem Umstand Rechnung zu tragen, dass das Resultat der Auflösung des Güterstandes keine Berücksichtigung in der Erbquote findet, was allerdings vom (anwendbaren) deutschen Recht so bezweckt ist. Eine Erhöhung der Erbquote um das deutsche güterrechtliche Viertel würde jedoch den kollisionsrechtlichen Verweisungsbefehl des Art. 26 Abs. 1 lit. a EuGüVO ignorieren und im Widerspruch zur Rechtsprechung des EuGH stehen, weil somit faktisch eine güterrechtliche Qualifikation des pauschalierten Zugewinnausgleichs erfolgen würde. Darüber hinaus würde die sich dann ergebende Quote von 7/12 das überschreiten, was nach den anwendbaren Rechtsordnungen gesondert zu gewähren ist.

Es erscheint daher naheliegend, die Rechtsfolge der österreichischen Vorschrift des § 757 Abs. 1 AGBGB dahingehend zu modifizieren, dass dem überlebenden Ehegatten die Hälfte des Nachlasses zukommt. Indem man dies tut, setzt man nicht etwa die deutsche (Gesamt-)Lösung gegenüber der österreichischen durch. Der Widerstand gegen die Nachlassbeteiligung in Höhe eines Drittels ist aber im deutschen Recht höher als derjenige des österreichischen Rechts gegen eine Erhöhung der Erbquote. Denn der Zweck des deutschen Rechts wird trotz seiner Berufung mangels einer Abbildung des güterrechtlichen Teilhabe in der Erbquote ganz verfehlt, wohingegen das österreichische Recht nur einen erbrechtlichen Ausgleich bezwecken wollte, jedoch generell eine (isolierte) Abwicklung der güterrechtlichen Verhältnisse nicht ablehnt. Darüber hinaus ist die Abweichung vom österreichischen Inlandsergebnis mit der hälftigen Beteiligung am Nachlass gering und schränkt die betroffenen Nachlassgläubiger somit nicht über Gebühr ein.

Mit Blick auf die Rechtsanwendung innerhalb der Europäischen Union stellt sich vor allem die Frage, ob dieser Befund von allen Mitgliedstaaten, die die Europäische Erb- und Güterverordnung anwenden würden, gleichermaßen geteilt würde. Dies wäre der Fall, wenn die europäische Provenienz der Normen eine Struktur für die Anpassung vorgeben würde. Dies ist aber – wie auch im Fall des beidseitigen Normwiderspruchs[1258] – beim einseitigen Normwiderspruchs nicht zu erkennen. Vielmehr scheint auch insoweit die Gefahr zu bestehen, dass unterschiedliche Gerichte eine entsprechend unterschiedliche Bewertung des Rechtsanwendungsergebnisses vornehmen.

1258 S. soeben Kap. 8, A, IV (S. 279 ff.).

E. Der einheitlich angeknüpfte Auslandssachverhalt

I. Einführung

Anpassungsprobleme bei Anwendbarkeit nur eines Sachrechts auf die internationale Rechtsfrage haben sich insbesondere mit Blick auf die Anwendung des für das beurteilende Gericht fremden Sachrechts gezeigt. In dieser Situation fallen Sach- und Prozessrecht auseinander. Wie eingangs dargelegt, sind derartige Anpassungslagen auch im europäischen IPR denkbar[1259]. Insoweit ist insbesondere auf unterschiedliche Ausgestaltungen bei Aufrechnung und Auskunftsansprüchen zu blicken. Darüber hinaus hatte sich die Frage gestellt, ob die in einem Erststaat erfolgte Rechtsanwendung eine Anpassungslage darstellen kann[1260]. Verwandt mit diesem Problem ist die Frage, inwieweit Entscheidungen des ausländischen Erstgerichts, in denen eine eigentlich erforderliche Anpassung unterblieben ist, im nachfolgend zur Anerkennung beziehungsweise Vollstreckung berufenen Zweitgericht zu handhaben sind.

II. Anerkennung und Vollstreckung von „unangepassten“ Entscheidungen des Erstgerichts

1. Problem

Das Prinzip der grundsätzlichen Anerkennung und Vollstreckung beziehungsweise des freien Verkehrs von Entscheidungen aus anderen Mitgliedstaaten (vgl. Art. 36 Abs. 1, 39 Brüssel Ia-VO) ist ein Grundpfeiler des europäischen IPR[1261]. Von Interesse ist vor diesem Hintergrund, wie sich die Anerkennung und Vollstreckung von Entscheidungen gestaltet, in denen trotz Vorliegen einer Anpassungslage eine unveränderte Rechtsanwendung durch das Erstgericht erfolgt ist. Es geht demnach um Fälle, in denen etwa ein Normenmangel aufseiten des Ehegatten, der am Nachlass beteiligt werden möchte, vor dem beurteilenden Gericht unerkannt geblieben ist und demnach eine Nachlassbeteiligung zugesprochen wurde, die die jeweiligen Inlandsergebnisse unterschreitet.

Da sich in den meisten Fällen der Anpassung die Korrekturbedürftigkeit des Ergebnisses aufgrund der Verfehlung der Sachnormzwecke gleichsam aufdrängen wird, ist dieser Fall zwar eher unwahrscheinlich. In einem entsprechenden

---

1259 S.o. Kap. 4, D, VII (S. 202).

1260 S.o. Kap. 2, C, III, 2, b) (S. 148).

1261 Zur Funktion dieses Prinzips als Ausgangspunkt dieser Rechtsentwicklung s.o. Kap. 4, C (S. 194).

Fall wäre aber an eine Versagung der Anerkennung und Vollstreckung unter etwa der Brüssel Ia-Verordnung im Zweitstaat zu denken. In Betracht kommt insoweit eine Verletzung des *ordre public* nach Art. 45 Abs. 1 lit. a Brüssel Ia-VO (gegebenenfalls i.V.m. Art. 46 Brüssel Ia-VO).

Von dieser Möglichkeit scheint auch *Eichenhofer* mit Blick auf eine Entscheidung des Bundesgerichtshofs[1262] zur Konkurrenz zwischen deutschem Sozialversicherungsrecht und ausländischem Haftungsrecht auszugehen[1263]. In dem entsprechenden Sachverhalt stand die Vollstreckbarerklärung eines italienischen Urteils zur Schadensersatzpflicht eines deutschen Lehrers gegenüber den Hinterbliebenen eines seiner ehemaligen Schüler in Rede, der bei einem Schulausflug in Italien verunglückt war. Der BGH hatte die Erteilung der Vollstreckungsklausel hinsichtlich des Personenschadens gemäß Art. 27 Nr. 1 EuGVÜ a.F. mit der Begründung abgelehnt, dass die Gewährung des Schadensersatzanspruches im italienischen Adhäsionsverfahren mit der deutschen öffentlichen Ordnung in Gestalt der Haftungsfreistellung aus §§ 636, 637 RVO a.F. (jetzt: §§ 104 f. SGB VII) nicht vereinbar sei[1264]. *Eichenhofer* stellt insoweit fest, dass das Gericht die Maxime entwickelt habe, die zur Bewältigung der Konkurrenz zwischen öffentlich-rechtlicher Haftung im deutschen Recht geltenden Regeln seien dann auf ausländische privatrechtliche Ansprüche zu erstrecken, wenn die öffentlich-rechtliche Haftung deutschem Recht unterliegt[1265]. Dies sei als „Versuch der *Angleichung* oder *Anpassung* eines ausländischen Privatrechtsverhältnisses an eine deutsche öffentlich-rechtliche Entschädigungsnorm zu deuten", der der Vermeidung von Harmoniestörungen zwischen deutschem öffentlichem Recht und ausländischem Privatrecht diene[1266]. Vor diesem Hintergrund könne der

---

1262 BGH, Beschl. v. 16.9.1993 – IX ZB 82/90, BGHZ 123, 268; der BGH hatte zuvor den EuGH um ein Vorabentscheidungsurteil unter anderem hinsichtlich der Frage ersucht, ob es sich bei der persönlichen Inanspruchnahme des Trägers eines öffentlichen Amtes um eine Zivilsache im Sinne des EuGVÜ handelt, wenn die Schädigung in rechtswidriger und schuldhafter Verletzung seiner Amtspflichten erfolgt ist = EuGH, 21.3.1993, C-172/91, Slg. 1993, I-1963 – *Sonntag*.

1263 Vgl. die Entscheidungsanmerkung in JZ 1994, 258; auf die Nähe zwischen *ordre public* und Anpassung verweist angesichts dieser Fallgestaltung auch MüKo/*Sonnenberger*, 5. Aufl., Einl. IPR Rn. 601.

1264 BGHZ 123, 268 (275); Kritisch gegenüber dieser Entscheidung *Basedow*, IPRax 1994, 85; *Haas*, ZZP 108 (1995), 219; *Hess*, EWiR 1994, 51; *Kubis*, ZEuP 1995, 846.

1265 JZ 1994, 258 (259).

1266 JZ 1994, 258 (259) (Hervorhebung im Original).

Begriff des *ordre public* seine Funktion wandeln und dazu dienen, eine Anpassung des ausländischen Privatrechts zu ermöglichen[1267].

2. *Würdigung*

Die Annahme einer Verarbeitung des Anpassungsproblems über den *ordre public* setzt einen Anpassungsfall vor dem Erstgericht voraus. Dies ist im angeführten Beispielsfall schon fraglich. Im gegebenen Sachverhalt bestand die Möglichkeit, Einwände bezüglich des deutschen Sozialversicherungsrechts im italienischen Verfahren vorzubringen[1268]. Selbst wenn das italienische Gericht daraufhin auf die Einbettung der Thematik in deutsches öffentliches Recht geblickt hätte, wäre daraus aber nicht zwingend eine Anpassung der italienischen Privatrechtsnormen zur Schadensersatzpflicht zu folgern gewesen. Dazu hätte eine Interessenstörung im anwendbaren italienischen Sachrecht aufgrund der internationalen Verknüpfung des Falles vorliegen müssen. Dafür lagen aus Sicht des italienischen Gerichts aber keine Anhaltspunkte vor. Es liegt näher, dass die aus italienischem Recht folgende Schadensersatzpflicht aufgrund der internationalen Verknüpfung des Falles für den Schädiger hinzunehmen war und er damit auf den Rückgriff bei seinem Dienstherrn zu verweisen war. Eine Anpassungslage bestand auch nicht mit Blick auf eine etwa drohende Doppelversorgung der Gläubiger durch eine nachfolgende Rechtsanwendung in Deutschland. Im Rahmen der Behandlung der Thematik der Anpassung bei potentiell nachfolgender Rechtsanwendung hat sich herausgestellt, dass dieser Fall im Interesse der Rechtssicherheit jedenfalls dann keine modifizierte Rechtsanwendung im aktuell maßgeblichen Sachrecht veranlassen kann, wenn die Tatsachen für seinen Eintritt noch nicht geschaffen wurden[1269]. Die Normen des öffentlichen Rechts haben auch nicht etwa einen natürlichen Vorrang vor den ausländischen Schadensersatznormen[1270].

Für vergleichbare Sachverhalte ist zu konstatieren, dass selbst im Falle einer zu Unrecht „unangepassten" Entscheidung nicht automatisch von einer Abhilfe durch Anpassung über das Institut des *ordre public* ausgegangen werden kann. Das liegt zum einen daran, dass das Vorliegen einer (wenn auch in Gestalt einer durch richterliche Entscheidung gleichsam „verfestigten") Anpassungslage dogmatisch gerade nicht mit dem Zustand der Verletzung des *ordre public*

1267 JZ 1994, 258 (259); kritisch insoweit *Kubis*, ZEuP 1995, 846 (861).
1268 *Hess*, EWiR 1994, 51 (52).
1269 S.o. Kap. 2, C, III, 2, b) (S. 148).
1270 *Kubis*, ZEuP 1995, 846 (861).

gleichzusetzen ist[1271]. Des Weiteren scheint eine Abwehr der Widerspruchsergebnisse der Anpassung mit der Begründung der Verletzung der öffentlichen Ordnung weit in den Bereich der Nachprüfung der Entscheidung des Erstgerichts hineinzureichen und sich dadurch am Verbot der *révision au fond* (Art. 52 Brüssel Ia-VO) zu stoßen. Eine Verweigerung der Anerkennung oder Vollstreckung aus Gründen des *ordre public* bei ausländischen Anpassungsentscheidungen kann gleichwohl nicht grundsätzlich ausgeschlossen werden. Die Entscheidung über die Verletzung der öffentlichen Ordnung bleibt jedoch eine solche des Einzelfalls[1272].

III. Das Auseinanderfallen von Sach- und Prozessrecht

Bezüglich des Beispiels des Auskunftsanspruchs im Unterhaltsprozess aus dem gemäß Art. 15 EuUntVO i.V.m. Art. 3 HUP, 4 Abs. 1 HUntÜ berufenen japanischen Sachrecht, der nur aufgrund des Zusammentreffens mit dem nach der deutschen *lex fori* geltenden Beibringungsgrundsatz hätte versagt werden müssen[1273], ist das anwendbare japanische Sachrecht nach seiner Zielsetzung zu befragen. Maßgeblich ist, wie sich die durch das anwendbare Prozessrecht geschaffene Situation auf dessen Interessenlage auswirkt. Hier ergibt sich vergleichsweise eindeutig, dass die für die eigentlich vorzunehmende Versagung des Anspruchs tragenden Gründe (das Nichtbestehen eines entsprechenden Auskunftsanspruchs) aufgrund der entsprechenden Behandlung der zugrunde liegenden Frage im maßgeblichen Prozessrecht nicht zutreffen. Auch insoweit ist wieder ein Blick auf die Verarbeitung des zugrunde liegenden Ordnungsziels maßgeblich. Das vorzugswürdige Ergebnis einer Konstruktion eines Auskunftsanspruchs folgt aus der angepassten Anwendung des japanischen Sachrechts. Das Ergebnis wird auch durch die Zweckbestimmung der maßgeblichen Rechtsinstrumente gestützt, die eine effektive Durchsetzung von Unterhaltsansprüchen innerhalb der Europäischen Union gewährleisten sollen (Erwägungsgrund 45 EuUntVO).

1271 Zur Abgrenzung zwischen Anpassung und *ordre public* s.o. Kap. 1, A, I, 3, c) (S. 40).

1272 Abw. wohl MüKo/*Dutta*, Vor Art. 20 Rn. 61, der der Anpassungsentscheidung des zuerst angerufenen Richters Bindungswirkung verleihen will; allg. zum *ordre public* MüKo/*von Hein*, Art. 6 EGBGB Rn. 117 ff.; 138; vgl. zu einem verwandten Aspekt auch *Funken*, die in der Anerkennung ausländischer Rechtslagen ein Parallelproblem zur Anpassung sieht, Das Anerkennungsprinzip im IPR, S. 241 ff.

1273 Kap. 1, B, IV, 2, a) (S. 79).

F. Zusammenfassung

Die Lösung der Anpassungsfälle auf europäischer Ebene zeigt, dass in der Mehrzahl der Fälle auf sachrechtlicher Ebene Abhilfe geschaffen werden konnte. Lediglich im Rahmen des Normenmangels beim klassischen Fall der Nachlassbeteiligung des überlebenden Ehegatten scheinen kollisionsrechtliche Lösungen vorzugswürdig. Dieser Befund stimmt überein mit den auch für das europäische IPR gemachten Feststellungen zur Vorzugswürdigkeit eines Vorrangs der sachrechtlichen Anpassung.

Ferner ist deutlich geworden, dass die europäische Provenienz der Normen gerade im sensiblen Bereich des Widerspruchs zwischen Güter- und Erbstatut keine Strukturierung der Anpassungslösungen liefert, die die Einheitlichkeit der Rechtsanwendung und die Vorhersehbarkeit der Entscheidungen garantiert. Im Bereich des Widerspruchs aufgrund der gesonderten Vorfragenanknüpfung, der widersprechenden Kommorientenvermutungen und des einheitlich angeknüpften Auslandssachverhalts scheint sich allerdings regelmäßig abzuzeichnen, dass eine Störung in der Interessenlage des anwendbaren Sachrechts vorliegt und wie diese sachgerecht aufzulösen ist. Aufgrund der möglichen Vielgestaltigkeit von Anpassungslagen ist hieraus indes nicht zugleich abzuleiten, dass diese vergleichsweise große Klarheit in den genannten Fallgruppen in diesen Widerspruchssituationen regelmäßig zu finden ist.

Insgesamt können die sich aus der europäischen Herkunft der Kollisionsnormen ergebenden Besonderheiten keine klare Strukturierung der Anpassung bereitstellen, die dem Erfordernis der Rechtssicherheit in Gestalt der einheitlichen Rechtsanwendung hinreichend genügt. Dazu kommt, dass die erkannten Besonderheiten der Anpassung nicht mit ausreichender Sicherheit auch in anderen Mitgliedstaaten in gleicher Weise verstanden werden könnten. Diese Erkenntnisse veranlassen dazu, die Möglichkeit einer Normierung der Anpassung auf Ebene des Unionsrechts zu untersuchen.

Kapitel 9. Die Regelung der Anpassung auf EU-Ebene

A. Der „Allgemeine Teil" des europäischen IPR und die Stellung der Anpassung in ihm

Einen kodifizierten Allgemeinen Teil des europäischen IPR, der vor einem europäischen „Besonderen Teil" in Gestalt der Verordnungen für bestimmte Rechtsgebiete steht, gibt es nicht. Und wenn auch in nächster Zeit nicht mit der Verabschiedung eines derartigen Regelwerks zu rechnen ist, so hat die Zunahme an Kollisionsnormen europäischer Natur doch in jüngerer Zeit verstärkt zu Diskussionen um eine Kodifikation eines Allgemeinen Teils des europäischen IPR geführt[1274].

Dabei ist die Idee einer derartigen Bündelung nicht neu. Bereits im 20. Jahrhundert hat *Ernst Frankenstein* seinen 816 Artikel umfassenden *projet d'un code européen de droit international privé*[1275] vorgestellt. Auch das Europäische Parlament hat in seiner Stellungnahme vom 7. September 2010 Bezug auf die Möglichkeit einer Kodifikation genommen[1276].

1274 Vgl. insbes. *Bariatti/Pataut*, Codification et théorie générale du droit international privé, in: *Fallon/Lagarde/Poillot-Peruzzetto* (Hrsg.), Quelle architecture pour un code européen de droit international privé?, 337; *Eleavy Fiorini*, Qu'y a-t-il un nom? Un vrai code pour le droit international privé européen, ebd., 51; MüKo/*von Hein*, Art. 3 EGBGB Rn. 69 ff.; *Jayme*, Kodifikation und Allgemeiner Teil im IPR, in: *Leible/Unberath* (Hrsg.), Brauchen wir eine Rom 0-Verordnung?, 33; *Heinze*, Bausteine eines Allgemeinen Teils des europäischen Internationalen Privatrechts, FS Kropholler, 105; *Kieninger*, Das Europäische IPR vor der Kodifikation?, FS von Hoffmann, 184; *dies.*, IPRax 2017, 200; *Kreuzer*, Was gehört in den allgemeinen Teil des europäischen IPR?, in: *Jud/Rechberger/Reichelt* (Hrsg.), Kollisionsrecht in der Europäischen Union, 1; *Siehr*, Die Kodifikation des europäischen IPR: Hindernisse, Aufgaben und Lösungen, in: *Jud/Rechberger/Reichelt* (Hrsg.): Kollisionsrecht in der Europäischen Union, 77; *Looschelders*, Die allgemeinen Lehren des Internationalen Privatrechts im Rahmen der Europäischen Erbrechtsverordnung, FS Coester-Waltjen, 531; *Rühl/von Hein*, Towards a European Code of Private International Law?, RabelsZ 79 (2015), 701; *Sonnenberger*, Randbemerkungen zum Allgemeinen Teil eines europäisierten IPR, FS Kropholler, 227; *Wilke*, Brauchen wir eine Rom 0-Verordnung?, GPR 2012, 334.

1275 Bibliotheca Visseriana, XVI, 1950.

1276 Entschließung des Europäischen Parlaments vom 7. September 2010 zu der Umsetzung und Überprüfung der Verordnung (EG) Nr. 44/2001 des Rates über die gerichtliche Zuständigkeit und die Anerkennung und Vollstreckung von Entscheidungen in Zivil- und Handelssachen, P7_TA(2010)0304; obwohl die französischen Fassung von

Das Bedürfnis für eine kohärente Regelung gründet sich vor allem auf die Tatsache divergierender Antworten auf die gleichen Fragen, Wiederholungen mit leicht abweichenden Formulierungen und Lücken in der Behandlung bestimmter allgemeiner Fragen[1277]. Lücken zeigen sich nicht nur bezüglich der Allgemeinen Instrumente des IPR, sondern auch im Hinblick darauf, dass bestimmte Bereiche nicht oder nur teilweise vom europäischen IPR geregelt sind sowie mit Blick auf die vorrangige Anwendung internationaler Verträge[1278]. Auch das Verhältnis der verschiedenen Instrumente zueinander ist Gegenstand der Überlegungen[1279]. In vielen Bereichen erscheinen indes Hindernisse für eine solche Vereinheitlichung[1280]. Vor allem ist zu klären, welche Kompetenzgrundlage der Union für eine solche Kodifikation zu Verfügung stünde[1281] und welche Institute in ihr zu finden sein sollten[1282]. Eine weitere Schwierigkeit ergibt sich hinsichtlich der inhaltlichen Ausgestaltung, weil viele Normen eines Allgemeinen Teils in verschiedenen Sachgebieten unterschiedlich geregelt werden[1283].

Tätig werden kann die Europäische Union mit Blick auf die Schaffung von Unionsrecht nur aufgrund einer ausdrücklichen Kompetenz. Dabei sind ihr Schranken wie die der Subsidiarität aus Art. 5 Abs. 3 EUV und der Verhältnismäßigkeit gesetzt[1284]. Ferner ist zu beachten, dass eine Verordnung zum

---

„codification générale" spricht, ist angesichts der englischen („comprehensive codification") und der deutschen Version („umfassende Kodifizierung") dies jedoch wohl keine Bezugnahme speziell auf einen Allgemeinen Teil im hier verstandenen Sinne.

1277 *Eleavy Fiorini*, in: *Fallon/Lagarde/Poillot-Peruzzeto* (Hrsg.), Quelle architecture pour un code européen de droit international prive?, 27 (30); *Heiss/Kaufmann-Mohi*, in: *Leible/Unberath* (Hrsg.), Brauchen wir eine Rom 0-Verordnung?, 183 (184); *Matthias Weller*, in: *ders.* (Hrsg.), Europäisches Kollisionsrecht, 124; *Wilke*, GPR 2012, 334; *ders.*, in: *Leible/Unberath* (Hrsg.), Brauchen wir eine Rom 0-Verordnung?, 23 (24).

1278 *Rühl/von Hein*, RabelsZ 79 (2015), 701 (713 ff.).

1279 Vgl. den Beschluss des Europäischen Parlaments vom 7. September 2010 (P7_TA(2010)0304), Punkt 1.

1280 Vgl. allgemein zu den Herausforderungen insbesondere *Wagner*, in: *Leible/Unberath*, Brauchen wir eine Rom 0-Verordnung?, 51 ff.

1281 MüKo/*von Hein*, Art. 3 EGBGB Rn. 73; *Reimann*, Creighton L. Rev. 49 (2016), 507 (520); *Rühl/von Hein*, RabelsZ 79 (2015), 701 (732 ff.).

1282 Vgl. dazu insbesondere *Kreuzer*, in: *Jud/Rechberger/Reichelt* (Hrsg.), Kollisionsrecht in der EU, 1 ff.

1283 MüKo/*von Hein*, Art. 3 EGBGB Rn. 72.

1284 MüKo/*von Hein*, Art. 3 EGBGB Rn. 43; *Matthias Weller*, in: *ders.* (Hrsg.), Europäisches Kollisionsrecht, 51 f.; *Sonnenberger*, IPRax 2011, 325 (326).

Allgemeinen Teil diejenigen Verordnungen des „Besonderen Teils“ betreffen würde, die im Rahmen des besonderen Gesetzgebungsverfahrens gemäß Art. 81 Abs. 3 AEUV ergangen sind. Daher könnte für eine „Rom 0-Verordnung“ ebenfalls die Einhaltung dieses Gesetzgebungsverfahren erforderlich sein[1285].

Zu den Fragen, die für sämtliche europäische Kollisionsnormen allgemein bedeutsam sind, zählen neben der Anpassung die Qualifikation, die Vorfrage[1286], die Problematik von Mehrrechtsstaaten, die Rück- und Weiterverweisung, die Substitution und der *ordre public*[1287]. Die Anpassung wird, wie auch im autonomen IPR der Regelfall, zumeist aus der Reihe der kodifizierbaren, beziehungsweise kodifizierungswürdigen Institute ausgeschlossen[1288]. Die Anpassung weist die Besonderheit auf, dass sie das IPR und das IZVR in gleichem Ausmaß betrifft. Wenn demnach erwogen wird, ob ein allgemeines Regelwerk etwa nur auf Rechtswahl- oder nur auf internationalprozessrechtliche Aspekte bezogen wird[1289], sollte dieser Sondercharakter der Anpassung berücksichtigt werden.

Festzustellen ist jedenfalls, dass es im Rahmen der europäischen Gesetzgebung schwierig werden wird, sich allein auf Fragen der Qualifikation oder der Vorfrage zu einigen[1290]. Die Anpassung als Institut, das kaum irgendwo Beachtung durch Kodifizierung erfahren hat, mag damit eine umso größere Herausforderung darstellen. Dazu tritt der Umstand, dass die Anpassung mitunter gleichsam als Produkt der deutschen Lehre verstanden wird[1291] und die ihr zugrunde liegenden Problemfälle besonders anfällig für freie Entscheidungsfindungen oder Rückgriffe auf andere Instrumente wie den *ordre public*[1292] sind. Auch dieser Befund bestärkt die Schlussfolgerung, dass eine Einigung auf die

---

1285 *Wagner*, in: *Leible/Unberath*, Brauchen wir eine Rom 0-Verordnung?, 51 (67).

1286 Dazu auf Ebene des europäischen IPR insbesondere *Bernitt*, Die Anknüpfung von Vorfragen im europäischen Kollisionsrecht, 2012.

1287 Vgl. *Heinze*, FS Kropholler, 105 (107); zu den jeweiligen Einzelaspekten vgl. allgemein *Leible/Unberath* (Hrsg.), Brauchen wir eine Rom 0-Verordnung?, Überlegungen zu einem Allgemeinen Teil des europäischen IPR (2013).

1288 *Jayme*, in: *Leible/Unberath* (Hrsg.), Brauchen wir eine Rom 0-Verordnung?, 33 (44): „verfrüht“; *Kreuzer*, in: *Jud/Rechberger/Reichelt* (Hrsg.), Kollisionsrecht in der EU, 1 (4); *Trüten*, Die Entwicklung des IPR in der EU, 665; *Wilke*, GPR 2012, 334 (338).

1289 Dazu vgl. *Rühl/von Hein*, RabelsZ 79 (2015), 701 (725).

1290 *Wagner*, in: *Leible/Unberath* (Hrsg.), Brauchen wir eine Rom 0-Verordnung?, 51 (78).

1291 *Rigaux*, La théorie des qualifications, S. 383 Nr. 259.

1292 Vgl. die Entscheidung des LG Aurich, Beschl. v. 1.12.1975 – 3a T 35/75: Unveröffentlicht, IPRspr. 1975, Nr. 95; *Lewald*, Règles générales, S. 145.

Grundsätze der Anpassung im Rahmen eines europäischen Gesetzgebungsverfahrens mit besonderen Schwierigkeiten behaftet wäre.

B. Regelungen zur Anpassung im europäischen Kollisionsrecht

Zur Thematik der Anpassung bestehen auf europäischer Ebene vereinzelt Regelungen. Im Folgenden werden diese vor allem hinsichtlich der Frage untersucht, ob sich ihnen Hinweise auf das Verständnis der Anpassung aufseiten des europäischen Gesetzgebers entnehmen lassen.

I. Die Erwägungsgründe 12 und 17 der EuErbVO bzw. der Erwägungsgrund 26 der EuGÜVO und EuPartVO

Zunächst ist auf die bereits relevant gewordenen Erwägungsgründe 12 und 17 der Europäischen Erbverordnung hinzuweisen. Hinsichtlich des Erwägungsgrunds 12 hat sich herausgestellt, dass er für eine Lösung des klassischen „Witwenfalls" keine konkreten Maßgaben bereithält[1293]. Erwägungsgrund 17 EuErbVO beziehungsweise Erwägungsgrund 26 EuGüVO/EuPartVO behandeln (deklaratorisch) die allgemeine Möglichkeit von Anpassungen über die Vorschrift des Art. 31 EuErbVO beziehungsweise Art. 29 EuGüVO/EuPartVO hinaus. Diese Aussage steht in Übereinstimmung mit der hier vertretenen Auffassung, dass sich die Erforderlichkeit der Anpassung aus dem Konzept des Kollisionsrechts an sich ergibt und keiner konstitutiven Normierung bedarf. Die Erwägungsgründe 17 EuErbVO und 26 EuGüVO/EuPartVO stellen lediglich klar, dass andere Anpassungsfälle als der von Art. 31 EuErbVO beziehungsweise Art. 29 EuGüVO/EuPartVO[1294] angesprochene auftreten können und gegebenenfalls auf andere Weise gelöst werden müssen. Allgemeine Maßgaben für die Anpassung lassen sich indes beiden Erwägungsgründen nicht entnehmen. Immerhin ist festzuhalten, dass der europäische Gesetzgeber sich der Problematik insbesondere innerhalb des Anwendungsbereichs der Europäischen Erbverordnung bewusst zu sein scheint[1295].

1293 Vgl. oben. Kap. 6, B, II, 2 (S. 238).

1294 Zur Qualität dieser „Anpassungsvorschriften" sogleich Kap. 9, B, III (S. 300).

1295 Die Bedeutung des Internationalen Erbrechts für das Anpassungsproblem hebt auch *Dörner* hervor, in: Staudinger, Art. 25 EGBGB Rn. 746 (zum autonomen IPR); vgl. auch *Dannemann*, in: *Leible* (Hrsg.), General Principles of EU PIL, 331 (336).

II. Art. 29 Abs. 2 UAbs. 2 EuErbVO

Art. 29 Abs. 2 UAbs. 2 EuErbVO ermöglicht es dem Gericht, die Geltung der *lex fori* hinsichtlich ergänzender Befugnisse des Nachlassverwalters anzuordnen, wenn das berufene Erbstatut zur Erhaltung des Nachlassvermögens oder angesichts der Rechte der Nachlassgläubiger keine angemessenen Maßnahmen bereithält. Die Vorschrift betrifft eine Anpassungslage in Gestalt des einheitlich angeknüpften Auslandssachverhalts in der Variante des Auseinanderfallens von Sach- und Prozessrecht (vgl. Art. 29 Abs. 1 S. 1 EuErbVO[1296]).

Die Vorschrift regelt etwa den Fall, dass das berufene Erbstatut eine bestimmte Nachlassverwaltung nicht kennt[1297], diese aber hinsichtlich der Verteilung des Nachlassvermögens für die Interessen der Nachlassgläubiger von wesentlicher Bedeutung ist. Hat die Bildung des Nachlassvermögens sich anhand der Vorschriften eines anderen Sachrechts vollzogen, so kann das grundsätzlich allein maßgebliche fremde Erbstatut eine wesentliche Interessenstörung aufweisen. Denn die Nichtregelung der Interessen der Nachlassgläubiger in diesem anwendbaren Recht kann gegebenenfalls nicht so verstanden werden, dass sie auch nicht erfolgen soll. Vielmehr wurde sie unter Umständen für eine wesentlich andere Sachlage konzipiert. Die Nichtregelung könnte dazu führen, dass die Interessen der Nachlassgläubiger allein aufgrund des Auslandsbezugs übergangen werden[1298], ohne dass dafür ein rechtfertigender Grund vorliegt. Das Gericht kann anordnen, dass für bestimmte Befugnisse das Recht der *lex fori* maßgeblich ist. Da hierdurch Regelungen in den Sachverhalt importiert werden, findet durch diese Anordnung der Geltung der *lex fori* durch das Gericht eine neue Anknüpfung statt. Darin liegt eine kollisionsrechtliche Lösung des Problems[1299], deren Vornahme in das Ermessen des Gerichts gestellt ist. Dem Gericht ist nur die Anordnung seiner „eigenen" Maßnahmen gestattet (zu den Maßnahmen vgl. Erwägungsgrund 44 S. 4 EuErbVO).

Das Beispiel zeigt, dass dem europäischen Gesetzgeber die Problematik des Nebeneinanders verschiedener Sachrechte auf eine bestimmte Rechtsfrage bewusst ist. Im von der Norm behandelten Fall sollen die übrigen Sachverhaltselemente durch das berufene Erbstatut beurteilt werden (vgl. Erwägungsgrund 44 S. 5–7 EuErbVO). An dieser Anordnung zeigt sich das Bestreben, den Verweisungsbefehl der Erbrechtskollisionsnorm möglichst geringfügig

---

1296 Vgl. auch MüKo/*Dutta*, Art. 29 EuErbVO Rn. 4.

1297 MüKo/*Dutta*, Vor Art. 20 EuErbVO Rn. 32.

1298 Vgl. *Looschelders*, in: *Hüßtege/Mansel* (Hrsg.), NK-BGB, Art. 30 EuErbVO Rn. 11.

1299 MüKo/*Dutta*, Vor Art. 20 EuErbVO Rn. 32; Art. 29 EuErbVO Rn. 14.

abzuwandeln. Dies steht im Einklang mit den bisher gefundenen Erkenntnissen, dass der Verweisungsbefehl der maßgebliche Ausgangspunkt für die Lösung des Anpassungsproblems ist.

III. Art. 31 EuErbVO und Art. 29 EuGüVO/EuPartVO – Anpassung dinglicher Rechte

Der Wortlaut von Art. 31 EuErbVO beziehungsweise Art. 29 EuGüVO/ EuPartVO legt nahe, dass die Vorschrift das Anpassungsproblem regelt[1300]: Die Normen behandeln die Anpassung dinglicher Rechte an das am „ehesten vergleichbare Recht" eines anderen Mitgliedstaats.

Ein Anpassungsvorgang im hier verstandenen Sinne ist mit dieser Regelung jedoch nicht angesprochen. Betroffen ist die Fallgestaltung, in der ein nach dem Erbrecht eines Staates begründetes dingliches Recht in einem anderen Staat verwirklicht werden soll, das diesem aber unbekannt ist. Zum Schutz des *numerus clausus* dieses Staates wird angeordnet, dass ein vergleichbares Recht aus der Rechtsordnung Anwendung finden soll, in deren Rahmen dieses Recht geltend gemacht wird. Es handelt sich daher um den Sachverhalt, der der so genannten qualitativen Normdiskrepanz zugrunde liegt[1301]. Eine Interessenstörung im Rahmen des anwendbaren Sachrechts liegt jedoch insoweit nicht vor. Die Störung besteht vielmehr hinsichtlich der Grundsätze einer nicht anwendbaren Rechtsordnung. Die Verwirklichung eines Rechts, das einer anderen Rechtsordnung unbekannt ist, erfolgt im Wege der Transposition. Dabei werden nicht Normen modifiziert, sondern es wird ein Rechtsinstitut in die Sprache einer fremden Rechtsordnung gleichsam übersetzt[1302]. Art. 31 EuErbVO und Art. 29 EuGüVO/ EuPartVO stellen auf die Ziele, Interessen und Wirkungen des betreffenden Rechts ab. Dies sind Erwägungen sind, die für das Auffinden derjenigen Normen gelten, durch die das unbekannte Institut bestmöglich zur Geltung gebracht wird. Somit ist ersichtlich, dass die europäische Vorschrift die Transposition zum

---

1300 Von Anpassung sprechen (hinsichtlich der EuErbVO) auch MüKo/*Dutta*, Vor Art. 20 EuErbVO Rn. 32, Art. 31 EuErbVO Rn. 12 (sachrechtliche Anpassung); *Lagarde*, in: *Bergquist* (u.a. Hrsg.), EU-Erbrechtsverordnung, Art. 31 Rn. 2 f.: „Angleichung" bzw. „Anpassung"; *E. Nikolaou*, in: *Pamboukis* (Hrsg.) EU Succession Regulation, Art. 31 Rn. 20: „adaptation".

1301 Vgl. zu dieser Fallgruppe oben Kap. 1, B, III (S. 74).

1302 Zur Abgrenzung der Anpassung von der Transposition s.o. Kap. 1, A, I, 3, b) (S. 38 ff.).

Gegenstand hat[1303]. Den Vorschriften lassen sich daher keine Anhaltspunkte für die Anpassung im europäischen IPR entnehmen.

Mit Blick auf einen der Hauptanwendungsfälle der Transposition, die Umwandlung des Vindikationslegats in ein Damnationslegat, ist das Urteil des Europäischen Gerichtshofs in *Kubicka* zu beachten[1304]. Der EuGH hat in dieser Sache bestimmt, dass ein unter dem polnischen Erbstatut angeordnetes Vindikationslegat in der deutschen *lex rei sitae* dingliche Wirkung entfaltet. Die Vorschrift des Art. 31 EuErbVO hat der EuGH insoweit für nicht anwendbar erklärt. Da das Recht, in dem das Vindikationslegat verwirklicht werden soll, das Eigentum kenne, sei keine Anpassung vorzunehmen[1305]. Ob diese Rechtsprechung sich verallgemeinern und auf weitere dingliche Rechte erstrecken lässt, wird angesichts der Komplexität des Zusammenspiels von Sachen- und Erbstatut wohl abzuwarten sein. Ein Übertrag dieser Rechtsprechung auf die Fälle der Anordnung etwa eines *Trusts* durch den Erblasser dürfte aber nicht sinnvoll sein, da der *Trust* ein Recht darstellt, das dem deutschen Sachenrecht an sich unbekannt ist[1306]. Mit Blick auf den *Trust* bestimmt Art. 1 Abs. 2 lit. j EuErbVO, dass seine Errichtung, Funktionsweise und Auflösung nicht in den Anwendungsbereich der Verordnung fallen. Dieser Ausschluss erfasst allerdings nicht das Zustandekommen des *Trusts* im Wege der Rechtsnachfolge von Todes wegen[1307]. Betrifft der *Trust* dementsprechend Nachlassgegenstände im Inland, so ist wohl eine Transposition des Instituts entsprechend seinem Sinn und Zweck vorzunehmen[1308]. Anderes könnte dieser Überlegung entsprechend für

---

1303 So auch *Dannemann*, in: *Leible* (Hrsg.), General Principles of EU PIL, 331 (335); MüKo/*von Hein*, Einl. IPR Rn. 251; *Looschelders*, FS Coester-Waltjen, 531 (540); *ders.*, in: *Hüßtege/Mansel* (Hrsg.), NK-BGB, Art. 31 Rn. 2; *ders.*, in: *Basedow* (u.a. Hrsg.), Encyclopedia of Private International Law, 10; Erman/*Hohloch*, Art. 31 EuErbVO Rn. 1; *Schwartze*, in: *Deixler-Hübner/Schauer* (Hrsg.), EuErbVO-Kommentar, Art. 31 Rn. 1; *Köhler*, in: *Gierl/Köhler/Kroiß/Wilsch* (Hrsg.), Internationales Erbrecht, Rn. 154;; *Matthias Weller*, in: *ders.* (Hrsg.), Europäisches Kollisionsrecht, S. 81; a.A. wohl *Jayme*, in: *Leible/Unberath* (Hrsg.), Brauchen wir eine Rom 0-Verordnung?, 33 (35, 44), der zu einer Substitution tendiert und Staudinger/*Mansel*, Art. 43 EGBGB Rn. 173, 245 f., der von einer „Einpassung" im Sinne der Hinnahmetheorie ausgeht; dazu schon oben Kap. 1, A, I, 3, b) (S. 38).

1304 EuGH, Urt. v. 12.10.2017 – C-218/16 – *Kubicka*, NJW 2017, 3767; vgl. dazu schon oben Kap. 1, B, III, 2 (S. 75).

1305 EuGH, Urt. v. 12.10.2017 – C-218/16 – *Kubicka*, NJW 2017, 3767, Rn. 49.

1306 So auch *Gössl*, RabelsZ 2018, V 1.

1307 *Looschelders*, in: *Hüßtege/Mansel* (Hrsg.), NK-BGB, Art. 31 EuErbVO Rn. 15.

1308 *Looschelders*, in: *Hüßtege/Mansel* (Hrsg.), NK-BGB, Art. 31 EuErbVO Rn. 15.

die Anordnung eines Nießbrauchs am gesamten Nachlass[1309] gelten, da der Nießbrauch als solcher ein dem deutschen Sachenrecht bekanntes Recht ist.

IV. Art. 32 EuErbVO – Kommorienten

Die Vorschrift zur Kommorientenproblematik wurde bereits untersucht[1310]. Insofern hat sich gezeigt, dass die europäische Regelung eine sachrechtliche Lösung des Problems unterschiedlicher Kommorientenvermutungen vorsieht. Es hat sich auch als vorzugswürdig erwiesen, die Kommorientenvermutung nicht erbrechtlich zu qualifizieren. Vielmehr kann sie innerhalb des anwendbaren Erbstatuts als Vorfrage angeknüpft werden. Aus deutscher Sicht kommt es somit auf die Personalstatute der Verstorbenen an, Art. 9 EGBGB.

V. Art. 33 EuErbVO – Erbenloser Nachlass

Art. 33 EuErbVO bezieht sich auf den Fall, dass das Erbstatut von der *lex rei sitae* hinsichtlich der Behandlung erbenloser Nachlässe abweicht. Es bestimmt für die aus dem Aufeinandertreffen der beiden Statute entsprechend entstehenden Widerspruchsfälle den Vorrang des öffentlich-rechtlichen Aneignungsstatuts des Rechts des Belegenheitsstaats gegenüber einem etwaigen Okkupationsprinzip des Erbstatuts. Der sonst drohende anpassungsbedürftige Widerspruch zwischen beiden Statuten erfährt eine kollisionsrechtliche Abhilfe[1311] in Gestalt der Bevorzugung des Belegenheitsstatuts in Bezug auf das unbewegliche Vermögen.

Die Regelung bezieht sich auf den positiven Kompetenzkonflikt des Zusammentreffens von Fiskuserbrecht und Aneignungsrecht[1312]. Sie erfasst nicht solche Arten des Normenmangels, die darauf zurückzuführen sind, dass sich der betreffende Nachlassgegenstand in einem Staat mit Fiskuserbrecht befindet, die Rechtsnachfolge von Todes wegen jedoch einem Recht unterliegt, das dem Staat ein Aneignungsrecht gewährt[1313].

1309 Vgl. Rauscher/*Hertel*, EuZPR/EuIPR, Art. 31 EuErbVO Rn. 2 f.

1310 S.o. Kap. 8, C (S. 284 ff.).

1311 *Köhler*, in: *Gierl/Köhler/Kroiß/Wilsch* (Hrsg.), Internationales Erbrecht, Rn. 149; vgl. zu der Norm auch MüKo/*Dutta*, Art. 20 EuErbVO Rn. 32, Art. 33 Rn. 4.

1312 Rauscher/*Hertel*, EuZPR/EuIPR, Art. 33 EuErbVO Rn. 3.

1313 MüKo/*Dutta*, Art. 33 EuErbVO Rn. 9; *ders.* FamRZ 2013, 4 (12).

VI. Art. 54 Brüssel Ia-Verordnung

Von „Anpassung" ist schließlich auch im Rahmen der europäischen Regeln zur Internationalen Zuständigkeit die Rede[1314]. Art. 54 Abs. 1 Brüssel Ia-Verordnung ordnet an, dass Maßnahmen oder Anordnungen in einer Entscheidung, die dem Recht des Mitgliedstaats unbekannt sind, in dem die Anerkennung oder Vollstreckung begehrt wird, an eine in diesem Recht bekannte Maßnahme oder Anordnung anzupassen sind. Diese Maßnahmen oder Anordnungen müssen mit vergleichbaren Wirkungen verbunden sein und ähnliche Ziele und Interessen verfolgen (Art. 54 S. 2 Brüssel Ia-VO, vgl. auch Erwägungsgrund 28 Brüssel Ia-VO).

Die Vorschrift spricht von Konstellationen, die nach hier erarbeiteter Konzeption die Figur der Transposition betreffen[1315]: Die von der Vorschrift angesprochenen Maßnahmen oder Anordnungen sind fremd innerhalb des Mitgliedstaates, der für die Anerkennung und Vollstreckbarerklärung zuständig ist. Daher ist eine Übersetzung erforderlich. Eine solche „Anpassung" ist entsprechend der Gesetzesbegründung von dem jeweils zuständigen Vollstreckungsorgan vorzunehmen[1316]. Aufgrund der mit dieser Transposition verbundenen Schwierigkeiten erscheint es indes sinnvoll, nicht den eigentlich berufenen Rechtspfleger beziehungsweise Gerichtsvollzieher, sondern mittels einer Vorlage (§ 5 Abs. 2 RPflG bzw. § 41 Abs. 4 GVGA) den Richter mit dieser Aufgabe zu betrauen[1317]. Art. 54 Abs. 1 Brüssel Ia-Verordnung kann mithin im Zusammenhang mit Art. 31 EuErbVO gesehen werden, der ebenfalls die Transposition behandelt. In der Praxis betrifft die Vorschrift des Art. 54 Brüssel Ia-VO etwa die Umsetzung eines in Deutschland gemäß § 890 ZPO festgesetzten Ordnungsgelds, das in einem Staat eingetrieben werden soll, der eine derartige Ausgestaltung nicht kennt[1318]. Von ihrem Anwendungsbereich erfasst ist allerdings auch die Durchsetzung von Nebenforderungen, die im Titel des Ursprungsmitgliedstaats oft nur abstrakt festgelegt werden[1319].

1314 Eine Anpassung im kollisionsrechtlichen Sinne nehmen auch Dickinson/Lein/*Fitchen*, Brussels I, Rn. 13.482 und Magnus/Mankowski/*Kramer*, Brussels I, Art. 54 Rn. 4 an.

1315 MüKo/*von Hein*, Einl. IPR Rn. 251; Thomas/Putzo/*Hüßtege*, ZPO, Art. 54 Rn. 2.

1316 BT-Drs. 18/823, 22.

1317 *von Hein*, FS Geimer, 245 (248).

1318 *von Hein*, FS Geimer, 245 (250).

1319 MüKo ZPO/*Gottwald*, Art. 54 Brüssel Ia-VO Rn. 1.

VII. Zusammenfassung und Stellungnahme

Die Untersuchung der auf europäischer Ebene bestehenden Aussagen zur Anpassung hat gezeigt, dass die Problematik der Widersprüche zwischen anwendbaren Rechtsordnungen vom europäischen Gesetzgeber als bedeutsam erkannt wurde. Zumeist sind zwar Transpositionsprobleme angesprochen – da diese aber wie die Anpassung zur *Lewald*'schen Dreiteilung von Adaptation, Substitution und Transposition gehören, lässt sich eine gewisse Aufmerksamkeit bezüglich derartiger Problemlagen konstatieren. Außerdem ist die Absicht erkennbar, den „Eingriff" in den Verweisungsbefehl durch die Modifikation im Rahmen der Anpassung möglichst gering zu halten. Für die Strukturierung einer Anpassungsregelung auf Ebene des europäischen IPR können daher in Verbindung mit den oben erarbeiteten Grundsätzen[1320] die folgenden Beobachtungen gemacht werden.

C. Anpassungsregelung

I. Mitgliedstaatliche Gerichte und (europäische) Anpassung

Der Bedarf für eine Regelung der Anpassung im europäischen Kollisionsrecht bestimmt sich hauptsächlich danach, wie sich die Situation ohne Regelung mit Blick auf den Rechtsschutz innerhalb der Europäischen Union darstellen würde. Ließe sich feststellen, dass die europäische Anpassung durch die Gerichte zu angemessenen Ergebnissen führt, wäre eine allgemeine Regelung wohl nicht erforderlich[1321]. Zu Anpassungsfällen im europäischen IPR scheinen indes bis jetzt kaum Gerichtsentscheidungen ergangen zu sein. In einer Entscheidung des Bundesgerichtshofs zur Anwendung von Art. 17 Rom I-VO konnte die Bedeutung der europäischen Anpassung veranschaulicht werden, obgleich der Sachverhalt keine anpassende Korrektur erforderlich machte, sondern mit den Mitteln der autonomen Qualifikation sachgerecht beurteilt werden konnte[1322].

1320 Kap. 7 (S. 257 ff.).

1321 Vgl. insoweit zum Institut der Qualifikation auf europäischer Ebene *Heiss/Kaufmann-Mohi*, in: *Leible/Unberath* (Hrsg.), Brauchen wir eine Rom 0-Verordnung?, 181 (194); zur französischen Rechtsprechung, die im Rahmen des autonomen IPR wohl meist zu angemessenen Ergebnissen gekommen ist, äußern sich *Audit/d'Avout*, D.i.p., Nr. 311: „la jurisprudence a résolu ces difficultés de manière empirique, sans paraître les identifier.".

1322 Vgl. oben. Kap. 3, A, II, 3 (S. 160 ff.).

Insgesamt lassen sich keine Erkenntnisse für die Erforderlichkeit einer Anpassungsregelung ableiten.

Für den Regelungsbedarf ist ebenfalls maßgeblich, ob die Verständnisse der Anpassung in den Mitgliedstaaten derart differieren, dass eine Vereinheitlichung der Regel zur einheitlichen Anwendung der besonderen Kollisionsnormen erforderlich ist[1323]. Im Rahmen der Untersuchung der Anpassung im autonomen IPR hat sich gezeigt, dass das Institut jedenfalls in mehreren anderen kontinentaleuropäischen Mitgliedstaaten bekannt ist[1324].

Darüber hinaus zeigt die Behandlung der Anpassung in der ausländischen Rechtsprechung und Lehre kein einheitliches Bild[1325]. Zur Lösung des Problems werden mitunter Rückgriffe auf den *ordre public*[1326] oder die *lex fori* erwogen[1327], die nach hiesiger Konzeption dogmatisch nicht sachgerecht erscheinen beziehungsweise nur als *ultima ratio* zu prüfen sind. Teilweise wird das Anpassungsproblem dem Bereich der Qualifikation zugeordnet[1328]. Nicht einheitlich wird zudem das Verhältnis der verschiedenen Lösungsansätze beurteilt[1329]. Grundsätzlich scheinen aber sowohl kollisionsrechtliche Lösungen als auch Abhilfen auf Ebene des Sachrechts anerkannt zu sein[1330]. Die Ausgangssituation eines Nebeneinanders von *lex fori* und *ordre public* sowie der Handhabung der Anpassung als Qualifikationsproblem und der grundsätzlichen Uneinheitlichkeit

---

1323 Allgemein zum Kodifikationsbedarf auf europäischer Ebene *Kreuzer*, in: *Jud/Rechberger/Reichelt* (Hrsg.), Kollisionsrecht in der Europäischen Union 1 (5).

1324 S. etwa die Nachweise in Kap. 1, A, I (S. 31 ff.).

1325 *Bogdan*, in: *Fallon/Lagarde/Poillot-Peruzzetto* (Hrsg.), Quelle architecture pour un code européen de droit international privé?, 253 (254) (allg. zu den Instrumenten des IPR AT); *Looschelders*, IPRax 2016, 349 (352); vgl. allg. zur Handhabung der Anpassung in anderen Staaten *ders.*, Anpassung, S. 23 ff., 44 ff.

1326 *Audit/d'Avout*, D.i.p., Nr. 324 (zur französischen Rechtsprechung); *Wigny*, Rev. crit. dr. int. pr. 1936, 392 (425 f.).

1327 Vgl. *Looschelders*, Anpassung, S. 45, 49 f., 52, 59; vgl. ferner bspw. *Vitta*, Corso di dirrito internazionale privato e processuale, S. 167.

1328 *Rigaux*, La théorie des qualifications, S. 383 Nr. 259 (mit Einschränkungen, ebd. Nr. 260): *ders.*, D.i.p. I, S. 322 f.; *Maury*, Rec. des cours 1936-III, 325 (486 ff.); *Wigny*, Rev. crit. dr. int. pr. 1936, 392 (423 ff.).

1329 Vgl. *Looschelders*, Anpassung, S. 46, 59.

1330 *Aguilar Navarro*, D.i.p., I-II, S. 254; *Batiffol*, Rec. des cours 1967-I, 165 (178); *Batiffol/Lagarde*, D.i.p. I, Nr. 270 a.E.; *Fernándes Rozas/Sánches Lorenzo*, D.i.p., S. 143 Nr. 115; *Schwimann*, IPR, S. 48; *Verschraegen*, IPR, S. 254; *Vitta*, Corso di diritto internazionale privato e processuale, S. 168 f.; dahingehend zur niederländischen Lehre auch *Offerhaus*, ZfRV 1964, 65 (73).

hinsichtlich der Beziehung verschiedener Lösungen spricht für die Strukturierung der Anpassung auf Ebene des europäischen IPR.

Eine Regelung zur Anpassung könnte es Gerichten erleichtern, Anpassungsfälle überhaupt zu identifizieren, indem die Kontur des Instituts möglichst klar nachgezogen wird[1331]. Ferner könnten so auch Rückgriffe auf dogmatisch insoweit wenig sachgerechte Instrumente wie den *ordre public* vermieden werden. Die Gefahr eines vorschnellen Rekurrierens auf die *lex fori* würde damit ebenfalls verringert. Zwar wurde festgestellt, dass sich gewisse Strukturen für die Anpassung auf kollisions- und sachrechtlicher Ebene aus der Natur des europäischen IPR ergeben[1332]. Es ist aber zu bezweifeln, ob dies zur Folge hat, dass die Rechtsanwender der Mitgliedstaaten von der gleichen, durch die Normherkunft bedingten Strukturierung der Anpassungslösungen ausgehen. Vielmehr ist zu erwarten, dass das Erfordernis modifizierender Eingriffe in Sach- oder Kollisionsrecht unterschiedlich weit verstandene Korrekturen zur Folge hat.

Dazu tritt der Umstand, dass die Anpassungsproblematik in weiten Teilen durch das Rechtsverständnis der deutschen Lehre geprägt ist[1333]. Angesichts dieser Tatsache ist nicht zwingend davon auszugehen, dass die europäische Provenienz der Normen die Rechtsanwender anderer Mitgliedstaaten zu gleichen Modifikationen veranlassen. Wie sich bei der Lösung der Anpassungsfälle gezeigt hat, sind die Auswirkungen der Rechtsnatur der Kollisionsnormen außerdem ohnehin sehr gering. Bedenkt man schließlich, dass Stimmen aus dem *Common Law* das Anpassungsproblem mitunter als „*false conflict*" bezeichnen[1334], lässt sich insoweit ebenfalls ein Bedürfnis für eine Vereinheitlichung erkennen: Die grundlegend verschiedene Auffassung des Anpassungsproblems könnte sich als Gefahr für den internationalen Entscheidungseinklang erweisen.

Vor diesem Hintergrund ist davon auszugehen, dass das Verständnis der Anpassung von einer grundsätzlichen Strukturierung profitieren könnte. Durch eine solche kann auf eine möglichst einheitliche Beurteilung der häufig als unbillig empfundenen Ergebnisse hingewirkt werden.

1331 So auch *Matthias Weller*, in: *ders.* (Hrsg.), Europäisches Kollisionsrecht, S. 82.

1332 S.o. Kap. 7, B (S. 258 ff.).

1333 *Aguilar Navarro*, D.i.p., I-II, S. 255 („origen netamente germánico"); *Bureau/Muir Watt*, D.i.p., S. 205; *Ochoa Muños*, in: FS Rouvier, 433 (437); *Rigaux*, La théorie des qualifications, S. 383 Nr. 259.

1334 Dazu oben Kap. 2, V (S. 114 ff.).

II. Die Regelung der Anpassung auf europäischer Ebene

1. Die Kompetenzgrundlage

a) Problem

Für die Schaffung einer „Rom 0-Verordnung" hat sich die Frage nach der passenden Kompetenzgrundlage hinsichtlich der Maßgeblichkeit des besonderen Gesetzgebungsverfahrens gemäß Art. 82 Abs. 3 UAbs. 1 AEUV gestellt. Dieser Aspekt gilt auch und besonders für die Anpassung, die gerade im Bereich der Widersprüche zwischen Erb- und Güterstatut einen prominenten Anwendungsfall hat.

Eine Regelung speziell zur Anpassung wirft darüber hinaus aber noch andere kompetenzrechtliche Bedenken auf. Konkret ist fraglich, ob für eine Anpassungsregelung auf EU-Ebene die Kompetenzgrundlage des Art. 81 Abs. 2 lit. c AEUV herangezogen werden kann, die (lediglich) zur Schaffung von Kollisionsrecht ermächtigt[1335]. Da die materiellrechtliche Anpassung die modifizierte Anwendung des Sachrechts zum Gegenstand hat, könnte eine diesbezügliche Regelung unzulässig sein. Auch die Rechtsprechung des EuGH in der Rechtssache *Nikiforidis* ist insoweit zu beachten: Der Gerichtshof hat mit Blick auf Art. 9 Abs. 3 Rom I-VO entschieden, dass nur die Eingriffsnormen des Staates des angerufenen Gerichts oder des Erfüllungsorts angewendet werden dürfen und verwies insoweit auf den kollisionsrechtlichen Charakter der Verordnung[1336].

b) Kollisions- und Sachrechtsebene

Für die Möglichkeit der Berufung auf Art. 81 Abs. 2 lit. c AEUV zur Schaffung einer Norm über die sachrechtliche Anpassung spricht allerdings zunächst, dass eine scharfe Abgrenzung der kollisionsrechtlichen von der sachrechtlichen Ebene kaum möglich ist. Wie bereits festgestellt, ist gerade die Anpassung außerdem ein Institut, das beide Rechtsanwendungsebenen in annähernd gleichem Ausmaß betrifft[1337]. Das zugrunde liegende Problem des Normwiderspruchs lässt sich jedenfalls nicht eindeutig einer der beiden Ebenen zuordnen: Die Friktionen zeigen sich im Sachrecht, sie sind aber auf die spezifische Analyse des Sachverhalts durch das IPR zurückzuführen. Es hat sich erwiesen, dass diese

1335 Zur parallelen Problematik der Zuständigkeit des EuGH mit Blick auf die sachrechtliche Anpassung s.o. Kap. 6, E, II (S. 251 ff.).

1336 EuGH, Urt. v. 18.10.2016 – C- 135/15, *Nikiforidis*, ECLI: EU: C:2016:774, Rn. 50, 52.

1337 S.o. Kap. 2, A, IV (S. 103 ff.).

Erkenntnis Auswirkungen auf die Untersuchung sämtlicher Aspekte der Anpassung hat. Insbesondere die Strukturierung der Modifikationen auf europäischer Ebene und die Stellung des EuGH zur Lösung des Problems sind von ihr beeinflusst[1338]. Eine Anpassungsregelung muss sinnvollerweise beide Rechtsanwendungsebenen betreffen.

c) Vorbilder im bestehenden Regelwerk

Ferner würde sich eine Anpassungsregelung innerhalb des Normenkomplexes des europäischen IPR auch nicht etwa als Fremdkörper darstellen. Denn zum einen resultiert das Problem gerade aus der Analyse und Verweisung durch das Verordnungsrecht und ist damit in spezifischer Weise mit ihm verbunden. Außerdem lassen sich qualitativ ähnliche Regeln im bestehenden Regelwerk des europäischen IPR finden. So behandelt Art. 31 EuErbVO mit der Transposition ein Institut, das ebenfalls in beachtlichem Ausmaß die Sachrechtsebene betrifft. Auch die Regelung des Art. 32 EuErbVO greift direkt in die materiellrechtliche Entscheidung der Rechtsfrage ein. Das zeigt, dass im europäischen IPR ein Bedürfnis für die Normierung solcher Institute besteht, die beide Ebenen der Rechtsanwendung betreffen. Eine Regelung zur Anpassung würde sich ohne wesentliche Friktionen in diese Gruppe an Regelungen einreihen.

d) Der Vorrang des EU-Rechts

Schließlich kommt eine Norm zur sachrechtlichen Anpassung auf europäischer Ebene ohnehin nur zum Tragen, wenn europäisches IPR anzuwenden ist und damit auch der Grundsatz des *effet utile* und des internationalen Entscheidungseinklangs innerhalb der Europäischen Union zu beachten ist. Vor diesem Hintergrund erscheint die Normierung einer sachrechtlichen Strukturierung der Anpassung als noch zulässige Fortwirkung der mit dem Verordnungsrecht intendierten Vereinheitlichung. Ein Gesetzgebungsverfahren würde darüber hinaus die Mitgliedstaaten beteiligen und somit auch die Dimension der materiellrechtlichen Auswirkungen einer Norm im Vorhinein abstecken. Auf diesem Weg kann rechtspolitischen Friktionen vorbeugend begegnet werden. Eine Norm zur sachrechtlichen Anpassung könnte daher auf die Kompetenzgrundlage des Art. 81 Abs. 2 lit. c bzw. Abs. 2 UAbs. 1 AEUV gestützt werden.

1338 S.o. Kap. 6, C–E; Kap. 7 (S. 240–255; S. 257 ff.).

2. *Bestehende Regelungen zur Anpassung*

Im Schrifttum herrscht größtenteils Einigkeit darüber, dass die Normierung der Anpassung entweder gar nicht möglich oder jedenfalls nur äußerst schwer durchführbar ist[1339]. Auf nationaler sowie europäischer Ebene finden sich Normierungen nur selten[1340]. Die Probleme mit der Normierung des Instituts hängen mit dem Charakter der Anpassung als Institut zusammen, über das sich schwerlich für den konkreten Fall hilfreiche Aussagen treffen lassen[1341]. Sowohl das zugrundeliegende Problem des Normwiderspruchs als auch die Maßgaben für seine Lösung scheinen jedenfalls nur mit Schwierigkeiten definiert werden zu können. Einige Beispiele zu Anpassungsvorschriften aus dem Bereich des autonomen IPR mögen dies verdeutlichen.

a) Art. 7 des venezolanischen IPR-Gesetzes

Ein seltenes Beispiel für eine Normierung der Anpassung liefert die Vorschrift des Art. 7 des venezolanischen IPR-Gesetzes vom 6.8.1998: „Die unterschiedlichen Rechte, die maßgebend sein können, um die verschiedenen Aspekte ein und desselben Rechtsverhältnisses zu regeln, sind harmonischerweise anzuwenden in dem Bestreben, die Zielsetzungen zu verwirklichen, die von einem jeden besagter Rechte verfolgt werden. Die möglichen Schwierigkeiten, die durch ihre gleichzeitige Anwendung verursacht werden, sind so zu lösen, daß dabei die im

---

1339 *Neuhaus*, RabelsZ 37 (1973), 453 (457); *Stoll*, IPRax 1984, 1 (5); zum europäischen IPR *Kreuzer*, in: *Jud/Rechberger/Reichelt* (Hrsg.), Kollisionsrecht in der EU, 1 (4): „Rechtsfiguren wie Anpassung (…) entziehen sich (…) einer *allgemeinen* Normierung.“; *Wilke*, GPR 2012, 334 (338).

1340 MüKo/*von Hein*, Einl. IPR Rn. 251; vgl. aber den Vorschlag von *Dannemann* in: *Leible* (Hrsg.): General Principles of EU PIL, 331 (342): „(1) In the application and interpretation of both domestic and foreign law, courts must seek to avoid a situation in which the combination of rules from or decisions taken in different jurisdictions produces an outcome which differs from a common outcome for purely domestic, but otherwise identical cases in the same jurisdiction, unless an applicable rule intends such a different treatment. (2) If such a different outcome cannot be avoided by application and interpretation, courts may modify or set aside otherwise applicable rules if the outcome would otherwise violate human rights, in particular rights to equal treatment.“

1341 Vgl. *Bucher/Bonomi*, D.i.p., Rn. 542: „Peu de conclusions générales peuvent être dégagées […].“; *Calvo Caravaca/Carrascosa González*, D.i.p. I, S. 425, Nr. 79: „[…] parece mas adecuado seguir soluciones de tipo empírico y particular y no soluciones de factura general […].“; ähnlich *Lewald*, Règles générales, S. 140, 147; *Wengler*, RabelsZ 16 (1951), 1 (30 f.).

konkreten Fall durch die Billigkeit auferlegten Bedürfnisse berücksichtigt werden."[1342]

Vorbild dieser Regelung war Art. 9 der Interamerikanischen Konvention über allgemeine Grundsätze des IPR von 1979[1343]. Dieser Norm wurden ebenfalls die Vorschriften des Art. 14 Nr. V CCFed und CCFed im IPR-Gesetz von Mexiko, Art. 2595 lit. c des argentinischen IPR-Gesetzes sowie Art. 84 des IPR-Gesetzes der Dominikanischen Republik nachgebildet[1344].

Die Vorschrift im venezolanischen IPR-Gesetz wurde bewusst in offener Weise gestaltet, um die Rechtsanwender einerseits für die möglichen Probleme zu sensibilisieren und ihnen andererseits zugleich weitgehendes Ermessen bezüglich der konkreten Lösung zu belassen[1345]. Die Regelung ist nicht als Ermächtigung der Richter zu verstehen, nach billigem Ermessen zu entscheiden, sondern erlegt es ihnen vielmehr auf, ein Gleichgewicht zwischen den Zielen der anwendbaren Normen herzustellen[1346].

b) Argentinisches IPR-Gesetz

Auch der Abschnitt über das Internationale Privatrecht im argentinischen Zivil- und Handelsgesetzbuch[1347] enthält eine Aussage über die Anpassungsproblematik. Absatz c) in Art. 2595 (Anwendung des ausländischen Rechts) bestimmt: „[W]enn unterschiedliche Rechte auf verschiedene Aspekte ein und desselben rechtlichen Sachverhalts oder auf unterschiedliche Rechtsverhältnisse innerhalb ein und desselben Falles anzuwenden sind, müssen diese Rechte harmonisiert werden in dem Bestreben, die notwendigen Anpassungen

---

1342 Übersetzung von *Kropholler/Krüger/Riering/Samtleben/Siehr* (Hrsg.), Außereuropäische IPR-Gesetze, 1999, Nr. 55, S. 963.

1343 *Monleón*, Das neue IPR von Venezuela, S. 90; Die Konvention bestimmt in ihrem Art. 9: „The different laws that may be applicable to various aspects of one and the same juridical relationship shall be applied harmoniously in order to attain the purposes pursued by each of such laws. Any difficulties that may be caused by their simultaneous application shall be resolved in the light of the requirements of justice in each specific case.", vgl. RabelsZ 44 (1980), 380.

1344 *Samtleben*, RabelsZ 82 (2018), 52 (73, dort Fn. 106); zu der Vorschrift im argentinischen IPR-Gesetz sogleich unten Kap. 9, C, II, 2, b) (S. 310).

1345 *Monleón*, Das neue IPR von Venezuela, S. 90 f.; *Ochoa Muños*, FS Rouvier, 433 (471).

1346 *Ochoa Muños*, FS Rouvier, 433 (476).

1347 Zivil- und Handelsgesetzbuch der Nation vom 7. Oktober 2014: Vorschriften des Internationalen Privatrechts (Código Civil y Comercial de la Nación, Ley 26.994 vom 7.10.2014, B.O. vom 8.10.2014; in Kraft seit 1.8.2015); Übersetzung: *Jürgen Samtleben*, s. RabelsZ 80 (2016), 158.

vorzunehmen, um die von einem jeden von ihnen verfolgten Zielsetzungen zu wahren."

c) IPR-Gesetz von Panama

Eine ähnliche Regelung der Anpassung beinhaltet Art. 9 des panamaischen IPR-Gesetzes, das seit dem 9. Oktober 2015 in Kraft ist[1348]. Die Norm sieht folgendes vor: „Die unterschiedlichen Gesetze, welche die verschiedenen Aspekte ein und derselben Rechtsbeziehung regeln können, sind in harmonischer Weise anzuwenden in dem Bestreben, die Zielsetzungen zu verwirklichen, die von einer jeden der besagten Gesetzgebungen verfolgt werden. Die möglichen Schwierigkeiten, die durch ihre gleichzeitige Anwendung verursacht werden, sind so zu lösen, dass dabei die durch die Tatsachen des konkreten Falles auferlegten Bedürfnisse berücksichtigt werden."[1349]

Wie auch bei der venezolanischen Regelung zu beobachten ist, entspricht die panamaische Norm im Wesentlichen der Vorschrift des Art. 9 der Interamerikanischen Konvention über Allgemeine Grundsätze des IPR[1350]. Ein Unterschied besteht jedoch mit Blick auf die Maßgabe, nach der die berufenen Rechte angewendet werden sollen. Art. 9 der Interamerikanischen Konvention bestimmt, dass Normwidersprüche nach Gesichtspunkten der Billigkeit (*equidad*) aufzulösen sind[1351]. Die panamaische Regelung hingegen stellt auf die Bedürfnisse des konkreten Falles ab. Dieser Fokus auf die Tatsachen des Einzelfalls ist nach der hier erarbeiteten Konzeption der Anpassung vorzugswürdig, denn die Anpassung kann nicht als Instrument für eine allgemeine Billigkeitskorrektur des Ergebnisses der internationalen Rechtsfrage verstanden werden[1352].

d) Namensrecht: Art. 47 EGBGB

Eine mit „Angleichung" überschriebene Normierung des Anpassungsproblems findet sich in Art. 47 EGBGB. Nach der Vorschrift kann ein nach ausländischem Recht angenommener Namen an das deutsche Namensrecht angepasst werden. Die Vorschrift ermöglicht konkret eine Umwandlung eines nach ausländischem Recht erworbenen Namens etwa in Vor- und Familienname (Art. 47 Abs. 1 Nr. 2

1348 Vgl. *Samtleben*, RabelsZ 82 (2018), 52 (53).

1349 Übersetzung von *Jürgen Samtleben*, RabelsZ 82 (2018), 136.

1350 Vgl. oben Kap. 9, C, II, 2, a); zur Übersetzung der Vorschrift s.o. Fn. 1343.

1351 *Samtleben*, RabelsZ 82 (2018), 52 (73); in der englischen Übersetzung ist insofern von „requirements of justice in each specific case" die Rede, RabelsZ 44 (1980), 379 (380).

1352 Dazu ausführlich oben Kap. 2, A, IV, 2, b) (S. 105).

EGBGB), womit zugleich eine Anpassung an die Gegebenheiten der inländischen Rechtslage erfolgt. Hintergrund dieser Regelung ist der Umstand, dass sich bei der Anwendung des deutschen Namensrechts auf eingebürgerte Personen in der Praxis entsprechende Probleme gezeigt hatten[1353].

e) Stellungnahme

Die wertausfüllungsbedürftigen Formulierungen in den untersuchten Regelungen spiegeln die Schwierigkeit wider, allgemeingültige Aussagen über den Anpassungsvorgang zu treffen, die nicht zu offen ausgestaltet sind. Dieses Problem wird wohl auch ein maßgeblicher Grund dafür gewesen sein, dass im Jahr 1986 bei der Neuregelung des IPR „kodifikationsfähige Vorschläge"[1354] für das Institut fehlten. Die Normierung des Anpassungsproblems bringt angesichts der Vielgestaltigkeit der zugrundeliegenden möglichen Sachverhalte erhebliche Schwierigkeiten mit Blick auf die Einheitlichkeit der Rechtsanwendung und auf die Rechtssicherheit in Gestalt der Vorhersehbarkeit von Entscheidungen mit sich.

Von besonderem Interesse ist, dass die Kodifikationen Unterschiede hinsichtlich der Maßgabe der Ergebniskorrektur im Anpassungsfall aufweisen. Sachgerecht erscheinen insoweit der panamaische und der argentinische Ansatz. Beide haben sich von der Billigkeitsformulierung der zugrunde liegenden Interamerikanischen Kodifikation gelöst und legen den Fokus auf die Bedürfnisse des konkreten Einzelfalls beziehungsweise die Zielsetzungen der beteiligten Rechte.

3. Anpassungsregelung: Hindernisse aus der dogmatischen Konzeption

Nachdem die grundsätzliche Möglichkeit einer Regelung zur Anpassung aus kompetenzrechtlicher Sicht geprüft und eine rechtsvergleichende Bestandsaufnahme bezüglich der Normierungen der Anpassung durchgeführt wurde, soll die inhaltliche Durchführbarkeit einer europäischen Anpassungsregelung in den Blick genommen werden. Aufgrund der unterschiedlichen dogmatischen Bedeutung von kollisions- und materiellrechtlicher Anpassung[1355] ist auch hinsichtlich der Regelung der Lösungswege in einer Vorschrift eine differenzierte Untersuchung angezeigt.

1353 Vgl. BT Drucks. 16/1831, S. 71; 16/3309, S. 12 f.

1354 Vgl. *Pirrung*, Internationales Privat- und Verfahrensrecht nach dem Inkrafttreten der Neuregelung des IPR, S. 23.

1355 Dazu s.o. Kap. 2, A, IV, 3 (S. 107 ff.).

a) Sachrechtliche Anpassung

Eine materiellrechtliche Anpassungsregel erscheint nicht nur für das autonome Kollisionsrecht als schwer erreichbares Ziel[1356]. Der Grund hierfür liegt in der dogmatischen Bedeutung[1357] der sachrechtlichen Anpassung. Bisher vorgebrachte Begründungen für die Unmöglichkeit zielen hauptsächlich auf den Einzelfallcharakter des Instituts ab. Hintergrund dieser zustimmungswürdigen, wenn auch recht allgemein gehaltenen Erklärungen ist die Tatsache, dass das Anpassungsproblem unerwünschtes, aber zwangsläufiges Produkt der analytischen Methode des IPR und IZVR ist.

Dargelegt wurde, dass das Anpassungsproblem gleichbedeutend ist mit dem Eintritt eines Zustands, in dem der Zweck der Sachverhaltsanalyse gescheitert ist: Die Rechtsfrage wurde nicht durch die ihr „nächstliegende" Rechtsordnung beurteilt, weil die berufenen Sachnormen ihre Wertung nicht am konkreten Fall realisieren konnten. Die Korrektur des Ergebnisses der Rechtsanwendung erfolgt auf sachrechtlicher Ebene unter der Vorgabe, wieder zum Ziel der engsten Beziehung der Rechtsfrage zurückzuleiten (nämlich die Bewertungen des berufenen Sachrechts zu erhalten), wo die dafür eigentlich vorgesehene Methode (die Analyse durch das Kollisionsrecht) gescheitert ist.

Eine Anpassungsregel müsste für diese Korrektur naturgemäß allgemeingültige Vorgaben formulieren. Die Norm müsste folglich erstens eine subsidiäre Methode etablieren, die an die Situation korrigierend ansetzt, die durch die analytische Methode des Kollisionsrechts geschaffen wurde[1358] und müsste dies zweitens mit Hilfe einer einzigen Regelung tun. Man richtet vor diesem Hintergrund an eine einzige Regel grundsätzlich die Forderung, die dem gesamten IPR zugrunde liegt und der es mittels der verschiedenen, den Sachverhalt analysierenden Kollisionsnormen gerecht werden will: das inhaltlich sachgerechte Ergebnis im Auslandssachverhalt vorzubereiten[1359]. Genauso wenig aber, wie man eine einzige, sinnvolle Regel zur Analyse jedweden Sachverhalts aufstellen kann[1360], ist es möglich, eine allgemeine Regel zur Auflösung eines jedweden durch diese Analyse produzierten Normwiderspruchs zu formulieren. Denn die

---

1356 Vgl. zum europäischen IPR *Wilke*, GPR 2012, 334 (338).

1357 Vgl. oben. Kap. 2, A, IV, 3, a) (S. 107).

1358 Zum autonomen IPR ähnlich *Braga*, FS Wengler, Band II, 191 (201): „sekundäre Anknüpfung".

1359 S.o. Kap. 2, A, I (S. 87 ff.).

1360 Vgl. *Kropholler*, IPR, § 14 I; *Pitschas*, in: *Jayme/Mansel* (Hrsg.), Nation und Staat im IPR, 93 (103) (bzgl. Sachnormen für Auslandssachverhalte).

mögliche Vielgestaltigkeit der Anpassungsprobleme entspricht der möglichen Vielgestaltigkeit der Auslandssachverhalte. Dahingehend ist wohl auch die Aussage von *Neuhaus* zu verstehen, der die Kodifizierbarkeit der Anpassung mit der Aussage verneint, dass „zu viele Einzelumstände zu berücksichtigen"[1361] wären. Eine allgemeine Regelung zur sachrechtlichen Anpassung zu fordern, ist somit wertungsmäßig gleichzusetzen mit einer Forderung nach einer einzigen analysierenden Kollisionsnorm, die für jeden internationalen Sachverhalt das materiell angemessene Ergebnis bereithält.

b) Kollisionsrechtliche Anpassung

Die kollisionsrechtliche Anpassung hat sich als eine Art „Verlegenheitslösung" herausgestellt. Sie ist dogmatisch einerseits von der sachrechtlichen Anpassung abzugrenzen und gleicht andererseits in ihrer Funktion auch den Ausweichklauseln nicht[1362]. Die kollisionsrechtliche Anpassung fungiert als Ersatz für die Verwirklichung der engsten Verbindung des Sachverhalts, die auf Grundlage der regulär anwendbaren Sachrechte auch nach Prüfung der sachrechtlichen Anpassung nicht verwirklicht werden konnten. Da die ursprünglich berufenen Rechte diese engste Verbindung des Sachverhalts nach der Konzeption des Verweisungsrechts bereithalten, ist die Schaffung einer Anknüpfung an ein „neutrales" Recht oder der Rückgriff auf die *lex fori* ein wenig geeigneter Ansatzpunkt. Sind mehrere Kollisionsnormen beteiligt, ist hinsichtlich der Auswahlentscheidung auf die Interessen des europäischen IPR zu blicken. Eine Bestimmung der relevanten Gesichtspunkte für alle denkbaren Anpassungsfälle innerhalb einer einzigen Regel erscheint aber nicht möglich[1363].

III. Die Normierung des „Witwenfalls"

Mitunter wurde eine Vorschrift speziell für die Widersprüche zwischen Güter- und Erbstatut vorgeschlagen[1364]. Eine solche Regelung würde das in Erwägungsgrund 12 EuErbVO vom europäischen Gesetzgeber erkannte und angesprochene

1361 RabelsZ 37 (1973), 453 (457).

1362 S.o. Kap. 2, A, IV, 3 (S. 107 ff.).

1363 Auch *Looschelders* kommt zum Ergebnis, dass eine einheitliche Regelung der kollisionsrechtlichen Anpassung nicht möglich sei, Anpassung S. 217 (zum autonomen IPR).

1364 Eine präventive Regelung befürworteten *Greeske*, Die Kollisionsnormen der neuen EU-Erbrechtsverordnung, S. 201; *Herweg*, Die Vereinheitlichung des Internationalen Erbrechts im Europäischen Binnenmarkt, S. 224 f.

Problem der möglichen Kollision von Güter- und Erbstatut aufgreifen. Das Anpassungsproblem im Rahmen des „Witwenfalls" konzentriert sich auf die Festlegung der Höhe der Nachlassbeteiligung des überlebenden Ehegatten. Wie sich im Rahmen der Falllösung unter Geltung der Europäischen Güter- und Erbrechtsverordnung gezeigt hat[1365], ist eine allgemeine Festlegung bestimmter Quoten jedoch nicht möglich. Hinsichtlich der für den Normenmangel bei gänzlichem Ausbleiben einer Beteiligung am Nachlass befürworteten kollisionsrechtlichen Anpassung können auch schwerlich allgemeine Maßgaben hinsichtlich der Frage festgelegt werden, welches Statut generell zu bevorzugen ist. Es liegt zwar näher, eine Tendenz zum Güterrechtsstatut anzunehmen. Gleichwohl wäre eine entsprechende Normierung zu undifferenziert[1366].

Auch für die Problematik des „Witwenfalls" unter Geltung der europäischen Kollisionsnormen im Bereich der Europäischen Erbrechtsverordnung und Güterrechtsverordnung wird sich keine allgemeine Regel finden lassen. Wenn das Problem im Rahmen der vorsorgenden Rechtsberatung keine Berücksichtigung findet, ist der Anspruchsteller im Zweifels- beziehungsweise Streitfalle auf das richterliche Ermessen verwiesen. Zur Leitung dieses Ermessens muss auf die erarbeiteten allgemeinen Leitlinien für Anpassungen im europäischen IPR zurückgegriffen werden[1367].

IV. Die Regelung der Anpassung in einer „Rom 0-Verordnung"

Wie sich gezeigt hat, liefern sämtliche Regelungen zur Anpassung generalklauselartige Leitlinien zur Behebung des Problems. Eine über dieses Maß hinausgehende Normierung des Anpassungsproblems ist auch auf Ebene des Unionsrechts ein kaum erreichbares Ziel. Aus diesem Umstand sollte jedoch nicht gefolgert werden, dass die Anpassung auf europäischer Ebene in ihrer allgemeinen Form unerwähnt bleiben sollte[1368]. Denn der Anpassungsfall birgt besondere Gefahren für die Rechtssicherheit und den internationalen Entscheidungseinklang[1369]. Um der Verwirklichung dieser Risiken entgegenzuwirken,

---

1365 S.o. Kap. 8, A (S. 271 ff.).

1366 Vgl. MüKo/*Dutta*, der eine frühzeitige abstrakte Festlegung für die Anpassung auf einer der Rechtsanwendungsebenen ablehnt, Vor Art. 20 EuErbVO Rn. 60.

1367 S.o. Kap. 7 (S. 257 ff.).

1368 Vgl. *Matthias Weller*, in: *ders.* (Hrsg.), Europäisches Kollisionsrecht, S. 82, der eine Regelung in den Erwägungsgründen befürwortet.

1369 S.o. Kap. 6, C, D, E (S. 240 ff.).

empfiehlt sich eine präventive Rechtsgestaltung mit dem Ziel eines Gleichlaufs von Güter- und Erbstatut.

Darüber hinaus erscheint es sinnvoll, in einer „Rom 0-Verordnung" jedenfalls die Grundsätze der Lösung des Anpassungsproblems zu normieren. Da das Anpassungsproblem auch das (europäische) Internationale Zivilverfahrensrecht betrifft[1370], müssten allgemeine Leitlinien auch insoweit Geltung beanspruchen[1371]. Allgemeine Aussagen können über die Anpassung durchaus getroffen werden; lediglich die Anwendung auf den konkreten Einzelfall wird sich stets schwierig gestalten. Eine Normierung der Anpassung in einer „Rom 0-Verordnung" würde jedoch sicherstellen, dass die Anpassung überhaupt in das Bewusstsein der Rechtsanwender tritt. Darüber hinaus wirkt eine Regelung auch darauf hin, dass keine bloße Billigkeitsentscheidung getroffen wird. Auch können vorschnelle Eingriffe in das Kollisionsrecht durch eine Festlegung des Vorrangs der Sachrechtsmodifikation vermieden werden. Schließlich erlaubt eine Anpassungsvorschrift, die Bedeutung des europäischen Charakters der Kollisionsnormen im Anpassungsfall in Erinnerung zu rufen und dient damit mittelbar auch der einheitlichen Rechtsanwendung. Eine Vorschrift könnte wie folgt lauten.

Anpassung bei Normwidersprüchen

(1) Zeigt sich am Ergebnis der Anwendung der nach den Verordnungen zum Internationalen Privatrecht berufenen Sachnormen verschiedener Rechtsordnungen, dass ihre Wertungen sich nicht im Ergebnis der Rechtsfrage niederschlagen, so ist eine Anpassung vorzunehmen. Dieser Anpassungsbedarf besteht auch dann, wenn sich im Rechtsanwendungsergebnis eine Interessenstörung aufgrund des Aufeinandertreffens von Sach- und Prozessrecht aus jeweils unterschiedlichen Rechtsordnungen zeigt.

(2) Die vorrangig vorzunehmende Anpassung im Rahmen des anwendbaren Sachrechts soll dem Verweisungsbefehl bestmöglich durch sinngemäße Anwendung der berufenen Sachnormen entsprechen und sich dabei an den Absichten der beteiligten Rechtsordnungen orientieren. Lassen sich übereinstimmende Wertungen feststellen, ist diesen im konkreten Rechtsanwendungsergebnis Wirkung zu verleihen. Die Modifikation der Normen soll möglichst wenig in das anwendbare Recht eingreifen. Bei dieser

1370 Vgl. die Bsp. oben Kap. 1, B, IV (S. 77 ff.).

1371 Vgl. *Hess/Kaufmann-Mohi*, in: *Leible/Unberath* (Hrsg.), Brauchen wir eine Rom 0-Verordnung?, die mit Blick auf die europäische Qualifikation insoweit von einer „BRom0-Verordnung" sprechen, S. 181 (186).

Formulierung des Ergebnisses ist nach Möglichkeit und bei Bedarf auch den Wertungen Wirkung zu verleihen, die den unionsweit vereinheitlichten Verweisungsnormen zugrunde liegen.

(3) Eine teleologische Reduktion oder Extension einer Kollisionsnorm mit dem Ziel der alleinigen Anwendung eines Statuts ist dann erforderlich, wenn die Auflösung der Interessenstörung sich aus den anwendbaren Sachnormen nicht durch sinngemäße Anwendung derselben ableiten lässt, ohne ihren Gehalt wesentlich zu verfälschen. Die Entscheidung über die Auswahl der zu reduzierenden oder zu extendierenden Kollisionsnorm hat anhand der den Verweisungsnormen zugrundeliegenden Interessenwertungen zu erfolgen.

D. Ausblick: Mitgliedstaatliche Gerichte und der EuGH

Im Folgenden soll eine Prognose über die Situation der europäischen Anpassung, wie sie ohne eine entsprechende vereinheitlichte Regelung behandelt wird, versucht werden. Es hat sich gezeigt, dass die kollisionsrechtliche Anpassung in Gestalt teleologischer Reduktion oder Extension die Vorlage an den EuGH erforderlich macht. Diese Frage fällt auch in den Kompetenzbereich des EuGH, da sie jedenfalls als „Auslegung" im Sinne des Art. 267 AEUV verstanden werden kann.

Zudem wurde herausgearbeitet, dass die konkrete Ausgestaltung der sachrechtlichen Anpassung als (wenn auch weiter eingreifender) Unterfall der allgemeinen Sachrechtsanwendung keine Frage darstellt, deren Beantwortung in den Kompetenzbereich des EuGH fällt. Lediglich die Grenzen einer derartigen Modifikation sind vom Gerichtshof überprüfbar. Es ist davon auszugehen, dass nationale Gerichte im Falle der Konfrontation mit der Erwägung einer teleologischen Grenzverschiebung eine Vorlage an den EuGH anstreben. Dies liegt daran, dass die Grenzverschiebung eine Missachtung des regulären Verweisungsbefehls beinhaltet. Hinsichtlich der sachrechtlichen Anpassung ist dies eher nicht zu erwarten, denn diese hat ihren Schwerpunkt im Aufeinandertreffen der Sachrechte. Sie weist damit eine größere Distanz zum europäischen Kollisionsrecht auf, was größere Zurückhaltung mit Blick auf die Vorlage an den EuGH wahrscheinlich macht.

Der Vorabentscheidung einer Frage zur Anpassung werden aber wohl kaum deutliche Leitlinien für weitere Fälle entnommen werden können[1372]: Die

1372 Vgl. MüKo/*von Hein*, Einl. IPR Rn. 263; *Wilke*, GPR 2012, 334 (340).

Tatsache, dass der Gerichtshof lediglich die konkrete Vorlagefrage beantwortet[1373], wirkt sich im Fall der Anpassung besonders nachteilig aus, weil das Institut sich durch seinen Einzelfallcharakter auszeichnet. Dem EuGH kommt im Rahmen des Vorabentscheidungsverfahrens zwar eine Abstraktionsbefugnis, ja sogar eine Pflicht zur Abstraktion zu[1374]. Dass sich aus der Beantwortung der Vorlagefrage indes allgemeine Maßgaben ableiten lassen[1375], die die Behandlung gleich oder ähnlich gelagerter Fälle erleichtern, ist eher nicht zu erwarten. Es liegt näher, dass ein über die Betonung einer autonomen und dem Zweck des Rechtsakts entsprechenden Auslegung hinausgehende Strukturierung nicht hervorgebracht werden wird[1376].

Verstärkt wird die Problematik auch dadurch, dass die Richter und Generalanwälte des heterogen besetzten EuGH aus (noch) 28 verschiedenen Rechtstraditionen stammen, sodass ein jeder seine eigenen Wertvorstellungen in die Willensbildung miteinbringt[1377]. Gerade mit Blick auf die Behandlung des Anpassungsproblems zwischen Erb- und Güterstatut sind hier divergierende Bewertungen zu erwarten. Dieser Bereich ist stärker von nationalen und kulturellen Besonderheiten geprägt, was sich unter anderem am Erfordernis eines einstimmigen Gesetzgebungsverfahrens nach Art. 81 Abs. 3 AEUV zeigt[1378].

Das Anpassungsproblem ist schließlich wesentlich von grundlegenden und systematischen Erwägungen zur Natur des Kollisionsrechts beeinflusst. Dieser Umstand birgt Friktionen angesichts Charakteristik der Rechtsprechung des EuGH, in der dogmatische und systematische Ausführungen eine untergeordnete Rolle zu spielen scheinen[1379]. Die sich hieraus ergebende Diskrepanz bewirkt eine umso schwierigere Behandlung etwaiger Aussagen zum Anpassungsproblem mit Blick auf ihre Allgemeingültigkeit. Ist die Anpassung schon für sich genommen der (sinnvollen) Verallgemeinerung schwer zugänglich, wird sich

---

1373 Vgl. *Coester-Waltjen*, in: *Kieninger/Remien* (Hrsg.), Europäische Kollisionsrechtsvereinheitlichung, S. 77 (83).

1374 *Schwarze*, Die Befugnis zur Abstraktion im europäischen Gemeinschaftsrecht, S. 112 f.

1375 Zur Relevanz der Generalisierbarkeit der Entscheidungen vgl. *Hommelhoff*, in: *Schulze*, Auslegung europäischen Privatrechts und angeglichenen Rechts, 29 (40).

1376 So auch MüKo/*von Hein*, Einl. IPR Rn. 263.

1377 *Everling*, RabelsZ 50 (1986), 193 (208 f.); *Stotz*, in: *Riesenhuber* (Hrsg.), Europäische Methodenlehre, § 22 Rn. 3 f.

1378 Vgl. auch Erwägungsgrund 7 EuGüVO.

1379 Vgl. *Stotz*, in: *Riesenhuber* (Hrsg.), Europäische Methodenlehre, § 22 Rn. 5.

dieses Problem durch die Ausgestaltung des Vorabentscheidungsverfahrens und den Urteilsstil des EuGH[1380] eher nicht entschärfen.

Diese Erwägungen zeigen, dass eine Strukturierung des Anpassungsproblems auf europäischer Ebene notwendig ist. Da sich herausgestellt hat, dass auch die Strukturierung nur die Bahnen für die Lösungsfindung vorgeben kann, wird ein nicht unerheblicher Beurteilungsspielraum aufseiten des mitgliedstaatlichen Richters wohl stets zurückbleiben.

1380 Vgl. *Gsell*, AcP 214 (2014), 99 (116 f.) mwN.

Schluss

I. Hinsichtlich seiner Methode ist das europäische Kollisionsrecht den Sachverhalt analysierendes Verweisungsrecht. Dies gilt ungeachtet der Tatsache, dass die sich aus der Natur des europäischen IPR ergebenden Zwecke in den Erwägungsgründen und Gesetzesbegründungen ausdrücklich benannt werden. Denn auch auf europäischer Ebene muss die Art und Weise der Zweckerreichung vom Zweck selbst unterschieden werden.

II. Die Anwendung und Auslegung des europäischen IPR unterliegt seinem Charakter als Verordnungsrecht entsprechend unionsrechtsspezifischen Besonderheiten. Von wesentlicher Bedeutung ist insofern die teleologische Auslegung. Die Anwendung des europäischen IPR muss insbesondere dem Ziel der Einheitlichkeit der Rechtsanwendung genügen beziehungsweise den internationalen Entscheidungseinklang fördern. Das Vorabentscheidungsverfahren vor dem EuGH dient der Sicherung der einheitlichen Rechtsanwendung in den Mitgliedstaaten. Die nationalen Gerichte stehen mit dem EuGH in einem Kooperationsverhältnis.

III. Die Ausgestaltung des europäischen IPR als Verweisungsrecht führt zu der Aufgliederung des Sachverhalts in potentiell unterschiedliche Sachrechtsausschnitte. Daraus folgt auch die Möglichkeit der Entstehung von Anpassungslagen. Das Anpassungsproblem ist daher ein systemimmanentes Problem auch des *europäischen* Kollisionsrechts. Anpassungslagen ergeben sich entweder aus der ausschließlichen Anwendung europäischen Kollisionsrechts oder aus einer Kombination mit nationalen Kollisionsnormen. Außerdem können Anpassungslagen unter Beteiligung des europäischen und autonomen Internationalen Zivilverfahrensrechts entstehen.

IV. Die Anpassungsnotwendigkeit wird auch auf europäischer Ebene an der Widersprüchlichkeit des Ergebnisses der Rechtsanwendung erkennbar. Auch insoweit wird sich wohl zumeist ein Ergebnis zeigen, das von dem abweicht, was die beteiligten Rechtsordnungen separat hervorgebracht hätten. Die besonderen Zwecke des europäischen IPR ändern im Ausgangspunkt nichts an der Tatsache, dass grundsätzlich die Bewertung der Rechtsfrage durch die berufenen Sachrechte beabsichtigt ist. Geringfügige Abweichungen des Ergebnisses von dem Resultat, das die beteiligten Rechtsordnungen unter alleiniger Anwendung (für den Inlandsfall) befürwortet hätten, sind auf europäischer Ebene neben den im autonomen IPR erarbeiteten, auch insoweit geltenden Gründen zusätzlich auch deswegen hinzunehmen, weil vorschnelle Korrekturen des Rechtsanwendungsergebnisses der Rechtssicherheit innerhalb der Europäischen Union abträglich sind. Von besonderer Bedeutung für die Feststellung der Anpassungsnotwendigkeit ist die genaue Kenntnis der beteiligten Sachrechte. In dieser Hinsicht sind auch Erkenntnisse aus einer rechtsvergleichenden Betrachtung von Bedeutung, mit deren Hilfe die Einbettung der jeweiligen Rechtsfrage im internationalen Kontext deutlich wird.

V. Die für das autonome IPR erarbeiteten Lösungswege des Anpassungsproblems sind grundsätzlich nicht unbesehen auf die Ebene des europäischen IPR zu übertragen. Dies liegt daran, dass die Anpassung als allgemeines Institut des IPR wesentlich vom allgemeinen Kollisionsrechtsverständnis abhängt und das Verordnungsrecht eine grundlegend andere Rechtsnatur als das autonome IPR aufweist. Grenzverschiebungen, Ersatzanknüpfungen oder die Bildung neuer Kollisionsnormen zur kollisionsrechtlichen Lösung des Anpassungsproblems lassen sich zwar grundsätzlich auch aus der Teleologie der europäischen Rechtsinstrumente begründen. Sie bedeuten jedoch eine Missachtung des verbindlichen Anwendungsbereichs der jeweils einschlägigen Verordnung. Aufgrund der Tragweite der Eingriffe in das verbindliche Verordnungsrecht erfordern diese Lösungsvarianten zu ihrer Rechtfertigung die Bestätigung durch eine entsprechende Vorabentscheidung des EuGH.

Die sachrechtliche Anpassung hat auch unter Geltung des europäischen Kollisionsrechts durch eine Modifikation des Tatbestands oder der Rechtsfolge der anwendbaren Sachrechtsnormen zu erfolgen, die den jeweiligen Absichten der beteiligten Rechte in ihrem Zusammenspiel bestmögliche Geltung verschafft. Diese Korrektur kann bei entsprechender Intensität Rückwirkungen auf den europäischen Verweisungsbefehl haben: Veränderungen in Tatbestand oder Rechtsfolge der Sachnormen können sich als faktische Abwandlung des Verweisungsbefehls der europäischen Norm darstellen. Angesichts dieser Gefahr der Rückwirkung auf die Sachrechtsanwendung wird deutlich, dass die beiden Ebenen der Rechtsanwendung nicht als streng voneinander getrennt angesehen werden können. Hieran zeigt sich auch, dass die Anpassung ein Institut ist, das beide Ebenen der Rechtsanwendung in annähernd gleichem Ausmaß betrifft. Mit der Gefahr der faktischen Abwandlung des europäischen Verweisungsbefehls geht jedenfalls dann eine Pflicht zur Vorlage an den EuGH einher, wenn dieser die Grenzen der sachrechtlichen Anpassung bestimmen soll. Die konkrete Gestalt der Modifikation des jeweils anwendbaren Sachrechts festzulegen, verbleibt jedoch im Zuständigkeitsbereich der mitgliedstaatlichen Gerichte.

VI. Aus der dogmatischen Struktur der Anpassung folgt auch für die europäische Ebene ein Vorrang der Lösung auf Ebene des Sachrechts. Die kollisionsrechtlichen Lösungsmodelle können grundsätzlich übernommen werden, da auch dem europäischen IPR der Zweck der Vermeidung von Normwidersprüchen entnommen werden kann und die teleologische Reduktion und Extension anerkannte Modifikationen auch des Unionsrechts sind. Diese Lösungsmodelle sind aber unter der Maßgabe anzuwenden, dass die Auswahl der einzuschränkenden beziehungsweise auszudehnenden Norm unter Einfluss der eigenständigen Wertungen des europäischen Kollisionsrechts erfolgt.

Sachrechtsmodifikationen im Anschluss an die europäischen Verweisungen sind wie im autonomen IPR durch sinngemäße Anwendungen der Normen zu verwirklichen. Die Besonderheit auf europäischer Ebene ist, dass bei dieser sinngemäßen Anwendung auch die Zwecke des europäischen IPR berücksichtigt werden müssen, soweit sich Beurteilungsspielräume ergeben. Dazu tritt die Verarbeitung der Erkenntnisse aus einer rechtsvergleichenden Betrachtung der Rechtsfrage. Als Dreh- und Angelpunkt auf der Lösungsebene des Anpassungsproblems erweist sich auch im europäischen IPR die Beantwortung der Frage, wann die Sachrechtsmodifikation derart weitgehende Änderungen im anwendbaren Recht erfordern würde, dass sie die anwendbaren Normen wesentlich verfälscht. Diese Situation löst das Bedürfnis nach kollisionsrechtlichen Lösungen aus.

VII. Die sich für die Lösung des Anpassungsproblems aus dem europäischen IPR ergebenden Besonderheiten führen zu keiner grundsätzlich anderen Beurteilung der aus dem autonomen Kollisionsrecht bekannten Widerspruchsfälle. Hinsichtlich des hergebrachten Widerspruchsfalls im Rahmen des Aufeinandertreffens von Güter- und Erbstatut ergibt sich weder für die sachrechtliche noch für die kollisionsrechtliche Lösung eine eindeutige Struktur, die auf die Besonderheiten des Unionsrechts zurückzuführen wäre.

Bezüglich der Spaltung zwischen Sach- und Prozessrecht und des einseitigen Normwiderspruchs zeigt sich ein ähnliches Bild: Wenn sich eine entsprechende Lösung häufig auch aufdrängt, ist dies nicht mit Sicherheit für jedwedes Anpassungsproblem zu erwarten. Die Kommorientenproblematik hat auf europäischer Ebene eine Regelung durch eine sachrechtliche Anpassung erfahren. Insgesamt lassen sich aus den Besonderheiten des Verordnungsrechts wohl Richtungsweisungen für eine Schwerpunktsetzung, nicht aber deutliche Strukturen zur Lösung von Anpassungsfällen entnehmen. Mit Blick auf die einheitliche Rechtsanwendung auf Unionsebene folgt aus diesem Befund, dass die Behandlung des Anpassungsproblems eine europäische Regelung erfahren sollte.

VIII. Die Anpassung ist ein Institut, das grundsätzlich dem Bereich des „europäischen Allgemeinen Teils des IPR“ und einer etwaigen „Rom 0-Verordnung“ zuzurechnen ist. Aus bestehenden Regelungen zur „Anpassung“ auf Ebene des europäischen Rechts lassen sich keine klaren Maßgaben für deren Ausgestaltung ableiten, da diese zu allgemein gehalten sind oder nicht das hier behandelte Problem betreffen.

Bedarf für eine Anpassungsregelung besteht allerdings, da die Anpassung ein besonders kritisches Feld für die Einheitlichkeit der Rechtsanwendung und die Vorhersehbarkeit von Entscheidungen innerhalb der Europäischen Union darstellt. Insbesondere ist nicht zu erwarten, dass die Widersprüchlichkeit der Anpassung von jedem mitgliedstaatlichen Gericht als solche erkannt und auf gleiche Weise aufgelöst wird. Es hat sich gezeigt, dass auch die sich aus der Natur der Normen ergebenden Besonderheiten eine einheitliche Beurteilung des Problems nicht garantieren können. Diese Erkenntnisse begründen das Bedürfnis für eine Normierung des Anpassungsproblems. Jede etwaige Regelung muss aber im Bereich allgemeiner Leitlinien bleiben, weil die Vielgestaltigkeit der Anpassungsfälle der Vielgestaltigkeit des allgemein denkbaren Auslandsbezugs von Rechtsfragen entspricht – und diese Situation nicht eindeutig mit einer einzigen Regel gemeistert werden kann. Ein Ausblick auf die Situation ohne Anpassungsregelung stützt den Befund der Notwendigkeit einer solchen Regelung im europäischen IPR. Vor diesem Hintergrund erscheint die Normierung der allgemeinen Maßgaben der Anpassung innerhalb einer „Rom 0-Verordnung“ vorzugswürdig.

IX. Auch für das europäische Kollisionsrecht stellt sich das Anpassungsproblem als nicht vollends zu vermeidende Begleiterscheinung der analytischen Methode des IPR dar. Mit den Strukturen, die der Charakter der das Problem auslösenden Normen vorgibt, ist auf unionsrechtlicher Ebene ein erster Schritt hin zu einer einheitlichen Behandlung der Widerspruchssituationen gemacht. Der spezifische Einzelfallcharakter des Instituts gebietet jedoch ein Sichtbarmachen dieser allgemeinen Grundsätze auf europäischer Ebene. Da die Widerspruchsfälle der Anpassung eine besondere Gefahr für die Rechtssicherheit in Gestalt der Einheitlichkeit der Rechtsanwendung und der Vorhersehbarkeit der Entscheidungen innerhalb der Europäischen Union darstellen, erscheint eine Regelung in einer „Rom 0-Verordnung“ als sachgerechte Lösung für die Förderung angemessener Ergebnisse im Anpassungsfall. Im Übrigen stellt sich das Anpassungsproblem auch unter Geltung des unionsrechtlich vereinheitlichten Kollisionsrechts als Bereich dar, in dem die Rechtsuchenden in erhöhtem Ausmaß auf das richterliche Ermessen verwiesen sind.

Literaturverzeichnis

Aguilar Navarro, Mariano: Derecho Internacional Privado, Volumen I, Tomo II, Parte Segunda. Reglementacion de la aplicacion de la norma de colision, 3. Aufl., Madrid 1982 (zit.: *Aguilar Navarro*, D.i.p., I-II).

Aubart, Andrea: Die Behandlung der dépéçage im europäischen Internationalen Privatrecht, Tübingen 2013.

Audit, Bernard/d'Avout, Louis: Droit international privé, 7. Aufl., Paris 2013 (zit.: *Audit/d'Avout*, D.i.p.).

Anweiler, Jochen: Die Auslegungsmethoden des Gerichtshofs der Europäischen Gemeinschaft, Frankfurt 1997.

Ballarino, Tito: Diritto internazionale privato italiano, 7. Aufl. 2011 (zit.: *Ballarino*, D.i.p.).

Bamberger, Heinz Georg/Roth, Herbert (Hrsg.): Kommentar zum Bürgerlichen Gesetzbuch, Band 3: §§ 1297-2385, Rom I-VO, Rom II-VO, EGBGB 3. Aufl., München 2012 (zit.: Bamberger/Roth/*Bearbeiter*).

Bamberger, Heinz Georg; Roth, Herbert; Hau, Wolfgang; Poseck, Roman (Hrsg.): BeckOK BGB, 43. Aufl., München 2017 (zit.: BeckOK/*Bearbeiter*).

von Bar, Christian/Mankowski, Peter: Internationales Privatrecht, Band I: Allgemeine Lehren, 2. Aufl., München 2003 (zit.: *von Bar/Mankowski*, IPR I).

Bariatti, Stefania/Pataut, Étienne: Codification et théorie générale du droit international privé, in: *Fallon, Marc/Lagarde, Paul/Poillot-Peruzzetto, Sylvaine* (Hrsg.): Quelle architecture pour un code européen de droit international privé?, Brüssel u.a., 2011, S. 337–361.

Basedow, Jürgen: in: *von Hein, Jan/Rühl, Giesela* (Hrsg.), Kohärenz im Internationalen Privat- und Verfahrensrecht der Europäischen Union, Tübingen 2016: Kohärenz im Internationalen Privat- und Verfahrensrecht der Europäischen Union – Eine einleitende Orientierung, S. 3–23

ders.: The Communitarisation of Private International Law, RabelsZ 73 (2009), S. 455–460.

ders.: Die Vergemeinschaftung des Kollisionsrechts nach dem Vertrag von Amsterdam, in: *Dauner-Lieb, Barbara* et al.: Systemwechsel im europäischen Kollisionsrecht, Fachtagung der Bayer-Stiftung für deutsches und internationales Arbeits- und Wirtschaftsrecht am 17. und 18. Mai 2001, München 2002, S. 19–45.

ders.: Das BGB im künftigen europäischen Privatrecht: Der hybride Kodex, AcP 200 (2000), S. 445–492.

ders.: Haftungsersetzung durch Versicherungsschutz – ein Stück ordre public?, Anm. zu BGH, Beschl. v. 16.9.1993 – IX ZB 82/90, IPRax 1994, S. 85–86.

ders., Qualifikation, Vorfrage und Anpassung im Internationalen Zivilverfahrensrecht, in: *Schlosser, Peter F.* (Hrsg.): Materielles Recht und Prozessrecht und die Auswirkungen der Unterscheidung im Recht der Internationalen Zwangsvollstreckung. Eine rechtsvergleichende Grundlagenuntersuchung, Bielefeld 1992, S. 131–156 (zit.: *Basedow*, in: *Schlosser* (Hrsg.), Unterscheidung materielles Recht und Prozessrecht).

ders./Rühl, Giesela/Ferrari, Franco/de Miguel Asensio, Pedro (Hrsg.), Encyclopedia of Private International Law, Vol. 1 Entries A-J, Cheltenham 2017 (zit.: *Bearbeiter*, in: *Basedow* (u.a. Hrsg.), Encyclopedia of Private International Law).

ders./Dutta, Anatol (Koordinatoren der Arbeitsgruppe Internationales Erbrecht): Max-Planck-Institute for Comparative and International Private Law – Comments on the European Commission's Proposal for a Regulation of the European Parliament and of the Council on jurisdiction, applicable law, recognition and enforcement of decisions and authentic instruments in matters of succession and the creation of a European Certificate of Succession, RabelsZ 74 (2010), S. 521–720 (zit.: Max-Planck-Institute for Comparative and International Private Law, RabelsZ 74 (2010)).

ders./Hopt, Klaus J./Zimmermann, Reinhard (Hrsg.): Handwörterbuch des Europäischen Privatrechts, Band I: Abschlussprüfer – Kartellverfahrensrecht, Tübingen 2009 (zit.: Bearbeiter, in: *Basedow/Hopt/Zimmermann* (Hrsg.), Handwörterbuch des Europäischen Privatrechts).

Batiffol, Henri: La pluralisme des méthodes en droit international privé, Rec. des cours 1973-II, S. 75–147.

ders., Réflexions sur la coordination des systèmes nationaux, Rec. des cours 1967-I, S. 165–190.

ders., Aspects philosophiques de droit international privé, Paris 1965 (zit.: *Batiffol*, Aspects philosophiques).

ders./Lagarde, Paul: Droit international privé, Band I, 8. Aufl., Paris 1993 (zit.: *Batiffol/Lagarde*, D.i.p. I).

Beller, Franziska/Wahl, Michaela: Aktuelles im IPR/aus dem Ausland, BWNotZ 2014, S. 104–108.

Benicke, Christoph: Anpassung im internationalen Privatrecht, in: *Gödicke, Patrick* (Hrsg. u.a.), Festschrift für Jan Schapp zum siebzigsten Geburtstag, Tübingen 2010, S. 61–77.

Bergquist, Ulf (u.a. Hrsg.): EU-Erbrechtsverordnung, Kommentar, Köln 2015 (zit.: *Bearbeiter*, in: *Berquist* (Hrsg. u.a.), EU-ErbVO).

Bernasconi, Christophe: Der Qualifikationsprozess im Internationalen Privatrecht, Zürich 1997 (zit.: *Bernasconi*, Qualifikationsprozess).

Bernitt, Carmen Christina: Die Anknüpfung von Vorfragen im europäischen Kollisionsrecht, Tübingen 2010.

Betti, Emilio: Problematica del diritto internazionale, Mailand 1956.

Bogdan, Michael: Concise Introduction to European Private International Law, 3. Aufl., 2016 (zit.: *Bogdan*, Concise Introduction to EU PIL).

ders.: Some Nordic Reflections on the Desirability of an EU Code of Private International Law, in: *Fallon, Marc/Lagarde, Paul/Poillot-Peruzzetto, Sylvaine* (Hrsg.): Quelle architecture pour un code européen de droit international privé?, Brüssel u.a., 2011, S. 253–255.

Bondzio, Wilhelm, Zum internationalen Ehegüter- und Ehegattenerbrecht der Vereinigten Staaten von Amerika, Karlsruhe 1964 (zit.: *Bondzio*, Internationales Ehegüter- und Ehegattenerbrecht).

Bouza Vidal, Nuria, Problemas de adaptación en derecho internacional privado e interregional, Madrid 1977 (zit.: *Bouza Vidal*, Problemas de adaptación).

Braga, Sevold: Einheitliches Erb- und Ehegüterrechtsstatut?, in: *Tittel, Josef* (Hrsg.), Festschrift für Wilhelm Wengler, Band II, Berlin 1973, S. 191–209.

ders.: Internationalprivatrecht, Kollisionsrecht, Normengrenzrecht, in: *Hubmann, Heinrich/Hübner, Heinz* (Hrsg.), Festschrift für Ludwig Schnorr von Carolsfeld, Köln u.a. 1972, S. 89–104.

ders.: Kodifikationsgrundsätze des Internationalen Privatrechts, RabelsZ 23 (1958), S. 421–448.

Bonomi, Andrea: Fragen des Allgemeinen Teils: Qualifikation, Vorfrage, Renvoi und ordre public, in: *Dutta, Anatol/Weber, Johannes* (Hrsg.), Die Europäischen Güterrechtsverordnungen, S. 123–143.

Broberg, Morten P./Fenger, Niels: Das Vorabentscheidungsverfahren vor dem Gerichtshof der Europäischen Union, Baden-Baden 2014 (zit.: *Broberg/Fenger*, Vorabentscheidungsverfahren).

Brödermann, Eckart: Paradigmenwechsel im Internationalen Privatrecht. Zum Beginn einer neuen Ära seit 17. 12. 2009, NJW 2010, S. 807–813.

ders./Rosengarten, Jan: Internationales Privat- und Zivilverfahrensrecht (IPR/IZVR), 8. Aufl., München 2017.

Bruinier, Stefan: Der Einfluss der Grundfreiheiten auf das Internationale Privatrecht, Frankfurt 2003 (zit.: *Bruinier*, Der Einfluss der Grundfreiheiten auf das IPR).

Bucher, Andreas/Bonomi, Andrea: Droit international privé, 2. Aufl., Basel u.a. 2004 (zit.: *Bucher/Bonomi*, D.i.p.).

Buck, Carsten: Über die Auslegungsmethoden des Gerichtshofs der Europäischen Gemeinschaft, Frankfurt u.a. 1998.

Bureau, Dominique/Muir Watt, Horatia: Droit international privé, Tome I, Partie générale. 4. Aufl., Paris 2017 (zit.: *Bureau/Muir Watt*, D.i.p.).

Burgstaller, Alfred; Neumayr, Matthias; Geroldinger, Andreas; Schmaranzer, Gerhard, Die EU-Erbrechtsverordnung, Wien 2016 (zit.: *Bearbeiter*, in: *Burgstaller* (Hrsg. u.a.), Die EU-Erbrechtsverordnung).

Buschbaum, Markus/Kohler, Marius: Vereinheitlichung des Erbkollisionsrechts in Europa. Eine kritische Würdigung des Kommissionsvorschlags zur Erbrechtsverordnung. Erster Teil, GPR 2010, S. 106–113.

Calliess, Christian/Ruffert, Matthias (Hrsg.): EUV/AEUV: das Verfassungsrecht der Europäischen Union mit Europäischer Grundrechtecharta: Kommentar, 5. Aufl., München 2016 (zit.: *Bearbeiter*, in: *Calliess/Ruffert* (Hrsg.), EUV/AEUV).

Calvo Caravaca, Alfonso-Luis/Carrascosa González, Javier: Derecho Internacional Privado, Volumen I, 14. Aufl., Granada 2013 (zit.: *Calvo Caravaca/Carrascosa González*, D.i.p. I)

Cansacchi, Giorgio: Le choix et l'adaptation de la règle étrangère dans le conflit de lois, Rec. des cours 1953-II, S. 81–157.

Cavers, David F.: The Choice-of-Law Process, Ann Arbor 1965.

Clausnitzer, Martin: Nochmals: „Zur Konkurrenz zwischen Erbstatut und Güterstatut", IPRax 1987, S. 102–105.

ders.: Die güter- und erbrechtliche Stellung des überlebenden Ehegatten nach dem Kollisionsrecht der Bundesrepublik Deutschland und der USA, Konstanz 1986 (zit.: *Clausnitzer*, Die Stellung des überlebenden Ehegatten).

Clavel, Sandrine: Droit international privé, 4. Aufl., Paris 2016 (zit.: *Clavel*, D.i.p.).

dies.: The regulatory function of choice of law rules applying to contracts for services in the European Union, in: *Cafaggi, Fabrizio/Muir Watt, Horatia* (Hrsg.), The Regulatory Function of European Private Law, Cheltenham/Northampton 2009 (zit.: *Clavel*, in: *Cafaggi/Muir Watt* (Hrsg.), The Regulatory Function of European Private Law).

Coester, Michael: Zum Erbrechtsausschluß des „schuldigen" Ehegatten (§ 759 Abs 2 ABGB) bei deutschem Scheidungsstatut, IPRax 1981, S. 206–207.

Coester-Waltjen, Dagmar: Die Rolle des EuGH im internationalen Privat- und Verfahrensrecht, in: *Kieninger, Eva Maria/Remien, Oliver* (Hrsg.): Europäische Kollisionsrechtsvereinheitlichung, Baden-Baden 2012, S. 77–100.

Colangelo, Anthony J., Universal Jurisdiction as an International „False Conflict" of Laws, Michigan Journal of International Law 30 (2009), S. 881–925.

Currie, Brainerd, The Constitution and the Choice of Law: Governmental Interests and the Judicial Function, The University of Chicago Law Review 26 (1958), S. 9–84.

Dannemann, Gerhard: Die ungewollte Diskriminierung in der internationalen Rechtsanwendung. Zur Anwendung, Berücksichtigung und Anpassung von Normen aus unterschiedlichen Rechtsordnungen, Tübingen 2004 (zit.: *Dannemann*, Ungewollte Diskriminierung).

ders.: Adaptation, in: *Leible, Stefan* (Hrsg.): General Principles of European Private International Law, Alphen aan den Rijn 2016 (zit.: *Dannemann*, in: *Leible* (Hrsg.) General Principles of EU PIL), S. 331–342.

Deinert, Olaf: Anm. zu BAG, 29.8.2013 – 2 AZR 809/12, AP Nr. 202 zu § 1 KSchG 1969 Betriebsbedingte Kündigung.

Deixler-Hübner, Astrid/Schauer, Martin (Hrsg.): Kommentar zur EU-Erbrechtsverordnung (EuErbVO), Wien 2015 (zit.: Bearbeiter, in: *Deixler-Hübner/Schauer* (Hrsg.), EuErbVO-Kommentar).

Derstadt, Eva-Maria: Die Notwendigkeit der Anpassung bei Nachlaßspaltung im internationalen Erbrecht, Baden-Baden 1998.

Dickinson, Andrew/Lein, Eva/ James, Andrew (Hrsg.): The Brussels I Regulation Recast, Oxford 2015 (zit.: Dickinson/Lein/*Bearbeiter*, Brussels I).

Dorth, Katharina: Testamentarische Anordnung eines ausländischen Vindikationslegats im Hinblick auf ein deutsches Nachlassgrundstück, ZEV 2018, S. 11–14.

Dölle, Hans: Internationales Privatrecht. Eine Einführung in seine Grundlagen, 2. Aufl., Karlsruhe 1972 (zit.: *Dölle*, IPR).

Dörner, Heinrich: Erbrechtliche Qualifikation des § 1371 Abs. 1 BGB durch den EuGH: Konsequenzen und neue Folgen, ZEV 2018, S. 305–310.

ders.: Besser zu spät als nie – Zur güterrechtlichen Qualifikation des § 1371 Abs. 1 BGB im deutschen und europäischen IPR, IPRax 2017, S. 81–88.

ders.: Zur Qualifikation des § 1371 Abs. 1 BGB – eine verpasste Gelegenheit (zu BGH, 12.9.2012 – IV ZB 12/12), IPRax 2014, S. 323–326.

ders.: EuErbVO. Die Verordnung zum Internationalen Erb- und Erbverfahrensrecht ist in Kraft!, ZEV 2012, S. 505–511.

ders.: Der Entwurf einer europäischen Verordnung zum Internationalen Erb- und Erbverfahrensrecht – Überblick und ausgewählte Probleme, ZEV 2010, S. 221–228.

ders.: Anm. zu OLG Stuttgart, Beschl. v. 8. 3. 2005 – 8 W 96/04, ZEV 2004, S. 444–445.

ders.: Keine dingliche Wirkung ausländischer Vindikationslegate im Inland, Anm. zu BGH, 28.9.1994 – IV ZR 95/93, IPRax 1996, S. 26–28.

ders.: Nachlaßspaltung – und die Folgen, Anm. zu BGH, 21.4.1993 – XII ZR 248/91 und OLG Köln, 24.4.1992 – 2 Wx 41/91, IPRax 1994, S. 362–366.

Drömann, Philipp: Die Integration ausländischer Sachenrechte im deutschen internationalen Privatrecht – Eine Untersuchung zur Auslegung des Art. 43 Abs. 2 EGBGB, Münster 2013 (zit.: *Drömann*, Die Integration ausländischer Sachenrechte).

Duden, Band 10: Das Bedeutungswörterbuch, hrsg. von *Wermke, Matthias, Kunkel-Razum, Kathrin, Scholze-Stubenrecht, Werner*, Mannheim u.a. 2002.

Dunz, Walter: Anm. zu OLG Celle, Urteil vom 12. 7. 1965 – 5 U 77/64, NJW 1966, S. 304.

Dutta, Anatol: Anm. zu OLG Düsseldorf, Beschluss v. 10.3.2015 – I-3 Wx 196/14, FamRZ 2015, S. 1238–1240.

ders.: Das neue internationale Erbrecht der Europäischen Union – Eine erste Lektüre der Erbrechtsverordnung, FamRZ 2013, S. 4–15.

ders.: Europäische Integration und nationales Privatrecht nach dem Vertrag von Lissabon: die Rolle des Internationalen Privatrechts, EuZW 2010, S. 530–534.

ders.:/Weber, Johannes (Hrsg.): Internationales Erbrecht, München 2016.

Ehrenzweig, Albert A.: Private International Law. A Comparative Treatise on American International Conflicts Law, Including the Law of Admiralty, General Part. 2. Aufl., 1972 Leiden/New York (zit.: *Ehrenzweig*, PIL).

ders., Choice of Law: Current Doctrine and „True Rules", California Law Review 49 (1961), S. 240–253.

Eichenhofer, Eberhard: Anm. zu BGH, Beschl. v. 16.9.1993 – IX ZB 82/90, JZ 1994, S. 258–259.

Eidenmüller, Horst, Geschäftsleiter- und Gesellschafterhaftung bei europäischen Auslandsgesellschaften mit tatsächlichem Inlandssitz, NJW 2005, S. 1618–1621.

Enderlein, Wolfgang: Die Dienstpflicht des Hauskindes als Folge seiner Unterhaltsgemeinschaft mit den Eltern, AcP 200 (2000), S. 565–602.

Engisch, Karl: Einführung in das juristische Denken, 11. Aufl., Stuttgart 2010 (zit.: *Engisch*, Einführung).

ders.: Die Einheit der Rechtsordnung, Heidelberg 1935.

Erman, Walter: Handkommentar zum Bürgerlichen Gesetzbuch, 2 Bände, hrsg. von *Harm Peter Westermann, Barbara Grunewald, Georg Maier-Reimer*, 14. Aufl., Köln 2014 (zit.: Erman/*Bearbeiter*).

Everling, Ulrich: Rechtsvereinheitlichung durch Richterrecht in der Europäischen Gemeinschaft, RabelsZ 50 (1986), S. 193–232.

Fauvarque-Cosson, Bénédicte: Comparative Law and Conflict of Laws: Allies or Enemies? New Perspectives on an Old Couple, Am. J. Comp. L. 49 (2001), 407–427.

Ferid/Firsching/Dörner/Hausmann: Internationales Erbrecht, Quellensammlung mit systematischen Darstellungen des materiellen Erbrechts sowie des Kollisionsrechts der wichtigsten Staaten, begründet von *Murad Ferid* und *Karl Firsching*, herausgegeben von *Heinrich Dörner* und *Rainer Hausmann*, Band III, Griechenland – Japan, Loseblatt, Stand: 103. Ergänzungslieferung 2018.

Ferid/Firsching/Dörner/Hausmann: Internationales Erbrecht, Quellensammlung mit systematischen Darstellungen des materiellen Erbrechts sowie des Kollisionsrechts der wichtigsten Staaten, begründet von *Murad Ferid* und *Karl Firsching*, herausgegeben von *Heinrich Dörner* und *Rainer Hausmann*, Band IV, Kambodscha – Kongo, Loseblatt, Stand: 103. Ergänzungslieferung 2018.

Ferid/Firsching/Dörner/Hausmann: Internationales Erbrecht, Quellensammlung mit systematischen Darstellungen des materiellen Erbrechts sowie des Kollisionsrechts der wichtigsten Staaten, begründet von *Murad Ferid* und *Karl Firsching*, herausgegeben von *Heinrich Dörner* und *Rainer Hausmann*, Band VII, Schweden – Spanien, Loseblatt, Stand: 103 Ergänzungslieferung 2018.

Ferid, Murad: Internationales Privatrecht, Juristische Arbeitsblätter: JA-Sonderheft 13, 3. Aufl., Frankfurt a.M. 1986 (zit.: *Ferid*, IPR).

ders./Sonnenberger, Hans Jürgen, Das französische Zivilrecht, 2. Aufl., Band 3: Familienrecht/Erbrecht, Heidelberg 1987 (zit. *Ferid/Sonnenberger*, Französisches Zivilrecht, Band 3)

Fernández Rozas, José Carlos/Sánchez Lorenzo, Sixto: Derecho Internacional Privado, 8. Aufl., Madrid 2015 (zit.: *Fernández Rozas/Sánchez Lorenzo*, D.i.p.).

Firsching, Karl: Deutsch-amerikanische Erbfälle, München/Berlin 1931.

ders.: Die Erbfolge nach einem österreichischen Erblasser, der mit letztem Wohnsitz und Aufenthalt in der Bundesrepublik Deutschland nach dem 1.1.1979 verstorben ist – Abhandlung des Nachlasses, IPRax 1981, Anm. zu BayObLG, 23.9.1980, BReg. 1 Z 62/80, S. 86–89.

Fornasier, Matteo: Anm. zu OLG Karlsruhe, Beschluss vom 27.02.2018 – 14 W 113/16 (Wx), FamRZ 2018, 860–862.

ders.: Anm. zu EuGH, Urt. v. 1.03.2018 – C-558/16, FamRZ 2018, S. 634–635.

Frank, Rainer: Die unglückselige Mehrfachanknüpfung in Art. 19 EGBGB, Das Standesamt (StAZ) 2009, S. 65–70.

ders./Helms, Tobias: Erbrecht, 5. Auflage, München 2010.

Frantzen, Torstein, Die Stellung des überlebenden Ehegatten im norwegischen Ehegüter- und Erbrecht: Auswirkungen auf deutsch-norwegische Sachverhalte, in: ZVglRWiss 101 (2002), S. 482–500.

Franzina, Pietro: Note minime in tema di adattamento, sostituzione ed equivalenza nel diritto internazionale privato dell'unione europea, in: *Cortese, Bernardo* (Hrsg.), Studi in onore di Laura Picchio Forlati (zit.: *Franzina*, FS Picchio Forlati), Turin 2014, S. 185–194.

Frenz, Walter: Handbuch Europarecht: Band 5: Wirkungen und Rechtsschutz, Berlin/Heidelberg 2010 (zit.: *Frenz*, Handbuch Europarecht 5).

Frieser, Andreas (Hrsg.): Fachanwaltskommentar Erbrecht, 4. Aufl., Köln 2013 (zit.: *Bearbeiter*, in: *Frieser* (Hrsg.), Fachanwaltskommentar Erbrecht).

Funken, Katja: Das Anerkennungsprinzip im internationalen Privatrecht, Tübingen 2009.

Geimer, Reinhold: Internationales Zivilprozessrecht, 7. Aufl., Köln 2015.

Gierl, Walter; Köhler, Andreas; Kroiß, Ludwig; Wilsch, Harald (Hrsg.): Internationales Erbrecht, Baden-Baden 2017 (zit.: *Bearbeiter*, in: *Gierl/Köhler/Kroiß/Wilsch* (Hrsg.), Internationales Erbrecht).

Goldschmidt, Werner: Die philosophischen Grundlagen des internationalen Privatrechts, in: *Caemmerer, Ernst v.* (Hrsg.), Festschrift für Martin Wolff, Tübingen 1952, S. 203–223.

Gottschalk, Eckart, Allgemeine Lehren des IPR in kollisionsrechtlichen Staatsverträgen, Berlin 2002

Gössl, Susanne Lilian: Anpassung im EU-Kollisionsrecht, RabelsZ 82 (2018), S. 618–653.

Greeske, Marion: Die Kollisionsnormen der neuen EU-Erbrechtsverordnung, Frankfurt u.a. 2014.

von der Groeben, Hans/Schwarze, Jürgen/Hatje, Armin (Hrsg.), Europäisches Unionsrecht, Band 3, 7. Auflage, Baden-Baden 2015 (zit.: *Bearbeiter*, in: von der *Groeben/Schwarze/Hatje* (Hrsg.), NK-Europarecht)

Gsell, Beate: Zivilrechtsanwendung im Europäischen Mehrebenensystem, AcP 214 (2004), S. 99–150.

Gutzwiller, Peter Max: Die materialrechtliche Gerechtigkeit im IPR. Beitrag zu einer ergebnisbestimmten Methode der Rechtsfindung, Basel 1967 (Zit.: *Gutzwiller*, Materialrechtliche Gerechtigkeit).

ders.: Von Ziel und Methode des IPR, Schweizerisches Jahrbuch für internationales Recht, Band XXV (1968), S. 161–196.

Haas, Ulrich: Unfallversicherungsschutz und ordre public, zugleich Besprechung von BGH, Beschl. v. 16.9.1993 – IX ZB 82/90, ZZP 108 (1995), S. 219–239.

von Hein, Jan: Die Anpassung unbekannter Maßnahmen und Anordnungen nach Art. 54 EuGVVO nF, in: *Schütze, Rolf. A.* (Hrsg.): Fairness, Justice, Equity – Festschrift für Reinhold Geimer, München 2017, S. 245–254.

ders.: Conflicts between International Property, Family and Succession Law – Interfaces and Regulatory Techniques, European Property Law Journal (EPLJ) 6 (2017), S. 142–156.

ders.: Der Renvoi im europäischen Kollisionsrecht, in: *Leible, Stefan/Unberath, Hannes* (Hrsg.): Brauchen wir eine Rom 0-Verordnung?: Überlegungen zu einem allgemeinen Teil des europäischen IPR, Jena 2013, S. 341–396.

ders.: Die Neufassung der Europäischen Gerichtsstands- und Vollstreckungsverordnung (EuGVVO), RIW 2013, S. 97–111.

ders.: Article 4 and Traffic Accidents, in: *Ahern, John/Binchy, William* (Hrsg.), The Rome II Regulation on the Law Applicable to Non-Contractual Obligations, Leiden/Boston 2009, S. 155–173 (zit.: *von Hein*, in: *Ahern/Binchy* (Hrsg.), The Rome II Regulation).

ders.: Europäisches Internationales Deliktsrecht nach der Rom II-Verordnung, ZEuP 2009, S. 6–33.

ders., Something Old and Something Borrowed, but Nothing New? Rome II and the European Choice-of-Law Evolution, Tulane Law Review 82 (2008), S. 1663–1707.

ders.: Die Ausweichklausel im europäischen Internationalen Deliktsrecht, in: *Baetge, Dietmar/von Hein, Jan/von Hinden, Michael* (Hrsg.), Die richtige Ordnung. Festschrift für Jan Kropholler, Tübingen 2008, S. 553–571.

ders., Rück- und Weiterverweisung im Internationalen Deliktsrecht, in: ZVglRWiss 99 (2000), S. 251–277.

ders./Brunk, Bastian: Zur Wirksamkeit eines Herausformwechsels aus Deutschland (zu OLG Frankfurt a.M., 3.1.2017 - 20 W 88/15), IPRax 2018, S. 46–55.

Heini, Anton (Hrsg. u.a.): IPRG Kommentar. Kommentar zum Bundesgesetz über das Internationale Privatrecht (IPRG) vom 1. Januar 1989, Zürich 1993 (zit.: *Bearbeiter*, in: *Heini* (Hrsg. u.a.), IPRG Kommentar).

Heinig, Jens: Erhöhung des Ehegattenerbteils nach § 1371 Abs. 1 BGB bei Anwendbarkeit ausländischen Erbrechts? – Zugleich Anmerkungen zum Beschl. des OLG Schleswig v. 19.8.2013 - 3 Wx 60/13, DNotZ 2014, S. 251–258.

Heinze, Christian: Bausteine eines Allgemeinen Teils des europäischen Internationalen Privatrechts, in: *Baetge, Dietmar/von Hein, Jan/von Hinden, Michael* (Hrsg.), Die richtige Ordnung. Festschrift für Jan Kropholler, Tübingen 2008, S. 105–127.

Heiss, Helmut/Kaufmann-Mohi, Emese: „Qualifikation" Ein Regelungsgegenstand für eine Rom 0-Verordnung?, in: *Leible, Stefan/Unberath, Hannes* (Hrsg.): Brauchen wir eine Rom 0-Verordnung?: Überlegungen zu einem allgemeinen Teil des europäischen IPR, Jena 2013, S. 181–199.

Henssler, Martin/Strohn, Lutz (Hrsg.), Gesellschaftsrecht, 3. Aufl., München 2016 (zit.: *Bearbeiter*, in: *Henssler/Strohn* (Hrsg.), Gesellschaftsrecht)

Hertel, Christoph, Anm. zu OLG Schleswig, Beschl. v. 19. 8. 2013 – 3 Wx 60/13, ZEV 2014, S. 96–97.

Herweg, Cornelia: Die Vereinheitlichung des internationalen Erbrechts im europäischen Binnenmarkt, Baden-Baden 2004.

Hess, Burkhard: Anm. zu BGH, Beschl. v. 16.9.1993 – IX ZB 82/90, EWiR 1994, S. 51–52.

Heßler, Hans-Joachim: Sachrechtliche Generalklausel und internationales Familienrecht. Zu einer zweistufigen Theorie des internationalen Privatrechts, München 1984 (zit.: *Heßler*, Generalklausel).

ders.: Islamisch-rechtliche Morgengabe: vereinbarter Vermögensausgleich im deutschen Scheidungsfolgenrecht, Anm. zu BGH, 28.1.1987 – IV b ZR 10/86, IPRax 1988, S. 95–97.

Henrich, Dieter: Anordnungen für den Todesfall in Eheverträgen und das Internationale Privatrecht, in: Festschrift für Helmut Schippel, herausgegeben von der Bundesnotarkammer, München 1996, S. 905–917.

Herdegen, Matthias: Europarecht, 17. Aufl., München 2015.

Hirse, Thomas: Die Ausweichklausel im Internationalen Privatrecht, Tübingen 2006.

Hoff, George G., Adjustment of Conflicting Rights – A Suggested Substitute for the Method of Choice-of-Laws, Virginia Law Review 38 (1952), S. 745–768.

von Hoffmann, Bernd: Internationales Privatrecht einschließlich der Grundzüge des Internationalen Zivilverfahrensrechts, 7. Aufl., München 2002 (zit.: *von Hoffmann*, IPR (7. Aufl. 2002)).

ders./Thorn, Karsten: Internationales Privatrecht einschließlich der Grundzüge des Internationalen Zivilverfahrensrechts, 9. Aufl., München 2007 (zit.: von *Hoffmann/Thorn*, IPR).

Hohloch, Gerhard: Anm. zu OLG Stuttgart, Beschluss vom 8. 3. 2005 – 8 W 96/04, JuS 2005, S. 952–954.

ders.: Anm. zu OLG Köln, Urteil vom 8.03.1995 – 3 U 75/89, JuS 1996, S. 171–172.

Holl, Wolfgang/Klinke, Ulrich (Hrsg.): Internationales Privatrecht, Internationales Wirtschaftsrecht – Referate eines Symposiums der Alexander-von-Humboldt-Stiftung vom 26.–30. September 1983 in Ludwigsburg, Köln u.a. 1985 (zit.: *Bearbeiter*, in: *Holl/Klinke* (Hrsg.) Internationales Privatrecht, Internationales Wirtschaftsrecht).

Holleaux, Dominique; *Foyer, Jacques*; *de Geouffre de La Pradelle, Gérard*, Droit international privé, Paris 1987 (zit.: *Holleaux/Foyer/Geouffre de La Pradelle*, D.i.p.).

Hommelhoff, Peter: Die Auslegung angeglichenen Gesellschaftsrechts – eine Analyse der EuGH-Rechtsprechung, in: *Schulze, Reiner* (Hrsg.), Die Auslegung europäischen Privatrechts und angeglichenen Rechts, Baden-Baden 1999, S. 29–46.

Honsell, Heinrich; *Vogt, Nedim Peter*; *Schnyder, Anton K.*; *Berti, Stephen V.* (Hrsg.), Basler Kommentar Internationales Privatrecht, 3. Auflage, Basel 2013 (zit.: *Bearbeiter*, in: *Honsell* (Hrsg. u.a.), Basler Kommentar IPR)

Horn, Claus-Henrik: Das deutsche Zugewinnausgleichsviertel im internationalen Erbrecht, ZEV 2008, S. 417–421.

Hug, Sabine: Die Substitution im internationalen Privatrecht: anhand von Beispielen aus dem internationalen Familienrecht, München 1983 (zit.: *Hug*, Substitution).

Hübner, Leonhard: Kollisions- und europarechtliche Einordnung von § 62 S. 1 GmbHG, IPRax 2015, S. 297–303.

Hüßtege, Rainer/Mansel, Hans-Peter, Bürgerliches Gesetzbuch, Band 6 – Rom Verordnungen, EuErbVO, HUP, 2. Aufl., Baden-Baden 2015 (zit.: *Bearbeiter*, in: *Hüßtege/Mansel* (Hrsg.), NK-BGB).

Jahr, Günther: Internationale Geltung nationalen Rechts. Zur Relevanz internationalrechtlicher Fragestellungen für Praxis und Theorie des Rechts, RabelsZ 54 (1990), S. 481–532.

Jaksic, Aleksandar: An essay on inconsistency of the method of adjustment in the conflict of laws, in: Yearbook of Private International Law XVII (2015/2016), S. 527–549.

Jarass, Hans D.: Das Sprachenproblem in der Wissenschaft des Europarechts, in: *Schulze, Reiner/Ajani, Gianmaria* (Hrsg.), Gemeinsame Prinzipien des Europäischen Privatrechts. Common Principles of European Private Law, Baden-Baden 2013, S. 371–375 (zit.: *Jarass*, in: *Schulze/Ajani* (Hrsg.), Gemeinsame Prinzipien).

Jayme, Erik: Kodifikation und Allgemeiner Teil im IPR, in: *Leible, Stefan/Unberath, Hannes* (Hrsg.): Brauchen wir eine Rom 0-Verordnung?: Überlegungen zu einem allgemeinen Teil des europäischen IPR, Jena 2013, S. 33–49.

ders.: Rechtsvergleichung und kulturelle Identität: zugleich ein Blick in das italienische Risorgimento, Tübingen 2012 (zit.: *Jayme*, Rechtsvergleichung und kulturelle Identität).

ders.: Kulturelle Identität und Kindeswohl im internationalen Kindschaftsrecht, IPRax 1996, S. 237–244.

ders.: Internationales Familienrecht heute, in: *Dieckmann, Albrecht/Frank, Rainer/Hanisch, Hans/Simitis, Spiros* (Hrsg.), Festschrift für Wolfram Müller-Freienfels, Baden-Baden 1986, S. 341–375.

ders.: Auskunftsanspruch und Stufenklage bei ausländischem Erbstatut, Anm. zu AG Wolfratshausen, 25.11.1980 – 1 F 183/77, IPRax 1982, S. 11–12.

ders.: Zur Auslegung des § 1931 IV BGB bei ausländischem Ehegüterrechtsstatut, in: *Heldrich, Andreas* (Hrsg.), Festschrift für Murad Ferid, München 1978, S. 221–232.

ders.: Ausländische Rechtsregeln und Tatbestände inländischer Sachnormen. Betrachtungen zu Ehrenzweigs Datum-Theorie, in: *ders./Kegel, Gerhard* (Hrsg.), Gedächtnisschrift für Albert A. Ehrenzweig, Karlsruhe/Heidelberg 1976, S. 37–49.

ders./Haack, Hansjörg: Die Kommorientenvermutung im internationalen Erbrecht bei verschiedener Staatsangehörigkeit der Verstorbenen, ZVglRWiss 84 (1985), S. 80–96.

ders./Kohler, Christian: Europäisches Kollisionsrecht 2007: Windstille im Erntefeld der Integration, IPRax 2007, S. 493–506.

dies.: Europäisches Kollisionsrecht 2006: Eurozentrismus ohne Kodifikationsidee?, IPRax 2006, S. 537–550.

dies.: Europäisches Kollisionsrecht 1999 – Die Abendstunde der Staatsverträge, IPRax 1999, S. 401–413.

Joerges, Christian: Zum Funktionswandel des Kollisionsrechts. Die „Governmental Interest Analysis" und die „Krise des Internationalen Privatrechts", Berlin/Tübingen 1971 (zit.: *Joerges*, Funktionswandel des Kollisionsrechts).

Joubert, Natalie: Les règles de conflit spéciales en matière de délit dans le règlement du 11 juillet 2007 (Tome II), in: *dies./Corneloup, Sabine* (Hrsg.): Le règlement communautaire „Rome II" sur la loi applicable aux obligations non contractuelles, Paris 2011.

Juenger, Friedrich K.: Zum Wandel des Internationalen Privatrechts, Karlsruhe 1974.

ders., Choice of Law in Interstate Torts, University of Pennsylvania Law Review 118 (1969), S. 202–235.

Kadner Graziano, Thomas: Rechtsvergleichung vor Gericht – legitim, nützlich, praktikabel?, RIW 2014, S. 473–487.

ders.: Das auf außervertragliche Schuldverhältnisse anzuwendende Recht nach Inkrafttreten der Rom II-Verordnung, RabelsZ 73 (2009), S. 1–77.

Karpenstein, Ulrich: Praxis des EU-Rechts. Anwendung und Durchsetzung des Unionsrechts in der Bundesrepublik Deutschland, 2. Aufl., München 2013 (zit.: *Karpenstein*, Praxis des EU-Rechts).

Kegel, Gerhard: Das Ordnungsinteresse an realer Entscheidung im IPR und im internationalen Privatverfahrensrecht, in: *Basedow, Jürgen/Hopt, Klaus/Kötz, Hein* (Hrsg.), Festschrift für Ulrich Drobnig, Tübingen 1998, S. 315–336.

ders.: Begriffs- und Interessenjurisprudenz im Internationalen Privatrecht, in: Festschrift für Hans Lewald, Basel 1953, S. 259–288.

ders./Schurig, Klaus: Internationales Privatrecht, 9. Aufl., München 2004 (zit.: *Kegel/Schurig*, IPR).

Keller, Max/Siehr, Kurt: Allgemeine Lehren des internationalen Privatrechts, Zürich 1986 (zit.: *Keller/Siehr*, Allgemeine Lehren).

Kieninger, Eva Maria: Die weitere Kodifikation des europäischen IPR, IPRax 2017, S. 200–208.

dies.: Einführung, in: *dies./Remien, Oliver* (Hrsg.): Europäische Kollisionsrechtsvereinheitlichung, Baden-Baden 2012, S. 1–10.

dies.: Das Europäische IPR vor der Kodifikation?, in: *Kronke, Herbert/Thorn, Karsten* (Hrsg.): Grenzen überwinden – Prinzipien bewahren, Festschrift für Bernd von Hoffmann zum 70. Geburtstag, Bielefeld 2011, S. 184–197.

Kilian, Wolfgang: Anm. zu BGH, Urteil vom 24. 6. 1969 – VI ZR 53/67, NJW 1969, S. 2007.

Kohler, Christian: Interrogations sur les sources du droit international privé européen après le traité d'Amsterdam, Rev. crit. dr. int. pr. 88 (1999), S. 1–50.

Kono, Toshiyuki, Internationale Rechtshängigkeit durch japanische Schlichtungsverfahren?, IPRax 1990, S. 93–95.

Kowalczyk, Barbara: Spannungsverhältnis zwischen Güterrechtsstatut und Erbstatut nach den Kommissionsvorschlägen für das Internationale Ehegüter- und Erbrecht, GPR 2012, S. 212–217.

Koziol, Helmut/Welser, Rudolf; Kletecka, (Hrsg.): Grundriss des bürgerlichen Rechts

- Band 1: Allgemeiner Teil, Sachenrecht, Familienrecht, 12. Aufl., Wien 2002 (zit.: Koziol/Welser/*Bearbeiter*, Bürgerliches Recht I).
- Band 2: Schuldrecht Allgemeiner Teil, Schuldrecht Besonderer Teil, Erbrecht, 12. Aufl., Wien 2001 (zit.: Koziol/Welser/*Bearbeiter*, Bürgerliches Recht II).

Kramer, Ernst A.: Juristische Methodenlehre, 5. Aufl., München 2016.

Kreuzer, Karl Friedrich: Die Europäisierung des internationalen Privatrechts – Vorgaben des Gemeinschaftsrechts, in: *Müller-Graff, Peter-Christian* (Hrsg.), Gemeinsames Privatrecht in der Europäischen Gemeinschaft, 2. Aufl., Baden-Baden 2009, S. 459–542 (zit.: *Kreuzer*, in: *Müller-Graff* (Hrsg.), Gemeinsames Privatrecht in der Europäischen Gemeinschaft).

ders.: Was gehört in den Allgemeinen Teil eines Europäischen Kollisionsrechtes?, in: *Jud, Brigitta/Rechberger, Walter H./Reichelt, Gerte* (Hrsg.): Kollisionsrecht in der Europäischen Union. Neue Fragen des Internationalen Privat- und

Zivilverfahrensrechtes, Wien 2008, S. 1–62 (zit.: *Kreuzer*, in: *Jud/Rechberger/Reichelt* (Hrsg.), Kollisionsrecht in der EU).

ders.: Zu Stand und Perspektiven des Europäischen Internationalen Privatrechts. Wie europäisch soll das Europäische Internationale Privatrecht sein?, RabelsZ 70 (2006), S. 1–88.

ders.: Zur Funktion von kollisionsrechtlichen Berichtigungsklauseln, ZfRV 33 (1992), S. 168–192.

Kroiß, Ludwig/Ann, Christoph/Mayer, Jörg (Hrsg.): Nomos Kommentar BGB, Band 5: Erbrecht, §§ 1922-2385, 4. Aufl., Baden-Baden 2014 (zit.: NK/*Bearbeiter*).

Kroll-Ludwigs, Kathrin: Die Rolle der Parteiautonomie im europäischen Kollisionsrecht, Tübingen 2013.

Kropholler, Jan: Internationales Privatrecht einschließlich der Grundbegriffe des Internationalen Zivilverfahrensrechts, 6. Aufl., Tübingen 2006 (zit.: *Kropholler*, IPR).

ders.: Internationales Einheitsrecht. Allgemeine Lehren, Tübingen 1975.

ders.: Die Auslegung von EG-Verordnungen – Eine Skizze, in: *Basedow, Jürgen* (Hrsg. u.a.), Aufbruch nach Europa: 75 Jahre Max-Planck-Institut für Privatrecht, Tübingen 2001, S. 583–594 (zit.: *Kropholler*, in: *Basedow* (Hrsg. u.a.), Aufbruch nach Europa).

ders.: Die Anpassung im Kollisionsrecht, in: *Heldrich, Dieter* (Hrsg. u.a.), Konflikt und Ordnung, Festschrift für Murad Ferid zum 70. Geburtstag, München 1978, S. 279–289.

ders.: Die vergleichende Methode und das Internationale Privatrecht, ZVglRWiss 77 (1978), S. 1–20.

ders.: Die Rechtsnatur der Familienarbeit und die Ersatzpflicht bei Verletzung oder Tötung des mitarbeitenden Familienangehörigen, FamRZ 1969, S. 241–251.

ders./von Hein (Hrsg.): Europäisches Zivilprozessrecht, 9. Aufl., Frankfurt 2011.

dies.: Eine Auslegungskompetenz des Europäischen Gerichtshofs jenseits des Europäischen Gerichtsstands- und Vollstreckungsübereinkommens, in: *Hübner, Ulrich/Ebke, Werner F.* (Hrsg.), Festschrift für Bernhard Großfeld zum 65. Geburtstag, Heidelberg 1999, S. 615–629.

Krüger, Wolfgang; Rauscher, Thomas (Hrsg.): Münchener Kommentar zur Zivilprozessordnung, Band III: §§ 946-1117, EGZPO, GVG, EGGVG, UKlaG, Internationales und Europäisches Zivilprozessrecht (zit.: MüKo ZPO/*Bearbeiter*).

Kubis, Sebastian: Amtshaftung im GVÜ und ordre public, Anm. zu BGH, Beschl. v. 16.9.1993 – IX ZB 82/90, ZEuP 1995, S. 846–863.

Kunz, Lena: Die neue Europäische Erbrechtsverordnung – ein Überblick (Teil II), GPR 2012, S. 253–257.

Kühn, Anna-Lisa, Die gestörte Gesamtschuld im Internationalen Privatrecht, Tübingen 2014 (zit.: *Kühn*, Gestörte Gesamtschuld)

Kühne, Gunther: Internationales Privatrecht im 20. Jahrhundert. Der Einfluss von Gerhard Kegel und Alexander Lüderitz auf das Kollisionsrecht, ZVglRWiss 114 (2015), S. 355–366.

Lagarde, Paul: La règle de conflit applicable aux questions préalables, Rev. crit. dr. int. pr. 1960, S. 459–484.

Larenz, Karl/Canaris, Claus-Wilhelm: Methodenlehre der Rechtswissenschaft, 4. Aufl., Berlin u.a. 2014 (zit.: *Larenz/Canaris*, Methodenlehre).

Legrand, Pierre: European legal systems are not converging, International and Comparative Law Quarterly 45 (1996), S. 52–81.

Leflar, Robert A., Choice-Influencing Considerations in Conflicts Law, New York University Law Review 41 (1966), S. 267–327.

Lehmann, Matthias: Auf der Suche nach dem Sitz des Rechtsverhältnisses: Savigny und die Rom I-Verordnung, in: *Bernreuther, Jörn/Freitag, Robert/Leible, Stefan/Sippel, Harald/Wanitzek, Ulrike* (Hrsg.), Festschrift für Ulrich Spellenberg, München 2010, S. 245–260.

Leible, Stefan: Der Beitrag der Rom II-Verordnung zu einer Kodifikation der allgemeinen Grundsätze des Europäischen Kollisionsrechts, in: *Reichelt, Gerte* (Hrsg.), Europäisches Gemeinschaftsrecht und IPR. Ein Beitrag zur Kodifikation der Allgemeinen Grundsätze des Europäischen Kollisionsrechtes, Wien 2007, S. 31–54.

Lewald, Hans: Règles générales des conflits des lois. Contributions à la technique du droit international privé, Basel 1941 (zit: *Lewald*, Règles générales).

Lignier, Chloé/Geier, Anton: Die Verstärkte Zusammenarbeit in der Europäischen Union – Politischer Hintergrund, Bestandsaufnahme und Zukunftsperspektiven, RabelsZ 79 (2015), S. 546–588.

Looschelders, Dirk: Die Anpassung im Internationalen Privatrecht. Zur Methodik der Rechtsanwendung in Fällen mit wesentlicher Verbindung zu mehreren nicht miteinander harmonierenden Rechtsordnungen, Heidelberg 1995 (zit.: *Looschelders*, Anpassung).

ders.: Anm. zu BGH, Urt. v. 13.5.2015 – IV ZB 30/14, JR 2016, S. 197–200.

ders.: Qualifikations- und Anpassungsprobleme bei deutsch-italienischen Erbfällen, Anm. zu OLG Düsseldorf, 10.3.2015 – I-3 Wx 196/14, IPRax 2016, S. 349–353.

ders.: Die allgemeinen Lehren des Internationalen Privatrechts im Rahmen der Europäischen Erbrechtsverordnung, in: *Hilbig-Lugani, Katharina* (Hrsg. u.a.), Zwischenbilanz, Festschrift für Dagmar Coester-Waltjen, Bielefeld 2015, S. 531–542.

ders.: Anpassung und ordre public im Internationalen Erbrecht, in: *Kronke, Herbert/Thorn, Karsten* (Hrsg.), Grenzen überwinden – Prinzipien bewahren: Festschrift für Bernd von Hoffmann zum siebzigsten Geburtstag, Bielefeld 2011, S. 266–282.

ders.: Besprechung von: *Dannemann, Gerhard*: Die ungewollte Diskriminierung in der internationalen Rechtsanwendung. Zur Anwendung, Berücksichtigung und Anpassung von Normen aus unterschiedlichen Rechtsordnungen, Tübingen 2004, RabelsZ 70 (2006), S. 601–608.

ders.: Auslegung und Anpassung von Testamenten bei rechtlicher und faktischer Nachlassspaltung, Anm. zu BGH, 7.7.2004 – IV ZR 135/05, IPRax 2005, S. 232–235.

ders./Roth, Wolfgang: Juristische Methodik im Prozess der Rechtsanwendung: zugleich ein Beitrag zu den verfassungsrechtlichen Grundlagen von Gesetzesauslegung und Rechtsfortbildung, Berlin 1996 (zit.: *Looschelders/Roth*, Juristische Methodik).

Lorenz, Egon: Die Grundsätze des deutschen internationalen Betriebsverfassungsrechts, in: *Pfister, Bernhard* (Hrsg.), Festschrift für Werner Lorenz zum siebzigsten Geburtstag, Tübingen 1991, S. 441–469.

ders.: Zur Zweistufentheorie des IPR und zu ihrer Bedeutung für das neue internationale Versorgungsausgleichsrecht, FamRZ 1987, S. 645–653.

ders.: Zur Struktur des internationalen Privatrechts, Berlin 1977 (zit.: *E. Lorenz*, Struktur des IPR).

Lorenz, Stephan: Ehegattenerbrecht bei gemischt-nationalen Ehen – Der Einfluss des Ehegüterrechts auf die Erbquote, Anm. zu BGH, Urt. v. 13.5.2015 – IV ZB 30/14, NJW 2015, S. 2157–2160.

Lüderitz, Alexander: Internationales Privatrecht, 2. Aufl., Neuwied u.a. 1992 (zit.: *Lüderitz*, IPR).

Mac Eleavy Fiorini, Aude: Qu'y a-t-il un nom? Un vrai code pour le droit international privé européen, in: *Fallon, Marc/Lagarde, Paul/Poillot-Peruzzetto, Sylvaine* (Hrsg.): Quelle architecture pour un code européen de droit international privé?, Brüssel u.a., 2011, S. 27–48.

Magnus, Ulrich/Mankowski, Peter (Hrsg.): Brussels I Regulation, 2. Aufl., München 2012 (zit.: Magnus/Mankowski/*Bearbeiter*, Brussels I).

Magnus, Robert: Anm. zu BGH, Urt. v. 14.5.2014 – VIII ZR 266/13, LMK 2014, 361173

Mankowski, Peter: Das Verhältnis zwischen der EuErbVO und den neuen Verordnungen zum Internationalen Güterrecht, ZEV 2016, S. 479–486.

ders.: Anm. zu BGH, Urt. v. 13.5.2015 – IV ZB 30/14, FamRZ 2015, S. 1183–1184.

ders.: Anm. zu BGH, Urt. v. 14.5.2014 – VIII ZR 266/13, JZ 2015, S. 50–52.

ders.: Das erbrechtliche Viertel nach § 1371 Absatz 1 BGB im deutschen und europäischen Internationalen Privatrecht, ZEV 2014, S. 121–129.

ders.: Interessenpolitik und europäisches Kollisionsrecht. Rechtspolitische Überlegungen zur Rom I- und zur Rom II-Verordnung, Baden-Baden 2011 (zit.: *Mankowski*, Interessenpolitik und europäisches IPR).

ders.: Ausgewählte Einzelfragen zur Rom II-VO: Internationales Umwelthaftungsrecht, internationales Kartellrecht, renvoi, Parteiautonomie, IPRax 2010, S. 389–402.

ders.: Binnenmarkt-IPR – Eine Problemskizze, in: *Basedow* (Hrsg. u.a.), Aufbruch nach Europa: 75 Jahre Max-Planck-Institut für Privatrecht, Tübingen 2001, S. 595–615.

Mansel, Heinz-Peter: Personalstatut, Staatsangehörigkeit und Effektivität, München 1998 (zit.: *Mansel*, Personalstatut).

ders.: Privatrechtsdogmatik und Internationales Privatrecht, in: *Auer, Marietta* (u.a. Hrsg.): Privatrechtsdogmatik im 21. Jahrhundert, Festschrift für Claus-Wilhelm Canaris zum 80. Geburtstag, Berlin 2017: Privatrechtsdogmatik und Internationales Privatrecht, S. 739–788.

ders.: Parteiautonomie, Rechtsgeschäftslehre der Rechtswahl und Allgemeinen Teil des europäischen Kollisionsrechts, in: *Leible, Stefan*/*Unberath, Hannes* (Hrsg.), Brauchen wir eine Rom 0-Verordnung?: Überlegungen zu einem allgemeinen Teil des europäischen IPR, Jena 2013, S. 241–292.

ders.: Internationalprivatrechtliche Anpassung bei Liquidationsgesellschaften im deutsch-englischen Rechtsverkehr, in: *ders.*/*Krüger, Hilmar* (Hrsg.), Liber amicorum Gerhard Kegel, München 2002, S. 111–123.

ders.: Zum Systemwechsel im europäischen Kollisionsrecht nach Amsterdam und Nizza, in: *Dauner-Lieb, Barbara* et al.: Systemwechsel im europäischen Kollisionsrecht, Fachtagung der Bayer-Stiftung für deutsches und internationales Arbeits- und Wirtschaftsrecht am 17. und 18. Mai 2001, München 2002, S. 1–15.

ders.: Substitution im internationalen Zwangsvollstreckungsrecht – Zur funktionellen Rechtsvergleichung bei der Sachrechtsauslegung, in: *Pfister, Bernhard* (Hrsg.), Festschrift für Werner Lorenz zum siebzigsten Geburtstag, Tübingen 1991, S. 689–715.

Martiny, Dieter: Die Kommissionsvorschläge für das internationale Ehegüterrecht sowie für das internationale Güterrecht eingetragener Partnerschaften, IPRax 2011, S. 437–458.

Maury, Jacques: Règles générales de conflits de lois, Rec. 1936-III, S. 325–570.

Mäsch, Gerald: Zur Vorfrage im europäischen IPR, in: *Leible, Stefan/Unberath, Hannes* (Hrsg.): Brauchen wir eine Rom 0-Verordnung?: Überlegungen zu einem allgemeinen Teil des europäischen IPR, Jena 2013, S. 201–221.

Meeusen, Johan: Instrumentalisation of Private International Law in the European Union: Towards a European Conflicts Revolution?, European Journal of Migration and Law 9 (2007), S. 287–305.

Meyer-Sparenberg, Wolfgang: Staatsvertragliche Kollisionsnormen, Berlin 1990.

Miaja de la Muela, Adolfo: Derecho internacional privado, Tomo primero, Introduccion y parte general, 8. Aufl., Madrid 1981 (zit.: *Miaja de la Muela*, D.i.p.).

Michaels, Ralf: Die europäische IPR-Revolution. Regulierung, Europäisierung, Mediatisierung, in: *Baetge, Dietmar/von Hein, Jan/von Hinden, Michael* (Hrsg.), Die richtige Ordnung, Festschrift für Jan Kropholler, Tübingen 2008, S. 151–173.

ders., The New European Choice-of-Law Revolution, Tulane Law Review 82 (2008), S. 1607–1644.

Mingers, Gabriele: Der Auskunftsanspruch im internationalen Unterhaltsrecht, Freiburg 1997 (zit.: *Mingers*, Der Auskunftsanspruch).

Monleón, Nicole, Das neue internationale Privatrecht von Venezuela, Tübingen 2008 (zit.: *Monleón*, Das neue IPR von Venezuela)

Musielak, Hans-Joachim/Voit, Wolfgang (Hrsg.): Kommentar zur Zivilprozessordnung, 14. Auflage, München 2017 (zit.: Musielak/Voit/*Bearbeiter*).

Müller-Freienfels, Wolfram: Zur kollisionsrechtlichen Abgrenzung von Ehegüterrecht und Erbrecht, in: *Lauterbach, Wolfgang* (Hrsg.), Vorschläge und Gutachten zur Reform des deutschen internationalen Erbrechts, Berlin/Tübingen 1969, S. 42–60.

Münchener Kommentar: siehe *Säcker/Rixecker/Oetker*.

Nehne, Timo: Methodik und allgemeine Lehren des europäischen Internationalen Privatrechts, Tübingen 2012 (zit.: *Nehne*, Methodik und allgemeine Lehren).

Neubecker, Friedrich Karl: Der Ehe- und Erbvertrag im internationalen Verkehr, Leipzig 1914 (zit.: *Neubecker*, Ehe- und Erbvertrag).

Neuhaus, Paul Heinrich: Die Grundbegriffe des Internationalen Privatrechts, 2. Aufl., Tübingen 1976 (zit.: *Neuhaus*, Grundbegriffe).

ders.: Empfiehlt sich eine Kodifizierung des Internationalen Privatrechts?, RabelsZ 37 (1973), S. 453–465.

ders.: Savigny und die Rechtsfindung aus der Natur der Sache, RabelsZ 15 (1949/50), S. 346–368.

Nietner, *Sarah*: Internationaler Entscheidungseinklang im europäischen Kollisionsrecht, Tübingen 2016 (zit.: *Nietner*, Internationaler Entscheidungseinklang).

Ochoa Munoz, *Javier L.*, La adaptación en el derecho internacional privado, in: FS Rouvier (Hrsg.: *Fernando Parra Aranguren*), Caracas 2003, S. 433–479.

Offerhaus, *Johannes*: Aanpassing in het internationaal privaatrecht, in: Mededelingen der Koninklijke Nederlandse Akademie van Wetenschappen, Nieuwe Reeks, Deel 26, Afdeling Letterkunde – Nos. 1–12, Amsterdam 1963, S. 159–197.

ders.: Anpassung und Gesetzesauslegung im internationalen Privatrecht, ZfRV 5 (1964), S. 65–79.

Oppermann, *Thomas*/*Classen*, *Claus Dieter*/*Nettesheim*, *Martin*: Europarecht. Ein Studienbuch, 7. Aufl., München 2016 (zit.: *Oppermann*/*Classen*/*Nettesheim*, Europarecht).

Paffhausen, *Patricia*: EuErbVO und GüterrechtsVO in Konflikt – Die Anpassung im europäischen Kollisionsrecht, Bucerius Law Journal 2014, S. 10–15.

Palandt, *Otto*: Bürgerliches Gesetzbuch mit Nebengesetzen, 77. Aufl., München 2018 (zit.: *Palandt*/Bearbeiter).

Pamboukis, *Haris P.* (Hrsg.), EU Succession Regulation No 650/2012 – A Commentary, Athen 2017 (zit.: *Bearbeiter*, in: *Pamboukis* (Hrsg.), EU Succession Regulation).

Papantoniou, *Nik*: Die Auswirkungen des Zugewinnausgleichs auf das Erbrecht. Rechtsvergleichende Bemerkungen zum griechischen und deutschen Recht, FamRZ 1988, S. 683–687.

Pawlowski, *Hans-Martin*: Einführung in die juristische Methodenlehre, 2. Aufl., Heidelberg 2000.

Pirrung, *Jörg*: Internationales Privat- und Verfahrensrecht nach dem Inkrafttreten der Neuregelung des IPR: Texte, Materialien, Hinweise, Köln 1987 (zit.: *Pirrung*, Internationales Privat- und Verfahrensrecht nach dem Inkrafttreten der Neuregelung des IPR).

Pitschas, *Rainer*: Verfassungsrechtliche Vorgaben für das Staatsangehörigkeitsprinzip des Internationalen Privatrechts, in: *Jayme*, *Erik*/*Mansel*, *Heinz-Peter* (Hrsg.), Nation und Staat im Internationalen Privatrecht. Zum kollisionsrechtlichen Staatsangehörigkeitsprinzip in verfassungsrechtlicher und internationalprivatrechtlicher Sicht, Heidelberg 1990, S. 93–124 (zit.: *Pitschas*, in: *Jayme*/*Mansel* (Hrsg.), Nation und Staat im IPR).

Potacs, *Michael*: Effet utile als Auslegungsgrundsatz, EuR 2009, S. 465–487.

Prütting, Hanns/Wegen, Gerhard/Weinreich, Gerd (Hrsg.), BGB Kommentar, 12. Aufl., Köln 2017 (zit.: *Bearbeiter*, in: Prütting/Wegen/Weinreich (Hrsg.), BGB).

Raape, Leo/Sturm, Fritz: Internationales Privatrecht, Band I: Allgemeine Lehren, München 1977 (zit.: *Raape/Sturm*, IPR).

Rabel, Ernst: Das Problem der Qualifikation, RabelsZ 5 (1931), S. 241–288.

Rauscher, Thomas: Internationales Privatrecht, 5. Aufl., Heidelberg u.a. 2017 (zit.: *Rauscher*, IPR).

ders.: Europäisches Zivilprozess- und Kollisionsrecht, Band III: Rom I-VO, Rom II-VO, 4. Aufl., Köln 2016 (zit.: Rauscher/*Bearbeiter*, EuZPR/EuIPR).

ders.: Europäisches Zivilprozess- und Kollisionsrecht, Band V: KSÜ, EU-ErbVO, HUntStProt 2007, Rom III-VO, 4. Aufl., Köln 2016 (zit.: Rauscher/*Bearbeiter*, EuZPR/EuIPR)

Reich, Anne-Katrin, Neue Kollisionsnormen im finnischen Erbgesetzbuch, IPRax 2002, S. 548–551.

Reichelt, Gerte: Zur Kodifikation des Europäischen Kollisionsrechts – am Beispiel des ordre public, in: dies. (Hrsg.), Europäisches Gemeinschaftsrecht und IPR. Ein Beitrag zur Kodifikation der Allgemeinen Grundsätze des Europäischen Kollisionsrechtes, Wien 2007, S. 5–11.

Reimann, Wolfgang: Anm. zu BGH, Urt. v. 13.5.2015 – IV ZB 30/14, ZEV 2015, S. 413.

Reimann, Mathias, Choice of Law Codification in Modern Europe: The Costs of Multi-Level Law-Making, in: Creighton Law Review 49 (2016), S. 507–522

Reimer, Franz: Juristische Methodenlehre, Baden-Baden 2016.

Remien, Oliver: Unsicherheiten bei astreinte, dwangsom und Zwangsgeld im Europäischen Rechtsraum – zu Art. 55 EuGVVO 1215/2012 / Art. 49 EuGVVO 44/2001 sowie der GMVO in der Rechtspraxis, in: *Hilbig-Lugani, Katharina* (Hrsg. u.a.), Zwischenbilanz, Festschrift für Dagmar Coester-Waltjen, Bielefeld 2015, S. 661–680.

ders.: Engste Verbindung und Ausweichklauseln, in: *Leible, Stefan/Unberath, Hannes* (Hrsg.): Brauchen wir eine Rom 0-Verordnung?: Überlegungen zu einem allgemeinen Teil des europäischen IPR, Jena 2013, S. 223–240.

Renner, Moritz: Ordre public und Eingriffsnormen – Konvergenzen und Divergenzen zwischen IPR und IZVR, in: *von Hein, Jan/Rühl, Giesela* (Hrsg.), Kohärenz im Internationalen Privat- und Verfahrensrecht der Europäischen Union, S. 359–378.

Rentsch, Bettina: Der gewöhnliche Aufenthalt im System des europäischen Kollisionsrechts, Tübingen 2017.

dies.: Anm. zu EuGH, Urt. v. 1.03.2018 – C-558/16, NZFam 2018, S. 372.

Rieländer, Frederick, Überlegungen zu einem Allgemeinen Teil des europäischen Kollisionsrechts, in: Jahrbuch Junger Zivilrechtswissenschaftler 2016, München 2016, S. 303–333.

Riesenhuber, Karl (Hrsg.): Europäische Methodenlehre: Handbuch für Ausbildung und Praxis, 3. Aufl., Berlin u.a. 2015 (zit.: *Bearbeiter*, in: *Riesenhuber* (Hrsg.), Europäische Methodenlehre).

Rigaux, François: Droit international privé, 3. Aufl., Brüssel 2005 (zit.: *Rigaux*, D.i.p. I).

ders.: La théorie des qualifications en droit international privé, Brüssel 1956 (zit.: *Rigaux*, La théorie des qualifications).

Robbers, Gerhard: Bemerkungen zur Sprachenfrage in der Europäischen Union, in: *Schulze, Reiner/Ajani, Gianmaria* (Hrsg.), Gemeinsame Prinzipien des Europäischen Privatrechts. Common Principles of European Private Law, Baden-Baden 2013, S. 419–424 (zit.: *Robbers*, in: *Schulze/Ajani* (Hrsg.), Gemeinsame Prinzipien).

Roth, Wulf-Henning: Internationales Versicherungsvertragsrecht. Das Versicherungsverhältnis im internationalen Vertragsrecht – Zugleich ein Beitrag zum Schutz des schwächeren Vertragspartners im IPR und zur Dienstleistungsfreiheit in der Europäischen Gemeinschaft, Tübingen 1985 (zit.: *Roth*, Internationales Versicherungsvertragsrecht).

ders.: Europäische Kollisionsrechtsvereinheitlichung: Überblick – Kompetenzen – Grundfragen, in: *Kieniger, Eva Maria/Remien, Oliver (Hrsg.)*: Europäische Kollisionsrechtsvereinheitlichung, Baden-Baden 2012, S. 11–49.

ders.: Europäische Kollisionsrechtsvereinheitlichung. Überblick – Kompetenzen – Grundfragen, EWS 2011, S. 314–328.

ders.: Europäische Verfassung und europäische Methodenlehre, RabelsZ 75 (2011), S. 787–844.

Rugullis, Sven: Commorientes internationales – Kommorienten in der Rechtsvergleichung und im Internationalen Privatrecht, ZVglRWiss 113 (2014), S. 186–212.

Rummel, Peter (Hrsg.): Kommentar zum Allgemeinen Bürgerlichen Gesetzbuch, 3. Aufl., Wien 2000 (zit.: Rummel/*Bearbeiter*, Kommentar zum ABGB).

Rühl, Giesela: Rechtswahlfreiheit im europäischen Kollisionsrecht, in: *Baetge, Dietmar*; *von Hein, Jan*; *von Hinden, Michael* (Hrsg.), Die richtige Ordnung – Festschrift für Jan Kropholler, Tübingen 2008, S. 187–209.

dies.: Rechtsvergleichung und europäisches Kollisionsrecht: Die vergessene Dimension, in: *Zimmermann, Reinhard* (Hrsg.): Zukunftsperspektiven der Rechtsvergleichung, Tübingen 2016, S. 103–138.

dies./von Hein, Jan: Towards a European Code of Private International Law?, RabelsZ 79 (2015), S. 701–751.

Samtleben, Jürgen: Internationales Privatrecht in Panama – eine neue Kodifikation in Lateinamerika, RabelsZ 82 (2018), S. 52–135.

Sakka, Samy, Der pauschalierte Zugewinnausgleich und das Europäische Nachlasszeugnis, MittBayNot 2018, S. 4–9.

v. Savigny, Friedrich Carl: System des heutigen Römischen Rechts, Band VIII, 2. Neudr. der Ausgabe Berlin 1849, Aalen 1981.

Säcker, Franz Jürgen/Rixecker, Roland/Oetker, Hartmut/Limperg, Bettina (Hrsg.): Münchener Kommentar zum Bürgerlichen Gesetzbuch, Band 5: Schuldrecht – Besonderer Teil, §§ 705-853, Partnerschaftsgesellschaftsgesetz – Produkthaftungsgesetz, 6. Aufl., München 2013 (zit.: MüKo/*Bearbeiter*).

dies.: Münchener Kommentar zum Bürgerlichen Gesetzbuch, Band 6: Sachenrecht, §§ 854-1296 – WEG – ErbbauRG, 6. Aufl., München 2013 (zit.: MüKo/*Bearbeiter*).

dies.: Münchener Kommentar zum Bürgerlichen Gesetzbuch, Band 7: Familienrecht I, §§ 1297-1588 – VersAusglG – GewSchG – LPartG, 6. Aufl., München 2013 (zit.: MüKo/*Bearbeiter*).

dies.: Münchener Kommentar zum Bürgerlichen Gesetzbuch, Band 9: §§ 1922-2385, §§ 27-35 BeurkG, 6. Aufl., München 2013 (zit.: MüKo/*Bearbeiter*).

dies.: Münchener Kommentar zum Bürgerlichen Gesetzbuch, Band 11: Internationales Privatrecht I, Europäisches Kollisionsrecht, Einführungsgesetz zum Bürgerlichen Gesetzbuche (Art. 1-26). 7. Aufl., München 2018 (zit.: MüKo/*Bearbeiter*).

dies.: Münchener Kommentar zum Bürgerlichen Gesetzbuch, Band 12: Internationales Privatrecht II, Internationales Wirtschaftsrecht, Einführungsgesetz zum Bürgerlichen Gesetzbuche (Art. 50-253) (zit.: MüKo/*Bearbeiter*).

Säcker, Franz Jürgen/Rixecker, Roland (Hrsg.): Münchener Kommentar zum Bürgerlichen Gesetzbuch, Band 10: Internationales Privatrecht, Rom I-Verordnung, Rom II-Verordnung, Einführungsgesetz zum Bürgerlichen Gesetzbuche (Art. 1-24). 5. Aufl., München 2010 (zit.: MüKo/*Bearbeiter*).

Schack, Haimo: Das IPR – ein Buch mit sieben Siegeln, reif für das Antiquariat?, in: *Krüger, Hilmar* (Hrsg.), Liber amicorum Gerhard Kegel, München 2002, S. 179–198.

Schäuble, Daniel: Anm. zu BGH, Urt. v. 13.5.2015 – IV ZB 30/14, NZFam 2015, S. 761–762.

Scheucher, Leo: Einige Bemerkungen zum Qualifikationsproblem, ZfRV 2 (1961), S. 228–233.

Schmidt, Marek: Privatrechtsangleichende EU-Richtlinien und nationale Auslegungsmethoden, RabelsZ 59 (1995), S. 569–597.

Schnyder, Anton, K., Die Anwendung des zuständigen fremden Sachrechts im internationalen Privatrecht, Zürich 1981 (zit.: *Schnyder*, Anwendung fremden Sachrechts).

Schroeder, Werner: Die Auslegung des EU-Rechts, JuS 2004, S. 180–186.

Schroeter, Ulrich/Nemeczek, Heinrich: Zum anwendbaren Recht für Aufrechnung gegen Forderung aus internationalem Kauf, Anm. zu BGH, Urt. v. 14.5.2014 – VIII ZR 266/13, EWiR 2014, S. 775–776.

Schröder, Jochen: Die Anpassung von Kollisions- und Sachnormen, Berlin 1961 (zit.: *Schröder*, Anpassung).

Schulze, Reiner (Hrsg.): Auslegung europäischen Privatrechts und angeglichenen Rechts, Baden-Baden 1999 (zit. *Bearbeiter*, in: *Schulze* (Hrsg.), Auslegung europäischen Privatrechts).

Schurig, Klaus: Kollisionsnorm und Sachrecht. Zu Struktur, Standort und Methode des internationalen Privatrechts, Berlin 1981.

ders.: Das internationale Erbrecht wird europäisch – Bemerkungen zur kommenden Europäischen Verordnung, in: *Bernreuther, Jörn/Freitag, Robert/Leible, Stefan/Sippel, Harald/Wanitzek, Ulrike* (Hrsg.), Festschrift für Ulrich Spellenberg, München 2010, S. 343–353.

ders.: Zwingendes Recht, „Eingriffsnormen“ und neues IPR, RabelsZ 54 (1990), S. 217–250.

ders.: Erbstatut, Güterrechtsstatut, gespaltenes Vermögen und ein Pyrrhussieg, Anm. zu OLG Karlsruhe, Beschl. v. 29.6.1989 – 11 W 86/89, IPRax 1990, S. 389–393

Schwander, Ivo: Lois d'application immédiate. Sonderanknüpfung, IPR-Sachnormen und andere Ausnahmen von der gewöhnlichen Anknüpfung im internationalen Privatrecht, Zürich 1975 (zit.: *Schwander*, Lois).

Schwarz, Ulrich: Der Zugewinnausgleich im Todesfall bei Anwendung ausländischen Erbrechts, Tübingen 1964.

Schwarze, Jürgen (Hrsg.), EU Kommentar – EUV/AEUV, 3. Aufl., Baden-Baden 2012 (zit.: *Bearbeiter*, in: *Schwarze* (Hrsg.), EUV/AEUV).

ders.: Die Befugnis zur Abstraktion europäischen Gemeinschaftsrecht: eine Untersuchung zur Rechtsprechung des Europäischen Gerichtshofes, Baden-Baden 1976 (zit.: *Schwarze*, Die Befugnis zur Abstraktion im Europäischen Gemeinschaftsrecht).

Schwimann, Michael: Internationales Privatrecht einschließlich Europarecht, 3. Aufl., Wien 2001 (zit.: *Schwimann*, IPR).

ders., Die Schwierigkeiten der Qualifikation im IPR, Österreichische Juristenzeitung 35 (1980), S. 7–11.

Schwind, Fritz: Internationales Privatrecht. Lehr- und Handbuch für Theorie und Praxis, Wien 1990 (zit.: *Schwind*, IPR).

ders.: Das österreichische IPR-Gesetz im deutschsprachigen Rechtskreis, RabelsZ 54 (1990), S. 251–268.

ders.: Handbuch des Österreichischen Internationalen Privatrechts, Wien/New York 1975 (zit.: *Schwind*, Handbuch).

ders.: Von der Zersplitterung des Privatrechts durch das Internationale Privatrecht und ihrer Bekämpfung, RabelsZ 23 (1958), S. 449–465.

Siehr, Kurt: Internationales Privatrecht. Deutsches und europäisches Kollisionsrecht für Studium und Praxis, Heidelberg 2001 (zit.: *Siehr*, IPR).

ders.: Die Kodifikation des Europäischen IPR – Hindernisse, Aufgaben und Lösungen, in: *Jud, Brigitta/Rechberger, Walter H./Reichelt, Gerte* (Hrsg.): Kollisionsrecht in der Europäischen Union. Neue Fragen des Internationalen Privat- und Zivilverfahrensrechtes, Wien 2008, S. 77–95 (zit.: *Siehr*, in: *Jud/Rechberger/Reichelt* (Hrsg.), Kollisionsrecht in der EU).

ders.: Sachrecht im IPR, transnationales Recht und lex mercatoria, in: *Holl, Wolfgang/Klinke, Ulrich* (Hrsg.), Internationales Privatrecht, Internationales Wirtschaftsrecht, Köln u.a. 1985, S. 103–126.

ders.: Wechselwirkungen zwischen Kollisionsrecht und Sachrecht, RabelsZ 37 (1973), S. 466–484.

Soergel, Hans Theodor: Kommentar zum Bürgerlichen Gesetzbuch, hrsg. von *Siebert, W./Baur, Jürgen F.*, Band 21, Erbrecht 1, §§ 1922-2063, 13. Aufl., Stuttgart 2002 (zit.: Soegel/*Bearbeiter*).

ders.: Kommentar zum Bürgerlichen Gesetzbuch, hrsg. von *Siebert, W./Baur, Jürgen F.*, Band 10, Einführungsgesetz, 12. Aufl., Stuttgart u.a. 1996 (zit.: Soergel/*Bearbeiter*).

Solomon, Dennis: Die Anknüpfung von Vorfragen im Europäischen Internationalen Privatrecht, in: *Bernreuther, Jörn/Freitag, Robert/Leible, Stefan/Sippel, Harald/Wanitzek, Ulrike* (Hrsg.), Festschrift für Ulrich Spellenberg, München 2010, S. 355–370.

Sonnenberger, Hans Jürgen: Grenzen der Verweisung durch europäisches internationales Privatrecht, IPRax 2011, S. 325–335.

ders.: Randbemerkungen zum Allgemeinen Teil eines europäisierten IPR, in: *Baetge, Dietmar/von Hein, Jan/von Hinden, Michael* (Hrsg.), Die richtige Ordnung. Festschrift für Jan Kropholler zum siebzigsten Geburtstag, Tübingen 2008, S. 227–246).

Staudinger, Julius von: Julius von Staudingers Kommentar zum Bürgerlichen Gesetzbuch mit Einführungsgesetz und Nebengesetzen:

- Einführungsgesetz zum Bürgerlichen Gesetzbuche/IPR, Art. 43-46 (Internationales Sachenrecht), Berlin 2015 (zit.: Staudinger/*Mansel*).
- Einführungsgesetz zum Bürgerlichen Gesetzbuche/IPR, Art 25, 26 EGBGB (Internationales Erbrecht), Neubearb. 2007, Berlin 2007 (zit.: Staudinger/*Dörner*).
- Einführungsgesetz zum Bürgerlichen Gesetzbuche/IPR, Art. 13-17b EGBGB, Anh. zu Art. 13 EGBGB: Verlöbnis und nichteheliche Lebensgemeinschaft (Internationales Eherecht), Berlin 2011 (zit.: Staudinger/*Mankowski*).
- Einführungsgesetz zum Bürgerlichen Gesetzbuche/IPR, Internationales Privatrecht (Einleitung zum IPR), Neubearb. 2012, Berlin 2012 (zit.: Staudinger/*Sturm/Sturm*).
- Buch 2 – Recht der Schuldverhältnisse: §§ 840-853 (Unerlaubte Handlungen 5), Neubearb. 2015, Berlin 2015 (zit.: Staudinger/*Bearbeiter*).

Steindorff, Ernst: Sachnormen im IPR, Frankfurt a.M. 1958.

Steinmetz, Alexander/Löber, Jan/García Alcázar, Rocío: Die EuErbVO und ihre Anwendbarkeit im Mehrrechtsstaat Spanien, ZEV 2013, S. 535–539.

Stoll, Hans: Besprechung von: *Rohe, Mathias*: Zu den Geltungsgründen des Deliktsstatuts, Tübingen 1994, JZ 1996, S. 141–142.

ders.: Rechtliche Inhaltskontrolle bei internationalen Handelsgeschäften, in: *Musielak, Hans-Joachim* (Hrsg.), Festschrift für Gerhard Kegel, Stuttgart u.a. 1987, S. 623–662.

ders.: Bemerkungen zu den Vorschriften über den „Allgemeinen Teil“ im Gesetzesentwurf der Bundesregierung zur Neuregelung des IPR (Art 3-9, 11-12), IPRax 1984, S. 1–5.

ders.: Deliktsstatut und Tatbestandswirkung ausländischen Rechts, in: *Feuerstein, Peter* (Hrsg.), Multum non multa, Festschrift für Kurt Lipstein, Heidelberg/Karlsruhe 1980, S. 259–277.

ders.: Besprechung von: Schröder, Jochen, Die Anpassung von Kollisions- und Sachnormen, Berlin 1961, FamRZ 1963, S. 318–319.

Streinz, Rudolf (Hrsg.): EUV/AEUV: Vertrag über die Europäische Union und Vertrag über die Arbeitsweise der Europäischen Union, 2. Aufl., München 2012 (zit.: Streinz/*Bearbeiter*, EUV/AEUV).

Süß, Rembert (Hrsg.): Erbrecht in Europa, 3. Aufl., Bonn 2016 (zit.: *Bearbeiter*, in: *Süß* (Hrsg.), Erbrecht in Europa).

ders.: Anm. zu BGH, Urt. v. 13.5.2015 – IV ZB 30/14, MittBayNot 2015, S. 510–511.

ders.: Das Vindikationslegat im Internationalen Privatrecht, RabelsZ 65 (2001), S. 245–263.

Thomale, Chris: Die Gründungstheorie als versteckte Kollisionsnorm – Höchstrichterliche Fortbildung des internationalen Gesellschaftsrechts anhand von Art. 22 Nr. 2 EuGVO, NZG 2011, S. 1290–1293.

Thomas, Heinz/Putzo, Hans: Zivilprozessordnung (Kommentar), 38. Aufl., München 2017 (zit.: Thomas/Putzo/*Bearbeiter*, ZPO).

Tomuschat, Christian, Die gerichtliche Vorabentscheidung nach den Verträgen über die europäischen Gemeinschaften, Köln und Berlin 1964 (zit.: *Tomuschat*, Gerichtliche Vorabentscheidung).

Traynor, Roger J.: Is This Conflict Really Necessary?, Texas Law Review 37 (1959), S. 657–675.

Trüten, Dirk: Die Entwicklung des Internationalen Privatrechts in der Europäischen Union. Auf dem Weg zu einem europäischen IPR-Gesetz, Bern 2015 (zit.: *Trüten*, Die Entwicklung des IPR in der EU).

Unger, Elisabeth: Anm. zu AG Berlin-Tempelhof-Kreuzberg, Urteil vom 28.01.2009 – 172 F 6840/08, FamFR 2009, S. 27.

Ungerer, Johannes: Das europäische IPR auf dem Weg zum Einheitsrecht, Beiträge zum transnationalen Wirtschaftsrecht, Band 135, Halle (Saale) 2015.

van Venrooy, Gerd: Inländische Wirkung ausländischer Vindikationslegate, ZVglRWiss 85 (1986), S. 205–236.

ders.: Internationalprivatrechtliche Substitution, Konstanz 1999.

Vékás, Lajos: Wertorientierung und ihre Grenzen im IPR, in: *Holl, Wolfgang/Klinke, Ulrich* (Hrsg.): Internationales Privatrecht, Internationales Wirtschaftsrecht – Referate eines Symposiums der Alexander-von-Humboldt-Stiftung vom 26.–30. September 1983 in Ludwigsburg, Köln u.a. 1985, S. 145–159.

Verschraegen, Bea: Internationales Privatrecht. Ein systematischer Überblick, Wien 2012 (zit.: *Verschraegen*, IPR).

Vischer, Frank: Die rechtsvergleichenden Tatbestände im internationalen Privatrecht, Basel 1953 (zit.: *Vischer*, Tatbestände).

Vitta, Edoardo: Corso di diritto internazionale privato e processuale, 4. Aufl., Turin 1992 (zit.: Vitta, Corso.

Vogenauer, Stefan: Die Auslegung von Gesetzen in England und auf dem Kontinent – Eine vergleichende Untersuchung der Rechtsprechung und ihrer historischen Grundlagen – Band 1, Tübingen 2001 (zit.: *Vogenauer*, Die Auslegung von Gesetzen).

Vrellis, Spyridon: The Validity of a Choice of Court Agreement Under the Hague Convention of 2005, in: *Basedow, Jürgen/Meier, Isaak/Schnyder, Anton K./-Einhorn, Talia/Girsberger, Daniel* (Hrsg.), Private law in the international arena. From national conflict rules towards harmonization and unification, Liber amicorum Kurt Siehr, Den Haag 2000, S. 829–841.

Wagner, Gerhard: Die neue Rom II-Verordnung, IPRax 2008, S. 1–17.

Wagner, Rolf: Das Europäische Kollisionsrecht im Spiegel der Rechtspolitik, in: *Arnold, Stefan* (Hrsg.), Grundfragen des Europäischen Kollisionsrechts, Tübingen 2016, S. 105–132.

ders.: Das rechtspolitische Umfeld für eine Rom 0-Verordnung, in: *Leible, Stefan/Unberath, Hannes* (Hrsg.), Brauchen wir eine Rom 0-Verordnung?, Überlegungen zu einem allgemeinen Teil des europäischen IPR, Jena 2013, S. 51–79.

ders.: Konturen eines Gemeinschaftsinstruments zum internationalen Güterrecht unter besonderer Berücksichtigung des Grünbuchs der Europäischen Kommission, FamRZ 2009, S. 269–281.

Walther, Bianca: Die Qualifikation des § 1371 Abs 1 BGB im Rahmen der europäischen Erb- und Güterrechtsverordnungen, GPR 2014, S. 325–329.

Wandt, Manfred: Internationale Produkthaftung, Heidelberg 1995.

Weber, Johannes: Kubicka und die Folgen: Vindikationslegate aus Sicht des deutschen Immobiliarsachenrechts – Zugleich Anmerkungen zum Urt. des EuGH v. 12. 10. 2017 – Rs. C-218/16, DNotZ 2018, S. 16–32.

ders.: Interdependenzen zwischen Europäischer Erbrechtsverordnung und Ehegüterrecht – de lege lata und de lege ferenda, DNotZ 2016, S. 424–441.

Weller, Marc-Philippe: Die Grenze der Vertragstreue von (Krisen-)Staaten: zur Einrede des Staatsnotstands gegenüber privaten Anleihegläubigern, Tübingen 2013.

ders.: Vom Staat zum Menschen: Die Methodentrias des Internationalen Privatrechts unserer Zeit, in: RabelsZ 81 (2017), S. 747–780.

ders.: Wissenszurechnung in grenzüberschreitenden Unternehmensstrafverfahren, ZGR 2016, S. 384–413.

ders.: Anknüpfungsprinzipien im Europäischen Kollisionsrecht – eine neue „kopernikanische Wende“?, in: *Arnold, Stefan* (Hrsg.), Grundfragen des Europäischen Kollisionsrechts, Tübingen 2016.

ders.: Die neue Mobilitätsanknüpfung im Internationalen Familienrecht – Abfederung des Personalstatutenwechsels über die Datumtheorie, IPRax 2014, S. 225–233.

ders.: Anknüpfungsprinzipien im Europäischen Kollisionsrecht – Abschied von der klassischen IPR-Dogmatik?, IPRax 2011, S. 429–437.

ders.: Les rattachements dans les conflits des lois, in: *Fallon, Marc/Lagarde, Paul/Poillot-Peruzzetto, Sylvaine* (Hrsg.): Quelle architecture pour un code européen de droit international privé?, Brüssel u.a., 2011, S. 327–334.

ders.: Internationales Unternehmensrecht 2010 – IPR-Methodik für grenzüberschreitende gesellschaftsrechtliche Sachverhalte, ZGR 2010, S. 679–709.

Weller, Matthias (Hrsg.): Europäisches Kollisionsrecht, Baden-Baden 2016 (zit.: *Bearbeiter*, in: *Matthias Weller* (Hrsg.)).

Wendehorst, Christiane: Kollisionsnormen im primären Europarecht?, in: *Lorenz, Stephan* (Hrsg. u.a.), Festschrift für Andreas Heldrich, München 2005, S. 1071–1090.

dies.: Tatbestand – Reichweite – Qualifikation, in: *Coester, Michael/Martiny, Dieter/Prinz von Sachsen Gessaphe, August* (Hrsg.), Privatrecht in Europa: Vielfalt, Kollision, Kooperation, Festschrift für Jürgen Sonnenberger, München 2004, S. 743–758.

Wendelstein, Christoph, Die internationale Prozessaufrechnung mit einer dem italienischen Recht unterstehenden Gegenforderung – Anm. zu BGH, 14.5.2014 – VIII ZR 266/13, in: IPRax 2016, S. 572–575

Wengler, Wilhelm: Internationales Privatrecht, Band I, Berlin/New York 1981 (zit.: *Wengler*, IPR I).

ders.: Die Gegenseitigkeit von Rechtslagen im internationalen Privatrecht, in: Berliner Festschrift für Ernst E. Hirsch, Berlin 1968, S. 211–237.

ders.: Das Gleichheitsprinzip im Kollisionsrecht, Festschrift für Eranion Maridakis, Band III, Athen 1964, S. 323–379.

ders.: The General Principles of Private International Law, Rec. 1961-III, S. 273–469.

ders.: Réflexions sur la technique des qualifications en droit international privé, Rev. crit. dr. int. pr. 1954, S. 661–691.

ders.: Die Qualifikation der materiellen Rechtssätze im internationalen Privatrecht, in: Festschrift für Martin Wolff, Tübingen 1952, S. 337–374.

ders.: Die Funktion der richterlichen Entscheidung über internationale Rechtsverhältnisse: Feststellung und Gestaltung im Internationalen Privatrecht, RabelsZ 16 (1951), S. 1–31.

Westen, Peter Kay, False Conflicts, California Law Review 55 (1967), S. 74–122.

Wiedemann, Denise: Anm. zu BGH, Urt. v. 13.5.2015 – IV ZB 30/14, RPfleger 2015, S. 649–651.

Wigny, Pierre: Remarques sur le problème des qualifications, Rev. crit. dr. int. pr. 1936, S. 392–429.

Wilke, Felix M.: Einführung zu: *Leible, Stefan/Unberath, Hannes* (Hrsg.), Brauchen wir eine Rom 0-Verordnung?, Überlegungen zu einem allgemeinen Teil des europäischen IPR, Jena 2013, S. 23–31.

ders.: Brauchen wir eine Rom 0-Verordnung?. Eine Skizze anlässlich einer Bayreuther Tagung, GPR 2012, S. 334–341.

Wolff, Martin: Private International Law, 2. Aufl., Oxford 1950 (zit.: *Wolff*, PIL).

ders.: Das Internationale Privatrecht Deutschlands, 3. Aufl., Berlin u.a. 1954 (zit.: *Wolff*, Internationales Privatrecht).

Zippelius, Reinhold: Juristische Methodenlehre, 11. Aufl., München 2012 (zit.: *Zippelius*, Methodenlehre).

Zitelmann, Ernst: Internationales Privatrecht, Band II, München/Leipzig 1912 (zit.: *Zitelmann*, IPR II).

Zweigert, Konrad: Die dritte Schule im Internationalen Privatrecht, in: *Ipsen, Hans-Peter* (Hrsg.), Festschrift für Leo Raape, Hamburg 1948, S. 35–52.

ders./Kötz, Hein: Einführung in die Rechtsvergleichung auf dem Gebiete des Privatrechts, 3. Aufl., Tübingen 1996 (zit.: *Zweigert/Kötz*, Einführung in die Rechtsvergleichung)

www.ingramcontent.com/pod-product-compliance
Ingram Content Group UK Ltd.
Pitfield, Milton Keynes, MK11 3LW, UK
UKHW021833290926
8980IPUK00004B/430

9 783631 791660